Guide de la Jeune Entreprise Innovante

DANS LA MÊME COLLECTION

AGENTS COMMERCIAUX, *6e éd.*
J.-M. Leloup
BAUX COMMERCIAUX, INDUSTRIELS ET ARTISANAUX, *13e éd.*
A. d'Andigné-Morand
COMITÉ D'ENTREPRISE, *14e éd.*
E. Bledniak et S. Guérinot
CONTRAT DE TRAVAIL, *6e éd.*
O. Chénedé et D. Jourdan
DÉLÉGUÉ DU PERSONNEL. DÉLÉGUÉ SYNDICAL, *12e éd.*
E. Bledniak
EURL, *10e éd.*
J. de Faultrier
FONDS DE COMMERCE, *16e éd.*
F. Lemeunier
FRANCHISE (La), *4e éd.*
J.-M. Leloup
MARQUES, DESSINS & MODELES, *2e éd.*
N. Dreyfus et B. Thomas
PRATIQUE DU DROIT DE L'INFORMATIQUE, *5e éd.*
X. Linant de Belfond et A. Hollande
PUBLICITÉ & PROMOTION DES VENTES, *1re éd.*
E. Petit, C. Rondey et L. Veyssière
S'INSTALLER À SON COMPTE, *5e éd.*
C. Cesbron et A.-L. Stérin
SARL, *24e éd.*
F. Lemeunier
SAUVEGARDE DES ENTREPRISES EN DIFFICULTÉS, *1re éd.*
A. Lienhard
SOCIÉTÉ ANONYME (SA), *19e éd.*
F. Lemeunier
SOCIÉTÉ PAR ACTIONS SIMPLIFIÉE (SAS), *4e éd.*
F. Masquelier et N. Simon de Kergunic
SOCIÉTÉS EN NOM COLLECTIF • SOCIÉTÉ EN PARTICIPATION, *10e éd.*
F. Lemeunier

SERVICE RELATIONS CLIENTS
Tél. 08 20 80 00 17
Fax 01 40 64 89 90

www.editions-delmas.com

Cet ouvrage est paginé de 1 à 300

ISBN 2 247 06456 6
ISSN 0750 3431
Dépôt légal : juillet 2006

Une collection d'ouvrages pratiques de droit et de gestion sur la vie privée, professionnelle et publique, l'Encyclopédie Delmas est une collection des Éditions Dalloz.

Créée en 1955 par Francis Lemeunier aux Éditions Jacques Delmas et Cie, la Collection « Encyclopédie Delmas pour la vie des affaires – Ce qu'il vous faut savoir » ® a une présentation inédite déposée à titre de modèle et de marque de fabrique en France et à l'étranger.

Delmas est une collection des éditions Dalloz
31-35, rue Froidevaux
75014 Paris
75685 PARIS CEDEX 14
Tél. 01 40 64 54 54
Fax 01 40 64 54 71

encyclopédie
DELMAS

Guide de la Jeune Entreprise Innovante

PREMIÈRE ÉDITION

2006

Lison CHOURAKI

Sous le haut patronage de Christian PONCELET, Président du Sénat

DELMAS

Remerciements

Ce livre est dédié aux entrepreneurs.

J'adresse tous mes remerciements pour leur aide et leurs encouragements à Pascale Altier, Denis Lucquin, René Ricol, Philippe Pouletty, Philippe Roux-Comoli, Thomas Legrain, Jean-Marc Durand, Jean-François Fourt, Georges Cornuéjols, Damien Salauze et Alain Caffi.

Je remercie également le Sénat, les organisations qui m'ont fait confiance en associant leur nom à ce livre ainsi que Céline Rondey et les Éditions Delmas.

Enfin, merci à tous mes clients et au club des CFO de France Biotech qui m'ont conduit à approfondir de nombreux points par leurs questions.

Sous le haut patronage de Christian Poncelet, Président du Sénat et avec le soutien de :
OSEO, APCE, AFII, Microsoft, Institut Pasteur, Inserm Transfert, Génopole, France Biotech, Euronext, AFIC, Sofinnova, Truffle Venture, Ventech, Atlas Venture, Coach Invest et CroissancePlus

encyclopédie
DELMAS

Guide de la Jeune Entreprise Innovante

Lison CHOURAKI

EIZIÈME ÉDITION
ARIS 2006
JOUR AU
5 MAI 2006

La jeune entreprise innovante a désormais son guide. Il était grand temps ! J'adresse toutes mes félicitations à son auteur, Lison Chouraki et à tous ceux qui l'ont accompagnée dans cette entreprise, ô combien audacieuse.

Cet ouvrage est révélateur de la nécessité de développer, dans un monde en perpétuelle mutation, ce type d'entreprises. Il est aussi l'occasion de présenter de façon pragmatique et détaillée la création d'entreprise innovante. Il permet enfin de rappeler l'engagement et la détermination du Sénat à promouvoir l'entreprise, l'innovation et la recherche.

En effet, depuis mon élection à la Présidence du Sénat, je me suis engagé, avec l'ensemble de mes collègues sénatrices et sénateurs, à ouvrir le Sénat, assemblée parlementaire à part entière, sur l'économie et la recherche. Cette démarche n'est pas une fin en soi. Elle vise à jeter des passerelles entre le monde politique et celui de l'entreprise.

Cet engagement politique, au sens noble du terme, s'est traduit par la mise en œuvre au Sénat d'actions concrètes et utiles. Ces initiatives, pour la plupart autofinancées, rythment l'année parlementaire et ont permis de créer un climat de confiance réciproque entre les entreprises et les sénateurs.

Ainsi, près de la moitié des sénateurs, toutes tendances confondues, ont effectué un « *stage d'immersion en entreprise ou dans un organisme de recherche* ». Ce rapprochement se concrétise aussi à l'occasion de *la Semaine de l'entrepreneur* qui fédère au Sénat et au Salon des entrepreneurs plusieurs manifestations en présence des plus hautes autorités de l'État. *Tremplin Recherche*, manifestation dédiée à la valorisation de la recherche, les *Rencontres sénatoriales de l'entreprise* et celles de l'*apprentissage*, ou encore *Club Sénat*, constituent autant de lieux de rencontre privilégiés entre l'entrepreneur et le politique.

Tremplin *Entreprises*, dont la huitième édition se déroulera au Sénat les 5 et 6 juillet 2006, est une initiative révélatrice de l'importance que nous accordons au financement de projets d'entreprise innovante. Devenu en quelques années le premier événement du capital-risque en France, *Tremplin Entreprises* présente à la communauté financière régionale, nationale et désormais internationale, une trentaine des meilleurs projets innovants.

Gageons que cet ouvrage, d'une qualité remarquable grâce à l'intelligence et l'expérience de Lison Chouraki, s'impose non seulement comme un véritable sursaut pour tous ceux qui veulent passer à l'acte en devenant entrepreneur ou investisseur, mais aussi comme une source d'enrichissement pour tous ceux qui veulent mieux appréhender l'entreprise et l'innovation.

Christian PONCELET
Président du Sénat

L'AUTEUR

Lison Chouraki, expert-comptable et commissaire aux comptes, spécialisée dans les entreprises innovantes, effectue des due diligence financières pour le compte de sociétés de capital-risque, elle est commissaire aux comptes de plusieurs jeunes entreprises innovantes et elle-même co-fondatrice de la start-up MobiLuck. Elle est également membre du Conseil d'administration de France Biotech, chargée de cours au sein du Master management de la technologie et de l'innovation de l'Université de Paris Dauphine et de l'INSTN, et mère de 4 enfants.

Sommaire

Principales abréviations citées

AGE Assemblée générale extraordinaire
Al. Alinéa
AMM Autorisation de mise sur le marché
Arr. Arrêté
Art. Article

BODACC Bulletin officiel des annonces civiles et commerciales
BOPI Bulletin Officiel de la Propriété Industrielle
BSPCE Bon de souscription de parts de créateurs d'entreprise

C. civ. Code civil
C. com. Code de commerce
CGI Code général des impôts
CNE Contrat « nouvelles embauches »
C. propr. intell. Code de la propriété intellectuelle
C. trav. Code du travail
CA Cour d'appel
Cass. soc. Cour de cassation, chambre sociale
CIR Crédit impôt recherche
Circ. Circulaire
CSG Contribution sociale généralisée

D. Recueil Dalloz
DDTEFP Direction départementale du travail de l'emploi et de la formation professionnelle
Décr. Décret
Dir. Directive

FCPI Fonds commun de placement dans l'innovation
FCPR Fonds commun de placement à risque
FIP Fonds d'investissement de proximité

IFRS *International financial reporting standards*
INPI Institut National de la Propriété Industrielle
Instr. Instruction
IR Impôt sur le revenu
IS Impôt sur les sociétés

JCP Juris-classeur périodique (La Semaine juridique)
JEI Jeune entreprise innovante
JO Journal officiel

L. Loi

OHMI Office pour l'Harmonisation dans le Marché Intérieur
OMPI Organisation mondiale de la propriété intellectuelle
Ord. Ordonnance

PEA Plan d'épargne en actions
PEE Plan d'épargne entreprise
PEI Plan d'épargne interentrepises
PERCO Plan d'épargne pour la retraite collectif
RCS Registre du commerce et des sociétés
R&D Recherche et développement
Rép. min. Réponse ministérielle

SCR Société de capital risque
SDR Société de développement régional
SFI Société financières d'innovation
SUIR Société unipersonnelles d'investissement à risque
Somm. Sommaire

T. com. Tribunal de commerce
TI Tribunal d'instance
TGI Tribunal de grande instance

A Généralités

Nos 101 à 104

101 La France offre aujourd'hui un environnement fiscal et réglementaire très favorable à la création d'entreprise et à l'innovation. Pour en bénéficier pleinement, les entreprises innovantes doivent maîtriser cet environnement complexe. Le *Guide de la Jeune Entreprise Innovante* présente une synthèse des informations pratiques, juridiques, sociales, fiscales, comptables et financières à connaître pour conduire une jeune entreprise innovante de la **naissance du projet jusqu'à l'introduction en Bourse**. Il est destiné à tous les acteurs de la création d'entreprise et de l'innovation : entrepreneurs, directeurs financiers, investisseurs, centres de recherches, organismes publics, avocats, experts-comptables, etc.

S'appuyant sur l'expérience concrète de plusieurs start-up dans les secteurs des technologies de l'information et des biotechnologies, ce guide tente d'apporter des réponses à la fois détaillées et claires aux questions posées par ces entreprises. Il aidera également le créateur à identifier des thèmes importants auxquels il doit s'intéresser à différentes étapes.

102 Les chapitres B à E traitent les aspects liés à la valorisation et au financement de l'entreprise : protection de la propriété intellectuelle, construction du *business plan*, valeur de l'entreprise, levée de fonds auprès de sociétés de capital-risque, pacte d'actionnaires, actions de préférence, introduction en Bourse (IPO).

Les chapitres F à M présentent les thèmes essentiels, les actions à mettre en œuvre et les choix à effectuer, à différents stades dans la vie de l'entreprise : mesures d'encouragement à la création d'entreprise, choix de la forme juridique et avantages fiscaux, création de la société, risques et protection des dirigeants, recrutement, rémunération et fidélisation de l'équipe, contrat nouvelles embauches, actions gratuites, BCE, fiscalité, impact des Normes IFRS, statut de Jeune Entreprise Innovante, crédit d'impôt recherche, pôles de compétitivité, accompagnement et autres aides.

103 Les annexes fournissent des liens et des sources d'information complémentaires, des exemples de documents (engagement de confidentialité, contrat de travail) et une comparaison détaillée des conventions collectives applicables aux entreprises de biotechnologies.

Les informations et les conseils contenus dans ce guide ont pour objectif de clarifier des sujets très techniques, de faire gagner un temps précieux aux entrepreneurs et de leur faire éviter les erreurs commises par leurs prédécesseurs. Ce livre permet de connaître les thèmes importants, d'en comprendre la problématique et de faire des choix, mais cet éclairage ne dispense en aucun cas de recourir à des professionnels experts des différents sujets pour mettre en œuvre ces choix et ces actions (avocats, conseils en PI, experts-comptables, commissaires aux comptes...). Eux-mêmes pourront trouver dans ce guide des informations détaillées sur des sujets pointus et spécifiques aux jeunes entreprises innovantes.

104 L'environnement fiscal et réglementaire permet aujourd'hui aux start-up françaises d'être parmi les plus compétitives d'Europe. On peut espérer que ces avantages inciteront les investisseurs étrangers à investir davantage en France, contribuant ainsi à résoudre le problème épineux du financement des jeunes entreprises innovantes et à avancer vers l'objectif de 3 % du PIB européen consacré à la recherche. ■

I

Valorisation et financement de l'entreprise innovante

B Propriété intellectuelle

Nos 201 à 249

201 La propriété intellectuelle recouvre la **propriété industrielle** ainsi que le **droit d'auteur** et les **droits voisins**. La propriété industrielle concerne notamment les brevets, marques, dessins et modèles, mais aussi les dénominations sociales, les noms commerciaux, etc. Le droit d'auteur couvre la **propriété littéraire et artistique**, quel qu'en soit le genre (livres, logiciels, site web, jeux...).

Les auteurs bénéficient d'une protection naturelle, leurs droits relevant du droit moral et du droit patrimonial. On distingue ainsi les droits de la propriété industrielle, faisant l'objet d'un dépôt et procurant un titre, des droits naissants sans aucun dépôt obligatoire, du fait même de la création de l'œuvre.

Les brevets, actifs immatériels, jouent un rôle primordial lorsque l'on veut estimer la valeur d'une entreprise. Ils constituent des « barrières à l'entrée » ou des

« avantages concurrentiels durables » qui rassurent les investisseurs sur le caractère innovant de la technologie et sur la capacité de l'entreprise à protéger son marché des concurrents.

Ainsi, une grande partie de la valeur de l'entreprise dépend de celle de ses **actifs incorporels**. Comme le dit Bill Gates à propos des brevets et du savoir-faire de Microsoft, « *our primary assets do not show up on the balance sheet at all* » (nos principaux actifs ne sont pas du tout visibles dans nos comptes).

Le but de ce chapitre est d'apporter un éclairage sous un angle pratique. Il répond aux premières préoccupations des entrepreneurs souvent taraudés par l'**obsession du secret** : Comment protéger son invention ? Comment effectuer sa veille ? Quels en sont les coûts ?

▷ Ces informations ne se substituent en aucun cas aux conseils d'un expert en propriété intellectuelle.

I. Choix d'un nom

202 Les entrepreneurs choisissent généralement avec beaucoup de soin un nom qui reflète la personnalité de leur entreprise. Ils déposent éventuellement une ou plusieurs marques qui permettront aux clients de reconnaître leurs produits et services, et ils réservent des noms de domaine pour que les clients puissent les trouver sur le web.

A. Critères de choix d'un nom

203 Voici quelques critères de choix d'un nom.

Le nom doit être :

- court, simple, facile à retenir et à écrire;

- agréable à prononcer et évocateur de valeurs positives dans les principales langues visées;

- évocateur de l'activité de l'entreprise, sans être trop restrictif;

- il peut commencer par des chiffres ou les premières lettres de l'alphabet afin de faire apparaître l'entreprise au début des listes et des annuaires;

- et surtout il doit être juridiquement disponible, c'est-à-dire qu'il ne doit pas être la propriété d'un tiers. Il doit aussi être disponible comme nom de domaine avec les principales extensions.

Ce dernier critère est le plus contraignant car il élimine une grande partie des noms envisagés.

B. Démarche de recherche de nom

204 Voici un exemple de démarche de recherche d'un nom :

1. Constitution et briefing d'un « *focus group* » comprenant des profils proches des clients visés; prévoir le cas échéant suffisamment de personnes anglophones.

2. Collecte et discussion de toutes les idées et de tous les noms proposés, variantes, parties de nom, préfixes, suffixes qui peuvent être combinés, améliorés, etc.; ce *brain-storming* est parfois organisé sous forme d'un jeu, avec une récompense pour le nom qui sera retenu. Il peut être judicieux de réfléchir simultanément à un court slogan (*tagline*) qui accompagne et explique le nom.

3. Élimination de certains noms, puis présélection de plusieurs dizaines de noms possibles; il est conseillé de rechercher les noms envisagés sur le web avec votre moteur de recherche favori pour voir s'ils apparaissent déjà lors d'une recherche et de quelle façon.

4. Première recherche de disponibilité rapide sur le web aboutissant à une « *short-list* » et réservation de plusieurs noms disponibles (voir n° 205);

▷ Pour vérifier que le nom de domaine est disponible en. com et en .fr : www.gandi.net, www.nic.fr.

5. Choix des trois meilleurs noms parmi les noms disponibles (par exemple, par un vote);

6. Recherche d'antériorité approfondie sur le premier nom sélectionné, puis en cas d'antériorité gênante sur le second, et finalement sur le troisième (voir n° 205);

7. Création du logo;

8. Dépôt de la marque et du logo dans les classes et les pays pertinents (voir n° 232).

C. Recherche d'antériorité

205 La **recherche d'antériorité** a pour objet de vérifier que le nom choisi ou un nom proche n'existe pas :

- en tant que marque pour des **produits identiques ou similaires**;
- en tant que dénomination sociale dans le **même secteur d'activité**.

La recherche d'antériorité est un élément important car, en pratique, il existe une forte probabilité pour que le nom choisi soit déjà utilisé en qualité de nom de société, de marque ou de nom de domaine (voir n° 246).

Il existe 45 classes de produits et services : le créateur choisit les classes dans lesquelles il souhaite une protection. Par exemple, les classes 9, 28, 35, 38 et 42 seront sélectionnées par un éditeur de logiciels.

▷ La disponibilité du nom en tant que marque dans les classes qui vous intéressent peut être vérifiée sur le site www.icimarques.fr. Si le résultat reste négatif et que la marque est disponible, effectuer alors une recherche sur les noms de société (dénominations sociales, noms commerciaux, enseignes) par le biais du site : www.societe.com.
Une recherche d'antériorité peut également être commandée sur la boutique électronique de l'INPI en se limitant aux classes les plus importantes, sachant qu'une recherche moins approfondie est systématiquement effectuée sur les autres classes.

II. Dépôt d'un brevet

206 Dans tout ce chapitre, il est fait référence aux droits français et européens qui sont pratiquement identiques et par ailleurs très proches du droit des brevets des autres pays.

Le brevet, comme la marque, fait partie des **actifs immatériels** d'une entreprise.

Le brevet est un titre de propriété industrielle sur une **invention technique**. Le brevet confère à l'inventeur ou à son employeur le **droit d'interdire** la fabrication, l'utilisation, la vente et l'importation de produits incorporant l'invention. Ce monopole, octroyé pour une durée de **vingt ans** à partir du dépôt de la demande, est **limité géographiquement**. Pour obtenir la délivrance d'un brevet sur son invention, l'inventeur doit la décrire et la rendre publique par le biais du dépôt d'une demande de brevet.

La protection d'une invention peut également s'obtenir par la délivrance d'un **certificat d'utilité**. Le brevet et le certificat d'utilité apportent les mêmes droits mais pour des durées et des coûts différents. Ainsi, pour un certificat d'utilité, la durée de la protection sera de **six ans** à compter du jour du dépôt de la demande.

A. Que peut-on breveter ?

207 La définition d'une invention, donnée par l'Office européen des brevets, est le passage d'un problème technique à sa solution. Un brevet concerne donc uniquement des **éléments techniques** permettant, par **leur assemblage**, de répondre à un besoin.

Suivant l'article L. 611-10 du Code de la propriété intellectuelle, les brevets ne peuvent être délivrés que pour des **inventions** :

- **nouvelles** (voir n° 208);
- **impliquant une activité inventive** (voir n° 209);
- **susceptibles d'application industrielle** (objet, procédé, matériau...; voir n° 210).

Par ailleurs, l'invention ne doit pas être contraire à l'ordre public ni à la morale.

1. La règle de la nouveauté absolue

208 Selon l'article 54 de la Convention sur le brevet européen (CBE)[1] : « Une invention est considérée comme nouvelle si elle n'est pas comprise dans l'état de la technique. L'état de la technique est constitué par tout ce qui a été rendu accessible au public **avant la date de dépôt** de la demande de brevet européen par une description écrite ou orale, un usage ou tout autre moyen. »

Dans la pratique, la nouveauté d'une invention est détruite si elle est décrite dans un brevet ou une publication scientifique ou technique. La nouveauté s'apprécie au moment où la demande de brevet est déposée.

Dans la plupart des pays, sauf aux États-Unis, **toute divulgation publique d'une invention, par l'inventeur, avant le dépôt de la demande de brevet empêchera la délivrance du brevet**. À l'inverse, aux États-Unis, l'inventeur dispose d'un « délai de grâce » d'**un an** après la divulgation publique pour déposer la demande de brevet.

2. Une activité inventive

209 L'inventivité d'une invention est liée à l'inattendu. Selon l'article 56 du CBE, « une invention est considérée comme impliquant une activité inventive si, pour

1. Voir www.european-patent-office.org/legal/epc/f/contents.html

un homme du métier, elle ne découle **pas d'une manière évidente** de l'état de la technique ».

Dans la pratique, on recherchera si le technicien moyen était incité à réaliser l'invention en fonction de ses connaissances générales et des documents publiés avant la date de dépôt de la demande de brevet.

3. Une invention susceptible d'application industrielle

210 L'objet de l'invention doit pouvoir être fabriqué ou utilisé dans une activité professionnelle, y compris l'agriculture. L'invention doit en fait avoir un réel emploi dans la vie des affaires.

□ Par exemple, tout mécanisme, processus chimique, traitement de matière, circuit électronique est dans le domaine du brevetable.

Cependant, certaines catégories de création ne peuvent être brevetées, notamment celles qui relèvent du domaine de la santé et des sciences du vivant, telles que les méthodes de traitement chirurgical ou thérapeutique du corps humain ou animal, les méthodes de diagnostic appliquées au corps humain ou animal, etc.[1]

4. Brevetabilité des logiciels

211 Bien qu'ils revêtent un caractère industriel, les logiciels relèvent principalement du droit d'auteur. Toutefois, ils peuvent aussi être brevetés, sauf dans quelques cas particuliers.

En effet, on l'a vu, toute solution technique à un problème technique est brevetable. D'une manière générale, sont brevetables les logiciels qui ont une **application professionnelle**.

□ Par exemple, les logiciels dont l'objet est la compression de données, la transmission de données, les traitements de données réelles ou d'images, la supervision, la gestion de bases de données.

En revanche, les logiciels de jeux et de traitement de texte ne sont généralement pas brevetables, puisqu'ils ne fournissent pas de résultat technique.

Il est préférable, pour ne pas risquer de perdre de droits, de demander l'avis d'un expert. En effet, les droits conférés par un brevet s'étendent à tous les logiciels effectuant les mêmes traitements que le logiciel breveté, alors que les droits d'auteur ne protègent que contre des copies à l'identique de tout ou partie du code source et/ou des copies des interfaces utilisateur du logiciel.

B. À qui appartient le brevet ?

212 Le brevet appartient :
- au ***premier qui invente*** aux ***États-Unis***;
- au ***premier qui dépose*** dans le ***reste du monde***.

Le délai de publication du brevet est de **dix-huit mois** à partir de la date de dépôt de la demande, y compris aux États-Unis. Concernant les États-Unis, la demande de brevet n'y est publiée que si elle est étendue dans un autre pays.

1. C. prop. intell., art. L. 611-16 à L. 611-19.

En cas de conflit, le cahier de laboratoire et l'enveloppe Soleau, dont le coût s'élève à 15 €[1], peuvent constituer des **moyens de preuve** de la connaissance d'une invention avant le dépôt du brevet par un tiers.

▷ Il peut être utile de remplir un cahier de laboratoire sans spirale, à pages numérotées, daté et signé après chaque entrée et comportant des schémas.

L'enveloppe Soleau (voir n° 214) n'empêche pas le dépôt ultérieur d'un brevet, car elle n'est pas publique. Elle donne un **droit d'exploiter**, alors qu'un brevet donne un droit d'interdire.

Le titulaire de l'enveloppe Soleau ou l'auteur du cahier de laboratoire sera seul à avoir le **droit non cessible et non négociable d'exploiter** une invention brevetée ultérieurement par un tiers. Il disposera de l'**équivalent d'une licence gratuite**.

1. Le cas particulier des inventions des salariés

213 L'article L. 611-7 du Code de la propriété intellectuelle distingue :

- les inventions faites par le salarié **dans l'exécution de son contrat de travail** ou **inventions de mission** (chercheurs, développeurs, directeurs techniques...). Ces inventions appartiennent à l'employeur mais doivent donner lieu à une rémunération supplémentaire;
- les **inventions hors mission**, mais réalisées dans le domaine d'activité de la société ou par la connaissance des techniques de la société. Ces inventions sont attribuables à l'employeur moyennant le versement à l'inventeur d'un juste prix.

▷ Pour plus d'informations, voir B & A info, article intitulé « Rétribution de l'innovation » : www.becker.fr/articles/bainfo_avr05.pdf.

Toutes les autres inventions appartiennent au salarié. Il devra, cependant, les déclarer à son employeur qui disposera d'un court délai pour contester leur possession par le salarié (voir n° 816).

Par ailleurs, l'inventeur, **salarié ou non**, doit être expressément nommé dans une demande de brevet (voir n° 216).

2. L'enveloppe Soleau

214 L'enveloppe Soleau est un moyen de preuve simple et peu coûteux (voir n° 212).

Elle permet aux auteurs, créateurs et inventeurs de **préconstituer** la preuve de leur création ou invention et de lui donner **date certaine**. Les inventeurs pourront plus aisément faire valoir leurs droits dans le cadre d'une action en revendication de propriété.

Une enveloppe Soleau peut contenir environ sept feuilles, mais pas de CD-ROM.

L'enveloppe Soleau n'est **pas un titre de propriété industrielle.** Elle ne confère pas à son titulaire le droit de s'opposer à l'exploitation de sa création effectuée sans son consentement.

Pendant la période où elle est conservée à l'Institut national de la propriété industrielle, le détenteur d'une enveloppe Soleau peut à tout moment demander que le volet archivé lui soit restitué à ses frais. En cas de contestation judiciaire, cette restitution peut également être demandée par le président du tribunal saisi. La comparaison du contenu des deux volets authentifie le document.

Sa durée est de **cinq ans, renouvelable.**

1. Pour plus d'informations, consulter le site www.inpi.fr

C. Recherche d'antériorité

215 Les demandes de brevet sont automatiquement publiées dans un délai de dix-huit mois après le dépôt de la demande. Les bases de données correspondantes sont accessibles gratuitement sur le web, *via* le portail des offices de brevets. Néanmoins, compte tenu du délai de dix-huit mois, la recherche effectuée sera forcément incomplète.

Les liens ci-dessous pourront vous aider à :

- mettre en place votre **veille technologique** et recenser les offres existantes dans votre domaine;
- effectuer des **recherches d'antériorité** en vue d'un dépôt d'une demande de brevets.

▷ Concernant les **brevets** :
- www.wipo.int/ipdl/en/search/pct/search-struct.jsp : site de l'Organisation mondiale de la propriété intellectuelle (OMPI). Recherche sur les demandes de brevet internationales PCT;
- www.european-patent-office.org : site de l'Office européen des brevets (OEB);
- www.uspto.gov/patft/index.html : brevets US et demandes de brevet US publiés. Couverture géographique limitée aux USA mais les documents figurent en texte intégral. Il existe deux bases distinctes, l'une pour les brevets délivrés et l'autre pour les demandes publiées;
- www.plutarque.com/plutarque/brevets : bases de données de l'INPI, accès aux deux dernières années de brevets français, européens et PCT publiés;
- http://ep.espacenet.com : trente millions de documents brevets sont disponibles sur ce site. La couverture géographique est large : Europe, USA, Japon, Canada, Australie, etc. Les possibilités de recherche sont toutefois limitées car l'utilisation de mots-clés est seulement possible dans le titre et le résumé;
- http://patents1.ic.gc.ca/srch_num-f.html : brevets et demandes de brevet canadiens;
- www.bios.net/cgi-bin/cipr/TT3_bios/simple.cgi : brevets dans le domaine des biotechnologies. Certains brevets de chimie sont inclus. Ce site permet une recherche en texte intégral.

▷ Concernant les **essais cliniques** :
- www.emea.eu.int : Agence européenne du médicament (European Medicines Agency);
- www.fda.gov/default.htm : Food and Drug Administration (FDA);
- www.fda.gov/cder/drug/default.htm#Clinical %20Trials : FDA - Clinical Trials;
- http://agmed.sante.gouv.fr : Agence française de sécurité sanitaire des produits de santé (AFSSAPS).

D. Contenu d'une demande de brevet

216 Le dépôt de la demande de brevet, français ou PCT, est effectué auprès de l'INPI, le dépôt d'une demande européenne est effectué auprès de l'OEB.

Dans tous les pays du monde, une demande de brevet doit contenir :

- une requête (un formulaire est disponible sur internet[1]) en délivrance d'un brevet signée;
- une description de l'invention (voir n° 217);
- une ou plusieurs revendications (voir n° 218);
- les dessins auxquels se réfèrent la description ou les revendications;
- un abrégé du contenu technique de l'invention (voir n° 219).

1. www.inpi.fr, onglet « Déposer à l'Inpi »; pour un brevet européen, www.european-patent-office.org

1. Description de l'invention

217 « L'invention doit être exposée dans la demande de brevet européen de façon **suffisamment claire et complète** pour qu'un homme du métier puisse l'exécuter[1]. »

Aux États-Unis, la demande de brevet doit également inclure la description du meilleur mode de réalisation de l'invention connue par l'inventeur au moment du dépôt de la demande de brevet.

La description de l'invention doit donc comprendre les éléments suivants :

- l'indication du domaine technique de l'invention;
- l'indication de l'état de la technique antérieure faisant ressortir le problème technique posé;
- un exposé de l'invention permettant la compréhension de la solution technique qui est exposée, c'est-à-dire la mention de toutes les caractéristiques techniques propres à l'invention, dont celles qui seront énoncées dans les revendications (voir n° 218);
- si des dessins sont annexés à la demande, leur brève présentation;

▷ Les dessins annexés à la demande doivent être présentés sur des feuillets séparés; ils ne doivent pas être présents dans la partie « description » elle-même. De même, la description, tout comme d'ailleurs les revendications (voir n° 218) ne doivent comporter aucune dénomination fantaisiste ou marques, ainsi qu'aucune déclaration dénigrante à l'égard des tiers.

- un exposé détaillé d'au moins un mode de réalisation de l'invention;
- l'indication de la manière dont l'invention est susceptible d'application industrielle.

▷ Il convient d'apporter la plus grande attention et précision à la rédaction de cette description, dans la mesure où aucune modification ne peut intervenir sur ce point une fois le dépôt effectué; il sera également impossible ensuite de revendiquer, donc protéger, une caractéristique technique qui n'aura pas été décrite.

2. Écriture des revendications

218 Les revendications reprennent les **éléments essentiels** de l'invention, c'est-à-dire ceux dont la **combinaison est nouvelle et inventive** et que les concurrents seront obligés de reproduire pour atteindre les résultats de l'invention. Selon l'article 84 du CBE, « les revendications définissent l'objet de la protection demandée. Elles doivent être **claires et concises** et se fonder sur la **description** ».

Leur rédaction répond à un certain formalisme qui implique l'existence de **deux parties** constituées :

- d'un préambule, qui porte sur l'objet de l'invention et ses caractéristiques techniques connues;
- et d'une partie, dite « partie caractérisante », qui correspond à l'énoncé des caractéristiques techniques pour lesquelles la protection est recherchée.

▷ Tout dessin correspondant à une caractéristique technique qui est mentionnée à ce stade doit être référencé à côté de l'énoncé de la caractéristique qu'elle concerne.

La rédaction des revendications est un exercice très important qui définit l'étendue du monopole technique.

1. Convention sur le brevet européen, art. 83.

▷ Plus les revendications sont larges, c'est-à-dire comportent peu d'éléments techniques, plus le risque qu'elles ne soient pas nouvelles ou pas inventives est élevé. Le brevet ne pourra alors être délivré qu'après restriction de sa portée. À l'inverse, une prudence excessive, spécifiant restrictivement l'invention, rend le brevet plus facile à contourner.
En outre, les revendications ne peuvent apporter d'éléments non mentionnés dans la description (voir n° 217).

S'il existe plusieurs revendications, elles doivent être numérotées.

3. L'abrégé du contenu technique de l'invention

219 Ce document correspond à un **résumé technique** de l'invention qui comprend au maximum 25 lignes si la description n'est pas accompagnée d'un dessin. Si tel est le cas, l'abrégé doit alors contenir une **figure d'abrégé** (il s'agit du dessin le plus représentatif de l'invention destiné à illustrer l'abrégé); dans ce cas, le texte même de l'abrégé est au maximum de 15 lignes.

Cet abrégé contient :

- un rappel du titre de l'invention et du domaine technique de l'invention;
- un résumé concis des caractéristiques techniques essentielles exposées précédemment dans la description et les revendications, contenant un rappel du problème technique posé et de la solution lui étant ainsi apportée par l'invention;
- la précision de l'utilisation de l'invention.

E. Procédure de dépôt : étapes et coût

1. Une date clé : la date de priorité

220 La « Convention de Paris », traité auquel ont adhéré près de 150 pays, confère de nombreux avantages.

En cas de dépôt d'un brevet dans un de ces pays, c'est la **date du premier dépôt qui prévaut** pour les demandes de brevet dans les autres pays. Par conséquent, toute **divulgation après la date de dépôt** de la demande de brevet prioritaire ne pourra empêcher la validité des demandes étrangères de brevet.

2. Dépôt d'un brevet français ou européen

221 Les étapes de la procédure sont les suivantes :

- le dépôt de la demande de brevet français ou européen (voir n° 223) : la date de ce premier dépôt est la **date de priorité** (voir n° 220);
- l'obtention du **rapport préliminaire de recherche** (voir n° 222) : réception de **six à dix** mois à partir de la date de dépôt de la demande;
- la publication automatique (**dix-huit** mois à compter de la date de priorité).

a. Le rapport préliminaire de recherche

222 En fonction des résultats de ce rapport, l'inventeur décidera soit d'abandonner sa demande et d'éviter ainsi la publication, soit de poursuivre la procédure de délivrance.

Les lettres « X » et « Y » indiquent de mauvaises appréciations. Elles signifient que le document cité est pertinent à l'encontre d'une ou plusieurs revendications et qu'il constitue une antériorité.

L'inventeur a alors l'obligation de répondre à ce rapport. À défaut, le brevet tombera. Afin d'éviter cette conséquence, il lui suffira simplement de répondre en modifiant les revendications ou en contestant la pertinence des documents cités. Le déposant sera alors titulaire du brevet car les brevets français sont délivrés sans examen de nouveauté ni d'activité inventive.

Les modifications des revendications devront être « supportées » par la description, c'est-à-dire que toute modification des revendications doit, à la fois, permettre d'écarter les documents d'art antérieur, en s'en différenciant par une caractéristique technique et que cette caractéristique technique se trouve décrite dans la description du brevet telle que déposée.

Par ailleurs, la fenêtre de secret étant d'une durée de dix-huit mois entre la date de dépôt de la demande et la date de publication, l'absence d'antériorité figurant dans un rapport de recherche n'est pas définitivement acquise.

b. Dépôt d'un brevet français ou d'un brevet européen ?

223 Les principaux avantages du brevet européen par rapport à des brevets nationaux sont la procédure unique en français pour tous les pays d'Europe, la réduction du nombre d'intervenants (un seul conseil est nécessaire) et donc la réduction des coûts à supporter.

Le coût du dépôt d'un brevet français comprend : les redevances légales, qui sont de l'ordre de 400 €, ainsi que les honoraires de rédaction, qui peuvent porter le coût total du brevet entre 3 000 € et 5 000 €.

Concernant le brevet européen : le coût varie d'environ 4 000 € à 7 000 €, auquel s'ajoutent les coûts de traduction pour les pays où la protection doit être effective. Pour sept pays, le coût global incluant les traductions peut atteindre 15 000 € à 25 000 €.

▷ La liste des pays couverts par le brevet européen est disponible sur www.leman-ips.ch/doc/FR_BREVET_PCT_par_groupes.PDF.

DÉPÔT D'UN BREVET OU SECRET ?

▷ L'avantage de déposer un brevet est d'obtenir un monopole de vingt ans. Son inconvénient est que l'on dévoile ses secrets de fabrication à ses concurrents. Ainsi, pendant longtemps, Michelin a préféré ne pas déposer de brevet sur ses gommes de pneumatiques ou sur ses procédés de fabrication. D'une manière générale, le secret n'est à envisager que si les fonctions internes ou les procédés de fabrication ne peuvent pas être découverts à l'observation des produits ou services vendus.

3. Dépôt PCT

224 Une procédure intéressante consiste à étendre le brevet français par voie PCT (*Patent Cooperation Treaty*) au cours de la première année à partir de la date de priorité (« année prioritaire »).

Le PCT n'est pas un brevet international; c'est la possibilité de gagner du temps pour s'assurer que l'invention est bonne et de retarder les dépenses. Le PCT permet en effet de **différer les coûts** car l'inventeur bénéficiera d'un délai supplémentaire de **dix-huit mois** pour étendre son brevet à d'autres pays. Au total, l'inventeur disposera ainsi d'un délai de **trente mois** (12 + 18) avant d'engager des coûts conséquents de PI.

Le coût du PCT est d'environ 2 500 €.

Les étapes de la procédure sont les suivantes :

- extension internationale par voie PCT dans le délai de douze mois à compter de la date de priorité;

- obtention du rapport d'examen préliminaire international de la demande de brevet, environ seize à dix-huit mois après la date de priorité (voir n° 220).

4. Brevets internationaux

225 On appelle « entrée en phase nationale » l'extension d'une demande de brevet à d'autres pays : entrée en phase régionale européenne, en phase nationale américaine, en phase nationale canadienne et japonaise.

Afin de conserver la date de priorité de la première demande de brevet (voir n° 220), les extensions internationales doivent être effectuées dans un délai de **douze mois**. Dans le cas d'une procédure PCT, ce délai est étendu à **trente mois** à compter de la date de priorité (31 mois pour l'extension en Europe).

a. Examen des demandes nationales ou européennes par les offices de brevets nationaux ou européens

226 L'examen porte sur des aspects formels (interligne, désignation des inventeurs, etc.) et les conditions de brevetabilité énoncées ci-dessus (nouveauté et activité inventive au regard de l'état de l'art à la date du dépôt de la demande de brevet; voir n°s 208 et s.).

L'examinateur européen, ou d'un office de brevets pratiquant l'examen, essaie de déterminer si l'homme du métier, connaissant le problème à la base de l'invention, était incité à réaliser la combinaison des caractéristiques techniques, objet des revendications.

Il ne suffit pas, en effet, que l'homme du métier ait pu réaliser cette combinaison, mais il faut qu'il y ait été incité soit par ses connaissances générales du domaine de l'invention, soit par le contenu des documents d'art antérieur. Si l'examinateur pense que l'invention était évidente pour l'homme du métier, il émet une notification au déposant et celui-ci doit répondre soit en modifiant les revendications, soit en exposant les raisons de son désaccord avec le raisonnement de l'examinateur. Plusieurs échanges peuvent ainsi avoir lieu jusqu'à ce que l'examinateur donne son accord sur le dernier jeu de revendications qui lui a été soumis et délivre le brevet ou rejette le brevet. Dans ce dernier cas, le déposant peut requérir une poursuite de procédure ou former un appel à l'encontre de la décision de rejet.

b. Délivrance du brevet

227 Le brevet européen et le brevet américain sont délivrés dans un délai variant entre cinq et sept ans à compter de la date de priorité. Les brevets canadiens et japonais sont délivrés dans un délai moyen de dix ans à compter de la date de priorité.

Il convient d'apporter les précisions suivantes :

- pour le brevet européen : il faut choisir les pays pour lesquels la protection est souhaitée. La demande doit être traduite dans les langues correspondantes. Le coût incluant les frais de traduction est de 25 000 € environ pour sept pays;

– pour le brevet américain : le coût est de 7 000 € environ. Des tiers peuvent soumettre à tout moment des documents opposables à la brevetabilité de l'invention, entraînant le réexamen de la demande;

▷ Aux États-Unis, le coût d'un brevet varie entre 5 000 € et 9 000 €. Les *small entities* bénéficient d'un tarif réduit. Le brevet américain offre un bon rapport qualité/prix. Lors de la demande de brevet, l'inventeur devra fournir le rapport de recherche préliminaire français.

– pour le brevet canadien : le coût est de 4 000 € à 7 000 € environ;
– pour le brevet japonais : le coût est de 5 000 € à 10 000 € environ.

L'extinction du droit au brevet est de vingt ans à compter de la date de dépôt.

▷ OSEO anvar finance les frais de dépôt et d'extension de brevet sur les résultats des programmes d'innovation qu'il a accompagnés, voir sur ce point n°s 1315 et s.

▷ Le crédit d'impôt recherche (CIR; voir n°s 1207 et s.) et les dépenses brevet : en optant pour le CIR, l'entreprise innovante pourra se faire rembourser près de 50 % des dépenses engagées au titre de la prise, de la maintenance et de la défense des brevets. Les frais de défense des brevets sont toutefois retenus dans la limite de 120 000 €, ce qui impliquera un remboursement maximum de près de 60 000 € au titre de ces dépenses.

F. Licences de brevet

228 Un brevet peut être détenu en **copropriété**.

Par ailleurs, étant un droit de propriété, il peut être démembré. Ainsi, le breveté peut licencier tout ou partie de ses droits sur le brevet. La licence peut être accordée pendant toute la durée de vie du brevet ou pour une durée limitée. Elle peut être **exclusive** ou non exclusive.

La licence de brevet est un contrat par lequel le titulaire d'un brevet **concède** à une personne la **jouissance de son droit d'exploitation** moyennant le paiement d'une redevance, d'un droit d'entrée ou d'une combinaison des deux.

Il est recommandé de garder un contrôle sur l'exploitation du brevet par le licencié car, en l'absence d'exploitation, aucune redevance n'est versée et l'exclusivité bloque toute exploitation ultérieure.

ADRESSES ET INFORMATIONS UTILES

▷ Des fiches pratiques sont disponibles sur www.breveter.com/fiche_sommaire.php. Le « Guide de l'inventeur » publié par l'Inserm est téléchargeable sur www.inserm.fr/fr/partenaires/valorisation_transfert/brevets/presentation/att00000725/GuideInventeur.pdf.

▷ La liste des conseils en propriété intellectuelle est disponible sur www.cncpi.fr.

III. Protection des logiciels par le droit d'auteur

229 Comme vu précédemment (voir n° 211), les brevets permettent de protéger des inventions techniques mises en œuvre sous la forme de logiciels. En complément, le droit d'auteur permet de protéger l'ensemble du code source et l'interface utilisateur contre la contrefaçon.

Cette protection peut être obtenue en déposant le logiciel auprès d'un organisme spécialisé ou d'un huissier.

A. Dépôt auprès d'un organisme spécialisé

230 Le logiciel est déposé auprès d'un organisme spécialisé, telle l'Agence pour la protection des programmes (APP), qui assure la protection du logiciel et défend les droits de l'auteur. Cette solution est applicable à tous les programmes informatiques, jeux vidéo, progiciels, etc.

L'APP propose deux types de services :

- le **dépôt du programme source** : ce dépôt permet de garantir aux clients un accès aux sources en cas de défaillance. Dans certains cas, l'APP prend en charge les frais d'enquête et de saisie en contrefaçon;
- le **référencement** : service allégé qui permet de donner une date certaine à la création. L'APP ne conserve pas de copie.

Le **coût de ce dépôt** comprend le droit d'entrée, la cotisation annuelle, les droits de dépôt et les droits de référencement, s'établissant pour une personne morale à environ 900 € HT.

La cotisation annuelle, obligatoire, donne droit à trois référencements gratuits.

▷ Pour en savoir plus : Agence pour la protection des programmes (APP) - 119, avenue de Flandre, 75019 Paris - tél. + 33 1 40 35 03 03 - site : www.legalis.net.

▷ Pour déposer à l'APP, il faut adhérer à cette association et en accepter le règlement général (droit d'accès aux sources en cas de défaillance de l'entreprise, arbitrage en cas de litige entre adhérents, communication à toute personne intéressée de la date du référencement et du nom et de l'adresse du titulaire, obligation d'informer l'APP de tout transfert de droits...).

B. Dépôt auprès d'un huissier

231 Le logiciel et tous les documents le concernant (spécifications, code source, manuel d'utilisation, documentation technique, contrats de sous-traitance...) peuvent être enregistrés sur un CD-ROM. Il sera remis à un huissier qui fournira un **procès-verbal de dépôt** et conservera le **CD-ROM sous scellé**.

▷ Il est recommandé de graver le CD en deux exemplaires identiques et d'en conserver un.

Le dépôt chez un huissier offre une **protection équivalente** au dépôt auprès de l'APP mais offre en revanche un avantage important : ce dépôt n'entraîne **aucun engagement** de la part du créateur à l'inverse du dépôt auprès de l'APP (voir n° 230).

À titre indicatif, le coût d'un dépôt auprès d'un huissier peut s'élever à la somme de 250 € HT.

IV. Dépôt d'une marque

232 Acquérir un droit exclusif sur la marque permet d'interdire à toute personne physique ou morale d'utiliser ce signe distinctif dans les secteurs d'activités (dénommés « classes de produits ») protégés.

La marque confère une **protection commerciale**, alors que le brevet permet une **protection technique**.

A. Procédure de dépôt de la marque française et coût

1. Le déroulement de la procédure

a. Où déposer ?

233 La marque se dépose :

- soit directement à l'INPI, à Paris ou auprès des délégations régionales[1], ou encore au greffe du tribunal de commerce ou du tribunal de grande instance en tenant lieu, dans le ressort duquel le déposant est établi;
- soit en l'adressant, par lettre recommandée avec demande d'avis de réception, par la poste exclusivement à l'INPI Paris[2] ou aux délégations régionales;
- soit par télécopie[3] exclusivement à l'INPI Paris ou aux délégations régionales.

▷ Le dépôt par Internet n'est toujours pas possible à ce jour.

▷ **Concernant la France, vous pourrez procéder à un dépôt par le biais du site :** www.inpi.fr – « Déposer à L'INPI » – « Marques ». Ou vous rendre sur place : Institut national de la propriété industrielle (INPI) – 26 *bis*, rue de Saint-Pétersbourg, 75008 Paris – tél. + 33 1 53 04 53 04. L'INPI a de nombreuses antennes régionales.

b. Qui a qualité pour déposer une marque ?

234 Le dépôt d'une marque française peut être effectué :

- par toute personne physique ou morale ayant son domicile, son siège ou un établissement en France, dans un État membre de l'Union européenne ou de l'Espace économique européen[4]. L'obligation d'élire domicile en France est abrogée pour le déposant étranger;
- par tout ressortissant d'un État membre de l'Organisation mondiale du commerce (OMC), de la Convention d'Union de Paris (CUP) ou lié à la France par une convention bilatérale;
- par tout ressortissant d'un État qui ne répond pas aux conditions ci-dessus, à la double condition de justifier que la marque est protégée dans le pays d'origine et que ce pays d'origine accorde réciproquement protection aux marques françaises.

▷ Un mandataire doit être désigné impérativement en cas de pluralité de déposants. Ce mandataire est en général le conseil en propriété industrielle ou l'avocat de l'entreprise.

c. Comment remplir la demande d'enregistrement ?

235 Le formulaire de dépôt de la marque se procure auprès de l'INPI ou se télécharge à l'adresse suivante : www.inpi.fr (voir n° 233). Le formulaire complété est présenté en cinq exemplaires.

1. Les indications à reproduire

236 Les indications suivantes doivent apparaître :

- s'il s'agit d'une personne morale : sa dénomination sociale et sa forme juridique, ainsi que l'adresse du siège social, en précisant le cas échéant le pays. Les

1. Lille, Nancy, Strasbourg, Lyon, Grenoble, Sophia-Antipolis, Marseille, Toulouse, Bordeaux, Nantes et Rennes.
2. INPI, Bureau de l'accueil des formalités, 26 *bis*, rue de Saint-Pétersbourg 75800 Paris cedex 08.
3. N° de télécopie : 33 (1) 53 04 52 65.
4. L'EEE est entré en vigueur le 1er janv. 1994. Les pays membres sont les pays de l'Union européenne plus l'Islande, le Liechtenstein et la Norvège.

déposants français qui possèdent un numéro SIREN doivent obligatoirement le mentionner;

– s'il s'agit d'une personne physique : son nom et ses prénoms, l'adresse de son domicile en précisant le cas échéant le pays. Il convient également d'inscrire les différents déposants en cas de dépôt en copropriété;

– le dépôt s'effectue sous le nom de naissance.

Le formulaire est dûment signé par le déposant ou le mandataire qui doit préciser son nom et sa qualité.

▷ Le dépôt peut s'effectuer au nom d'une société en cours de formation.

▷ Pour les sociétés étrangères, il convient d'indiquer la forme juridique sous son nom exact sans procéder à des traductions, dans la mesure où le droit des sociétés diffère d'un pays à l'autre.

2. La représentation de la marque

237 La reproduction peut être reproduite ou collée dans un format 8 × 8 cm au maximum, afin d'entrer dans le cadre prévu à cet effet et de permettre la publication de la marque.

Pour une marque en couleurs, le modèle de la marque doit être impérativement en couleurs. Pour une marque tridimensionnelle, il convient de faire figurer sa reproduction plane telle qu'une photographie. Le déposant peut fournir une brève description de sa marque. Elle n'a toutefois qu'une valeur informative et ne peut étendre la portée du droit, qui est fixée par la représentation de la marque elle-même.

d. La date et le numéro de dépôt

238 Dès réception de la demande d'enregistrement nationale française, l'INPI attribue une date et un numéro de dépôt, à condition que le dépôt comporte l'identification du demandeur, le signe à protéger, au moins un produit ou service et le montant de la redevance exigible. À défaut, il est déclaré irrecevable d'office.

Les pièces annexes mentionnées à l'article R. 712-3-2°[1] peuvent être fournies ultérieurement.

Ce numéro de dépôt est important puisqu'en cas de dépôts identiques présentés le même jour à l'enregistrement, c'est le numéro le moins élevé qui permettra de déterminer la première marque déposée sous réserve que la marque seconde ne bénéficie pas d'un droit de priorité.

L'INPI dispose d'un délai bref pour l'examen de la recevabilité de la demande d'enregistrement puisque la publication intervient sous six semaines à compter de la date de dépôt.

e. La procédure d'examen

239 L'examen concernant l'absence de cas d'irrecevabilité[2], le fond et les irrégularités de forme est effectué par le service de l'Examen de l'INPI[3]. Dès qu'il existe une opposition, le service du bureau des oppositions reprend le dossier pour l'ensemble de l'examen et des oppositions.

Cet examen porte sur les points suivants :

– les irrégularités de forme des dépôts de marques (libellé de produits et/ou services considérés comme vagues, erreur de classification des produits et servi-

1. Ces pièces annexes sont les suivantes : le pouvoir habilitant à représenter le déposant, les pièces justifiant d'un usage de la marque si le caractère distinctif du signe déposé à titre de marque a été acquis par l'usage, la justification du document de priorité (à savoir la marque sur laquelle la priorité est fondée), le règlement d'usage, les justificatifs permettant à certains étrangers de pouvoir déposer une marque en France.
2. Le décret n° 2004-199 du 25 fév. 2004 prévoit des cas d'irrecevabilité de toute correspondance ou dépôt ultérieur de pièces à savoir : (1) absence d'indication du numéro national de la demande d'enregistrement; (2) absence de signature du déposant ou de son mandataire; (3) non justification du paiement de la taxe prescrite, le cas échéant.
3. Il n'existe pas de délais impartis à l'INPI pour émettre sa première notification officielle lorsqu'il s'agit uniquement des irrégularités de forme.

ces, défaut de signature, absence de justification de la priorité revendiquée [ou de traduction en français], nom, qualité du déposant, pouvoir du mandataire);
- les conditions de fond concernant la marque.

Avant tout rejet définitif, un dialogue s'instaure entre l'INPI et le déposant. Le délai imparti par l'INPI au déposant pour présenter ses observations en cas d'objection de forme est d'**un mois**, renouvelable sur demande.

Les délais pour soumettre des observations écrites en cas d'objection sur le fond sont de **deux mois**, renouvelables sur demande. Un projet de décision est alors émis par l'INPI et un nouveau délai de deux mois susceptible de prorogation de deux mois est conféré au déposant pour ses dernières observations. La décision d'acceptation ou de refus est alors émise.

L'Administration peut soit lever son objection, soit maintenir sa position et rejeter la demande. Cette décision de rejet doit être motivée et notifiée au déposant, le rejet peut être seulement partiel.

Dans l'hypothèse de la transformation d'une marque communautaire en une marque française, l'INPI effectue également un examen.

f. Publication de la demande aux fins d'information des tiers

240 Dans les six semaines de la date de dépôt, la demande d'enregistrement d'une marque française est publiée au Bulletin officiel de la propriété industrielle (BOPI)[1].

2. Les coûts de la procédure de dépôt

241 - ***Recherche d'antériorité*** : il est obligatoire d'effectuer une recherche d'antériorité (voir n° 205) afin de s'assurer que la marque n'a pas déjà été déposée dans les secteurs d'activités considérés. Le coût d'une recherche d'antériorité auprès de l'INPI est de 150 € environ jusqu'à cinq classes.

- ***Demande d'enregistrement*** (voir n°s 233 et s.) : l'INPI perçoit une redevance pour le dépôt d'une marque individuelle jusqu'à trois classes, puis une redevance supplémentaire par classe de produits ou de services au-delà de la troisième[2].

En général, le coût de cette demande s'élève à 300 € environ[3], tarif applicable depuis le 1er septembre 2005, jusqu'à cinq classes. En effet, le coût s'élève, pour un premier dépôt, à 225 € jusqu'à trois classes, et au-delà de trois classes à 40 € par classe de produits ou services supplémentaires.

Par ailleurs, la demande d'inscription au Registre international des marques est de 60 €.

- ***Opposition à enregistrement*** : les personnes qui ont une antériorité sur le signe ou le nom déposé peuvent faire opposition auprès de l'INPI dans un délai maximum de **deux mois** à compter de la publication de la demande d'enregistrement au Bulletin officiel de la propriété industrielle. Le coût de cette procédure s'élève à 310 €.

B. Durée et étendue territoriale de la protection

242 La durée d'effet du dépôt est de **dix ans**. Cependant, des **dépôts successifs** permettent de conserver indéfiniment la propriété de la marque.

1. L'article R. 712-8, C. propr. intell. prévoit deux cas de non-publication d'une demande d'enregistrement : (1) le non-respect des prescriptions techniques pour sa représentation et (2) l'atteinte à l'ordre public et aux bonnes mœurs.
2. Sur le montant des redevances, voir le site de l'INPI, www.inpi.fr. rubrique tarifs.
3. Arr. du 2 août 2005, JO du 26 août 2005.

Les formalités de renouvellement sont les mêmes que pour un premier dépôt; quant aux coûts, ils s'élèvent à la somme de 240 € jusqu'à trois classes, et au-delà une somme de 40 € doit être ajoutée par classe de produits ou services supplémentaires.

▷ Attention au délai de renouvellement de la marque ! En effet, en cas de renouvellement tardif, tout comme d'ailleurs en cas de paiement tardif de la redevance de renouvellement, un supplément d'un montant de 50 % de la redevance correspondante due, est exigé.

La nouvelle période de protection court à compter de l'expiration de la précédente, soit dix ans à compter de l'expiration de la durée de protection du dépôt précédent et non à compter de la déclaration de renouvellement.

C. Étendue de la protection à l'étranger : demande de marque communautaire

1. Où et comment déposer une demande de marque communautaire ?

243 Les entrepreneurs peuvent protéger leur marque sur le territoire de l'Union européenne par un **dépôt unique** auprès de l'OHMI.

Toutefois, l'**indisponibilité de la marque** dans un seul pays remet en cause l'enregistrement de la marque communautaire dans tous les pays. Le dépôt d'une marque communautaire exige donc d'importantes recherches d'antériorité.

Le coût est d'environ de 2 500 € pour 5 classes de produits et services.

Un dépôt de marque pays par pays est aussi possible auprès des Offices des marques nationaux, ou auprès du Bureau Benelux des marques pour les marques Benelux, mais le coût total est plus élevé.

Les demandes d'enregistrement d'une marque communautaire peuvent être déposées par voie postale ou par un service de courrier spécial, par signification, par télécopie ou par voie électronique.

▷ Vous pouvez obtenir le formulaire approprié auprès de l'OMPI ou le télécharger via son site : www.oami.eu.int/fr/.

2. Que contient la demande d'enregistrement ?

244 Les informations suivantes doivent être fournies :

- l'identification du déposant, à savoir :
  - s'il s'agit d'une personne morale : le nom de la personne morale ou assimilée, ainsi que sa forme juridique, l'adresse et pays du siège social,
  - s'il s'agit d'une personne physique : ses nom et prénom, sa nationalité et son adresse;
- la liste des produits et services avec l'indication de la classe[1];

▷ Ce point est d'importance puisqu'il définit l'objet du droit du demandeur de la marque communautaire.

- la représentation de la marque selon la typologie spécifique des marques (voir n° 237);

1. L'OHMI met à disposition une banque de données EUROACE contenant des descriptions de produits et de services immédiatement acceptées par l'Office : http://secure.oami.eu.int/euroace/euroaceservlet ?action=search & langid = fr

– le nom et l'adresse professionnelle du mandataire le cas échéant (voir nos 234 et 236);

– la revendication de la priorité s'il en existe une;

– la priorité d'exposition, le cas échéant;

– la revendication de l'ancienneté d'une ou plusieurs marques précédemment enregistrée dans un État membre;

– le règlement d'usage des marques collectives;

– l'indication de la langue de la demande (parmi les langues de l'Union européenne) et une seconde langue distincte parmi les cinq langues de l'Office à savoir : espagnol, allemand, anglais, français et italien[1];

– la signature du déposant ou de son mandataire;

– la renonciation à tout droit exclusif ou *disclaimer* sur des éléments ne pouvant faire l'objet d'un monopole d'exploitation;

– l'indication du montant des taxes et les modalités de leur règlement.

Les taxes se décomposent en une taxe de base et une taxe par classe au-delà de la troisième avec un montant de taxes réduit en cas de dépôt par voie électronique.

V. Engagements de confidentialité

245 Les engagements de confidentialité doivent être adaptés au niveau de confidentialité des informations communiquées et à l'interlocuteur considéré.

Ainsi, un engagement de confidentialité peut être demandé aux :

– associés potentiels : dans ce cadre peut être envisagé un accord de confidentialité allégé;

– investisseurs : un accord de confidentialité accompagnant le *business plan* peut être demandé;

– fournisseurs et sous-traitants : il est conseillé de régulariser un engagement de confidentialité avant l'envoi d'un cahier des charges et clause de propriété, de non-concurrence et si possible d'exclusivité à inclure dans les contrats; afin d'éviter toute contestation en cas de litige, vol de savoir-faire, etc.;

– partenaires : il existe très souvent une clause de confidentialité réciproque incluse dans les contrats de partenariat;

– salariés : inclure une clause de confidentialité et de non-concurrence dans le contrat de travail; attention cependant, à limiter dans le temps cette clause et à l'assortir d'une compensation financière (voir n° 820);

– stagiaires : une clause de confidentialité liant l'école et le stagiaire est à intégrer dans la convention de stage.

Quelques modèles sont proposés en annexe (voir n° 3206); ils doivent être adaptés à chaque cas.

VI. Dépôt d'un nom de domaine

246 Un nom de domaine a une durée de vie **limitée dans le temps**. Tout nom est créé pour au moins **un an et au plus dix ans**. Il est cependant possible à tout instant de prolonger la durée de vie d'un nom de domaine.

1. Art. 115 du RMC et Règles 95 et s. du règlement d'exécution.

A. Enregistrement en « .com »

247 L'enregistrement se fait en ligne en quelques minutes et sans fournir de justificatif sur le site web d'un centre d'enregistrement agréé par l'ICANN (Internet Corporation for Assigned Names and Numbers).

□ Par exemple, sur le site www.gandi.net.

Le coût d'une création de domaine est de 12 € HT par domaine et par année.

B. Enregistrement en « .fr »

248 Les entrepreneurs peuvent **pré-enregistrer** le nom de leur entreprise en « .fr » à l'occasion d'une demande d'immatriculation effectuée auprès du Centre de formalités des entreprises (CFE) de leur chambre de commerce et d'industrie.

Les CFE, partenaires de l'AFNIC (Association française pour le nommage internet en coopération), remettent à l'entreprise un numéro de pré-enregistrement sous la forme d'un récépissé. Ce préenregistrement n'est valable que **quinze jours**. L'attribution définitive du nom de domaine nécessite que l'entrepreneur transmette le récépissé et les documents remis par le CFE à un prestataire internet dans ce délai. Dès lors, une demande de création de nom de domaine selon la procédure traditionnelle sera poursuivie par le prestataire internet.

À défaut de transmission dans le délai de quinze jours, le nom de domaine redeviendra disponible.

L'intérêt de cette procédure est d'éviter que le nom de domaine ne soit enregistré par un tiers entre l'établissement des formalités administratives auprès du CFE et la demande classique d'enregistrement par le prestataire internet.

C. Enregistrement en « .eu »

249 Les entreprises peuvent obtenir un nom de domaine en « .eu ». Pour cela, elles doivent avoir leur siège ou leur activité principale dans l'Union européenne.

Le coût d'enregistrement d'un nom de domaine en « .eu » est d'environ 20 € HT par an.

Il est nécessaire de passer par un agent agréé dont la liste est disponible sur www.eurid.eu.

LES AUTRES EXTENSIONS

□ Des sociétés spécialisées peuvent effectuer pour vous ces démarches, par exemple domaines.mailclub.fr ■

C Business Plan

Nos 301 à 319

301 Le *business plan* est un **instrument de réflexion** permettant de formaliser, d'organiser et de planifier le projet. C'est aussi un **outil de communication** qui permet de présenter le projet de façon détaillée à divers interlocuteurs. Mais, surtout, le *business plan* est un **document destiné aux investisseurs**. Il a pour objectif de **convaincre** un investisseur de financer l'entreprise.

Pour cela, il doit principalement démontrer :

- l'**intérêt financier** du projet;
- la **qualité de l'équipe**;
- les **avantages concurrentiels.**

Le *business plan* doit fournir toutes les informations permettant à un investisseur d'**évaluer l'opportunité et les risques d'un investissement**.

▷ Avant la rédaction effective du *business plan*, il est conseillé de réaliser au préalable une étude d'opportunité (voir nos 302 et s.). Par ailleurs, en complément du *business plan* (voir nos 306 et s.), il est très utile de disposer d'un *Executive Summary* qui présente l'entreprise en quelques pages (voir no 305).

▷ Le *business plan* est un document confidentiel. Sa diffusion doit donc être restreinte. Il est parfois accompagné d'un engagement de confidentialité. Toutefois, il est délicat de demander à un investisseur de signer un engagement de confidentialité. Certains refusent de le faire, et d'autres peuvent s'en offusquer. Il faut indiquer sur chaque page la nature confidentielle du document, par exemple : « Document confidentiel » ou « Confidentiel ». Une astuce pour dissuader le transfert par email consiste à personnaliser chaque document en insérant le nom du destinataire dans le pied de page et à fournir le document dans un format non modifiable (PDF).

I. Validation préalable du projet

302 Avant de s'engager dans la création d'une entreprise en y consacrant beaucoup de temps, d'énergie et d'argent, il est fortement recommandé d'effectuer **une étude d'opportunité** comprenant une **étude de marché** (voir n° 303) et une **étude de faisabilité technique** (voir n° 304).

A. L'étude de marché

303 L'étude de marché permettra notamment de **vérifier l'adéquation** des produits ou services envisagés avec les **besoins réels** du marché, d'**identifier les concurrents** et d'**évaluer la viabilité économique du projet**. Elle donnera de la **crédibilité** au projet et facilitera la rédaction ultérieure du *business plan* en fournissant des éléments précieux. Elle servira enfin de base pour élaborer une stratégie commerciale.

Afin que cette étude apporte une bonne connaissance du marché envisagé, voici quelques éléments qui devraient y figurer :

- des informations relatives aux produits ou services envisagés : décrire les besoins auxquels ils répondent, les avantages et inconvénients qu'ils présentent par rapport aux solutions existantes (performances, coûts, contraintes techniques et réglementaires, etc.), analyser les marchés des solutions existantes (acteurs, prix de vente, nombre de clients, chiffre d'affaires, etc.);

- des informations concernant les clients ciblés : définition des segments de clients ciblés et enquête auprès d'un échantillon (perception des produits/services envisagés, intentions d'achat, budget...);

- des informations relatives au marché visé : sa taille actuelle, son évolution prévisible et ses tendances, sa rentabilité, sa durée de vie;

- des informations relatives à la concurrence : déterminer quels sont les concurrents avérés et potentiels, quels sont leurs points forts et faibles ? Existe-t-il des produits de substitution ?

- des informations relatives à l'environnement : à quels fournisseurs peut-on s'adresser, quel type de distribution correspond aux produits ou services, positionnement dans la chaîne de valeur;

- enfin, concernant les atouts de l'entreprise : son équipe, ses brevets, son savoir-faire, ses contrats, ses autres avantages concurrentiels et ses « barrières à l'entrée » qui pénaliseront ses concurrents.

▷ Citer des études et prévisions d'analystes peut apporter de la crédibilité à l'étude de marché à condition de ne pas en abuser, de citer uniquement des chiffres récents (moins d'un an) et pertinents, provenant de sources réputées comme Gartner, Forrester, IDC etc. Il est obligatoire de donner les références précises et la date de publication des sources utilisées. Ces études peuvent coûter plusieurs milliers d'euros mais on trouve souvent les chiffres-clés gratuitement sur internet et dans les médias.

▷ Différents organismes peuvent fournir un certain nombre d'informations sur le marché; ce sont notamment :

- les services de documentation des chambres de commerce et d'industrie;
- le syndicat ou l'organisation professionnelle dont relève l'activité de l'entreprise (Syntec, France Biotech...).

Pour des questions liées aux habitudes de consommation, ou intéressant plus particulièrement la clientèle, notamment les nouvelles tendances :

- l'Institut national de la statistique et des études économiques (INSEE)[1], qui élabore des études statistiques, à l'échelle nationale, consultables gratuitement, pour obtenir des informations statistiques sur son secteur d'activité, par exemple;
- l'Agence pour la création d'entreprise[2] (APCE) qui commercialise des fiches professionnelles, au prix de 8 € chacune et qui propose sur son site (www. apce.com) une rubrique « informations sectorielles » qui présente la liste des principales sources d'information pour chaque secteur d'activités.

Pour des recherches sur l'exportation et les marchés étrangers, on contactera :

- le Centre français du commerce extérieur (CFCE)[3], qui propose des fiches et informations sur l'exportation;
- l'Agence française pour les investissements internationaux (AFII; voir n° 1201)[4];
- le Poste d'expansion économique (PEE)[5] du pays concerné, chargé de réaliser des études et une veille sur le pays où il est implanté, pour le compte du ministère des Affaires étrangères.

On peut également trouver des études de marché à travers des livres blancs disponibles sur le web. Sites essentiels dans le domaine des NTIC :

- www.itpapers.com,
- www.bitpipe.com.

Concernant les marchés français et européens :

- www.xerfi.fr : études payantes,
- www.plusdetudes.com : 120 € HT par étude.

▷ Pour obtenir des aides à la réalisation d'une étude de marché, voici quelques adresses utiles :

- les « junior entreprises » : leur liste est disponible sur www.cnje.org ou au + 33 1 43 70 26 56; il s'agit d'associations loi 1901 d'étudiants des écoles de commerce, des formations commerciales et des écoles d'ingénieurs qui proposent aux entreprises la réalisation d'études de marché, complètes ou partielles, moyennant rémunération. Le coût de leurs prestations est en général sensiblement moins élevé;
- chaque année des étudiants de troisième cycle réalisent gratuitement des études de marché et des *business plan* pour de jeunes entreprises innovantes. Par exemple, dans le cadre du master de Management de la technologie et de l'innovation de l'INST et de Dauphine. Contact : Béatrice Rocher, brocher@instns. saclay.cea.fr.

▷ Le coût d'une étude de marché est très variable, de 250 €/jour pour une junior entreprise à 40 000 € pour un cabinet spécialisé. Il peut être partiellement financé par le Fonds régional d'aide au conseil (FRAC; voir n° 1323).

B. L'étude de faisabilité technique du projet

304 En complément de l'étude de marché, il sera souvent utile d'analyser la faisabilité technique du projet. Cette étude technique pourra aboutir à la réalisation d'une maquette ou d'un prototype permettant de démontrer la faisabilité technique. Cette étude pourra également comprendre un **cahier des charges** et des devis de prestataires. Elle fournira les éléments nécessaires pour **évaluer les coûts et les délais de développement** et pour établir le **plan de développement.**

1. Institut national de la statistique et des études économiques (INSEE) : www.insee.fr
2. www.apce.com
3. Centre français du commerce extérieur (CFCE), 10, av. d'Iéna 75783 Paris Cedex 16, www.cfce.fr
4. Agence française pour les investissements internationaux (AFII), 77, bd. Saint-Jacques 75014 Paris, www.afii.fr
5. Poste d'expansion économique (PEE), sur le site www.dree.org

▷ OSEO anvar accompagne les entreprises innovantes, y compris en cours de création, dans le montage de leur projet d'innovation et leur apporte son soutien financier, notamment pour les études de faisabilité nécessaires à la sécurisation de leur projet. Ainsi, par exemple, concernant la conception et la définition du projet, les études de faisabilité commerciale, technique, juridique et financière, outre la recherche de partenaires (voir n°s 1001, 1015 et 1315).

II. Executive Summary

305 Ce document est une synthèse du *business plan* de seulement quelques pages. Comme un CV, il n'est pas forcément exhaustif, il doit surtout donner envie d'en savoir plus et il peut être utilisé pour obtenir un rendez-vous.

Un *Executive Summary* est souvent placé au début du *business plan* pour permettre au lecteur de se faire une première idée en quelques minutes. Il peut aussi être utilisé seul, à la place du *business plan*, pour éviter de fournir des informations trop détaillées, confidentielles ou périmées. Il sera généralement réutilisé un grand nombre de fois pour remplir différents dossiers (aides, concours, etc.).

▷ Il faut régulièrement actualiser l'*Executive Summary* et l'améliorer progressivement.

Ce document doit présenter le projet de façon **concise et séduisante** en quelques paragraphes, par exemple :

- le **projet** : son nom, le secteur d'activité concerné, ses fondateurs, son contexte, la vision ou l'ambition du projet;
- l'**offre** : le concept, les produits ou services proposés, leurs fonctionnalités, leur caractère innovant, leur positionnement/mission de l'entreprise;
- le **marché** : les acheteurs potentiels, les avantages concurrentiels, la valeur ajoutée perçue;
- le ***business model*** : les canaux de distribution, le prix de vente prévu;
- les **objectifs** : les résultats prévus qui caractériseront le succès;
- la **stratégie** : les facteurs clés de succès, les orientations stratégiques, les plans de recrutement, de développement, de marketing;
- l'**opportunité d'investissement** : les besoins financiers, le montant recherché.

▷ Un *Executive Summary* en anglais est indispensable.

III. Le contenu du business plan

A. Comment structurer le business plan ?

306 La construction du *business plan* suit généralement un raisonnement logique, qui démontre étape par étape que :

- l'activité envisagée peut générer des **bénéfices importants** car :
  - il existe un besoin fort et non satisfait,
  - la solution innovante envisagée répond à ce besoin et elle est suffisamment attractive pour déclencher un acte d'achat,
  - ce besoin concerne un nombre de clients potentiels important et croissant,
  - cette activité générera un chiffre d'affaires important et sera rentable;

– l'équipe est excellente, elle comporte des profils complémentaires qui rassemblent :

- toutes les compétences techniques, commerciales et financières nécessaires au projet,
- l'expérience et les contacts sur le marché visé et les technologies utilisées,
- la capacité à gérer une entreprise;

– l'entreprise aura une part de marché importante et durable, dans la mesure où :

- les concurrents avérés ou potentiels sont bien identifiés,
- l'entreprise bénéficie d'importants avantages concurrentiels (avance technologique, brevets, contrats, partenariats...),
- les concurrents sont pénalisés par des barrières à l'entrée (délais et coûts de développement, brevets...).

B. Quels éléments inclure dans le business plan ?

307 Il n'existe pas de modèle universel de *business plan* convenant à tous les projets.

Celui-ci peut comporter les chapitres et éléments suivants :

I. *Executive Summary* (voir n° 305)

II. Présentation de l'équipe

– Présentation du porteur de projet et des personnes clés de l'entreprise. Résumés des CV en insistant sur les points qui sont pertinents pour le projet (formation, expérience...).

– Montrer que ces profils sont complémentaires, que l'équipe est expérimentée et qu'elle réunit l'ensemble des compétences nécessaires à la réussite de l'entreprise : managériale, technique ou scientifique, commerciale, financière. Éventuellement, indiquer si un ou plusieurs profils manquants sont recherchés.

– Montrer que cette équipe est la meilleure pour réaliser le projet et qu'elle possède des atouts uniques qui font défaut aux concurrents.

III. Offre

– Présentation des produits/services proposés, technologie, brevets.

– À quels besoins répondent-ils ?

– Quelle est l'offre existante ? Quel est le caractère innovant des produits/services, leurs avantages et inconvénients par rapport à l'offre existante ?

– Décrire le contexte, préciser l'opportunité, le *time to market* : Pourquoi ces produits n'ont-ils pas déjà été proposés ? Le marché est-il mûr ?

IV. Marché

Les éléments extraits de l'étude de marché trouvent leur place dans cette partie, à savoir :

– Qui sont les clients ciblés ? L'entreprise apporte une solution nouvelle à un besoin existant : démontrer l'existence d'un marché.

– Mentionner les résultats d'enquêtes auprès de clients ou prospects, citations...

– Préciser la segmentation des clients : identifier les différentes catégories de clients ciblées par l'entreprise à travers des offres et des stratégies adaptées (produits, tarifs, canaux de distribution, communication...).

– Préciser la zone géographique ciblée.

– Préciser la vision du marché : compréhension de l'environnement économique de l'entreprise, principaux acteurs, positionnement dans la chaîne de valeur...

– La taille et l'évolution du marché : démontrer l'importance et la croissance de ce marché.

– Études de marché, chiffres fournis par des analystes (choisir des sources d'informations externes crédibles et récentes).

– Préciser les statistiques internes sur l'activité de l'entreprise, si disponibles.

V. *Business model* ou modèle économique

Cette partie a pour finalité de démontrer la capacité de l'entreprise à créer de la valeur par son activité, à générer un chiffre d'affaires important et une forte rentabilité.

Les points suivants peuvent donc être développés :

– les sources de revenus de l'entreprise : ventes de produits ou services, revenus publicitaires, licences de la technologie, etc.

– les canaux de distribution : comment l'entreprise va-t-elle toucher les clients ciblés ? Quels sont les réseaux que l'entreprise va utiliser pour distribuer ses produits et services ?

– la politique de prix : prix de vente des produits ou services. Comment ont-ils été déterminés ? Quel est le positionnement du prix par rapport aux solutions concurrentes/alternatives ?

– la stratégie commerciale : démontrer que l'entreprise saura vendre (vendeurs expérimentés, connaissance des clients ciblés et du processus de vente, contrats existants, partenariats...).

VI. Concurrence

– Concurrents directs et indirects : quels sont les avantages compétitifs de l'entreprise et son positionnement par rapport aux concurrents (offre, cible, forces, faiblesses, prix...).

– Barrières à l'entrée pour de nouveaux entrants.

– Mise en valeur des avantages concurrentiels qui assureront le succès et la pérennité de l'entreprise.

VII. Propriété intellectuelle

Préciser :

– le stade de développement des produits;

– la stratégie de protection intellectuelle;

– le portefeuille de propriété industrielle déjà possédé : marques et brevets déposés, licences;

– les projets de dépôts.

VIII. Société

– Structure : forme juridique, date de création, début d'activité.

– Capital, nature des apports.

– Actionnaires : liste, répartition du capital (*Cap table*), rôle et degré d'implication dans le projet.

IX. Plan d'action

Cette partie décrit la route jusqu'au succès. Elle peut par exemple présenter les principales actions des trois prochaines années, en détaillant davantage la première année.

À cette fin, préciser :

– la stratégie de l'entreprise, les facteurs clés de succès, jalons, indicateurs clés de performance de l'entreprise, objectifs chiffrés;

– le plan de Recherche et Développement (R&D) : axes de R&D, planning de développement des produits, investissements et moyens nécessaires;

– la production : site de production, coûts de production des produits ou services, investissements matériels et humains nécessaires;

– le marketing et la communication : objectifs, plan de communication, cibles, messages, supports, budget de communication, plan d'action marketing, campagnes prévues, suivi des performances, budget marketing, taux de conversion, coût de recrutement des clients;

– le plan d'action commerciale : objectifs commerciaux, organisation et animation des équipes de vente, processus de vente;

– la gestion des ressources humaines : organisation, postes clés, évolution prévisionnelle de l'effectif, plan de recrutement, politique de rémunération (salaires prévus, partie variable...), ressources externes (sous-traitants, consultants, avocats...);

– le plan de développement international : implantations à l'étranger, partenariats, croissance externe, etc.

X. Prévisions financières (voir n° 308)

Cette partie démontre la rentabilité financière de l'entreprise. Elle fournit habituellement des prévisions trimestrielles sur trois à cinq ans ou jusqu'au retour sur investissement.

Elle peut comporter les éléments suivants :

– estimation des revenus : en cohérence avec le modèle de revenus décrit précédemment, à partir d'hypothèses prudentes, détaillées et justifiées;

– estimation des charges : en cohérence avec le plan d'action décrit précédemment;

– point mort (*break even*) : Quand sera-t-il atteint ? Sous quelles conditions ?

– compte de résultat prévisionnel;

– bilan prévisionnel;

– plan de financement : besoins financiers et sources de financement prévues, capitaux propres, autofinancement, aides...;

– plan de trésorerie (pour la première année, mensuel).

XI. Opportunité d'investissement

Préciser :

– les capitaux nécessaires pour mener à bien le projet, le montant recherché, l'utilisation des fonds;

– le potentiel du projet, les risques identifiés à surveiller, les raisons pour lesquelles l'équipe va réussir;

– le retour sur investissement;

– les scénarios de sortie envisagés.

▷ D'autres modèles ou logiciels de *business plan* sont disponibles aux adresses suivantes :
– www.afic.asso.fr, rubrique « Espace entrepreneurs »
– www.coachinvest.com/business plan
– www.business-plan-capalpha.com
– Site de l'APCE : www.apce.com.

▷ Quelques conseils pour établir son *business plan* :
– le *business plan* doit être facile et agréable à lire, clair, structuré, synthétique;
– il doit faire généralement 20 à 40 pages sous Word;
– il est important de ne pas ignorer la concurrence et de se positionner par rapport à elle;
– enfin, il doit être actualisé régulièrement.

Vous pourrez également trouver d'autres conseils sur le web. Par exemple sur les sites :
- www.indexventures.com, conseils d'une société de capital-risque européenne, voir section « Approach »;
- whohastimeforthis.blogspot.com/2005/11/how-to-not-write-business-plan.html : blog d'un VC américain.

IV. Prévisions financières

308 Le *business plan* doit comporter au minimum :
- un **compte de résultat prévisionnel** (voir n° 309);
- un **tableau de financement prévisionnel** (voir n° 312);

Il inclut en principe un plan de trésorerie pour la première année.

Ces tableaux permettent de calculer le montant des fonds nécessaires au financement du projet, puis de présenter aux investisseurs l'utilisation prévue des fonds.

A. Compte de résultat prévisionnel et capacité d'autofinancement

309 Le compte de résultat prévisionnel montre les revenus et les dépenses prévues chaque année, et le résultat qui en découle. Il permet ainsi de déterminer l'indicateur clé qu'est la capacité d'autofinancement (voir n° 311).

1. Établissement du compte de résultat

310 **EXEMPLE DE COMPTE DE RÉSULTAT**

Compte de Résultat (k Euros)		*N*	*N+1*	*N+2*
PRODUITS D'EXPLOITATION				
Chiffre d'Affaires	(+)			
Production immobilisée	(+)			
Subventions	(+)			
CHARGES D'EXPLOITATION (hors amortissements et provisions)				
Autres achats et charges externes				
Achats études et sous-traitance	(–)			
Fournitures	(–)			
Locations et charges locatives	(–)			
Commissions	(–)			
Honoraires	(–)			
Marketing et Communication	(–)			
Frais de déplacement et de mission	(–)			
Frais de télécommunication	(–)			
Autres dépenses	(–)			
Impôts et taxes	(–)			
Charges de personnel				
Équipe R&D	(–)			
Équipe Marketing et Ventes	(–)			
Services administratifs	(–)			
Direction	(–)			

EXCÉDENT BRUT D'EXPLOITATION (EBITDA) Dotations aux amortissements et provisions RÉSULTAT D'EXPLOITATION (EBIT)	 (–)			
RÉSULTAT FINANCIER RÉSULTAT EXCEPTIONNEL Crédit d'Impôt Recherche Impôt Société RÉSULTAT NET	 (–) (–)			
CAPACITÉ D'AUTOFINANCEMENT				

Voir n° 318

- ▷ Estimer les revenus de façon prudente et détaillée pour une meilleure crédibilité.
- ▷ Présenter les charges par destinations : R&D, marketing, etc.
- ▷ Affiner les prévisions annuelles par une approche mensuelle.

2. La capacité d'autofinancement (CAF)

311 La distinction entre **charges décaissées et non décaissées** permet de définir une notion essentielle : la capacité d'autofinancement.

Ce montant exprime, au décalage près dans le temps, le **flux de trésorerie** qu'a généré l'entreprise au cours de la période. C'est ce flux qui permettra à l'entreprise de rembourser ses emprunts, financer ses nouveaux investissements, verser des dividendes aux actionnaires.

La capacité d'autofinancement peut être calculée par exemple selon la méthode suivante :

Résultat net

– Plus ou moins-values sur cessions d'actif

+ Dotations aux amortissements et aux provisions

– Reprises sur provisions

– Subventions virées au compte de résultat

= **Capacité d'autofinancement**

B. Tableau de financement prévisionnel

1. Détermination des ratios normatifs

a. Détermination de l'encours client

312 Le **délai d'encaissement** des créances clients est déterminé à partir du ratio :

$$\frac{\text{Créances clients}}{\text{CA TTC}} \times 360$$

□ Si, par exemple, les conditions standard du délai client en fonction du marché auquel s'adresse l'entreprise sont de 60 jours et que les ventes sont assujetties au taux de 19,6 %, et sachant que le coefficient de structure est égal à :

$$\frac{\text{CA TTC}}{\text{CA HT}} = 1{,}196$$

les créances clients représenteront ainsi 71,76 jours de CAHT (= 60 × 1,196).

b. Détermination de l'encours fournisseurs

313 La durée moyenne du crédit fournisseurs est déterminée à partir du ratio :

$$\frac{\text{Dettes fournisseurs}}{\text{Achats TTC}} \times 360$$

□ Si par exemple :
- les conditions standard de règlement négociées avec les fournisseurs sont de 90 jours,
- les ventes s'élèvent à 100,
- les achats HT s'établissent à 60,
- et sachant que le coefficient de structure est égal à :

$$\frac{\text{Achats TTC}}{\text{CA HT}} = \frac{60 \times 1,196}{100} = 0,7176$$

les dettes fournisseurs représenteront ainsi 64,58 jours de chiffre d'affaires HT (= 90 × 0,7176).

c. Les stocks

314 La durée de rotation des stocks est déterminée à partir du ratio :

$$\frac{\text{Stocks}}{\text{Coût d'achat des marchandises vendues}} \times 360$$

□ Si par exemple :
- la durée normale de rotation des stocks est de 45 jours,
- les ventes s'élèvent à 100,
- les achats HT s'établissent à 60,
- et sachant que le coefficient de structure est égal à :

$$\frac{\text{Coût d'achat}}{\text{CA HT}} = \frac{60}{100} = 0,6$$

les stocks représenteront ainsi 27 jours de CA HT (= 45 × 0,6).

2. Calcul du besoin en fonds de roulement (BFR)

315 Il paraît utile préalablement de définir le fonds de roulement.

a. Le fonds de roulement (FR)

316 C'est la **trésorerie durable** dont l'entreprise va disposer pour financer ses besoins liés à l'exploitation. C'est la différence entre les ressources permanentes et les emplois permanents de l'entreprise.

Comptablement, le fonds de roulement (FR) se définit de la manière suivante :

FR = capitaux permanents – immobilisations nettes

Les capitaux permanents sont constitués des capitaux propres et des dettes long terme.

b. Le besoin en fonds de roulement (BFR)

317 Les ratios obtenus précédemment permettent de calculer le besoin en fonds de roulement (BFR).

Le BFR exprime le besoin de **trésorerie nécessaire** à l'entreprise pour fonctionner normalement. Il représente le décalage dans le temps entre le cycle de production (achats-production-vente) et le cycle de paiement (fournisseurs-stocks-clients).

Comptablement :

BFR = **actifs d'exploitation – passifs d'exploitation**
= stocks + clients + créances d'exploitation
- dettes fournisseurs - dettes d'exploitation

EXEMPLE DE TABLEAU DE CALCUL DU BFR

BFR (k Euros)		*N*	*N+1*	*N+2*
Stocks	(+)			
Créances clients	(+)			
Dettes fournisseurs	(–)			
Dettes fiscales et sociales	(–)			
BFR				
Accroissement du BFR				

Voir n° 318

c. Le plan de financement

318 Le solde cumulé obtenu pour la dernière année du plan de financement indique le montant des fonds nécessaires pour financer l'activité et les investissements à réaliser :

Plan de Financement (k Euros)	*N*	*N+1*	*N+2*
BESOINS			
Investissements			
Propriété intellectuelle			
Acquisition de matériel			
Immobilisations financières			
Accroissement du BFR			
Remboursements d'emprunts			
RESSOURCES			
Apports en fonds propres			
Capacité d'Autofinancement			
Avances remboursables			
Emprunts			
RESSOURCES – BESOINS			
SOLDE CUMULÉ			

Voir n° 317

Voir n° 310

Voir n° 319

3. Le plan de trésorerie

319 Le plan de trésorerie montre précisément à quel moment les fonds sont nécessaires.

EXEMPLE DE PLAN DE TRÉSORERIE

Plan de trésorerie (k Euros)	*Janvier*	...	*Décembre*	*N*
FLUX DE TRÉSORERIE MENSUELS				
ENCAISSEMENTS				
Libération Capital				
Chiffre d'Affaires				
Subventions				
DÉCAISSEMENTS				
Autres achats et charges externes				
Achats études et sous-traitance				
Fournitures				
Locations et charges locatives				
Commissions				
Honoraires				
Marketing et Communication				
Frais de déplacement et de mission				
Frais de télécommunication				
Autres dépenses				
Impôts et taxes				
Frais de personnel				
Équipe R&D				
Équipe Marketing et Ventes				
Services Administratifs				
Direction				
Impôt Société				
Crédit d'Impôt Recherche				
TRÉSORERIE D'EXPLOITATION MENSUELLE				
TRÉSORERIE D'EXPLOITATION CUMULÉE				
INVESTISSEMENTS				
Marques et brevets				
Matériel informatique et mobilier				
Autres				
TRÉSORERIE NETTE DU MOIS AVEC INVESTISSEMENTS				
TRÉSORERIE CUMULEE AVEC INVESTISSEMENTS				

Voir n° 318

D Valorisation

Nos 401 à 419

PAGES

401 Les entreprises du secteur des nouvelles technologies ont pour richesse principale leur capital immatériel : brevets, technologie, savoir-faire des équipes, marque, logiciels (voir nos 201 et s.). Ces actifs sont porteurs d'une rentabilité différée. Il est donc nécessaire d'évaluer les profits qu'ils pourront générer, tout en tenant en compte des besoins de financement nécessaires à leur développement. Le *business plan* est l'outil qui permet d'effectuer cette évaluation (voir nos 301 et 306 et s.).

La valorisation est la projection dans le futur de la valeur de l'entreprise jusqu'à son rythme de croisière. Elle est difficile à estimer car elle est propre à chaque projet, elle dépend du marché et du secteur, et dans certains cas, elle peut être à horizon très lointain (biotechnologies).

La valorisation est aussi fonction du stade du projet. En effet, l'un des critères de différenciation des investisseurs est leur stade d'intervention dans la vie de l'entreprise : amorçage ou développement. En amorçage, les prix retenus ne proviennent pas de calculs formalisés d'évaluation financière mais sont fixés d'un commun accord entre les parties, à condition d'avoir le choix.

La valorisation est le prix maximum que l'investisseur sera disposé à payer ou celui que les fondateurs seront disposés à accorder. L'objectif du premier sera de la minimiser afin de détenir la plus grande part de capital à moindre coût. À l'inverse, les seconds tenteront de la maximiser afin de minimiser la dilution de leur pouvoir. Néanmoins, il y a généralement un montant minimum nécessaire pour pouvoir mener à bien le projet d'entreprise, et un pourcentage minimum qui doit être détenu par les fondateurs pour qu'ils restent motivés et intéressés à la réussite de l'entreprise. Au final, le bon prix sera celui qui satisfera à la fois fondateurs et investisseurs dans une perspective « gagnant gagnant ».

Les valorisations sont généralement assorties de clauses variables conditionnées par l'atteinte de jalons ou « milestones ». Les valeurs mobilières donnant accès au capital, attribuées aux seuls managers fondateurs (OC, OBSA, BSA voir nos 501 et s.), sont les outils permettant ces ajustements de prix. Les investisseurs pourront sanctionner la non-réalisation du *business plan* et des objectifs définis lors de l'investissement.

L'acquisition de la minorité de blocage (+ de 33,33 % dans une SA) ou du bloc de contrôle (plus de 50 %) sont également des éléments clés dans la détermination de la valeur.

402 Ce chapitre présente les deux méthodes couramment utilisées pour évaluer une entreprise : la méthode de valorisation par les *cash flows* (voir nos 403 et s.) et la méthode de valorisation par les comparables ou multiples (voir nos 411 et s.). Leur mise en œuvre permettra d'identifier un intervalle de valeurs à l'intérieur duquel la valeur de l'entreprise peut raisonnablement être estimée.

Préalablement, il est utile de définir deux notions essentielles : la valeur *pre-money* et la valeur *post-money*.

La **valeur *pre-money*** est la valorisation de l'entreprise avant l'entrée de l'investisseur et donc avant augmentation de capital. C'est cette valeur qui intéresse les fondateurs.

La **valeur *post-money*** est la valorisation de cette même entreprise après augmentation de capital et après effets de dilution liés à l'existence de plans de *stock options* ou autres outils donnant accès au capital. C'est cette valeur qui intéresse les investisseurs.

Soit :

valeur *post-money* = valeur *pre-money* + augmentation de capital + effets de dilution

I. Valorisation par les cash flows

403 La méthode des *discounted cash flows* (DCF) ou méthode d'actualisation des flux de trésorerie futurs disponibles repose sur le principe que la valeur de l'entreprise est liée à sa capacité à dégager des liquidités nettes (*cash flows*) qui rémunèrent les capitaux investis.

La méthode des DCF est considérée comme la plus adaptée à l'évaluation de certaines sociétés technologiques car elle permet de tenir compte de ses caractéristiques propres : potentiel de développement, capacité d'investissement, structure financière, risque sectoriel... Mais elle a ses limites.

POUR QUELS PROJETS CETTE MÉTHODE EST-ELLE ADAPTÉE ?

▷ La méthode des DCF s'applique aux projets à horizon moyen terme (5 ans), au secteur des technologies de l'information, aux logiciels...

▷ Compte tenu de l'horizon très lointain des projections et de l'absence de chiffre d'affaires, la méthode des DCF n'est pas adaptée à certains projets à leurs premiers stades dans les secteurs des biotechnologies ou de l'électronique. En revanche, cette méthode pourra trouver à s'appliquer dans le cadre d'une introduction en bourse pour ces sociétés car l'horizon de rentabilité sera alors de cinq ou six ans (voir nos 550 et s.).

Cette méthode consiste à déterminer les flux de liquidités disponibles pour l'ensemble des apporteurs de fonds de la société et à les actualiser à un taux représentant leur exigence de rentabilité.

La valeur d'entreprise obtenue est égale à la somme :

– des *cash flows* d'exploitation actualisés sur la période des prévisions explicites ou « horizon » du *business plan*, et

– de la valeur terminale capitalisée à l'infini. Cette valeur correspond à la valeur de la société à l'issue de la période des prévisions explicites.

Cette valeur est ensuite diminuée de l'endettement financier net.

Soit :

$$\text{valeur d'entreprise} = \frac{\sum FCF}{(1+i)^n} + VT - \text{dettes financières}$$

FCF : *free cash flows* — i : taux d'actualisation

VT : valeur terminale — n : durée des projections

A. Mise en œuvre

404 La mise en œuvre de cette méthode se base sur l'analyse du *business plan* de la société évaluée. Elle nécessite de déterminer successivement :

- les flux de liquidité prévisionnels disponibles ou *free cash flows* (FCF). Ces flux sont calculés sur une période de projection dont la durée est fonction de la taille du projet. Cette durée peut être de cinq ans;
- la valeur terminale : elle est calculée à partir de l'estimation du flux normatif représentant la performance financière que la société doit pouvoir maintenir à long terme;
- le taux d'actualisation : c'est le taux utilisé pour actualiser les flux de liquidités et la valeur terminale. Il est assimilable au coût du capital et dépend également du risque pris par l'investisseur.

1. Détermination des flux de liquidités disponibles ou free cash flows

405 Les *free cash flows* correspondent aux flux de liquidités disponibles pour les actionnaires après financement des investissements et du besoin en fonds de roulement nécessaire à la croissance de l'activité.

Résultat d'exploitation ou EBIT (earnings before interest and taxes)
- Impôt théorique sur le résultat d'exploitation
= Net operating profit after tax
+ Dotations aux amortissements et provisions
- Investissements
- Variation du besoin en fonds de roulement
= Flux de liquidités disponibles ou free cash flows (FCF)

On distingue :

- le *free cash flow to equity* ou *cash flows* disponibles aux capitaux propres. Ce calcul de valorisation s'adresse aux investisseurs en fonds propres (actionnaires). Il actualise les *cash flows* disponibles au coût de capitaux propres;

▷ Ce modèle est adapté aux jeunes entreprises technologiques présentant un risque sectoriel et nécessitant des investissements et un besoin en fonds de roulement élevés.

- le *free cash flow to the firm* ou *cash flows* disponibles à l'entreprise. Ce calcul de valorisation s'adresse aux bailleurs de fonds (actionnaires et prêteurs). Il actualise les *cash flows* disponibles au coût moyen pondéré du capital (CMPC) également connu sous le nom de WACC (weighted average cost of capital).

▷ Ce modèle est adapté à des projets long terme ou matures, ayant des taux de croissance très élevés et bénéficiant de l'effet de levier de l'endettement.

2. Détermination du taux d'actualisation

406 Le taux d'actualisation est un taux qui permet de convertir des valeurs futures en valeurs actuelles. Si le taux est trop faible, l'entreprise sera surévaluée, et inversement.

Le taux d'actualisation à retenir dépend de la nature des flux de liquidités considérés dans l'approche de valorisation (voir n° 403) :

- flux pour les seuls actionnaires : actualisation au coût des seuls fonds propres traduisant l'exigence de rémunération des actionnaires;
- flux pour l'ensemble des bailleurs de fonds : actualisation au coût moyen pondéré du capital (CMPC).

a. Coût des fonds propres

407 Le coût des fonds propres (CFP) se calcule en ajoutant une prime de risque au taux de rentabilité d'un actif sans risque (Rf). Cette prime se calcule en ajustant la prime de risque de marché moyenne (Pm) par le coefficient représentatif du risque sectoriel de l'entreprise (β).

$$CFP = Rf + (\beta \times Pm)$$

- Taux sans risque (Rf) : il correspond au taux de rémunération attendu par un investisseur pour un actif sans risque, tel que les obligations d'État à long terme (OAT 10 ans s'élevant à 3,82 % en avril 2006).

- Prime de risque du marché actions (Pm) : elle correspond au supplément de rémunération attendu par un investisseur dans le cadre d'un investissement en actions, actif par nature plus risqué qu'une obligation d'État.

- Risque sectoriel mesuré par le coefficient β : il traduit la volatilité des rendements des sociétés d'un même secteur par rapport à ceux de l'ensemble du marché. Ce coefficient reflète le supplément de rémunération attendu par un investisseur dans le secteur dans lequel intervient la société à évaluer. Il est déterminé à partir de la construction d'un échantillon d'entreprises cotées comparables à l'entreprise dans laquelle on souhaite investir. Afin de définir un panel de sociétés comparables, les professionnels s'appuient sur des bases de données le plus souvent payantes, comme Bloomberg.

b. Coût moyen pondéré du capital

408 Le coût moyen pondéré du capital (CMPC ou WACC) correspond à une moyenne entre le coût des fonds propres et le coût de la dette, moyenne pondérée par la contribution respective de ces deux financements dans la société à évaluer.

$$CMPC = \left(\frac{CFP}{FP + D} \times FP\right) + \left(\frac{Cd}{FP + D} \times D\right)$$

CFP : rentabilité exigée par les actionnaires ou coût des fonds propres
Cd : rentabilité exigée par les banquiers ou coût de la dette
FP : montant des fonds propres
D : montant de l'endettement financier net de la société

3. Détermination de la valeur terminale

409 La valeur terminale correspond à la valeur d'une entreprise à l'issue de sa période de projection explicite.

La détermination de la valeur terminale suppose un état stable. Elle est calculée par capitalisation à l'infini d'un *cash flow* considéré comme « normatif » du point de vue de la croissance de l'activité. Il est d'usage de retenir comme *cash flow* normatif le résultat d'exploitation du dernier exercice du *business plan*. Ce qui suppose implicitement que la société est arrivée en phase de maturité à l'issue de la période de projection. Dans cette perspective, la croissance du besoin en fonds de roulement est marginale. Les investissements correspondent à des investissements de renouvellement, la différence entre investissements et amortissements est donc supposée nulle.

La valeur terminale est calculée de la manière suivante :

$$VT = \frac{(FCFt) \times (1 + t)}{(i\text{-}t)}$$

VT : valeur terminale
FCFt : *free cash flow* normatif
t : taux de croissance constant des *free cash flows*
i : taux d'actualisation

▷ L'estimation de la valeur terminale par la croissance infinie des *cash flows* disponibles peut être adaptée aux projets « biotech » lorsqu'une croissance stable des *cash flows* est attendue à l'issue de la phase de recherche ou de l'obtention de l'AMM[1].

La valeur terminale représente dans certains cas plus de la moitié de la valorisation totale, voire la totalité de cette valeur.

Compte tenu de son poids dans l'évaluation, une méthode alternative au calcul de la valeur terminale par la croissance infinie des *cash flows* pourrait être la méthode des multiples de chiffre d'affaires, d'EBIT ou d'EBITDA[2]. Cette méthode alternative trouve notamment tout son sens pour les projets dont l'estimation du taux de croissance est incertaine ou pour les projets destinés à être cédés à moyen terme.

B. Limites

410 Les limites de la méthode des *cash flows* tiennent à la sensibilité aux paramètres d'évaluation retenus et aux hypothèses de prévision à long terme influençant la valeur terminale.

Les difficultés d'évaluer les *free cash flows* compte tenu des pertes récurrentes en début de cycle, l'influence des prévisions des premières années sur la valeur terminale et le poids de la valeur terminale dans l'évaluation globale sont autant d'éléments pouvant conduire à une valorisation subjective de la société.

Il pourra donc être utile de compléter cette approche par une évaluation selon la méthode des comparables permettant de déterminer des multiples de valorisation.

II. Valorisation par les comparables

411 La méthode des *comparables boursiers* (CB) consiste à appliquer à la société à évaluer des multiples de valorisation observés sur des sociétés cotées intervenant dans un domaine d'activité comparable.

1. Autorisation de mise sur le marché du médicament, voir n° 809.
2. Earnings before interest, taxes, depreciation and amortization.

Cette méthode repose sur le principe selon lequel le marché valorise de manière équivalente des entreprises appartenant au même secteur et susceptibles de générer les mêmes marges d'exploitation, ces entreprises supportant un risque économique assez proche.

▷ Dans le secteur des **biotechnologies**, c'est principalement la méthode des comparables qui est utilisée. Elle permet d'estimer la valeur actuelle de la société en fonction de la phase d'essai clinique dans laquelle elle se trouve. Elle permet aussi d'estimer, par comparaison avec des sociétés cotées, la valeur que la société pourra représenter, si elle atteint ses objectifs, à terme ou à la sortie de l'investisseur. Celui-ci détermine ainsi le prix qu'il est prêt à payer selon cette valeur cible et son objectif de rentabilité.

A. *Entreprises* high tech

412 Les principes ci-dessous sont applicables aux entreprises *high tech* des secteurs des technologies de l'information, des télécommunications, des logiciels... et aux autres projets dégageant des revenus (équipementiers biotech...). En revanche, ils ne sont généralement pas applicables à certaines entreprises de biotechnologies (voir n° 417).

1. *Mise en œuvre*

413 La mise en œuvre de cette méthode nécessite :

- la constitution d'un échantillon (*benchmark*) de sociétés cotées présentant les mêmes caractéristiques sectorielles et financières que celles de la société cible. Les entreprises sélectionnées se situeront idéalement dans la même zone géographique, auront la même taille, seront rentables, cotées sur des marchés similaires et auront la même structure de capital;
- l'identification des ratios les plus pertinents permettant d'analyser les écarts de valorisation entre les entreprises retenues;
- l'application de ces indicateurs de performance aux données financières de référence de la société à évaluer;
- l'analyse et l'explication des écarts de valorisation éventuels entre l'échantillon de référence et la société à évaluer.

a. *Choix des multiples*

414 Après avoir calculé la valeur de marché de l'entreprise (VE) par capitalisation boursière, on déterminera le multiple le plus pertinent pour l'appliquer aux revenus attendus de l'entreprise cible.

Voici quelques indicateurs couramment utilisés :

- multiple de chiffre d'affaires (VE/CA) : il permet d'approcher la valeur d'une société par son chiffre d'affaires. L'application de ce multiple s'accompagne en général d'un taux d'actualisation élevé;
- multiple d'EBITDA ou d'EBE (VE/EBE) : il permet d'approcher la valorisation à partir d'un indicateur de rentabilité d'exploitation avant prise en compte de la politique d'amortissement et de traitement des survaleurs. Cet indicateur est approprié si les entreprises sont vraiment comparables avec l'entreprise cible;
- multiple d'EBIT ou de REX (VE/REX) : le multiple du résultat d'exploitation avant amortissement des survaleurs tient compte de la rentabilité directement

issue de l'exploitation après prise en compte de la politique d'amortissement. C'est l'indicateur le plus pertinent au regard de la création de valeur;

- PER (*price earning ratio*) : ce coefficient de capitalisation du résultat reflète la valorisation que le marché attribue à la capacité bénéficiaire d'une société. C'est sans doute le multiple le moins adapté aux entreprises technologiques;

- autres : valeur par utilisateur, abonné ou visiteur, chiffre d'affaires par abonné ou utilisateur. Ces multiples sont plus ou moins pertinents en fonction des modèles économiques concernés.

b. Valeur d'entreprise

415 L'estimation de la valeur de marché de l'entreprise au moment de la sortie est obtenue par le produit du multiple de valorisation aux revenus attendus. Cette valeur est ensuite actualisée au coût des capitaux propres. Si l'entreprise a recours à la dette, la valeur est actualisée au CMPC (voir n° 408).

2. Difficultés et limites

416 La mise en œuvre de l'approche par les comparables boursiers comporte de nombreuses difficultés :

- la constitution d'un échantillon suffisamment représentatif de l'activité, du profil de risque, du modèle de développement et des performances financières de la société à évaluer est une étape complexe dans certains cas;

- l'utilisation de mécanismes de valorisation sur un marché est délicate dans le sens où la valeur d'une entreprise dépend de sa rentabilité actuelle et de ses perspectives de croissance... Or l'utilisation de moyennes de multiples de valorisation traduit mal l'impact de ces différents éléments en terme de valorisation;

- les multiples de valorisation calculés intègrent par définition une prime de liquidité qu'il convient de neutraliser lors de l'évaluation d'une société non cotée. L'analyse de la liquidité des comparables retenus s'imposera pour apprécier le niveau de décote approprié à appliquer.

La méthode des multiples permet cependant d'apprécier la valeur de marché d'une entreprise en fonction des principales références sectorielles boursières qui seraient utilisées par des investisseurs potentiels.

B. Entreprises de biotechnologies

▷ **Note préalable :** les principes énoncés ci-dessous concernent les entreprises de biotechnologies dont le *business model* est la recherche et le développement de médicaments en vue de l'obtention de l'AMM. Une note explicative sur les différentes phases de recherche figure en annexe (voir n° 3101).

417 Dans le cas de ces entreprises de biotechnologies, l'objectif final est bien souvent non pas de construire une entreprise pérenne qui aura *in fine* un chiffre d'affaires, mais de développer un portefeuille de produits, qui sera ensuite acquis par de grands laboratoires pharmaceutiques.

L'intérêt pour les grands laboratoires pharmaceutiques est, d'une part, de faire prendre par les financiers le risque très en amont de la recherche et, d'autre part, de n'acquérir que des produits dont le potentiel est déjà bien cerné. La contrepartie majeure de cette stratégie d'observation est que le « bon projet » acquis coûtera plus cher que le même projet qui aurait été développé en interne, à cela près qu'il n'y aura pas eu d'investissements dans des projets avortés. Les laboratoires pharmaceutiques pourront ainsi payer un prix élevé pour un produit mature et proche de la commercialisation.

Dans ces conditions, la valeur d'une entreprise est donc représentée par **la valeur de son portefeuille de produits**, autrement dit par le **prix qu'un industriel du secteur de la pharmacie serait prêt à payer pour acquérir les produits**, et donc l'essentiel des actifs de l'entreprise.

1. Approche de la valeur

418 Pour évaluer cette valeur, il existe des règles simples, qui sont celles des professionnels du *licensing-in* de l'industrie pharmaceutique. Pour un produit dont le prix de revient industriel est moyen, et dont les coûts de marketing sont moyens, on considère de façon très approximative que la valeur d'acquisition d'un produit commercialisé est de l'ordre de deux années de chiffre d'affaires « stabilisé ».

Évidemment, ces entreprises de biotechnologies n'ont quasiment jamais de produit commercialisé, d'où l'impossibilité d'ailleurs d'utiliser les modèles dérivés du DCF (voir n°s 403 et 1124). Dans ces conditions, il convient, dans un premier temps, d'évaluer d'abord ce que pourrait être le chiffre d'affaires du produit considéré en cas de succès. Puis, on estime la valeur du produit en fonction de son stade de développement, sachant que les pourcentages de succès de passage d'une phase à l'autre varient en fonction des domaines thérapeutiques.

□ Considérons l'exemple théorique suivant : produit donné ayant un potentiel de chiffre d'affaires de 1 milliard d'euros, pourcentage de passage de la phase II vers la phase III de 33 %, pourcentage de passage de la phase III vers l'AMM de 75 %.

- S'il est au stade de l'AMM, on peut dire qu'il vaut un an de chiffre d'affaires car, entre un potentiel de vente et une réalité marketing, il y a une probabilité estimée à 50 % (soit une valeur de 1 milliard d'euros dans notre exemple).
- S'il n'est qu'en phase III de développement, on considère que la probabilité de passer à l'étape supérieure est de l'ordre de 75 % (soit une valeur de 750 millions d'euros dans notre exemple).
- S'il n'est qu'en phase II de développement, on considère que la probabilité de passer à l'étape supérieure est de l'ordre de 33 % car c'est au moment de la phase II que l'on mesurera l'efficacité du produit chez l'homme (soit une valeur de 250 millions d'euros dans notre exemple).

On peut ainsi remonter jusqu'au stade de développement actuel du produit, qui est souvent préclinique dans la majorité des cas, avec toute la difficulté à évaluer la probabilité que tel ou tel produit arrive jusqu'en phase clinique.

□ Pour suivre notre exemple, ce produit à un milliard d'euros de chiffre d'affaires potentiel peut donc valoir entre 250 et 750 millions d'euros aux yeux d'un industriel après avoir fait la preuve de son efficacité chez l'homme, et ce en fonction de la qualité des résultats présentés. Évidemment, cette somme (que l'on peut fixer à 500 millions d'euros) ne sera pas payée intégralement et en cash au moment de la signature du contrat (encore que cette tendance s'affirme), mais plutôt sous forme d'upfront puis de milestones et de royalties.

Si l'investisseur acquiert la conviction qu'en investissant 40 millions d'euros dans une jeune entreprise, elle peut valoir 500 millions cinq années plus tard, lorsque le produit aura montré son efficacité chez l'homme, et qu'il a pour philosophie (ou contrainte de la part de ses propres investisseurs) de n'investir dans des projets que lorsqu'il est convaincu de pouvoir multiplier sa mise de départ par 10, alors il faut que la valorisation de départ plus l'investissement réalisé ne dépasse pas 50 millions. Dans ces conditions, il peut payer son ticket d'entrée jusqu'à 10 millions d'euros.

2. Difficultés et limites

419 Dans la réalité, le marché n'est pas un marché dynamique, l'offre et la demande étant déséquilibrées. Et donc, faute de pouvoir réel de négociation, la valorisation sur laquelle l'investisseur et le fondateur se mettront d'accord peut s'écarter sensiblement de cette valeur.

En outre, de plus en plus d'industriels se mettent à jouer le rôle d'investisseurs et ce aux côtés ou à la place des investisseurs traditionnels purement financiers. C'est ce que l'on appelle le *corporate venture*. Et pour ces industriels, il est beaucoup plus important de ne pas passer à côté d'un bon projet qui ferait la fortune d'un concurrent que de payer plus cher qu'un investisseur financier un projet que l'on a identifié et auquel on croit !

LIEN UTILE

▷ Le « Panorama des biotechnologies en France », rapport complet sur le secteur des biotechnologies établi par France Biotech, est disponible sur le site de l'association www.france-biotech.org. Ce rapport décrit les principales évolutions de la biotechnologie française, ses chiffres-clés, son financement. ■

E Financement

Nos 501 à 584

501 Les entreprises innovantes ont accès à plusieurs sources de financement en fonction des différents stades de la vie de l'entreprise : *love money* et aides publiques dès la naissance du projet, *business angels* et capital-risque à un stade ultérieur, puis introduction en Bourse.

▷ Il est parfois tentant de faire entrer dans son capital un partenaire industriel, client ou fournisseur potentiel. Il faut cependant bien évaluer, d'une part, les risques de conflit d'intérêt potentiel entre l'actionnaire industriel et la société et, d'autre part, les interférences sur la stratégie de financement future de la société. Si vous souhaitez faire appel au capital-risque, il peut être préférable de ne pas avoir d'actionnaires qui puissent être en contact avec des concurrents ou se trouver à terme en conflit d'intérêts.

L'entrée d'un business angel ou d'une société de capital-risque s'accompagne presque systématiquement de l'émission d'actions de préférence et de titres donnant accès au capital, ainsi que de la signature d'un pacte d'actionnaires.

Le présent chapitre donne des informations utiles sur ces sources de financement et ces outils. Il convient de préciser à cet égard que les aides font l'objet d'un chapitre spécifique (voir n°s 1301 et s.). Les *business angels* interviennent en général en phase d'amorçage, le « ticket » moyen d'investissement étant de 50 000 € et la prise de participation moyenne de 10 %. Quant au recours au capital-risque, propre aux entreprises innovantes, ainsi que le financement par le marché boursier, ils sont décrits en détail ci-après.

I. Levée de fonds auprès du capital-risque

A. Recourir au capital-risque au moment adéquat

502 Les aides publiques (le concours du ministère de la Recherche par exemple) permettront de financer les premiers coûts de recherche et développement et de faire fonction de capital d'amorçage. Certes, le chiffre d'affaires est toujours préférable au financement extérieur et la capacité d'autofinancement (CAF) est l'unique moyen garantissant l'indépendance de l'entreprise.

Toutefois :

- dans certains domaines très capitalistiques (biotechnologies, électronique...), il est impossible de dégager une CAF significative; pour ces secteurs spécifiques, nous recommandons d'aller voir les investisseurs aux premiers stades du projet.

- dans d'autres secteurs d'activités (logiciels, télécoms, etc.), la CAF peut se révéler insuffisante pour des raisons propres aux entrepreneurs (rapidité, ambition). Le recours à des financements extérieurs devient alors une nécessité. Nous recommandons de faire appel au capital-risque à un stade plus avancé du projet, se matérialisant par une ébauche de chiffre d'affaires et des perspectives concrètes.

La phase de levée de fonds est très longue (de 6 à 18 mois) et consommatrice de temps.

▷ Il est donc conseillé de rechercher des fonds quand vous n'en avez pas besoin afin de vous permettre de supporter ces délais et d'être en meilleure position pour négocier.

B. Étapes de la levée de fonds

503 La levée de fonds comporte généralement les étapes suivantes :

– Identification des investisseurs

Les fonds d'investissement n'interviennent pas dans tous les domaines, beaucoup sont spécialisés dans un secteur d'activités : biotechnologies, logiciel, électronique, etc.

Par ailleurs, la plupart des fonds d'investissement n'interviennent pas à tous les stades de la vie de l'entreprise, mais seulement à un stade précis :

- à l'**amorçage** (*early stage*) : investissement à la création et/ou en phase de démarrage,
- au **développement** : investissement dans une société en décollage pour financer les besoins de fonds de roulement et le développement commercial.

▷ Nous recommandons d'effectuer une recherche dans un guide ou annuaire et de sélectionner des investisseurs potentiels en fonction de leur spécialisation sectorielle, de l'étape à laquelle ils interviennent, de leur portefeuille de participation (entreprises concurrentes) et des montants qu'ils investissent. L'Annuaire en ligne de l'Association française des investisseurs en capital (AFIC) permet une première sélection en fonction du stade d'investissement (amorçage, création, développement, etc.), du montant recherché, du secteur d'activités. Consulter sur ce point le site www.afic.asso.fr rubrique « annuaire des membres de l'AFIC ».
Une bourse d'annonces pour la recherche de financements est également disponible sur le site www.coachinvest.com/annonces/bourse_annonces_financement. php.

Il peut être éventuellement fait appel à un spécialiste de la levée de fonds, appelé « **leveur de fonds** ». Ce dernier appréciera la faisabilité du projet et son positionnement en terme de maturité. Il établira un *business plan* et conseillera sur le nombre des levées de fonds et le montant des fonds à rechercher, ainsi que sur le pacte d'actionnaires. Certains investisseurs affirment qu'un bon entrepreneur n'a pas besoin d'un leveur de fonds et n'apprécient pas que leur financement soit immédiatement grévé pour sa rémunération.

Le coût du recours à un leveur de fonds correspond à une commission d'engagement de 10 000 € en moyenne, outre une commission de succès de 5 % à 8 % du montant des fonds levés.

– Présentation et réunions de travail

Il est important de garder à l'esprit, lors des réunions de travail, les principaux critères d'évaluation des capitaux-risqueurs qui sont : la qualité du porteur de projet et de son équipe, le chiffre d'affaires potentiel de l'entreprise, et ses avantages concurrentiels (barrières à l'entrée). L'engagement des fondateurs sera évalué en fonction des capitaux qu'ils ont eux-mêmes investis.

▷ Un certain niveau d'apports personnels est indispensable, notamment parce qu'il renforcera la crédibilité du porteur et la viabilité du projet aux yeux des financeurs externes publics ou privés. Les prêts d'honneur, accordés à titre personnel aux porteurs de projets, entrent dans cet apport personnel.

– Passage en comité d'investissement : présentation formelle du projet par le porteur de projet ou l'équipe devant une demi-douzaine de personnes appartenant à une société de capital-risque. La présentation dure environ une heure et comporte des questions-réponses. Elle est suivie d'une délibération interne entre les décideurs. Une réponse positive ou négative est en principe donnée sous quelques jours.

▷ Il est recommandé de se renseigner sur les participants et si possible de les rencontrer avant le passage en comité afin d'avoir un premier échange plus informel et de répondre à une partie de leurs questions.

– Due diligences

Elles consistent en une validation indépendante des informations disponibles. Elles sont en général conduites avant la signature de la *term sheet* dans les domaines suivants : technique, médical, réglementaire, opérationnel et commercial.

Certaines des diligences, postérieures à la signature de la *term sheet*, sont purement formelles et ne portent que sur les aspects financiers et juridiques.

Concernant leur coût, le plafonnement et la répartition des frais devront être négociés et stipulés dans la *term sheet*. D'un commun accord, les honoraires des conseils et autres frais engagés pour la réalisation de l'investissement peuvent être à la charge exclusive de la cible dans la limite d'un plafond défini, les investisseurs supportant les frais liés à la réalisation de l'opération au-delà de cette limite. Par ailleurs, la prise en charge des coûts par les parties devra être précisée en cas de non-réalisation de l'opération.

– Négociation de la valorisation et de la *term sheet* (voir n° 504)

– Négociation des clauses du pacte d'actionnaires

– Closing et remise du chèque

▷ Entre l'entrepreneur et le *venture capitalist* (VC), c'est une histoire de séduction ! Il vaut mieux être sollicité ou être présenté que faire le premier pas et se trouver en position de demandeur. Et, dans ce cas, il est indispensable de bénéficier d'une ou plusieurs recommandations. En effet, les meilleurs fonds d'investissement reçoivent plusieurs centaines de dossiers par an et en retiennent moins de 1 % à l'issue d'un processus d'élimination extrêmement sélectif. Même si votre projet est bon, vos chances sont très faibles si vous ne bénéficiez pas d'une recommandation, car votre dossier risque d'être regardé très rapidement et d'être écarté à la moindre erreur. Il faut ensuite montrer aux VCs que vous êtes sélectif, mais qu'ils ont tout de même quelques concurrents dangereux. Un VC peut être intéressé et suivre votre dossier longuement sans se décider à passer à l'acte. Dites-vous que VC a de l'argent et doit le placer, mais les bons dossiers ne sont pas si nombreux. Il est partagé entre la crainte d'investir sur un mauvais dossier et celle de rater une bonne affaire, qui sera saisie par un autre fond. À vous de faire pencher la balance du bon côté. Il faut garder plusieurs pistes actives tant que le chèque ne vous a pas été remis. Il est fréquent de voir un deal remis en cause au tout dernier moment. Pour arriver jusqu'au closing, il vous faudra souvent convaincre de nombreux partners, managers et conseillers. Le « oui » est collectif, un seul « non » peut faire capoter le dossier. Les meilleurs entrepreneurs qui maîtrisent ce processus de séduction parviennent à inverser la relation et à avoir le choix entre plusieurs investisseurs.

C. Term sheet *ou lettre d'intention*

504 Ce document, en général préalable à la décision finale d'investissement, déclare l'intention de l'investisseur de prendre part au tour de table.

La lettre d'intention a pour objet d'indiquer les termes généraux dans lesquels l'opération d'investissement est envisagée. Elle décrit les conditions et modalités de l'investissement en cas de réalisation de ce dernier. Sont en général stipulés les éléments suivants :

– Les **termes généraux de l'investissement**

Ainsi, sont indiquées les modalités de la prise de participation (comme l'augmentation de capital et/ou l'acquisition de titres) et sont notamment décrites :

- la base de valorisation de la société : cette valorisation prend en compte de nombreux critères (voir nos 401 et s.),
- la structure de l'investissement. Par exemple, émission d'actions de préférence à bons de souscription d'actions de préférence (APBSAP), obligations convertibles, etc.

– Les **conditions préalables à l'investissement**

L'investissement peut être subordonné à la réalisation de certaines conditions :

- due diligences ne devant pas révéler de faits de nature à remettre en cause la valorisation de la société,
- avis favorable du comité d'investissement.

– Les **règles de « vie commune »**

La lettre d'intention peut contenir des précisions concernant :

- la signature d'un pacte d'actionnaires : indication dans la *term sheet* des principales clauses relatives aux droits des investisseurs, *lock up* des fondateurs,
- la désignation d'un représentant des investisseurs aux organes de direction ou de surveillance.

– Des **dispositions générales**

Ces dispositions peuvent porter notamment sur :

- le calendrier de réalisation de l'investissement,
- la confidentialité,
- l'exclusivité de négociation.

▷ L'AFIC met en ligne gratuitement sur son site www.afic.asso.fr un modèle de lettre d'intention intégré dans la publication « Capital-risque : guide de la lettre d'intention » et rédigé par la *commission Venture Best Practices*.

D. Closing

505 L'acte critique est la signature des **bons de souscription** à l'augmentation de capital en échange de la remise du chèque.

Le closing peut parfois se traduire par la signature d'un **contrat d'investissement**, dont l'existence résulte d'une influence anglo-saxonne. Le contrat d'investissement est la rédaction juridique de la *term sheet* (voir n° 504). Il comprend la description des modalités de l'investissement et des opérations connexes telles que l'émission d'outils relatifs ou dilutifs, le traitement des porteurs de BSPCE (voir nos 917 et s.), *stock options* (voir nos 911 et s.) ou BSA (voir n° 521). Sont notamment annexés au contrat le *business plan* (voir nos 306 et s.), le pacte d'actionnaires (voir nos 531 et s.), le contrat d'émission de titres donnant accès au capital.

E. FCPI : qualification « entreprise innovante » par OSEO anvar

506 Pour être éligible à un investissement par un fonds communs de placement dans l'innovation (FCPI) au titre de son quota de 60 %, l'entreprise doit être considérée comme innovante.

1. Qualification « entreprise innovante »

507 Il convient préalablement de préciser que la notion de « qualification » est réservée à la prestation OSEO anvar.

Le caractère innovant peut être constaté de deux manières :

- soit automatiquement, si l'entreprise a réalisé au cours des trois exercices précédents des dépenses cumulées de recherche d'un montant au moins égal au tiers du chiffre d'affaires le plus élevé réalisé au cours de ces trois derniers exercices;
- soit par l'attribution de la qualification « entreprise innovante » par OSEO anvar après examen du dossier.

2. Demande de qualification OSEO anvar

508 Le dossier de demande de qualification doit comprendre les éléments suivants :

- la **présentation** des projets d'innovation en cours et à venir;
- le **récapitulatif** des activités et moyens de la société en matière de R&D (voir n°s 1002 et s.) : personnel, propriété intellectuelle, collaborations scientifiques, etc.;
- le **dossier comptable et financier** comportant les éléments de calcul annuel du montant des dépenses de R&D, comprenant principalement la recherche applicative;
- le **plan de financement** et le **compte de résultat prévisionnel** pour les trois premières années où le projet sera mis en œuvre.

L'OSEO anvar procède à un **examen technico-économique** des conditions dans lesquelles l'entreprise prévoit de développer ses projets sous les aspects :

- technique : technologies originales à base du nouveau concept, état de l'art, solutions alternatives, etc.;
- commercial et marketing : besoins et applications visées, positionnement par rapport à la concurrence, modes d'accès au marché, etc.;
- management et organisation : profil de l'équipe, présence d'une cellule de R&D, jalons du projet, facteurs clé de réussite, etc.;
- juridique : informations sur la propriété intellectuelle, les contraintes réglementaires, etc.;
- financier : estimation des coûts, des ressources et besoins de financement.

Le coût d'une telle demande s'élève à la somme de 2 200 € HT.

▷ Il est recommandé d'obtenir la qualification « entreprise innovante » pour être éligible à l'investissement d'un FCPI. Cette qualification peut également être obtenue dans les six mois après l'entrée de l'investisseur.
Adresse utile : www.oseo.fr, onglet « Entrepreneurs et porteurs » de projets, puis cliquer sur « Innover » puis dans le paragraphe « L'offre OSEO », cliquer sur « Qualification "entreprise innovante" au titre des FCPI ».

II. Actions de préférence

509 L'ordonnance du 24 juin 2004, modifiée par le décret du 10 février 2005, a institué les actions de préférence et a harmonisé les valeurs mobilières composées en un seul régime : les titres donnant accès au capital.

Les différentes **valeurs mobilières** pouvant être émises par les sociétés par actions peuvent être regroupées en quatre grandes catégories :

- les titres de capital, que sont les **actions ordinaires** et les **actions de préférence**;
- les titres donnant accès au capital : réunissant les obligations convertibles, obligations avec bons de souscription et bons de souscription d'actions;
- les titres de créances, qui correspondent aux obligations;
- les titres donnant accès à des titres de créances, qui comprennent les **bons de souscriptions d'obligations**.

L'émission des actions de préférence est désormais possible depuis le 13 février 2005. Inspirée de la pratique anglo-saxonne des « *preference shares* », une nouvelle catégorie de titres rattachée aux titres de capital est créée à l'article L. 228-11 du Code de commerce : les actions de préférence. Ces actions sont définies comme « des actions conférant à leurs titulaires des **droits particuliers** de toute nature, **à titre temporaire ou permanent**, et pouvant être **assorties ou non du droit de vote** ».

Cette catégorie d'actions permet d'unifier le régime d'un grand nombre de titres. Les actions de préférence viennent ainsi remplacer les actions de priorité, les actions à dividendes prioritaires sans droit de vote, les certificats d'investissement et les certificats de droit de vote.

Les actions de préférence intéressent particulièrement les investisseurs car elles permettent de mieux aménager leurs **droits politiques et économiques**.

L'objectif des actions de préférence est de maintenir l'équilibre entre les investisseurs et les entrepreneurs et d'éviter les cas dans lesquels les entrepreneurs gagnent de l'argent lorsque les investisseurs en perdent. Telle est la logique de ces outils qui permettent une liquidation préférentielle. Ces outils sont néanmoins utilisés pour organiser des droits autres, voire donner des liquidations préférentielles multiples (voir n° 531).

Il est ainsi possible de créer toutes sortes d'actions de préférence aux caractéristiques les plus diverses et correspondant aux besoins particuliers de chaque société. Leur apport est une grande souplesse dans l'organisation des pouvoirs entre actionnaires. Certains droits faisant l'objet de pactes d'actionnaires peuvent, dans ce cadre, devenir statutaires.

A. Caractéristiques

510 Les actions de préférence doivent être prévues par les statuts avec l'indication des droits qu'elles comportent. Une modification statutaire s'imposera pour les sociétés existantes afin de rendre opposables les droits aux tiers.

Les caractéristiques des actions de préférence sont librement déterminées par les statuts ou par le contrat. La durée de ces droits peut être temporaire ou permanente :

- Elles peuvent être assorties ou non du droit de vote, droit pouvant être aménagé ou suspendu voire supprimé, soit dans son étendue, soit pour un délai déterminé.

Les actions de préférence ayant seulement un droit de vote mais dépourvues de droit financier sont interdites.

Un droit de vote double peut être instauré mais pas de droit de vote triple ou multiple, le titulaire devant être actionnaire depuis au moins deux ans.

– Elles peuvent comporter tous les droits souhaités, tels que :
- des droits financiers : dividende prioritaire, droit de rachat prioritaire des actions de préférence, priorité sur le boni de liquidation, conversion en actions ordinaires, etc.,
- des droits politiques, souvent exigés par les investisseurs : droit d'information renforcé, communication préalable sur certaines opérations pouvant être prises par la société, cession des actions de préférence en dehors de tout agrément ou préemption, représentation au sein des organes de direction ou de surveillance, etc.

– Les droits conférés par les actions de préférence à leurs titulaires sont exerçables au sein d'un groupe. Les droits particuliers peuvent être exercés non seulement dans la société émettrice, mais également dans la société mère, dans les filiales et sous filiales si la détention majoritaire est continue en ligne directe. La référence est faite aux liens en capital et non en droit de vote. L'émission devra cependant être autorisée par les assemblées générales extraordinaires de la société émettrice et de la société au sein de laquelle les droits sont exercés. Les commissaires aux comptes des sociétés intéressées devront établir un rapport spécial.

Il sera possible de verser un « **avantage financier** » (et non un dividende) aux titulaires d'actions prioritaires non actionnaires de la société émettrice.

– Les actions de préférence sont limitées à **un quart du capital social** pour les sociétés cotées et ne peuvent représenter **plus de la moitié du capital social** des sociétés non cotées. Les actions à dividende prioritaire sans droit de vote et les certificats d'investissement existants sont pris en compte pour le calcul de cette quotité.

B. Création

511 Les actions de préférence peuvent être créées lors de la constitution de la société ou en cours de vie sociale par voie d'augmentation de capital.

1. Respect de la procédure des avantages particuliers

512 L'intervention d'un commissaire aux avantages particuliers est obligatoire pour toute augmentation de capital par émission d'actions de préférence au profit d'actionnaires ou de tiers désignés. Le commissaire, désigné en justice, doit être un commissaire aux comptes n'ayant pas réalisé depuis cinq ans et ne réalisant pas de mission au sein de la société.

Le commissaire établit un rapport dans lequel il décrit et apprécie chacun des droits particuliers attachés aux actions de préférence.

Le rapport spécial du commissaire, mis à la disposition des actionnaires huit jours au moins avant l'AGE, décrit et apprécie chacun des droits particuliers attachés aux actions de préférence.

2. Modalités

513 L'assemblée générale extraordinaire des actionnaires est seule compétente pour décider de l'émission des actions de préférence au vu d'un rapport spécial du commissaire aux comptes. Elle pourra déléguer ce pouvoir au conseil d'administration ou au directoire, conformément aux règles applicables aux augmentations de capital.

Le **rapport du conseil d'administration ou du directoire** présenté à l'assemblée indiquera le nom des attributaires des actions de préférence et le nombre d'actions attribuées. Il doit également préciser les caractéristiques des actions à émettre, l'incidence de l'émission sur la situation des autres porteurs de titres donnant accès au capital et le cas échéant, les motifs de proposition de la suppression du droit préférentiel de souscription.

Le commissaire aux comptes donne son avis sur l'augmentation de capital envisagée et, le cas échéant, sur la suppression du **droit préférentiel de souscription**.

Les actions de préférence émises par voie d'augmentation de capital peuvent être libérées du **quart de leur valeur nominale** (la moitié lors de la constitution).

C. Protection des titulaires d'actions de préférence

514 Les titulaires d'actions de préférence, constitués en assemblée spéciale, ont la possibilité de demander au commissaire aux comptes de la société d'établir un rapport spécial sur le respect de leurs droits particuliers.

La décision d'une assemblée de modifier les droits relatifs à une catégorie d'actions n'est définitive qu'après l'approbation par l'assemblée d'actionnaires de cette catégorie.

En cas d'augmentation, réduction ou amortissement du capital, l'assemblée générale extraordinaire détermine les incidences de ces opérations sur les droits des porteurs d'actions de préférence. L'ordonnance n'imposant pas de sauvegarde précise de droits des porteurs, la société devra prendre les mesures nécessaires pour la préservation de ces droits.

D. Conversion

1. Conversion d'actions ordinaires en actions de préférence

515 Il s'agit d'une autre possibilité de création d'actions de préférence nécessitant la mise en œuvre des avantages particuliers.

2. Conversion des actions de préférence en actions ordinaires ou en actions de préférence d'une autre catégorie

516 Les statuts prévoient, en règle générale, les modalités financières de la conversion et notamment le mode de calcul de la valeur reconnue aux droits de préférence attachés aux actions.

Lorsque la faculté de rachat n'a pas été prévue dans les statuts :

– l'assemblée générale extraordinaire pourra se prononcer sur l'inscription statutaire des modalités de conversion;

– le rapport du conseil d'administration ou du directoire présenté à l'assemblée générale extraordinaire doit préciser les modalités de calcul du rapport de conversion;

- le commissaire aux comptes donne son avis sur la conversion, ainsi que sur l'incidence de l'opération sur la situation de l'actionnaire.

Ces modalités de conversion devront être approuvées par l'assemblée spéciale des porteurs d'actions concernés. À défaut d'approbation du prix, un expert pourra être désigné afin de fixer la valeur des actions.

Si la conversion aboutit à une augmentation de capital, cette augmentation se présentera comme la simple résultante de l'émission des actions de préférence décidée par l'assemblée générale extraordinaire.

Si la conversion des actions aboutit à une réduction de capital non motivée par des pertes, les créanciers dont la créance est antérieure à l'opération peuvent former opposition à la conversion dans un **délai de vingt jours à compter du dépôt au greffe du procès-verbal de l'assemblée générale extraordinaire** décidant de la conversion et de la réduction de capital. Une décision de justice rejettera l'opposition ou ordonnera un remboursement de créance ou la constitution de garanties par la société. Les opérations de conversion ne pourront commencer qu'à l'issue du délai d'opposition de vingt jours.

Dans tous les cas, les titulaires d'actions devant être converties ne pourront prendre part au vote, leurs actions étant décomptées pour le calcul du *quorum* et de la majorité.

E. Rachat

517 Les modalités de rachat des actions de préférence peuvent être fixées dans les statuts.

Lorsque la faculté de rachat n'a pas été prévue dans les statuts :

- l'assemblée générale extraordinaire pourra se prononcer sur l'inscription statutaire des modalités de rachat;
- le rapport du conseil d'administration ou du directoire présenté à l'assemblée générale extraordinaire doit préciser les conditions de rachat et les modalités de calcul du prix proposé;
- le commissaire aux comptes donne son avis sur l'offre de rachat ainsi que sur l'incidence de l'opération sur la situation des actionnaires.

Ces modalités de rachat devront être approuvées par l'assemblée spéciale des porteurs d'actions de préférence. À défaut d'approbation du prix de rachat, un expert pourra être désigné afin de fixer la valeur des actions.

Ce rachat entraînera l'annulation des actions rachetées et la procédure de droit commun de la réduction de capital non motivée par des pertes devra s'appliquer.

F. Incidences en cas de fusion

518 Les actions de préférence émises dans la société absorbée pourront être échangées contre des actions de la société bénéficiaire comportant des droits particuliers équivalents, ou selon une parité spécifique tenant compte des droits particuliers abandonnés[1]. Il est ainsi reconnu que les actions de préférence ont une valeur supérieure à celle des actions ordinaires.

1. C. com., art. L. 228-17.

G. Sort des actions à dividende prioritaire

519 Actions à dividende prioritaire, actions de priorité, certificats d'investissement et certificats de droit de vote ne peuvent plus être émis.

Néanmoins, les actuels porteurs de ces anciennes catégories de titres conservent le bénéfice des droits attachés à ces titres. En particulier, ils bénéficient d'un **droit préférentiel de souscription** en cas d'émission d'actions de préférence conférant des droits équivalents à ceux des titres qu'ils détiennent.

H. Incidences fiscales

520 L'obtention de certains **régimes fiscaux de faveur** est subordonnée à la détention d'un **pourcentage minimal du capital par certaines catégories d'actionnaires.** Selon les cas, ce seuil concerne les droits de vote et/ou les droits aux bénéfices. Pour le calculer, il faut déterminer au cas pas cas les actions de préférence à ignorer, celles qui comptent et celles qui comptent double.

☐ Exemple en matière d'intégration fiscale : une filiale ne peut être intégrée que si ses titres sont détenus en pleine propriété et si le seuil de détention par la société mère de 95 % est atteint à la fois pour les droits de vote et pour les droits sociaux. Les actions privées du droit de vote ne sont pas retenues pour ce calcul.

☐ Exemple : pour bénéficier du régime fiscal de « jeune entreprise innovante », l'entreprise doit être détenue à 50 % au moins par des personnes physiques ou assimilées (voir n° 1005). Ce seuil doit être respecté à la fois pour les droits de vote et pour les droits aux bénéfices.

III. Valeurs mobilières donnant accès au capital (BSA, OC...)

521 Les obligations convertibles (OC; voir n° 526), les obligations à bons de souscription d'actions (OBSA; voir n° 529), et les bons de souscription d'actions (BSA; voir n° 522) ont pour point commun de conférer à leurs titulaires un **droit d'acquisition ultérieur d'actions**, que ce soit par conversion ou exercice de bons. Le contrat d'émission de ces titres détermine à l'avance le prix auquel pourront être acquises ces actions. Les titulaires de ces titres n'ont pas l'obligation d'exercer leur droit de souscription ou de conversion.

Ces instruments ont la **faveur des investisseurs** car ils sont utilisés comme :

– des **outils d'ajustement de prix.** Ils peuvent alors sanctionner la non-réalisation du *business plan* et des objectifs habituellement définis lors de l'investissement;

– des **outils de protection contre les risques de dilution** (« *ratchet* »);

– enfin, ce sont des **outils efficaces** en raison du caractère automatique de la réalisation de l'augmentation de capital consécutive à l'exercice des BSA ou à la conversion des obligations.

DISPOSITIONS SPÉCIFIQUES AUX *STOCK OPTIONS* ET AUX BSPCE

▷ Les dispositifs spécifiques aux *stock options* et aux BSPCE sont traités aux n°s 911 et s.

- Les *stock options* (voir n°s 911 et s.) ne relèvent pas du régime des valeurs mobilières donnant accès au capital. Ce sont des **options de souscription et non des titres négociables**. Or les valeurs mobilières sont par définition des titres négociables. Ce n'est donc que lors de la levée de l'option qu'elles donneront lieu à l'émission de titres de capital. Les *stock options* dépendent donc d'un régime à part : celui de l'actionnariat salarié (voir n°s 902 et 913). Par ailleurs, les dispositions régissant les *stock options* sont traitées aux articles L. 225-177 à L. 225-186 du Code de commerce, dans la section relative aux augmentations de capital et à l'actionnariat salarié.
- En revanche, les bons de souscription de parts de créateurs d'entreprise (BSPCE; voir n°s 917 et s.) sont à notre avis inclus dans la catégorie des valeurs mobilières donnant accès au capital, au régime particulier d'accès en faveur des salariés. Deux raisons penchent en faveur de cette interprétation : un bon de souscription est une valeur mobilière, les bons autonomes de souscription ont été remplacés par les valeurs mobilières donnant accès au capital.

A. Les bons de souscription d'actions (BSA)

522 Les BSA sont la forme la plus générale d'attribution de titres donnant accès au capital.

1. Définition

523 Les BSA confèrent à leurs titulaires le **droit d'acheter** des titres de la société émettrice à un prix déterminé, appelé « **prix d'exercice** », et ce jusqu'à une date fixée à l'avance.

Détenir des bons de souscription revient à être porteur d'une **option d'achat d'actions**.

2. Émission • Exercice • Souscription

524 Les titres auxquels les bons donnent droit de souscrire doivent être émis dans un délai de **cinq ans à compter de leur émission**. L'émission précise le prix auquel les titres pourront être souscrits. Le prix d'exercice des BSA est en général limité à la **valeur nominale de l'action**.

Il est possible d'émettre des BSA à la création de la société.

3. Cession

524-1 Les BSA étant des **valeurs cessibles**, l'entrepreneur aura intérêt à bénéficier d'un **droit de préemption** sur ces titres afin qu'ils ne puissent être cédés à des tiers.

4. Cas des actions à bons de souscription d'actions (ABSA)

525 L'action à bons de souscription d'actions est un titre hybride composé **d'une action et d'une ou plusieurs options d'achat de souscription d'actions.**

En général, les ABSA sont utilisées par les investisseurs lorsqu'il est nécessaire dans un montage d'émettre des actions et des BSA. L'intérêt est de pouvoir émettre un seul titre composé dans un premier temps, puis de dissocier l'action du BSA dans un second temps. Cela revient donc à pouvoir émettre des BSA indépendants gratuits. Ces outils sont ainsi utilisés pour organiser des **tranches de financement successives ou optionnelles**, pour faire du **portage**, pour motiver des personnes extérieures à l'entreprise, etc.

Les ABSA peuvent également être utilisées comme **outil de financement** de l'entreprise par l'achat d'actions et comme **outil de motivation** des dirigeants par les BSA.

L'attachement des BSA aux actions permet alors une **répartition différée** du capital en fonction des résultats : répartition en faveur des entrepreneurs en cas d'atteinte des objectifs ou répartition en faveur des financiers si, au contraire, les objectifs ne sont pas atteints. En fonction des cas, l'exercice des BSA s'accompagnera d'une dilution des investisseurs ou, à l'inverse, d'une dilution des entrepreneurs.

B. Les obligations convertibles (OC)

1. Définition

526 Une obligation convertible en action est une valeur mobilière qui donne à son détenteur le **droit d'échanger des obligations contre des actions** selon une parité de conversion. Cette parité peut être variable en fonction d'objectifs prédéfinis, les conditions étant alors fixées lors de l'émission. Concernant les délais de conversion, le contrat d'émission prévoit que les obligations pourront être converties en action à des époques déterminées ou à tout moment sur demande de leurs porteurs.

À la différence des **obligations remboursables en actions** (ORA; voir n° 1135), le titulaire de l'obligation convertible a le choix entre exercer son droit à conversion ou se faire rembourser en argent comptant.

2. Avantages

527 L'utilisation des obligations convertibles permet de financer la société sans modifier le rapport des droits de vote.

Dans la société émettrice :

– ce mécanisme permet de bénéficier de l'intégralité du financement dès l'émission des obligations convertibles;

– le financement est comptabilisé en dette et non en fonds propres;

– l'endettement est consenti à un taux inférieur à celui du marché;

– les intérêts versés en rémunération de l'emprunt obligataire sont intégralement déductibles de l'impôt sur les sociétés (à l'opposition des intérêts versés en rémunération d'un compte courant).

3. Émission

528 Seules les sociétés par actions ayant deux bilans régulièrement approuvés peuvent émettre des obligations convertibles. Pour les sociétés de moins de deux ans d'existence, l'émission des obligations sera possible sous réserve de la désignation préalable par le tribunal de commerce d'un commissaire aux avantages particuliers.

C. Les obligations avec bons de souscription

529 Cette catégorie de valeurs mobilières donnant accès au capital est une forme composée des obligations convertibles et des bons de souscription d'action. Parmi les plus courantes, nous pouvons citer les **obligations à bons de souscription d'actions** (OBSA).

D. Dispositions relatives aux porteurs

530 Les porteurs de valeurs mobilières donnant accès au capital doivent se réunir en masse[1]. La masse est représentée par un ou plusieurs mandataires, élus par l'assemblée générale des porteurs ou désignés dans le contrat d'émission.

Certaines opérations ne peuvent être réalisées **sans l'autorisation préalable des porteurs** : il s'agit notamment de l'émission d'actions de préférence, l'attribution d'actions gratuites, la distribution de réserves ou de primes d'émission, la transformation de la forme ou de l'objet de la société, etc. Cette autorisation pourra être stipulée dans le contrat d'émission ou lors d'une assemblée générale des porteurs.

Ces nouvelles dispositions accordent une place importante au contrat d'émission. Le contrat d'émission peut compléter, préciser ou, dans quelques cas limités, aménager un dispositif légal au régime juridique des porteurs et de leurs titres. Le contrat peut notamment prévoir la possibilité de racheter les droits des porteurs. Mais il ne pourra réduire à néant le domaine d'intervention de la masse des porteurs. La masse des porteurs devra être consultée sur certaines questions, et notamment sur les modifications du contrat d'émission.

▷ La rédaction d'un contrat d'émission, exercice complexe et spécifique à chaque cas, sera conduite dans le cadre du processus de levée de fonds par un avocat spécialisé.

IV. Pacte d'actionnaires

531 L'objectif de ce chapitre est d'expliquer les différentes clauses incluses dans les pactes d'actionnaires et leur utilité pour les investisseurs et les entrepreneurs.

L'arrivée d'investisseurs dans le capital s'accompagne presque toujours d'un pacte d'actionnaires. L'institution des actions de préférence a par ailleurs conduit à une simplification des pactes.

A. Définition

532 Ce document juridique, conclu en dehors des statuts, **organise** les rapports entre différents groupes d'actionnaires par :

– l'attribution aux minoritaires de moyens d'intervention dans la gestion de la société,

– l'organisation d'une procédure de sortie de la société pouvant profiter à tout actionnaire partie au pacte.

La SAS permet d'intégrer ces clauses aux statuts. Mais faire figurer le pacte d'actionnaire dans les statuts oblige à le publier, ce qui n'est pas forcément souhaitable.

1. C. com., art. L. 228-103, al. 1er.

B. Durée du pacte

533 Les parties doivent fixer une durée au pacte. À défaut, celui-ci est à durée indéterminée, ce qui ouvre le droit à chaque partie de le résilier unilatéralement.

Le pacte peut être conclu pour une durée de **dix ans**, ou jusqu'à l'entrée d'un nouvel investisseur au capital, ou jusqu'à l'introduction en Bourse de la société.

La violation du pacte peut entraîner la condamnation du responsable à des dommages et intérêts et à la résolution judiciaire du pacte.

C. Objectifs

534 Le pacte permet aux actionnaires minoritaires :

- d'assurer la liquidité de leur investissement;
- de contrôler les interventions du majoritaire dans la gestion;
- de préserver la minorité de blocage.

Le pacte permet aux actionnaires majoritaires :

- de préserver et renforcer le contrôle;
- de contrôler les cessions;
- d'imposer une sortie au minoritaire.

D. Contenu du pacte

535 Le pacte inclut souvent des dispositions pouvant faire l'objet de clauses statutaires. Le contenu du pacte est extrêmement variable et comporte notamment les clauses suivantes :

- des clauses de pouvoir relatives à la gestion de la société, et notamment au droit de vote;
- des clauses financières tendant à préserver les droits des minoritaires;
- des clauses relatives à l'actionnariat, de sortie et de contrôle des cessions.

À l'image d'un contrat de mariage, le pacte d'actionnaire définit les **règles d'équilibre** dans la vie commune mais aussi les différentes façons de divorcer.

Un pacte équilibré protège autant l'entrepreneur que les investisseurs. Par exemple, il assurera à la fois l'entrepreneur et l'investisseur que la société ne pourra pas être vendue à un groupe industriel sans leur commun accord.

Nous énonçons et expliquons ci-dessous les clauses les **plus fréquentes** incluses dans les pactes d'actionnaires.

1. Clauses de pouvoir

536 Les clauses de pouvoir peuvent prévoir un **accord unanime** ou un **droit de veto** pour des décisions importantes limitativement énumérées, des **conditions renforcées de *quorum* et de majorité** pour l'adoption de certaines décisions.

Les clauses de pouvoir peuvent désormais être attachées aux actions de préférence.

Ces clauses sont notamment celles portant sur le contrôle du pouvoir (voir n° 537) et celles relatives à une information renforcée et l'audit (voir n° 538).

a. Clauses de contrôle du pouvoir

537 Ces clauses sont les suivantes :

- clauses d'accès aux organes de direction ou de surveillance;
- clauses d'organisation des organes de direction ou de surveillance (nombre de membres et qualité des membres);
- clauses de participation à la décision : clause d'autorisation préalable, clauses limitant les droits de vote, clauses de veto, etc.;
- clauses de contrôle dans l'assemblée générale en cas de liquidation.

□ Exemple de clause : fonctionnement du conseil de surveillance

Le conseil de surveillance de la société sera composé de cinq membres, dont :

- trois membres seront désignés sur une liste établie par les investisseurs financiers, dont un expert reconnu, extérieur à la société et indépendant des actionnaires;
- deux membres seront désignés sur une liste établie par le groupe fondateur dont un expert reconnu, extérieur à la société et indépendant des actionnaires.

En outre, pourra être désigné un censeur.

Le premier conseil de surveillance sera constitué de :

- membres désignés par les investisseurs financiers
- membres désignés par le groupe fondateur

Le premier censeur désigné sera M. ....

Le conseil de surveillance devra se réunir au moins quatre fois par an.

b. Clauses d'information renforcée et d'audit

538 Ces clauses peuvent porter sur :

- le **droit d'information privilégié**;

▷ Il est recommandé de ne donner ce droit qu'à partir d'un certain seuil de détention du capital (par exemple 5 %).

- le **droit d'audit**.

▷ Nous conseillons de le limiter à un par an au maximum.

2. Clauses financières

539 Comme pour les clauses de pouvoir (voir n° 537), les actions de préférence (voir n° 509) peuvent intégrer des dispositions relatives aux clauses financières.

L'objet des clauses financières est de **régir la répartition des dividendes** et le **partage des actifs**. Par exemple, la clause de liquidation préférentielle permet à l'investisseur d'appréhender la totalité du boni de liquidation dans la limite de la prime d'émission payée, la plus-value étant répartie dans un second temps au prorata de la détention du capital (l'investisseur récupère son apport initial, puis le reste du prix de vente est réparti).

Outre la récupération du capital de départ, certains investisseurs peuvent imposer de se faire rembourser de façon prioritaire plusieurs fois le prix payé avant distribution aux fondateurs. C'est ce que l'on appelle la **clause de liquidation préférentielle multiple** dans le cadre de laquelle l'investisseur récupère X fois son apport, puis le reste du prix de vente est réparti.

▷ Nous déconseillons fortement les clauses de liquidation préférentielle multiple et recommandons plutôt de revoir la valorisation du deal.

3. Clauses de capital

540 L'objectif des clauses de capital est de **maintenir les équilibres** entre les actionnaires, de **contrôler** ces équilibres et d'**assurer la liquidité de l'investissement**.

Les clauses de préemption (voir n° 541) et de sortie conjointe (voir n° 542), fondamentales, ont notamment pour objet le maintien des équilibres dans le capital.

a. Clauses de préemption

541 L'objectif des fondateurs dans le cadre de la négociation d'un droit de préemption est d'obtenir une **préemption proportionnelle** (par opposition à une préemption totale) et d'éviter les préemptions à plusieurs rangs (ou prioritaires) en faveur des investisseurs. En cas de projet de cession à un tiers, les investisseurs qui disposeraient d'une priorité de premier rang auraient la priorité en matière de préemption.

b. Droit de sortie conjointe ou « tag along »

542 Au terme de cette clause, chaque actionnaire s'engage à ne pas vendre ses actions sans faire aussi acheter par l'acquéreur les titres détenus par un ou plusieurs autres actionnaires au prorata de leur détention du capital. Cette clause pourrait conduire à un **droit de sortie total** dans le cas où le nouvel actionnaire entrant détiendrait la majorité du capital.

c. Obligation de sortie conjointe ou clause d'entraînement ou « drag along »

543 Cette clause permet à un actionnaire majoritaire d'imposer la sortie au minoritaire si une majorité déterminée (par exemple, 70 %) approuve la vente. Elle est indispensable car les acquéreurs veulent 100 % du capital. Elle doit couvrir toutes les actions et tous les droits d'accès au capital. Dès lors se pose le problème du traitement des droits d'accès non acquis au jour de la cession.

d. Clauses antidilutives ou de ratchet

544 En cas d'augmentation de capital réalisée à un prix inférieur à celui du tour précédent, un investisseur pourra exercer ses bons de souscription d'actions à un prix ajusté du nouveau tour. Il conservera ainsi une participation au capital équivalente à celle du premier tour.

Il existe **deux formes de *ratchet*** : « *full ratchet* » ou « *weighted-average ratchet* », cette dernière formule étant plus avantageuse pour les fondateurs. L'application d'un *full ratchet* pourrait être envisagée pour les **deux premières années** de l'investissement, un *weighted-average ratchet* s'appliquant au-delà.

▷ Il est conseillé de limiter la durée de l'exercice du *ratchet* dans le temps à **cinq ans** au maximum.

e. Clauses d'inaliénabilité ou de lock up

545 L'application principale de cette clause est le *lock up* des fondateurs par les investisseurs. L'actionnaire « *locké* » est tenu de **conserver ses titres** pendant une certaine durée.

▷ Il est conseillé au fondateur de prévoir une « clause de respiration » lui permettant de vendre un pourcentage de ses actions (10 % par exemple) hors blocage.

f. Clause de « reverse vesting »

546 Cette clause oblige les fondateurs à vendre une proportion des actions qu'ils détiennent au prix nominal s'ils quittent la société. En règle générale, la durée de *vesting* est de **quatre ans**, durée pouvant varier en fonction des cas de départ des fondateurs (*good leaver, bad leaver*).

g. Clause d'introduction en Bourse

547 L'objet de cette clause est de contrôler le processus d'introduction en Bourse (voir nº 550). Si l'introduction en bourse n'est pas réalisable, les investisseurs imposent de mandater un intermédiaire pour vendre la société. Si la vente ne se réalise pas, la clause de « *buy or sell* » peut alors être déclenchée.

▷ Attention ! Une introduction en Bourse fait tomber les droits préférentiels et le pacte, ce qui crée un risque sur la valorisation et la liquidité.

□ Exemple de clause d'introduction en bourse
Les parties s'engagent à faire leurs meilleurs efforts pour créer et mettre en place les conditions nécessaires à l'introduction des actions de la société sur un marché réglementé français ou de l'Union européenne et réaliser cette introduction au plus tard le 31 décembre... dans la mesure où les conditions du marché l'autoriseront.
En cas d'introduction dans le délai indiqué, les parties se concerteront préalablement en vue de déterminer entre elles les conditions de l'opération et le nombre d'actions qu'elles seraient disposées à mettre sur le marché, étant précisé que :
– les investisseurs et leurs successeurs auront un droit de priorité pour le placement de leurs actions jusqu'à... % de leur participation [▶ *par exemple 75 %*];
– les membres du groupe fondateur auront droit de participer à ce placement dans la limite des recommandations de l'établissement introducteur ainsi que de celles de l'AMF (voir nº 561).

h. Clause de liquidité ou « buy or sell »

548 L'objectif de cette clause est de déclencher un processus de sortie pour les investisseurs, eu égard notamment à la durée de vie limitée des fonds. Au terme de cette clause, les investisseurs peuvent trouver un acheteur et forcer les fondateurs à acheter les parts des investisseurs ou à vendre le tout à l'acheteur au prix proposé.

i. Droit de transfert libre

549 Cette clause permet aux investisseurs de faciliter le transfert de leurs actions entre fonds appartenant à la même société d'investissement. Les fondateurs peuvent également demander un **droit de transfert libre** entre eux (à un certain pourcentage) ou à des holdings familiales.

▷ Eu égard à la complexité du sujet, il est vivement recommandé de s'entourer de conseillers juridiques spécialisés.

V. L'introduction en Bourse

550 L'appel public à l'épargne est plus communément appelé « introduction en Bourse », en anglais « *initial public offering* » ou IPO.

Il est constitué par l'une des opérations suivantes[1] :

- l'admission d'un instrument financier aux négociations sur un marché réglementé;

- l'émission ou la cession d'instruments financiers dans le public en ayant recours soit à la publicité, soit au démarchage, soit à des établissements de crédit ou à des prestataires de services d'investissement.

L'introduction en Bourse consiste à **mettre en vente** des titres d'une société afin d'avoir accès aux marchés de capitaux. C'est une **opération complexe et longue** à préparer, demandant un grand investissement en temps de la part du management. Par ailleurs, les exigences des autorités de marché nécessitent un **important travail de préparation.**

La cotation en Bourse présente de nombreux avantages mais aussi des contraintes : obligation de transparence, communication consommatrice de temps, fluctuations du cours, etc.

A. Objectifs

551 L'objectif premier de toute introduction en Bourse est la levée de capitaux pour financer la croissance et le développement. La Bourse est en effet un **outil** permettant des levées de fonds importantes, que ce soit par l'IPO (voir n° 550) ou par les levées secondaires. D'autres raisons peuvent également motiver une introduction en Bourse :

- pour l'entreprise : accroître la visibilité et la notoriété de la société notamment à l'international, se différencier des concurrents, motiver et fidéliser les salariés (voir n°s 901 et s.);

- pour les actionnaires : réaliser et valoriser une partie du patrimoine, procurer une liquidité potentielle, rester indépendant (multiplication des actionnaires), favoriser les sorties et les transmissions.

En fonction de ces objectifs, il conviendra de considérer les solutions alternatives (sortie industrielle, etc.), le choix de l'introduction n'étant pas adapté à tous les projets.

Une entreprise éligible est une entreprise relativement mature. C'est une entreprise en phase de croissance, avec un potentiel de développement majeur, des besoins de financement importants et des perspectives de retour sur investissement attractives. Elle doit en outre disposer d'une structure interne capable de produire et diffuser une information financière fiable suivant les normes et délais imposés aux sociétés cotées.

B. Choix du marché d'introduction : Eurolist ou Alternext ?

552 Préalablement à tout développement, il convient de préciser que le choix du marché d'introduction a été volontairement limité aux marchés français.

Le marché boursier français a été profondément remanié par la mise en place d'Eurolist le 21 février 2005 et le lancement d'Alternext le 17 mai 2005.

1. C. mon. fin., art. L. 411-1.

1. Eurolist : un marché réglementé unique

553 Eurolist est issu de la fusion des premier, second et nouveau marchés. La refonte de la cote d'Euronext vise à améliorer la visibilité, le financement et à favoriser l'application de règles communes, notamment pour les **petites et moyennes valeurs**.

Les sociétés y sont classées par ordre alphabétique avec un **critère de capitalisation boursière**[1] qui est le suivant :

- **compartiment A** pour les sociétés dont la capitalisation boursière est supérieure à **un milliard d'euros** (grandes valeurs ou *blue chips*) ;
- **compartiment B** pour les sociétés dont la capitalisation boursière est comprise entre **un milliard d'euros et cent cinquante millions d'euros** (valeurs moyennes ou *mid caps*) ;
- **compartiment C** pour les sociétés dont la capitalisation boursière est inférieure à **cent cinquante millions d'euros** (petites valeurs ou *small caps*).

Par ailleurs, les sociétés dont les instruments financiers sont inscrits sur Eurolist peuvent volontairement adhérer aux **segments *NextEconomy* ou *NextPrime***, respectivement dédiés au secteur des nouvelles technologies et au secteur économique traditionnel.

2. Alternext : un nouveau marché non réglementé pour les PME

554 Alternext est destiné aux PME de la zone euro à la recherche de sources de financement par le marché boursier avec des conditions d'accès simplifiées.

C'est un marché **régulé mais non réglementé**, garantissant une sécurité suffisante des investisseurs. Ses principales caractéristiques tiennent aux critères d'admission, à l'accès à la cote, au rôle du *listing sponsor*, au système de cotation, à la protection des actionnaires.

a. Critères d'admission

555 La société candidate devra :

- avoir un **historique financier** de deux ans;
- disposer d'un ***listing sponsor*** agréé (voir n° 557).

b. Accès à la cote

556 Alternext offre deux modes d'accès : une cotation avec appel public à l'épargne et une cotation à la suite d'un placement privé.

Les sociétés souhaitant faire appel public à l'épargne doivent disposer d'un flottant minimum de **deux millions cinq d'euros** et produire, lors de l'introduction, un **prospectus d'appel public à l'épargne visé** par le régulateur du pays d'origine (Autorité des marchés financiers en France).

Les sociétés souhaitant une admission directe sans offre au public doivent, dans les deux années précédant leur admission à la cote d'Alternext, avoir fait l'objet d'un placement privé d'un montant de **cinq millions d'euros**, réparti entre au moins cinq investisseurs. Elles doivent fournir, lors de l'introduction en Bourse, un « **offering circular** », document d'information non visé par le régulateur, rédigé sous la responsabilité du *listing sponsor* (voir n° 557) et de la société.

1. La capitalisation boursière vise la valeur d'une société sur le marché boursier à un moment précis. Elle s'obtient en multipliant le nombre d'actions d'une société par son cours de Bourse.

c. Rôle du listing sponsor

557 Le *listing sponsor* accompagne la société pendant le processus d'introduction et tout au long de son parcours boursier sur Alternext. Ainsi :

- dans le cadre de la préparation à la cotation : le *listing sponsor* doit s'assurer que le prospectus ou l'offering circular (voir n° 556) donne une **image fidèle et sincère** de la société et répond aux obligations légales et aux règles d'Alternext (voir n°s 552 et s.);
- après l'introduction en Bourse : il veille notamment au respect des obligations d'information auxquelles est soumise l'entreprise.

Le *listing sponsor* doit être agréé par Euronext (voir n°s 561 et 563).

d. Système de cotation

558 Alternext combine deux modes de négociation :

- une négociation dans le carnet d'ordres central par cotation en continu ou par *fixing*;

une négociation *via* le *market making* ou tenue du marché.

• **Au sein du carnet d'ordres central**, la cotation est différente en fonction de la liquidité des valeurs :

- les valeurs les plus **liquides** (plus de 2 500 transactions par an) sont négociées en **continu** de 9 h 00 à 17 h 30;
- les autres valeurs sont négociées par un *fixing* quotidien à 15 h 30.

De 7 h 15 à 15 h 30, les ordres s'accumulent dans le carnet d'ordres central sans qu'aucune transaction n'intervienne.

• **En dehors du carnet d'ordres central**, les *market makers*[1] ou teneurs de marché sont tenus d'afficher en permanence, au minimum de 9 h 00 à la clôture de la séance de *fixing* (15 h 30) ou de la négociation en continu (17 h 30) des fourchettes indicatives de prix achat/vente pour une quantité minimale de titres sur les valeurs qu'ils ont sélectionnées.

Lors de l'introduction et en l'absence d'antériorité de cotation, **toute société qui s'introduit sur Alternext est cotée par *fixing***. Toutefois, à la suite de l'introduction, la période d'observation est de trois mois et le nombre de transactions requis sur cette période s'élève à 650. Par la suite, le passage en continu s'effectue une fois par an, en début d'année civile, dès lors que le nombre de transactions annuelles sur la valeur est supérieur ou égal à 2 500.

e. Protection des actionnaires

559 Les investisseurs bénéficient d'une garantie de cours. Ainsi, en cas de changement de contrôle d'une entreprise, le groupe acquéreur devra acheter les titres des actionnaires minoritaires, si ceux-ci le souhaitent, au prix fixé pour la transaction ayant abouti au changement de contrôle.

On parle d'offre publique de retrait lorsque tout actionnaire, détenant plus de 95 % du capital ou des droits de vote et souhaitant faire « radier » sa société, a la possibilité de le faire. Le prix de sortie pour les actionnaires minoritaires devra être validé par un expert indépendant et faire l'objet d'une attestation d'équité.

Les dispositions relatives aux **abus de marché** sont applicables sur Alternext et sont sanctionnées par l'Autorité des marchés financiers (AMF). Caractérisent un abus de marché la manipulation des cours, la diffusion de fausse information et le manquement d'initié.

1. Un *market maker* est un intervenant de marché doté d'un accès direct à la négociation des ordres et qui traite pour son compte propre. Le *market maker* a pour rôle de faciliter la liquidité du marché sur les titres pour lesquels il est déclaré *market maker* auprès d'Euronext (voir n°s 561 et 563).

TABLEAU RÉCAPITULATIF

	Alternext Sans offre au public	*Alternext Avec offre au public*	*Eurolist*
Historique de comptes	2 ans certifiés		3 ans certifiés
Nature de l'opération	Admission directe sans offre au public	Offre au public via augmentation de cession ou capital	Augmentation de capital ou cession
Taille de l'entreprise	Pas de critère réglementaire Minimum de CA de 10 M € préconisé Entreprise bénéficiaire		Pas de critère réglementaire Minimum de CA de 50 M € préconisé Entreprise bénéficiaire
Part minimum du capital dans le public	N/A	Pas de minimum	25 % du capital à la 1re cotation
Minimum de capitaux à lever ou flottant minimum(1)	5 M € levés auprès de 5 investisseurs dans les 2 ans précédant la 1re cotation	2,5 M € à la 1re cotation	5 à 15 M € préconisés à la 1re cotation
Nombre de titres	N/A	Pas de minimum	100 000
Intermédiaire financier	*Listing sponsor*	Listing sponsor et prestataire de services d'investissement (PSI)	Prestataire de services d'investissement
Document à rédiger	*Offering circular* non visé par l'AMF	Prospectus visé par l'AMF	Prospectus visé par l'AMF
Normes comptables	IFRS non obligatoires		IFRS obligatoires
Information financière	Publication sur le site de l'entreprise et d'Alternext – Comptes annuels certifiés – Comptes semestriels non audités Pas d'obligation de publier les rémunérations des dirigeants dans le rapport de gestion		Publication au BALO obligatoire – Comptes annuels certifiés – Comptes semestriels revus – CA trimestriels Publication obligatoire des rémunérations des dirigeants dans le rapport de gestion
Franchissement de seuils à déclarer	Déclaration des seuils de 50 % et 95 % du capital à l'AMF		
Protection des minoritaires	Procédure de garantie de cours applicable		

(1) Flottant : quantité de titres en circulation sur le marché

C. Processus d'introduction

560 C'est un processus où plusieurs étapes se déroulent simultanément :

– préparation de l'introduction qui comprend :

- les **opérations sur capital avant introduction** : aménagement de la structure juridique qui devra être conforme à la réglementation boursière, schéma d'actionnariat des salariés, etc.,
- la **renégociation éventuelle** de certains contrats due au changement d'actionnariat,

- l'**organisation de l'entreprise** pour faire face aux exigences imposées par la cotation : recrutement d'un directeur financier, adaptation du système comptable et mise en place du *reporting*, application des Normes IFRS, etc.;

- choix des conseillers et notamment sélection du partenaire, *listing sponsor* (voir n° 557) ou prestataire de services d'investissement, qui accompagnera l'entreprise candidate tout au long du processus d'introduction;

- choix du marché d'introduction;

- due diligence : audit des comptes, collecte et analyse des informations sur l'émetteur afin de pouvoir apprécier sa position commerciale, technologique, financière, environnementale, etc.;

- préparation et accompagnement par le *listing sponsor* (voir n° 557) : rédaction du prospectus, aspects juridiques et comptables;

- phase de prémarketing : définition du prix, présentation aux investisseurs ou « *roadshows* »;

- dépôt du dossier et obtention du visa du régulateur (Autorité des marchés financiers en France);

- conclusion d'un contrat de placement entre la société et le prestataire de services d'investissement (entreprises d'investissement ou établissements de crédit ayant reçu un agrément pour fournir des services d'investissement). Ce contrat précise la méthodologie de placement des titres (comme le placement garanti[1]);

- admission à la cote, négociation des titres.

D. Rôle des différents intervenants

561 Une introduction en Bourse est une opération complexe dans laquelle nombre d'intervenants jouent un rôle.

Ainsi :

- l'**établissement introducteur ou *listing sponsor*** (voir n° 557) est le maître d'œuvre de l'opération, qui :
  - conseille pour le choix du marché et le timing, évalue la société et participe à la rédaction du prospectus,
  - orchestre l'intervention des spécialistes, avocats, auditeurs et assure l'interface entre l'AMF et l'émetteur,
  - définit les caractéristiques du placement, place les titres auprès des investisseurs (*roadshows*) et assure l'éventuel apport de garantie,
  - négocie la durée des clauses de *lock up*, c'est-à-dire l'engagement pris par certains actionnaires de ne pas céder leurs titres sur le marché, en vue de garantir la stabilité des cours, les possibilités de sorties en bloc, etc.
- les **analystes** : la qualité et la connaissance sectorielle de l'analyste sont des éléments majeurs dans le processus d'évaluation aboutissant à la fixation du prix d'introduction;
- l'**agence de communication financière** : elle organise les rencontres avec la presse, les analystes, les investisseurs et participe à l'élaboration de documents financiers;
- l'**avocat** : il organise la société en vue de l'introduction en Bourse, s'assure de l'exhaustivité des informations juridiques figurant dans le prospectus, organise les relations entre actionnaires, etc.;
- le **commissaire aux comptes** : il n'a plus à établir d'avis ou d'attestation sur le prospectus soumis au contrôle du régulateur (AMF). Il doit désormais émettre une lettre de fin de travaux (voir n° 570);

1. Le placement garanti est le mode d'introduction en Bourse, où l'établissement introducteur organise la vente des titres auprès d'investisseurs institutionnels. Le prix est fixé à l'issue de la constitution du livre d'ordres. Le livre d'ordres enregistre les intentions d'achat des investisseurs potentiels et permet ainsi d'établir la faisabilité et le prix de l'opération.

– l'**autorité des marchés financiers** : l'AMF donne les autorisations ou les veto sur les cotations. Elle a pour mission de contrôler la régularité des opérations boursières, de protéger et d'informer les investisseurs;

– **Euronext** : c'est la Bourse européenne née de la fusion des Bourses de Paris, Amsterdam, Bruxelles et Lisbonne. Euronext Paris, filiale d'Euronext NV, gère les marchés de la Bourse de Paris :

- elle établit les règles de marché et les soumet à l'approbation de l'AMF,
- elle agrée les intermédiaires financiers (*listing sponsor*),
- elle prononce l'admission et la radiation des valeurs à la cote,
- elle diffuse les informations boursières et des conditions d'exécution des négociations,
- elle offre aux émetteurs les services du marché pour la réalisation de leurs opérations financières.

E. Information diffusée au marché : le prospectus

562 Le règlement CE 809/2004 du 29 avril 2004 mettant en application la directive européenne 2003/71/CE du 4 novembre 2003 (dite « directive prospectus ») est applicable depuis le 1er juillet 2005. Par ailleurs, la directive européenne a été transposée en droit national par la loi pour la confiance et la modernisation de l'économie du 26 juillet 2005 (dite « loi Breton »).

Outre la création d'un **prospectus unique** valable en Europe, la directive et le règlement modifient le régime de l'appel public à l'épargne, notamment sur la structure et le contenu du prospectus et son mode de publication.

Le règlement général de l'AMF (voir n° 561) a été modifié en conséquence. Ce règlement a été homologué par arrêté du 1er septembre 2005. L'instruction 2005-11 du 13 décembre 2005 indique l'information à diffuser et précise certaines dispositions de ce règlement.

▷ Cette instruction est disponible à l'adresse www.amf-france.org/documents/general/6423_1.pdf.

1. Un prospectus unique européen

563 Un émetteur dont le prospectus a été visé par l'autorité compétente de l'État d'origine peut effectuer une opération d'appel public à l'épargne dans n'importe quel état de la Communauté européenne sans avoir à solliciter un nouveau visa.

Les seules formalités consistent en la remise d'une copie du prospectus et d'un **certificat d'approbation** du prospectus, certificat délivré par l'État membre d'origine.

2. Structure

564 Le prospectus peut être établi sous la forme d'un document unique ou de plusieurs documents distincts. Dans ce cas, il doit comporter :

– un document de référence (appelé également **document d'enregistrement**) ou un document de base dans le cadre d'une première admission présentant l'émetteur;

– une **note d'opération** décrivant les termes et conditions des titres à émettre (intervenants, mode de fixation du prix...);

– un **résumé obligatoire** présentant les principales caractéristiques de l'émetteur et de l'opération ainsi que les facteurs de risque.

3. Contenu

565 Le prospectus est un document de deux cents à trois cents pages contenant toutes les informations nécessaires pour permettre aux investisseurs d'évaluer le patrimoine, la situation financière, les résultats et les perspectives de l'émetteur.

Sont notamment incluses dans le prospectus les informations suivantes :

– informations concernant les responsables du prospectus et les contrôleurs légaux des comptes;

– indication des facteurs de risques;

– informations concernant l'émetteur, l'activité de l'émetteur et ses principaux marchés;

– présentation de l'organigramme, principaux actionnaires;

– informations concernant les propriétés immobilières, usines et équipements;

– informations financières : examen de la situation financière et du résultat, trésorerie et capitaux, R&D, brevets et licences;

– informations concernant le gouvernement d'entreprise : organes d'administration, de direction et de surveillance, comités, procédures de contrôle interne, rémunération des dirigeants, intéressement du personnel, etc.;

– informations sur les litiges, les contrats importants, etc.;

– informations émanant des tiers, déclarations et rapports d'experts.

▷ Le guide d'élaboration des documents de référence est disponible à l'adresse : www.amf-france.org/documents/general/6470_1.pdf.

En application du règlement européen, l'émetteur inclut dans son prospectus « des informations financières historiques vérifiées pour les trois derniers exercices... et le rapport d'audit établi à chaque exercice ».

L'émetteur n'a pas d'obligation d'inclure dans son prospectus des **informations prévisionnelles ou estimées**. La publication de telles informations par l'émetteur est purement volontaire. Lorsqu'il choisit de publier de telles informations, le règlement européen prévoit que soit inclus dans le prospectus un **rapport du commissaire aux comptes** attestant que « la prévision ou l'estimation de bénéfice a été adéquatement établie sur la base indiquée et que la base comptable utilisée aux fins de cette prévision est conforme aux méthodes comptables appliquées par l'émetteur ».

En revanche, le règlement impose la fourniture d'informations financières pro-forma « en cas de changement significatif de la situation de la situation d'un émetteur à la suite d'une transaction déterminée, par exemple une variation de plus de 25 % d'un ou plusieurs indicateurs de son activité, sauf lorsque la méthode comptable de la mise en commun d'intérêts est requise ».

De même, au terme de l'annexe III du règlement européen, doivent être publiées dans la note d'opération lors d'une émission d'actions :

– une **déclaration sur le fonds de roulement net** attestant que le fonds de roulement net est suffisant au regard des obligations actuelles de l'émetteur;

– une **déclaration sur le niveau des capitaux propres et de l'endettement** à une date ne remontant pas à plus de quatre-vingts jours avant la date d'établissement du document.

4. Délais de visa

566 L'AMF notifie son visa dans les **dix jours** de négociation suivant la délivrance de l'avis de dépôt du prospectus. En cas de première admission aux négociations sur un marché réglementé, le délai est de **vingt jours** de négociation.

5. Publication

567 La publication du prospectus doit intervenir dès l'obtention du visa AMF et au plus tard au début de l'opération APE. En cas de première admission aux négociations sur un marché réglementé, la publication doit intervenir au plus tard **six jours ouvrables** avant la clôture de l'opération.

Le prospectus pourra être diffusé sous l'une des formes suivantes :

- publication dans des journaux à diffusion nationale;
- mise à disposition au siège de l'émetteur ou auprès de l'entreprise gérant le marché (Euronext) et auprès des intermédiaires financiers qui placent les instruments concernés;
- mise en ligne sur le site de l'émetteur;
- mise en ligne sur le site du marché (Euronext).

La mise en ligne sur le site de l'AMF est obligatoire.

6. Validité

568 Le prospectus est valable pendant **un an** à compter de sa publication pour des instruments financiers de même catégorie. Il devra être cependant mis à jour des éventuels faits significatifs.

7. Langue

569 Le prospectus est établi en français lorsque l'émission d'instruments financiers est réalisée en France.

Il peut être rédigé en anglais lorsque l'offre porte sur certains titres de créance ou, lorsque l'offre de l'émetteur ayant son siège en dehors de l'Espace économique européen est réservée aux salariés des filiales françaises. Le résumé doit alors obligatoirement être traduit en français.

8. Contrôle par les commissaires aux comptes

570 Les commissaires aux comptes n'établissent plus d'avis/attestation sur les prospectus des entités qu'ils contrôlent, tel que l'imposait l'ancien règlement de l'AMF (voir n° 562).

La norme d'exercice professionnel relative à l'intervention du commissaire aux comptes sur le prospectus dans ce nouvel environnement législatif et réglementaire est en cours d'élaboration par la Compagnie nationale des commissaires aux comptes (CNCC), en concertation avec l'AMF et les organisations représentatives des émetteurs.

Suivant la norme en cours et le règlement général de l'AMF :

– les commissaires aux comptes se prononcent sur la régularité, la sincérité et l'image fidèle des comptes annuels, consolidés ou intermédiaires ayant fait l'objet d'un audit ou d'un examen limité et qui sont présentés dans un prospectus;

– lorsque l'entité choisit de communiquer des prévisions ou des estimations de bénéfice, le commissaire aux comptes examine le processus d'établissement des informations prévisionnelles et émet un rapport sur ces informations dans le cadre du prospectus;

– lorsque l'entité doit publier des informations pro-forma telles que requises par le règlement européen, le commissaire aux comptes examine le processus d'établissement des informations pro-forma et établit un rapport sur ces informations;

– les commissaires aux comptes procèdent à une lecture d'ensemble du prospectus;

– les commissaires aux comptes établissent une **lettre de fin de travaux** à l'attention de l'émetteur dans laquelle « ils font état des rapports émis figurant dans le prospectus... et indiquent, au terme de leur lecture d'ensemble et des éventuelles vérifications particulières effectuées... leurs éventuelles observations. Cette lettre de fin de travaux est délivrée à une date la plus proche possible de celle du visa attendu de l'AMF ».

La lettre de fin de travaux est transmise par l'émetteur à l'AMF. Elle n'est pas publiée dans le prospectus.

F. Obligations résultant de la cotation

571 Les sociétés cotées sont tenues à des obligations d'information, de communication et de transparence notamment envers les actionnaires, l'AMF, les investisseurs. Deux commissaires aux comptes sont obligatoires en cas d'appel public à l'épargne.

Chaque marché impose ses obligations en matière d'information.

1. Information permanente

572 Tous les éléments et les événements susceptibles d'avoir un impact sur le cours de Bourse doivent être communiqués au public.

L'information donnée doit être précise, exacte et sincère.

L'AMF préconise en terme de support la publication d'un communiqué officiel dans la presse.

2. Information périodique

a. Inscription sur Alternext

573 Cette information comprend :

– la publication du rapport annuel comprenant les **états financiers consolidés certifiés** et le **rapport de gestion**. Le rapport sur les procédures de contrôle interne mises en place y sera joint[1] (voir n° 635);

– la publication de **comptes semestriels consolidés non audités**.

1. Ce rapport est obligatoire pour toutes les sociétés cotées, quel que soit le marché.

La publication doit être faite dans les **quatre mois** suivant la clôture de l'exercice ou du semestre. L'émetteur devra s'assurer de la mise à disposition des informations sur le site d'Alternext et sur son propre site, en anglais et en français le cas échéant.

Les comptes sont présentés aux normes locales, les IFRS ne sont pas obligatoires (voir n°s 1101 et s.).

b. Inscription sur Eurolist

574 Cette information comprend :

- la publication du **rapport annuel**, comprenant les **états financiers consolidés certifiés** et le **rapport de gestion** qui indique notamment les rémunérations perçues par les dirigeants (voir n° 635), y compris les titres donnant accès au capital, les *stock options* (voir n°s 911 et s.) et les BSPCE (voir n°s 917 et s.). Le rapport sur les procédures de contrôle interne mises en place y sera joint;
- la publication de **comptes semestriels consolidés** revus par le commissaire aux comptes;
- la publication du **chiffre d'affaires trimestriel consolidé.**

La publication des comptes annuels et semestriels doit être faite dans les **quatre mois** suivant la clôture de l'exercice ou du semestre. La publication du chiffre d'affaires trimestriel doit être effectuée dans les **quarante-cinq jours** qui suivent chacun des trimestres de l'exercice.

La publication se fait au Bulletin des annonces légales obligatoires (BALO), lequel est exclusivement publié sous format électronique.

Les comptes sont présentés aux Normes IFRS (voir n°s 1101 et s.).

3. Publicité des rémunérations

575 Le législateur a régulièrement réduit les obligations d'information des sociétés par actions non cotées. Inversement, ces obligations ont été renforcées pour les sociétés dont les titres de capital ou de créances sont admis sur un marché réglementé.

Ainsi, les obligations en matière de publication des rémunérations des dirigeants dans le rapport de gestion ont évolué.

La loi NRE avait introduit cette obligation pour toutes les sociétés anonymes (SA) et sociétés en commandite par actions (SCA). La loi sur la sécurité financière avait ensuite réduit cette obligation aux seules SA et SCA dont les titres étaient admis sur un marché réglementé, à leurs filiales (cotées ou non cotées) ainsi qu'aux rémunérations versées par les sociétés contrôlantes. L'ordonnance sur les valeurs mobilières est venue étendre l'obligation d'information aux rémunérations versées sous forme de titres ou de créances donnant accès au capital. Puis, la loi Breton impose la publication des rémunérations et avantages de toute nature liés à la prise ou à la cessation des fonctions.

Par ailleurs, ces obligations de publicité des rémunérations s'appliquent également aux entités établissant un document de référence dans le cadre d'un appel public à l'épargne.

a. Sociétés concernées

576 Les SA et SCA cotées ainsi que les SA et SCA non cotées contrôlées par une société cotée sont tenues par l'obligation de publication des rémunérations dans le rapport de gestion[1].

1. C. com., art. L. 225-102-1, al. 1.

Par société cotée, il faut entendre une société dont les titres de capital ou les titres de créance sont admis aux négociations sur un marché réglementé de l'Espace économique européen.

Lorsqu'une société n'est pas cotée, l'analyse est effectuée en plusieurs étapes :

- La société est-elle contrôlée par une société cotée ?
- Si oui, la contrôlante est-elle cotée sur un marché réglementé ?
- Si oui, l'intéressé détient-il un mandat dans une société cotée ?

Dans l'affirmative, l'information sur les rémunérations devra alors figurer dans le rapport de gestion.

□ Ainsi une société française filiale d'une société américaine cotée n'est pas tenue de publier les rémunérations des mandataires dans le rapport de gestion. En revanche, une société française filiale d'une société belge cotée, par exemple, est soumise à l'obligation de publication.

▷ Cette obligation de publicité des rémunérations s'applique aux sociétés cotées sur un marché réglementé[1]. En tenant un raisonnement *a contrario*, cette obligation ne s'applique pas aux sociétés cotées sur un marché régulé ou libre. Ainsi les sociétés cotées sur Alternext ne sont pas soumises à ces dispositions, à l'opposé des sociétés cotées sur Eurolist.

b. Dirigeants et mandataires visés

577 Les personnes visées sont le président du conseil d'administration, les directeurs généraux de SA, les directeurs généraux délégués, les administrateurs, les membres du directoire, les membres du conseil de surveillance et les gérants de SCA.

c. Rémunérations concernées

578 Le rapport de gestion intégrait les rémunérations totales et avantages de toute nature, y compris ceux versés par les sociétés contrôlées et sociétés contrôlantes. La loi Breton a étendu le champ d'application de cette obligation.

Désormais, le rapport de gestion doit décrire les éléments fixes, variables et exceptionnels de la rémunération et donner des explications sur le calcul des éléments variables. Il doit également indiquer les engagements pris par la société à raison de la prise, de la cessation ou du changement de fonctions.

Le Code de commerce définit la nature des engagements de manière très large : ce sont les « engagements de toute nature pris par la société au bénéfice de ses mandataires sociaux, correspondant à des éléments de rémunération, des indemnités ou des avantages dus ou susceptibles d'être dus à raison de la prise, de la cessation ou du changement de ces fonctions ou postérieurement à cellesci ». Ainsi sont considérés comme des engagements les primes d'arrivée, de départ, les retraites et les avantages en nature tel qu'un logement de fonction.

Des sanctions civiles sont prévues en cas de non-respect de ces dispositions : les versements faits pourront être annulés en cas de mauvaise foi.

□ Exemples d'éléments de rémunération
Rémunérations au titre du mandat social
Jetons de présence
Rémunérations au titre du contrat de travail
Primes, intéressement et participation
Avantages en nature
Attribution de titres de capital ou de titres donnant accès au capital
Stock options, actions gratuites(1)
Primes d'arrivée « *Golden hello* »
Primes de départ « *Golden parachute* »
Retraite

(1) Interprétations divergentes, ne s'agissant pas d'une rémunération immédiate.

1. C. com., art. L. 225-102-1, al. 1.

4. Déclaration des franchissements de seuils

579 **Dix franchissements de seuils** doivent être déclarés par l'actionnaire à l'entreprise : 5 %; 10 %; 15 %; 20 %; 25 %; 33,33 %; 50 %; 66,66 %; 90 et 95 %[1].

Les seuils de 50 % et 95 % du capital doivent être notifiés par la société à l'entreprise de marché et rendus public.

Ces dispositions sont applicables, quel que soit le marché de cotation (Alternext ou Eurolist).

G. Coûts

1. Coût de l'introduction

580 Il inclut le coût des différents intervenants : *listing sponsor*, agence de communication, avocats, commissaires aux comptes, prestataire de service en investissement (broker).

Il s'établit en moyenne entre 7 % et 10 % du montant des fonds levés.

La rémunération de l'intermédiaire ou *listing sponsor* représente 5 à 8 % des capitaux levés et varie en fonction de la garantie de placement.

À ces coûts viendra s'ajouter la commission d'admission à Euronext (voir nº 561). Cette commission est fonction de la capitalisation boursière (voir nº 553) au prix d'introduction suivant un barème progressif par tranches.

Ainsi, pour une capitalisation jusqu'à 10 millions d'euros, la commission est de 7 500 € sur Alternext et de 10 000 € sur Eurolist. Pour une capitalisation comprise entre 10 millions d'euros et 100 millions d'euros, la commission est de 0,06 % quels que soient les marchés.

2. Coûts récurrents

581 Le montant de l'abonnement annuel à Euronext est calculé en fonction du nombre d'actions admises. Ainsi, jusqu'à deux millions cinq d'actions émises, l'abonnement annuel est de 3 000 €.

L'introduction sur Alternext intégrera le coût annuel du *listing sponsor* de 15 000 € en moyenne.

L'introduction sur Eurolist prendra en compte le coût de publication au BALO et une augmentation conséquente des honoraires des auditeurs (liée à la revue des comptes semestriels).

3. Autres coûts

582 Sont à ajouter également :

– des coûts directs : publication du rapport annuel, réunions d'analystes, existence de personnes en charge de la relation investisseur/analystes, etc.;

– des coûts indirects : nécessité de communiquer plus d'informations au public et donc à ses concurrents, influence du marché sur la stratégie, temps pris à la direction pour rencontrer le marché, etc.

1. C. com., art. L. 233-7, mod. par L. nº 2005-842, 26 juill. 2005, art. 33.

H. Fiscalité des particuliers

1. Réduction d'impôt pour souscription sur Alternext

583 Les personnes physiques souscrivant des titres sur Alternext bénéficient de la réduction d'impôt de 25 % prévue par l'article 199 *terdecies*-0 A du CGI. Les souscriptions sont celles effectuées jusqu'au 31 décembre 2006.

Pour bénéficier de cette réduction, les titres de la société bénéficiaire ne doivent pas être admis aux négociations sur un marché réglementé français ou étranger. Les droits sociaux doivent être détenus à plus de 50 % par des personnes physiques et/ou des holdings de famille. La part du capital détenue par les fonds de capital investissement n'est pas prise en compte pour le calcul du ratio de 50 %.

À l'opposition d'Eurolist, Alternext ne constitue pas un marché réglementé au sens du Code monétaire et financier.

▷ L'instruction fiscale 5 B-29-05 du 25 octobre 2005 prise en application de l'article 199 *terdecies*-0 A du CGI est disponible à l'adresse : www.alize.finances.gouv.fr/dgiboi/boi2005/5FPPUB/textes/5b2905/5b2905.pdf.

2. Imposition des plus-values de cession

584 La loi de Finance rectificative pour 2005 a institué un abattement sur les plus-values de cession de valeurs mobilières aboutissant à une exonération totale d'impôt sur le revenu en fonction de la durée de détention.

Jusqu'au 31 décembre 2005 et lorsque le seuil de 15 000 € est dépassé, les plus-values sur cession d'actions sont imposées à l'impôt sur le revenu au taux de 16 %, plus prélèvements sociaux additionnels de 11 %.

Pour les cessions réalisées à partir du 1er janvier 2006, la plus-value sera diminuée d'un tiers pour chaque année de détention au-delà de la cinquième.

Ce régime permet d'exonérer définitivement les plus-values de cession portant sur des actions de PME (cotée ou non cotée) acquises depuis plus de huit ans. Les prélèvements sociaux additionnels restent exigibles.

Lorsque la cession porte sur des titres acquis avant le 1er janvier 2006, la durée de détention n'est décomptée qu'à partir du 1er janvier 2006. L'abattement du tiers ne pourra s'appliquer pour la première fois qu'au titre de l'imposition 2012. L'exonération totale ne prendra effet qu'en 2014.

▷ Adresses utiles :
www.euronext.com, www.alternext.com,
Place de la Bourse
75002 Paris
tél. + 33 1 49 27 10 00
www.amf-france.org

Autorité des marchés financiers
17, place de la Bourse
75002 Paris
tél. + 33 1 53 45 60 00 ■

PARTIE

II

Outils et choix de gestion de l'entreprise innovante

F Création de la société

Nos 601 à 645

601 Après avoir validé la faisabilité et la rentabilité du projet, après avoir construit son *business plan*, avoir éventuellement participé au concours national d'aide à la création de sociétés innovantes, et avoir trouvé un nom, l'entrepreneur décide de créer une société et de se consacrer à temps plein à son projet.

Il devra tout d'abord choisir la forme juridique la plus adaptée à son projet d'entreprise en fonction de plusieurs critères : associés, capital de départ, financement prévu, ambition du projet...

Il passe alors du statut de chercheur, salarié ou chômeur à celui d'entrepreneur. Il existe des dispositifs législatifs destinés à faciliter cette transition.

ACTIONS À EFFECTUER AVANT LA CRÉATION

▷ **Attention** ! La participation au Concours national d'aide à la création d'entreprises de technologies innovantes du ministère délégué à la Recherche et de l'ANR, géré pour leur compte par OSEO anvar, est réservée aux entreprises non encore créées à la date de dépôt du dossier, sauf cas particulier des lauréats « émergence » des années antérieures (voir no 1302). Si le projet d'innovation est à composante technologique et présente des perspectives concrètes de commercialisation, OSEO anvar peut aider le porteur de projet à mûrir son idée de création d'entreprise innovante (voir no 1315).

• S'il peut bénéficier d'allocations chômage, l'entrepreneur doit impérativement s'inscrire comme demandeur d'emploi avant la création. Il pourra alors percevoir des indemnités tout en exerçant sa nouvelle activité professionnelle non salariée, pendant dix-huit mois. Si l'entreprise est créée avant le dépôt du dossier d'allocation-chômage, il ne pourra faire valoir ses droits qu'en cas d'échec de son projet dans un délai de trois ans.

• Des titres peuvent être logés dans un PEA lors de la souscription, mais ne peuvent pas y être transférés ultérieurement (voir no 644).

I. Devenir entrepreneur : les mesures d'accompagnement

A. Statut des chercheurs et loi sur l'innovation

602 La loi sur l'innovation dite « loi Allègre »[1] a mis en place un dispositif dérogatoire et transitoire destiné à valoriser les résultats de la recherche publique. Tout en restant dans le secteur public, les chercheurs peuvent créer une entreprise ou apporter leur concours scientifique à une entreprise qui valorise leurs travaux de recherche.

La propriété intellectuelle reste en général dans les laboratoires, ceux-ci disposant de plus de ressources pour engager les coûts éventuels de défense des brevets, très onéreux.

Trois articles de la loi du 15 juillet 1982, communément appelés « 25-1 », « 25-2 » et « 25-3 » et aujourd'hui codifiés aux articles L. 413-1 et suivants du Code de la recherche, concernent le statut du chercheur.

1. Créer une société • Article 25-1

603 L'article L. 413-1 du Code de la recherche (ancien al. 1er de l'art. 25-1 de la loi du 15 juill. 1982) permet au chercheur de participer à titre personnel à la création d'une entreprise destinée à valoriser les travaux de recherche qu'il a réalisés dans l'exercice de ses fonctions. Le chercheur pourra devenir créateur d'entreprise sans totalement couper les liens avec son administration d'origine pendant une durée maximale de six ans (première période de 2 ans renouvelable 2 fois). À l'issue de cette période transitoire, le chercheur pourra choisir entre son retour dans le service public et le départ définitif dans l'entreprise.

L'entreprise doit avoir pour objet la valorisation des recherches du créateur.

Le chercheur doit être associé ou dirigeant de l'entreprise.

La mise en œuvre de ce dispositif passe par la conclusion d'un contrat précisant les liens entre l'établissement public propriétaire du résultat des recherches et l'entreprise à créer qui en assurera la valorisation. Élément essentiel du dispositif, ce contrat assure la régularité du statut du chercheur. Les modalités du contrat sont diverses : cession de licences de brevet, licences d'exploitation...

Pour bénéficier de ce statut, le chercheur doit obtenir l'autorisation de l'autorité dont il relève. À compter de la date d'effet de l'autorisation, le chercheur est détaché dans l'entreprise ou mis à la disposition d'un organisme concourant à la valorisation de la recherche. En cas de détachement, c'est l'entreprise qui supportera sa rémunération. En cas de mise à disposition, le chercheur continue à être payé par son laboratoire ou université.

Au terme de l'autorisation, et s'il décide d'être réintégré dans son corps d'origine, le chercheur devra mettre fin à sa collaboration professionnelle avec l'entreprise dans le délai d'un an. Il sera néanmoins autorisé à apporter un concours scientifique à l'entreprise, à conserver une participation de 15 % dans son capital et à être membre de son conseil d'administration ou de surveillance.

1. L. nº 99-587, 12 juill. 1999.

2. Apporter un concours scientifique • Article 25-2

604 L'article L. 413-8 du Code de la recherche (anciens al. 1er et 2 de l'art. 25-2) permet au chercheur d'apporter un concours scientifique à une entreprise. Celui-ci pourra prendre une participation dans le capital de l'entreprise qui valorise ses recherches dans la limite de 15 %. Le chercheur a un statut de consultant, il ne pourra exercer des fonctions de dirigeant ni siéger dans les organes de direction.

Comme pour la création d'une société, la mise en œuvre de ce statut passe par la conclusion d'un contrat de valorisation avec l'organisme d'appartenance. Le chercheur doit obtenir l'autorisation de l'autorité dont il relève. La durée de l'autorisation est de cinq ans renouvelable.

3. Participer aux organes de direction • Article 25-3

605 L'article L. 413-12 du Code de la recherche (ancien art. 25-3) permet au chercheur d'être membre à titre personnel du conseil d'administration ou du conseil de surveillance d'une SA.

Le chercheur ne pourra détenir plus de 5 % du capital de la société. Il devra obtenir l'autorisation de l'autorité dont il relève.

À l'inverse des autres cas, il n'y a pas de contrat conclu avec l'organisme d'appartenance. Par ailleurs, il ne peut y avoir de cumul avec les missions de consultance prévues en cas de concours scientifique.

QUELLE OPTION RETENIR ?

▷ En conclusion, les entreprises innovantes issues de la recherche publique doivent respecter des règles juridiques :
- nécessité d'une autorisation préalable qui peut prendre du temps;
- nécessité d'un contrat de valorisation pour bénéficier des articles 25-1 ou 25-2;

L'article 25-1 permet et valorise une expérience d'entrepreneur. Le chercheur prend des risques et s'implique dans son projet, gagnant ainsi en crédibilité vis-à-vis d'un investisseur.

En optant pour un article 25-2, le chercheur prend moins de risques et s'implique plus modestement dans le capital de l'entreprise, avec l'appui du laboratoire d'origine.

B. Dispositifs pour les salariés créateurs d'entreprise

606 La loi pour l'initiative économique[1] a institué un régime destiné à faciliter la transition entre le statut de salarié et d'entrepreneur, permettant au porteur d'un projet de création de tester la viabilité de celui-ci tout en conservant la qualité de salarié.

Les principales mesures sont les suivantes.

1. Droit au congé ou travail à temps partiel pour création d'entreprise

607 Les salariés disposent d'un choix entre un congé, durant lequel le contrat de travail est suspendu, et une période de travail à temps partiel pour préparer la création ou la reprise d'une entreprise.

1. L. n° 2003-721, 1er août 2003.

• **Conditions d'obtention.** Les conditions d'obtention du congé ou de passage à temps partiel sont aménagées :

- ancienneté requise réduite de trente-six à vingt-quatre mois, consécutifs ou non dans l'entreprise;
- délai de prévenance diminué de trois à deux mois.

Par ailleurs, le législateur impose un délai de trois ans entre 2 congés ou périodes de travail à temps partiel pour création d'entreprise.

Dans les entreprises de moins de 200 salariés, l'employeur a la possibilité de refuser la transformation du contrat à temps plein en contrat à temps partiel. Le salarié, disposant d'un recours, peut faire porter l'affaire devant le conseil des prud'hommes.

• **Situation du salarié.** Dans le cas d'un temps à temps partiel, un avenant au contrat de travail fixant la durée de la période de travail doit être signé. Le salaire payé correspond au nombre d'heures travaillées.

• **Durée.** La période de travail à temps partiel, comme le congé, est prise pour une durée d'un an maximum, renouvelable pour un an. À l'issue de la période de travail à temps partiel, le salarié retrouve un emploi à temps plein aux mêmes conditions de rémunération.

▷ Ce congé est également ouvert à la personne qui, sans créer ou reprendre une entreprise même innovante, va exercer des fonctions de direction au sein d'une entreprise qui relève du statut fiscal de la JEI[1] (voir n°s 1004 et s.). Le droit au congé sabbatique lui est accordé dans les mêmes conditions.

2. Suspension des clauses d'exclusivité

608 Les clauses d'exclusivité, c'est-à-dire celles imposant au salarié de travailler au bénéfice exclusif de l'employeur, sont inopposables au créateur ou repreneur pendant un an.

Sont concernés :

- toutes les clauses, celles applicables en vertu d'une convention collective ou d'un contrat de travail;
- l'ensemble des salariés créateurs, y compris ceux liés par un contrat de travail à temps complet.

Le salarié créateur est néanmoins soumis à l'obligation de loyauté. Même pendant la période où la clause d'exclusivité ne lui est pas opposable, le salarié ne peut exercer des activités concurrentes de celles de son employeur.

3. Contrat d'appui au projet d'entreprise (CAPE)

609 Le CAPE a été mis en place par la loi pour l'initiative économique du 1er août 2003. Le décret du 19 mai 2005 en a précisé les modalités d'application.

L'objectif est de permettre aux salariés ayant un projet de création d'entreprise de tester sa viabilité dans le cadre d'une structure accompagnante, tout en bénéficiant du statut social protecteur.

▷ Contacts utiles : ANPE ou directions départementales du Travail, de l'Emploi et de la Formation professionnelle.

1. C. trav., art. L. 122-32-12, mod. par L. n° 2006-450, 18 avr. 2006.

a. Caractéristiques

610 L'appui au projet est défini par un contrat écrit d'un an, renouvelable par écrit deux fois.

Par ce contrat, une société ou une association s'oblige à fournir une aide particulière et continue à une personne physique, non salariée à temps complet, qui s'engage à suivre un programme de préparation à la création ou à la reprise d'une activité économique.

L'aide doit se traduire par des prestations matérielles (fourniture de locaux, moyens financiers...) et par des prestations intellectuelles (préparation à la gestion...) suivant les modalités du programme défini au contrat.

b. Bénéficiaires

611 Les salariés à temps partiel et les demandeurs d'emploi peuvent bénéficier du CAPE. Par ailleurs, les chômeurs indemnisés peuvent continuer à percevoir partiellement leurs allocations durant l'exécution du CAPE.

Les personnes ayant créé une entreprise dans le cadre d'un contrat d'appui, peuvent également bénéficier de l'ACCRE (voir nos 1305 et s.).

c. Contenu

612 Le CAPE détermine :

- le programme de préparation à la création ou à la reprise d'une activité économique, ainsi que les engagements des parties contractantes;
- la nature, le montant et les conditions d'utilisation des moyens mis à la disposition du bénéficiaire par la personne morale responsable de l'appui;
- le montant de la rétribution de la personne morale;
- la nature, le montant maximal et les conditions des engagements pris par le bénéficiaire à l'égard des tiers au cours de l'exécution du contrat, ainsi que la partie qui en assume la charge financière à titre définitif;
- les modalités et la périodicité suivant lesquelles la personne responsable de l'appui est informée des données comptables du bénéficiaire;
- les modalités de rupture anticipée;
- le cas échéant :
  - le versement d'une rémunération pour le bénéficiaire du contrat avant le début de l'activité économique,
  - les conditions de remboursement des sommes engagées par la personne morale pour le compte du bénéficiaire du contrat après le début de l'activité économique.

d. Responsabilités

613 Les responsabilités sont partagées :

- avant l'immatriculation, l'accompagnateur est responsable vis-à-vis des tiers;
- après l'immatriculation, l'accompagnateur et le créateur sont solidairement responsables jusqu'à la fin du contrat d'appui.

e. Obligations des parties

614 • Publicité : le créateur ou repreneur doit indiquer qu'il bénéficie d'un CAPE sur tous ses papiers d'affaires (factures, correspondances...). Il doit mentionner sur ces documents la dénomination sociale, le siège social, le numéro d'identification de la personne morale responsable de l'appui, ainsi que le terme du contrat.

• Informations des organismes sociaux : la personne morale responsable de l'appui est tenue de remplir les obligations sociales mises à la charge des employeurs en matière de droit du travail. Elle devra informer l'Urssaf et l'Assedic de la conclusion du CAPE, du terme prévu, de ses renouvellements ou de sa rupture anticipée.

f. Cotisations sociales

615 Les cotisations d'Urssaf et d'assurance chômage sont versées trimestriellement par la personne morale responsable de l'appui pour le compte du bénéficiaire du CAPE.

L'assiette des cotisations est constituée des recettes HT dégagées par l'activité du bénéficiaire du CAPE. Les frais engagés par le bénéficiaire et par la personne morale responsable de l'appui viennent en déduction de l'assiette.

4. Report, étalement et exonération de cotisations sociales

a. Report et étalement de cotisations en début d'activité pour les créateurs non salariés ou dirigeants

616 Depuis le 1er janvier 2004, un système de report et d'étalement des charges sociales de la première année d'activité sur cinq ans maximum est institué en faveur des travailleurs indépendants (TNS) et des dirigeants de société créant ou reprenant une entreprise.

b. Exonération de cotisations pour les créateurs conservant une activité salariée

617 Depuis le 1er janvier 2004, les salariés qui créent ou reprennent une entreprise bénéficient d'une exonération de cotisations sociales dues au titre de leur activité indépendante la première année d'exercice de cette activité.

L'exonération est conditionnée à un plafond de revenus (17 538 € en 2006) et à un nombre minimum d'heures d'activité salariée (910 heures au cours des 12 mois précédant la date de création et 455 heures pendant les 12 mois suivants). Pour bénéficier de l'exonération, le créateur devra en faire la demande dans les douze premiers mois de l'activité indépendante.

c. Cumul d'une activité salariée et d'une activité indépendante

618 Dans le cas de l'exercice simultané ou successif d'une activité indépendante et d'une activité salariée, il est nécessaire de cotiser à la fois au régime général de l'assurance-maladie des salariés et au régime d'assurance maladie des professions indépendantes. Les prestations ne sont versées que par un seul régime, celui de l'activité principale.

L'activité indépendante est présumée être exercée à titre principal, à moins de justifier d'avoir accompli 1 200 heures de travail salarié au cours de l'année civile précédente.

La détermination de l'activité principale est opérée au plus tard le 31 décembre suivant l'expiration de l'année civile au cours de laquelle plusieurs activités ont été exercées. Elle prend effet au 1er janvier suivant pour une durée de trois ans.

□ • Lorsque l'on débute une activité indépendante en étant déjà salarié, l'activité salariée est considérée comme principale. La cotisation au régime d'assurance maladie des professions indépendantes ne sera réclamée qu'à compter de la détermination de l'activité principale effective au 1er janvier.
• Lorsque l'on exerce simultanément une activité indépendante et une activité salariée, l'activité indépendante est supposée être exercée à titre principal.

C. Dispositif Assedic d'aide aux chômeurs créateurs d'entreprise

619 Conformément à la convention du 18 janvier 2006 relative à l'aide au retour à l'emploi et à l'indemnisation du chômage, l'accompagnement personnalisé des demandeurs d'emploi s'effectue dans le cadre du projet personnalisé d'accès à l'emploi (PPAE).

En cas de projet de création d'entreprise, l'Assedic peut accompagner le créateur de deux façons :
- par le versement d'un capital de départ;
- par le maintien d'une partie des allocations chômage.

▷ Attention ! Ces deux modalités ne sont pas cumulables.

Sont concernés par cette aide : les chômeurs bénéficiaires ou ayant droit à l'allocation d'aide au retour à l'emploi (ARE), les personnes licenciées créant une entreprise pendant leur préavis.

Ne sont pas concernés les salariés privés d'emploi ayant créé une entreprise avant la rupture de leur contrat de travail.

Le créateur devra préalablement signaler son projet de création à l'Assedic et à l'ANPE.

▷ Pour être éligible à ces dispositifs, le créateur doit **impérativement s'inscrire comme demandeur d'emploi avant la création de la société**.

1. Aide à la création d'entreprise

620 Pour bénéficier de l'aide à la création d'entreprise :
- le projet devra être validé par l'obtention de l'ACCRE (voir nos 1305 et s.). À cet effet, l'attestation d'indemnisation établie par la DDTEFP devra être produite;
- le créateur devra être radié de la liste des demandeurs d'emploi.

Le montant de l'aide correspond à la moitié du reliquat des droits à la date de début de l'activité. L'aide est versée en deux fois, à la date de début d'activité puis six mois après.

En cas d'arrêt de l'activité de créateur, celui-ci récupère ses droits acquis à la veille de la création d'entreprise, diminués de l'aide versée par l'Assedic. Les reliquats de droits sont toutefois récupérables à la condition suivante : la réinscription comme demandeur d'emploi doit intervenir dans un délai de trois ans à compter de l'admission, délai augmenté de la durée des droits notifiés.

2. Maintien des allocations

621 En phase de création, les actes accomplis sont considérés comme des actes de recherche d'emploi. Les allocations d'aide au retour à l'emploi sont intégralement maintenues.

Après la création, un maintien partiel des allocations est possible pour tout créateur (dirigeant, gérant de SARL, profession indépendante...) sous les conditions suivantes :

- le créateur doit demeurer inscrit comme demandeur d'emploi;
- si le créateur est salarié, son activité mensuelle ne doit pas excéder 110 heures par mois et sa rémunération mensuelle ne doit pas dépasser 70 % de ce qu'il gagnait avant d'être au chômage. Lorsque la rémunération n'est pas connue, un barème forfaitaire est appliqué.

a. Calcul des indemnités et durée de versement

622 Chaque mois, l'Assedic détermine un nombre de jours non indemnisables au titre de l'ARE en fonction de la rémunération mensuelle versée au créateur.

Lorsque le créateur ne perçoit pas de rémunération de la société, le nombre de jours non indemnisables est déterminé à partir d'une rémunération forfaitaire.

□ En 2006, la base forfaitaire mensuelle est de 542 € pour la première année et de 813 € pour la seconde année.

Le nombre de jours non indemnisables sera calculé ainsi :

$$\frac{\text{Rémunération mensuelle brute (ou rémunération forfaitaire de 542 €)}}{\text{Salaire journalier de référence retenu par l'Assedic}^{1}}$$

Les allocations sont maintenues dans la limite de la durée des droits avec un maximum de :

- quinze mois pour les créateurs âgés de moins de 50 ans;
- vingt-trois mois pour les créateurs âgés de plus de 50 ans.

Les reliquats de droits sont récupérés en cas d'arrêt de l'activité de création d'entreprise sous réserve que la réinscription comme demandeur d'emploi intervienne dans un délai de trois ans à compter de l'admission, délai augmenté de la durée des droits notifiés.

b. Restauration des droits aux allocations de chômage des créateurs non inscrits à l'Assedic après échec du projet d'entreprise

623 Lorsqu'un salarié a créé une entreprise après avoir démissionné ou après avoir été licencié sans avoir déposé de dossier de demande d'allocations de chômage et que son projet d'entreprise a échoué, il peut faire valoir ses droits à l'assurance chômage au titre de l'activité salariée antérieure dans un délai de trois ans après la fin de l'emploi salarié.

▷ Adresse utile : www.assedic.fr, rubrique « Les textes, Notices d'information ».

II. Choix de la forme juridique

624 Le choix de la forme juridique répond à des impératifs propres à chaque projet d'entreprise : moyens financiers, niveau de responsabilité, nature de l'activité, degré de contrôle requis, crédibilité vis-à-vis des tiers...

Les deux formes juridiques les plus courantes et les mieux adaptées à la création d'une société innovante sont la SAS en raison de sa souplesse et la SA à directoire qui prévoit une structure idéale pour les investisseurs : le conseil de surveillance. La constitution sous forme de SARL peut aussi être envisagée.

1. Voir lettre notification droits.

Les règles régissant ces trois formes juridiques, leurs avantages et leurs inconvénients sont traités dans ce chapitre, ainsi que leurs modalités de transformation.

▷ Lors de cette phase de choix de la forme juridique, il est recommandé de rédiger un pacte de fondateur qui définisse clairement les rôles et obligations de chacun et de les faire impérativement valider par un conseil.

TABLEAU COMPARATIF DES DIFFÉRENTES FORMES JURIDIQUES

	Entreprise individuelle	*SARL*	*SA (classique)*	*SAS*
Nombre d'associés	• Entrepreneur individuel	• Minimum : 2 • Maximum : 100 (personnes physiques ou morales)	• Minimum : 7 (personnes physiques ou morales)	• Minimum : 1 (personne physique ou morale)
Montant capital	• Pas de notion de capital social	• Pas de capital minimum	• 37 000 € minimum. (versés pour moitié à la constitution et le solde dans les 5 ans ou avant toute augmentation de capital)	• 37 000 € minimum (versés pour moitié à la constitution et le solde dans les 5 ans ou avant toute augmentation de capital)
Dirigeants	• Entrepreneur individuel	• Gérant(s) : obligatoirement personne physique parmi les associés ou un tiers	• Conseil d'administration (CA) composé de 3 à 24 membres dont 1 président personne physique	• Liberté statutaire • Minimum : 1 président, personne physique ou morale
Responsabilité du dirigeant	• Totale et indéfinie sur les biens personnels	• Limitée aux apports, sauf responsabilité civile et pénale	• Limitée aux apports, sauf responsabilité civile et pénale	• Limitée aux apports, sauf responsabilité civile et pénale
Régime social du dirigeant	• Non salarié	• Gérant minoritaire ou égalitaire : assimilé salarié • Gérant majoritaire : non salarié	• Président : assimilé salarié	• Président : assimilé salarié
Régime fiscal du dirigeant	• IR dans la catégorie des BIC ou BNC	• Gérant minoritaire : traitements et salaires • Gérant majoritaire : dans la catégorie de la rémunération des dirigeants, identique à celle des traitements et salaires (TS)	• Traitements et salaires (TS) pour le président	• Traitements et salaires (TS) pour le président
Qui prend les décisions ?	• L'entrepreneur seul	• Le gérant pour les actes de gestion courante • L'assemblée générale ordinaire pour les autres décisions de gestion • L'assemblée générale extraordinaire pour les décisions modifiant les statuts	• Le CA pour la gestion courante • L'AGO pour les autres décisions de gestion • L'AGE pour les décisions modifiant les statuts	• Liberté statuaire
Commissaire aux comptes	• Non	• Non, sauf dépassement de seuils	• Oui	• Oui

A. Société à responsabilité limitée • SARL

1. Principales caractéristiques[1]

625 • **Associés.** La SARL doit avoir au moins un associé. Dans ce cas, elle est une entreprise unipersonnelle à responsabilité limitée (EURL).

Les associés ne répondent du passif social que dans la limite de leurs apports.

Dans l'hypothèse de l'entrée d'un nouveau partenaire, celui-ci doit être agréé à la majorité des associés représentant au moins la moitié des parts sociales (la majorité des trois quarts n'est plus nécessaire).

Un associé détenant un quart des parts sociales plus une, peut empêcher toute modification des statuts, il dispose de ce qu'on appelle la « minorité de blocage ».

• **Capital social.** Elle n'a pas de capital social minimum, celui-ci étant désormais librement fixé dans les statuts en fonction de la taille, de l'activité et des besoins de financement de l'entreprise. Celui-ci est divisé en parts sociales, non librement cessibles.

Il est possible de faire des apports en numéraire, en nature et en industrie.

La nomination d'un commissaire aux apports n'est obligatoire que sous une double condition :

- la valeur des apports en nature ne doit pas dépasser 7 500 €;
- le total des apports ne doit pas excéder la moitié du capital.

• **Direction : le gérant.** La SARL est gérée par un ou plusieurs gérants, obligatoirement personnes physiques, associés ou non. Les pouvoirs des gérants sont déterminés par les statuts.

Un gérant est considéré comme **majoritaire** lorsqu'il détient, seul ou avec son conjoint et ses enfants mineurs, plus de 50 % du capital social. Le choix du régime matrimonial est indifférent. Lorsqu'il détient 50 % du capital ou moins, il est gérant **égalitaire** ou **minoritaire**. Le gérant majoritaire est soumis au régime des travailleurs non salariés. Les cotisations sociales sont calculées, non sur les résultats réalisés par la société, mais sur les appointements perçus. Le gérant égalitaire ou minoritaire relève du statut des salariés.

STATUT DE GÉRANT MAJORITAIRE OU MINORITAIRE ?

▷ Le porteur de projet préfère souvent le statut de gérant minoritaire pour des considérations sociales, ce statut permettant de bénéficier du régime des salariés. Or le statut de gérant majoritaire est moins onéreux, notamment les deux premières années, sans compter les possibilités de différé de paiement (voir n° 616). Par ailleurs, les améliorations de la couverture sociale des travailleurs non salariés, la déductibilité fiscale des cotisations volontaires de protection sociale complémentaire par la loi Madelin sont autant d'éléments qui ne justifient plus le choix de statut minoritaire pour des motifs sociaux. Nous recommandons donc d'opter pour le statut de gérant majoritaire et de souscrire un contrat d'assurance complémentaire dit « contrat Madelin ».

2. Avantages et inconvénients

626 • **Avantages**

- La responsabilité des associés est limitée à hauteur de leurs apports.
- La SARL peut être constituée par un seul associé.

1. Voir dans la même collection, *SARL*, par F. Lemeunier.

– Elle peut être créée avec un investissement réduit, le montant du capital étant libre.

– Sa gestion est simple.

– La nomination d'un commissaire aux comptes n'est pas obligatoire sauf en cas de dépassement de 2 des 3 seuils suivants à la clôture d'un exercice :
- total bilan > 1,55 M €,
- chiffre d'affaires hors taxes > 3,1 M €,
- nombre moyen de salariés > 50.

• **Inconvénients**

– **Il n'est pas possible de mettre en place des mécanismes d'actions gratuites, BSPCE...**

– Les cessions des parts sociales sont taxées au taux de 5 % depuis le 1er janvier 2006 (contre 1,1 % plafonné à 4 000 € pour les cessions d'actions : voir n° 634). L'assiette du droit de 5 % est réduite d'un abattement de 23 000 € ramené au pourcentage des parts cédées dans le capital social.

☐ Exemple : les droits perçus pour la cession de 20 % des parts d'une SARL pour un prix de 100 000 € seront de :
5 % × (100 000 – 23 000 × 20 %) = 4 770 €

– Il n'est pas possible d'émettre des valeurs mobilières à l'exception d'obligations. L'article L. 223-11 du Code de commerce[1] autorise désormais les SARL à émettre des emprunts obligataires sous certaines conditions :
- dépasser 2 des 3 seuils à partir desquels un commissaire aux comptes est obligatoire,
- avoir au moins trois ans d'existence, les comptes des trois derniers exercices de douze mois devant avoir « été régulièrement approuvés ».

Une autre limite tient au fait que les SARL ne peuvent pas faire d'appel public à l'épargne : les emprunts obligataires émis par les SARL ne pourront donc faire l'objet que de placements privés auprès d'un cercle restreint d'investisseurs. S'agissant du régime d'émission, l'article L. 223-11 du Code de commerce renvoie au régime applicable aux sociétés par actions en prévoyant que « l'émission d'obligations est décidée par l'assemblée des associés conformément aux dispositions applicables aux assemblées générales d'actionnaires. Ces titres sont soumis aux dispositions applicables aux obligations émises par les sociétés par actions [...] ».

3. Transformation de la SARL

627 • **Règles de quorum**

– La transformation d'une SARL en SA doit être décidée par une assemblée extraordinaire statuant à la majorité des 3/4 des parts sociales.

– La transformation d'une SARL en SAS doit être décidée à l'unanimité des associés.

• **Conditions**

– Le commissaire à la transformation doit attester que le montant des capitaux propres est au moins égal au capital.

– La transformation de la SARL en société de toute autre forme doit être précédée du rapport d'un commissaire aux comptes sur la situation de la société. En cas de transformation en société par actions, s'ajoute la vérification par un commissaire à la transformation de la valeur des biens composant l'actif social. Le commissaire à la transformation peut être chargé de l'établissement du rapport sur la situation de la société.

1. Introduit par Ord. n° 2004-274, 25 mars 2004.

– Le rapport du commissaire à la transformation doit être tenu à la disposition des associés au moins huit jours avant l'assemblée des associés.

– Le commissaire à la transformation est chargé d'apprécier la valeur des biens composant l'actif social et les avantages particuliers pouvant exister au profit d'associés ou de tiers. Il doit attester que le montant des capitaux propres est au moins égal au capital.

– Le commissaire à la transformation est nommé par accord unanime des associés ou à défaut d'accord, par le greffe du tribunal de commerce.

– Le capital doit être au moins égal à 37 000 €.

– Les actionnaires devront être au nombre de 7 en cas de transformation en SA.

B. Société anonyme • SA

1. Principales caractéristiques

a. Actionnaires

628 Les actionnaires sont au nombre minimum de 7. Les actionnaires ne supportent les dettes de la société que dans la limite de leurs apports.

L'assemblée générale est l'organe souverain de la société. La minorité de blocage est du tiers des voix plus une. Elle permet à un ou plusieurs actionnaires agissant de manière concertée d'empêcher toute modification des statuts sans leur accord.

▷ L'entrée d'investisseurs dans le capital de la structure se trouve parfois facilitée par l'acquisition de la minorité de blocage.

b. Capital social

629 Le capital minimum de la SA est de 37 000 € et de 225 000 € lorsqu'elle fait appel public à l'épargne.

Les actionnaires ne peuvent réaliser que des apports en numéraire ou en nature. La nomination d'un commissaire aux apports est obligatoire lors d'un apport en nature.

La désignation d'un commissaire aux comptes est obligatoire.

L'article L. 225-129-2 du Code de commerce a rendu possible la délégation aux organes de direction de la décision d'augmentation de capital. Depuis le décret du 10 février 2005 faisant suite à l'ordonnance du 24 juin 2004 sur la réforme des valeurs mobilières, l'assemblée générale extraordinaire peut déléguer aux organes de direction (conseil d'administration ou directoire) sa compétence pour décider de l'augmentation de capital. Ainsi, la réunion systématique des actionnaires pour chaque décision d'augmentation de capital n'est plus obligatoire. Les organes de direction peuvent désormais décider eux-mêmes des augmentations dans la limite d'un plafond fixé par l'assemblée, la délégation n'étant valable que pour un délai de vingt-six mois maximum. L'assemblée générale a la faculté de limiter sa délégation à un certain type de valeurs mobilières et de prévoir des plafonds différents en fonction de la nature du titre. Les émissions d'actions de préférence ou de valeurs mobilières donnant accès au capital devront en outre faire l'objet de résolutions particulières.

▷ Ces nouvelles règles de délégation ne s'appliquent pas aux opérations d'augmentation de capital réservées avec suppression du droit préférentiel, qui font l'objet de dispositions spéciales.

c. Direction : conseil d'administration ou directoire ?

630 Les pouvoirs des actionnaires, du conseil d'administration, du président et du directeur général sont déterminés par la loi et les statuts. La SA est gérée par un conseil d'administration ou un directoire.

1. Conseil d'administration et directeur général

631 • Le **conseil d'administration** est composé d'actionnaires, au minimum 3 et au maximum 18, pouvant être des personnes physiques ou morales. Le président est obligatoirement une personne physique choisie parmi les membres du conseil d'administration.

Les administrateurs sont révocables à tout moment par l'assemblée générale.

Une personne physique peut cumuler **5 mandats d'administrateur de SA** ayant leur siège sur le territoire français sauf exceptions dans les groupes. Cette limitation ne s'applique pas aux personnes morales pouvant être titulaires d'un nombre illimité de sièges d'administrateurs. La limitation à 5 du nombre de mandats concerne le cumul de mandats d'administrateur et de membre du conseil de surveillance. Par ailleurs, une personne physique ne peut détenir plus de 5 mandats sociaux de SA ayant leur siège sur le territoire français. Ce plafond de cumul global concerne les mandats de membre du directoire, directeur général unique, directeur général, administrateur et membre du conseil de surveillance[1]. Toutefois, la loi sur la sécurité financière du 1er août 2003 a institué une dérogation dans les groupes. Ainsi, un administrateur peut avoir un nombre illimité de mandats d'administrateur dans les filiales de la société où il exerce son mandat d'administrateur.

Le cumul des fonctions d'administrateur avec un contrat de travail est permis au tiers des administrateurs en fonction. Le contrat de travail doit être antérieur à la nomination en qualité d'administrateur.

Le président du conseil d'administration relève du régime des salariés.

Les administrateurs peuvent percevoir des jetons de présence dont le montant est fixé par l'assemblée.

▷ Sur la responsabilité des administrateurs, voir nos 702 et s.

• La direction est assurée par le **directeur général** : il représente la société vis-à-vis des tiers. Les fonctions de président du conseil d'administration et de directeur général sont désormais dissociées. Elles peuvent cependant être assumées par une seule et même personne.

2. Directoire et conseil de surveillance

632 L'adoption du directoire et du conseil de surveillance n'est qu'une modalité d'organisation de la société anonyme.

Le directoire, comme le conseil d'administration, a une fonction de direction et de gestion de la société. À l'inverse, le conseil de surveillance a seulement une fonction de contrôle de cette gestion.

1. C. com., art. L. 225-21.

Cette organisation permet la séparation des rôles entre le directoire, qui dirige la société et dont les membres peuvent être actionnaires ou non, et le conseil de surveillance, composé d'actionnaires, qui veille sur les intérêts des actionnaires sans implication ni responsabilité dans la gestion de l'entreprise.

▷ Si vous envisagez de faire appel à du capital-risque, privilégiez la SA à directoire et conseil de surveillance, structure juridique permettant de surveiller la gestion de l'entreprise et dont le fonctionnement est standard, connu et sans surprise.

• Un organe de direction : le directoire

Le directoire est composé de 1 à 5 membres personnes physiques, non obligatoirement actionnaires à la différence des administrateurs et membres du conseil de surveillance. Dans les sociétés dont le capital est inférieur à 150 000 €, les fonctions dévolues au directoire peuvent être exercées par une seule personne qui prend le titre de directeur général unique.

Les membres du directoire sont nommés par le conseil de surveillance. La société est représentée par le président du directoire, élu par le conseil de surveillance. À défaut de dispositions statutaires, la durée du mandat du directoire est de quatre ans.

Le directoire assume la direction de la société. Il est investi de tous pouvoirs pour agir au nom de la société, en dehors des prérogatives du conseil de surveillance et de l'assemblée générale des actionnaires.

Le directoire est révocable par l'assemblée générale ordinaire ou par le conseil de surveillance si les statuts le prévoient.

Une personne physique ne peut exercer plus de 3 mandats de membre de directoire ou de directeur général unique de SA ayant leur siège sur le territoire français. Comme pour la SA de forme classique (voir n° 631), le plafond de cumul global est de 5 mandats, une dérogation à ce plafond étant possible dans les groupes. Un membre du directoire peut ainsi avoir un nombre illimité de mandats d'administrateur ou de membre du conseil de surveillance dans les filiales de la société où il exerce son mandat de direction.

Un membre du directoire peut être lié à la société par un contrat de travail. Les fonctions devront cependant être distinctes de celles assumées en qualité de membre du directoire et devront faire l'objet d'une rémunération distincte. Ce cumul des fonctions devra être soumis à la procédure des conventions réglementées[1] et, ainsi, à l'autorisation préalable du conseil de surveillance.

Le conseil de surveillance fixe la rémunération de chaque membre du directoire, celle-ci relevant du régime des traitements et salaires.

▷ Les membres du directoire sont soumis à la même responsabilité que les administrateurs (voir n°s 702 et s.).

• Un organe de contrôle : le conseil de surveillance

Le statut du conseil de surveillance emprunte largement à celui du conseil d'administration. Toutefois, le conseil de surveillance a seulement pour mission de contrôler les organes de direction de la société.

Le conseil de surveillance, nommé par l'assemblée générale ordinaire, est composé de 3 à 18 membres personnes physiques ou morales obligatoirement actionnaires. Le conseil de surveillance élit un président. Celui-ci ne représente pas la société vis-à-vis des tiers. La nomination d'un vice-président est obligatoire.

Le conseil de surveillance exerce un contrôle permanent sur la gestion du directoire. Il est investi d'attributions précises : nomination des membres et du président du directoire, fixation de leur rémunération, autorisations de conven-

1. C. com., art. L. 225-86.

tions entre la société et les membres du conseil de surveillance ou du directoire ou les actionnaires disposant de plus de 10 % des droits de vote.

Les membres du conseil de surveillance peuvent, comme les administrateurs, percevoir des jetons de présence dont le montant est fixé par l'assemblée générale.

Le conseil de surveillance peut éventuellement allouer une rémunération à son président et à son vice-président. La fixation de cette rémunération n'est pas soumise à la procédure des conventions réglementées. Ces rémunérations relèvent de la catégorie de revenus des capitaux mobiliers pour les bénéficiaires.

Les membres du conseil de surveillance sont soumis aux mêmes règles de cumul des mandats que les administrateurs (voir n° 631).

Les membres du conseil de surveillance peuvent, dans la limite du tiers des membres en fonction, cumuler leur mandat avec un contrat de travail. Ce cumul est soumis à la procédure des conventions réglementées.

▷ Sur la responsabilité des membres du conseil de surveillance, voir nos 702 et s.

3. Comparatif SA classique/SA à directoire

633 – Séparation des rôles entre le directoire, qui dirige la société et dont les membres peuvent être actionnaires ou non, et le conseil de surveillance, composé d'actionnaires, qui veille sur les intérêts des actionnaires sans implication ni responsabilité dans la gestion de l'entreprise.

– Possibilité pour un membre du directoire (ou directeur général unique) d'être en même temps salarié de la société. Il peut être nommé membre du directoire alors qu'il est déjà salarié ou devenir salarié alors qu'il est déjà membre du directoire.

▷ À l'inverse, dans la SA classique, le contrat de travail doit être antérieur à la nomination en qualité d'administrateur.

– Les membres du directoire peuvent prétendre à des dommages et intérêts en cas de révocation non justifiée et peuvent cumuler leurs fonctions avec un contrat de travail même s'ils cessent d'appartenir au directoire.

▷ Dans la SA classique, les administrateurs n'ont droit à aucune indemnisation et les possibilités de cumul de leurs fonctions avec un contrat de travail sont limitées (permis au tiers des administrateurs en fonction, un administrateur en fonction ne pouvant être salarié).

– Les membres du directoire peuvent être choisis en dehors des actionnaires à la différence des administrateurs.

– 5 membres du directoire et le président du conseil de surveillance peuvent bénéficier de l'exonération de l'ISF prévue pour les biens professionnels.

▷ Dans la SA classique, seuls le président et le directeur général peuvent en bénéficier (voir n° 645).

d. Cession des actions

634 La cession des actions est libre sauf clause d'agrément prévue dans les statuts.

▷ Cette clause d'agrément permet aux fondateurs d'éviter l'entrée au capital d'actionnaires indésirables ou la dispersion du capital et de maintenir un équilibre du pouvoir entre les différents blocs d'actionnaires.

Les statuts peuvent prévoir différentes clauses d'agrément : agrément de toutes ou certaines opérations de cession, agrément des nouveaux actionnaires, agrément par l'assemblée générale ou par le conseil de surveillance... Depuis l'ordonnance du 24 juin 2004, les cessions de titres entre actionnaires peuvent être soumises à agrément préalable[1]. Cette clause d'agrément est écartée en cas de succession, de liquidation du régime matrimonial ou de cession à un conjoint, ascendant ou descendant.

Les clauses d'agrément et d'autres règles de cession des actions peuvent aussi être imposées par le pacte d'actionnaires.

Lorsque la société refuse d'agréer l'opération de cession envisagée, le conseil d'administration ou le directoire doit, dans un délai de trois mois à compter de la notification du refus, proposer au vendeur l'acquisition de ses titres soit par un actionnaire, soit par un tiers, soit par la société (*via* une réduction de capital). À défaut d'accord sur le prix des titres, il sera déterminé par un expert désigné par les parties ou, à défaut, par une ordonnance du juge des référés. Le cédant peut désormais renoncer à la cession envisagée, même après fixation du prix par l'expert. Auparavant, il ne pouvait plus se rétracter lorsque la procédure d'expertise était déclenchée[2].

Il existe des formulaires standard de mouvement de titres qui peuvent être utilisés pour contractualiser la cession.

Suite à la cession, l'imprimé 2759 « Cession de droits sociaux non constatée par un acte » (cerfa n° 10408*05), disponible à l'adresse www.service-public.fr, rubrique formulaires, devra être déposé à la recette des impôts en deux exemplaires originaux dans le délai d'un mois.

Les droits d'enregistrement sont de 1,1 % du prix de cession. Ils sont plafonnés à 4 000 € depuis le 1er janvier 2006.

2. Avantages et inconvénients

635 • **Avantages**

– Il est possible de faire appel public à l'épargne lorsque le capital est supérieur à 225 000 €.

– La SA offre une grande sécurité juridique dans la mesure où son fonctionnement est strictement réglementé par la loi.

– La SA permet d'émettre des valeurs mobilières et d'instaurer des dispositifs tels que les actions gratuites, BSPCE, *stock options* (voir chapitre I).

– Elle permet d'émettre des actions de préférence (voir nos 509 et s.). Ces actions, créées par l'ordonnance du 24 juin 2004, facilitent l'entrée des fonds de capital-risque dans les SA en leur donnant des droits préférentiels financiers et de représentation.

• **Inconvénients**

– La SA doit obligatoirement avoir un commissaire aux comptes, ce qui entraîne un coût.

– La gestion de la SA est très réglementée, ce qui induit une certaine lourdeur.

▷ La loi Breton sur la modernisation de l'économie du 26 juillet 2005 a supprimé l'obligation pour les SA non cotées d'établir un **rapport sur les procédures de contrôle interne** mises en place et de le déposer au greffe du tribunal de commerce. Cette contrainte, qui était un inconvénient majeur de la SA et une cause

1. C. com., art. L. 228-23.
2. C. civ., art. 1843-4.

courante de transformation de SA en SAS, a disparu. Désormais, seules les sociétés cotées sont soumises à l'obligation d'établissement du rapport sur le contrôle interne, et ce quel que soit le marché de cotation (Eurolist, Alternext...; voir n° 573).

• **Quelques règles à respecter**

– Les rémunérations versées aux mandataires sociaux des sociétés cotées sur un marché réglementé doivent être communiquées dans le rapport de gestion (voir n°s 575 et s.)

– Une assemblée générale extraordinaire doit être convoquée tous les trois ans pour se prononcer sur une augmentation de capital réservée aux salariés lorsque les actions détenues par le personnel représentent moins de 3 % du capital de la société[1].

3. Transformation de la SA

636 • **Règles de quorum**

– La transformation d'une SA en SAS ne peut être décidée qu'avec l'accord unanime des actionnaires.

– La transformation d'une SA en SARL doit être décidée à la majorité des 3/4 du capital.

• **Conditions**

– Deux années d'existence et deux bilans approuvés sont requis pour transformer la société anonyme en société d'une autre forme, sauf en cas de transformation en SNC.

– La décision de transformation doit être précédée d'un rapport des commissaires aux comptes de la société attestant que le montant des capitaux propres est au moins égal au montant du capital. Les sociétés par actions étant obligatoirement dotées d'un commissaire aux comptes, elles n'ont pas l'obligation de désigner un commissaire à la transformation.

▷ **Cas particulier :** une SA ayant émis des valeurs mobilières donnant accès au capital ne peut plus être transformée après l'émission des titres, sauf à y être autorisée par le contrat d'émission ou par les titulaires de ces titres. Dès lors, il conviendra d'attacher une importance particulière à la rédaction du contrat d'émission (voir n°s 550 et s.). Par ailleurs, le projet de transformation de la société devra être soumis à l'assemblée générale des obligataires s'il en existe. En cas de refus d'approbation, la société ne pourra passer outre qu'en offrant de rembourser les obligataires qui en feraient la demande.

C. Société par actions simplifiée • SAS

637 La SAS a été réformée par la loi sur l'innovation du 12 juillet 1999 dans le but d'offrir une souplesse équivalente à celle des « Inc. » anglo-saxonnes[2].

Mais cette souplesse a un revers : la SAS ne peut pas être cotée. Si bon nombre d'entreprises sont créées sous forme de SAS, celles qui sont financées par des capitaux-risqueurs doivent la plupart du temps se transformer en SA.

1. Loi sur l'épargne salariale du 19 févr. 2001.
2. Voir dans la même collection, *SAS*, par F. Masquelier et N. Simon de Kergunic.

1. Principales caractéristiques

638 • **Associés.** La SAS peut n'avoir qu'un seul associé. Dans ce cas, elle est une société unipersonnelle par actions simplifiée (SASU).

Les associés ne supportent les dettes de la société que dans la limite de leurs apports.

La liberté statutaire est la règle : les décisions des associés sont prises selon les conditions de majorité prévues par les statuts, en assemblée, par correspondance ou par vidéoconférence. La tenue d'assemblées générales n'est pas obligatoire. Seules certaines décisions doivent faire l'objet d'une assemblée : approbation des comptes, fusion, modification du capital, nomination des commissaires, dissolution.

• **Capital social.** Le capital minimum de la SAS est de 37 000 €.

Les associés ne peuvent réaliser que des apports en numéraire ou en nature. La nomination d'un commissaire aux apports est obligatoire lors d'un apport en nature.

La nomination d'un commissaire aux comptes est obligatoire.

• **Direction.** Là encore, il appartient aux statuts de déterminer la nature et la fonction des organes de direction. La présence d'un président, personne physique ou morale, associée ou non, est requise. Le pouvoir de représenter la société est strictement défini et attribué au président. Depuis la loi sur la sécurité financière, les statuts peuvent conférer aux directeurs généraux le même pouvoir de représentation de la société à l'égard des tiers que celui confié au président.

Le président d'une SAS est assimilé au régime fiscal et social des salariés. Il peut être titulaire d'un contrat de travail sous réserve du caractère effectif du travail.

• **Cessions de titres.** Les statuts fixent librement les règles applicables aux cessions de titres. Sauf pour la SASU, toutes les clauses de contrôle de l'actionnariat sont possibles : exclusion, agrément, inaliénabilité, changement de contrôle d'un associé, cession forcée des titres d'un actionnaire selon les dispositions statutaires, liberté totale des cessions... Les cessions de titres de SAS sont assujetties aux mêmes droits d'enregistrement que les cessions de titres de SA.

▷ En conclusion, la rédaction des statuts est primordiale.

SPÉCIFICITÉS DE LA SAS UNIPERSONNELLE (SASU)

▷ La SASU est la seule forme juridique unipersonnelle permettant à l'entrepreneur de bénéficier du régime fiscal et social des salariés. La SASU peut se transformer automatiquement en SAS si le nombre d'associés augmente.
Le fonctionnement de la SASU est soumis à un régime juridique très simplifié, ainsi :
- le pouvoir de décision est centralisé entre les mains de l'associé unique qui, bien souvent, sera le président (personne physique ou morale);
- les décisions unilatérales (fonctionnement courant de la société et modifications statutaires) de l'associé unique doivent être consignées sur un registre;
- l'associé unique peut confier la présidence de la société à un tiers : les statuts doivent alors impérativement préciser les décisions relevant de la seule compétence de l'associé unique;
- les conventions réglementées de la SASU font l'objet d'une simplification, par mention sur le registre des décisions. Mais si la SAS comporte plusieurs associés, ces conventions sont soumises au contrôle des associés;
- l'associé unique doit approuver les comptes, sur rapport du commissaire aux comptes, dans les six mois de leur clôture;
- en cas de dissolution de la SASU, l'associé unique recevra automatiquement tout le patrimoine, mais il répondra de toutes les dettes sociales.

2. Avantages et inconvénients

639 • **Avantages**

– Liberté statutaire permettant d'organiser la répartition du pouvoir au sein de la société et les relations entre associés :

- possibilité d'être dirigée par une seule personne sans constitution ni consultation d'un organe collégial;
- possibilité de différencier la participation au capital et les droits de vote des associés;
- faculté d'émettre des actions à droits de vote pluriels (double, triple...) affectés à une catégorie d'associés.

▷ Au sein d'une SA, seul un droit de vote double peut être attribué par les statuts ou par une assemblée générale extraordinaire.

– Souplesse contractuelle se traduisant par une diminution du formalisme juridique.

– Pas de règles limitant le cumul des mandats.

▷ La SA le limite à 5 mandats pour les administrateurs et membres du conseil de surveillance, et 3 mandats pour le PDG et les membres du directoire (voir nos 631 et s.).

– Pas de limite d'âge ni pour les dirigeants, ni pour les autres acteurs principaux de la société.

▷ La SA fixe un âge maximum de 65 ans pour les PDG et membres du directoire et 70 ans pour les administrateurs et membres du CS.

– Un associé minimum, personne physique ou morale (contre un minimum de sept dans une SA).

– Possibilité d'émettre des valeurs mobilières et des actions de préférence, possibilité de mettre en place les dispositifs de paiement en actions (actions gratuites, BSPCE...; voir chapitres E et I)

• **Inconvénients**

– La SAS est une société fermée sans possibilité d'appel public à l'épargne.

– La SAS offre moins de sécurité juridique que les autres formes de sociétés, la loi statutaire prévalant.

3. Transformation de la SAS

640 • **Règles de quorum**

La décision de transformation doit être prise collectivement par les associés : la transformation d'une SAS en société d'une autre forme peut être décidée à la majorité fixée dans les statuts dès lors que les clauses statutaires qui ne peuvent être modifiées qu'à l'unanimité peuvent subsister sans modification sous la nouvelle forme. À défaut, la transformation requiert l'accord unanime des associés.

• **Conditions**

La décision de transformation doit être précédée d'un rapport du commissaire aux comptes attestant que le montant des capitaux propres est au moins égal au montant du capital (règle non applicable en cas de transformation en SNC). Il n'y a pas lieu de faire intervenir un commissaire à la transformation.

Les mêmes dispositions que celles énoncées pour une transformation de SA s'appliquent en cas d'émission d'obligations ou de valeurs mobilières donnant accès au capital (voir no 636).

D. Démarches de création

641 Après la signature des statuts, il y a lieu de procéder aux formalités suivantes :

- enregistrement à la recette des impôts;
- insertion dans un journal d'annonces légales;
- dépôt au greffe des actes constitutifs;

▷ Prévoir autant d'exemplaires des statuts que d'actionnaires + 3 (recette des impôts, greffe).

- immatriculation au registre du commerce et des sociétés;
- insertion dans le Bulletin officiel des annonces civiles et commerciales (*BODACC*).

▷ Adresse utile : La liste des pièces nécessaires à la constitution est disponible sur http://www.greffe-tc-paris.fr/rcs/immatriculations.htm.
Pour les sociétés ayant leur siège à Paris, l'ensemble de ces documents sera déposé au Greffe du tribunal de commerce - 1 quai de Corse, 75001 Paris - tél. + 33 8 91 01 75 75.

Le délai d'obtention du *Kbis* est de trois à quatre jours après le dépôt.

642 Dans les trois mois de l'immatriculation au greffe, le centre des impôts dont relève l'entreprise lui adresse le « livret fiscal du créateur d'entreprise ». Ce document contient les éléments d'identification de l'activité (n° Siret, n° de TVA) ainsi que les coordonnées des interlocuteurs fiscaux.

Pour information, le numéro Siret (14 caractères) est attribué par l'INSEE.

Le numéro de TVA intracommunautaire est un identifiant à 13 caractères. Il se compose du code pays (FR pour la France), d'une clé informatique (2 chiffres) et du n° Siren de l'entreprise (9 chiffres).

LE SORT DE DÉPENSES ENGAGÉES AVANT LA CONSTITUTION

▷ Les associés ou actionnaires qui ont effectué des dépenses (honoraires, achat de matériel...) au nom et pour le compte de la société pendant sa période de formation pourront se les faire rembourser par la société dès le déblocage des fonds, c'est-à-dire après l'immatriculation.
Pour cela, ils doivent relater l'ensemble de ces engagements dans un acte qui sera annexé aux statuts. La signature par les associés des statuts vaudra alors reprise de ces engagements par la société lorsque celle-ci sera immatriculée. Il est donc important de garder précieusement tous les justificatifs de dépenses. D'un point de vue comptable, ces dépenses représentent une avance en compte courant.

DURÉE DU PREMIER EXERCICE

▷ Il peut être judicieux de réduire la durée du premier exercice, par exemple à six mois au lieu de dix-huit mois, pour obtenir un an plus tôt le remboursement des dépenses éligibles au CIR engagées durant ce premier exercice.

III. Aspects fiscaux

Voici quelques aspects fiscaux à intégrer lors de la création de l'entreprise et de la souscription aux augmentations de capital.

A. Réduction d'impôt sur le revenu pour souscription au capital des PME

643 Les contribuables domiciliés fiscalement en France peuvent bénéficier d'une réduction d'impôt dite « Madelin » égale à 25 % des souscriptions en numéraire au capital initial et aux augmentations de capital des PME, dans la limite d'un plafond annuel de 20 000 € pour un contribuable et de 40 000 € pour un couple[1].

▷ Les versements ouvrant droit à la réduction d'impôt sont ceux effectués jusqu'au 31 décembre 2006.

La fraction des investissements excédant ces limites ouvre droit à réduction d'impôt dans les mêmes conditions au titre des trois années suivantes.

☐ Ainsi la réduction d'impôt, étalée sur quatre ans, pourra atteindre 20 000 € pour une souscription de 80 000 € ou plus. Pour un couple, elle pourra atteindre 40 000 € pour une souscription de 160 000 € ou plus.

• **Quelles entreprises sont concernées ?** La société bénéficiaire des fonds souscrits doit être soumise à l'IS et être détenue à hauteur de 50 % par des personnes physiques (ou par des sociétés formées de personnes parentes, frères ou sœurs, conjoints). Dans le cas d'une augmentation de capital, l'entreprise doit être encore une PME au sens communautaire : entreprise employant moins de 250 personnes, ayant réalisé un chiffre d'affaires inférieur à 50 M € ou un total bilan inférieur à 43 M € au titre de l'année de référence. Elle ne doit pas être cotée sur un marché réglementé français ou étranger.

La loi pour la confiance et la modernisation de l'économie du 26 juillet 2005 a assoupli les modalités d'appréciation du ratio de détention de 50 % des droits sociaux. Pour l'appréciation de ce seuil, il n'est pas tenu compte des participations détenues par les sociétés de capital-risque (SCR), les sociétés unipersonnelles d'investissement à risque (SUIR), les sociétés de développement régional (SDR), les sociétés financières d'innovation (SFI), les fonds communs de placement à risques (FCPR), les fonds d'investissement de proximité (FIP) et les fonds communs de placement dans l'innovation (FCPI).

Lorsque les actions ayant donné droit à réduction d'impôt sont cédées avant le 31 décembre de la cinquième année suivant celle de la souscription, une reprise des réductions d'impôt obtenues est pratiquée l'année de cession. Cette reprise est limitée au prix de cession.

De même, l'exonération d'impôt sur le revenu des plus-values de cession de titres de JEI (voir n° 1012) entraîne la reprise de la réduction d'impôt accordée au moment de la souscription des titres.

▷ **Attention !** Ces avantages (à l'entrée) ne sont pas cumulables avec le dispositif du PEA (avantages à la sortie). Nous rappelons par ailleurs que les titres logés dans un PEA sont limités à 25 % du capital de la société détenue. Le souscripteur doit donc choisir entre bénéficier à court terme d'une réduction d'impôt de 25 % du montant investi ou à long terme d'une exonération des plus-values. Il arbitrera entre ces avantages fiscaux à l'entrée ou à la sortie en fonction de sa situation personnelle et des perspectives de plus-values.

• **Impôt sur le Revenu • Déduction des pertes en capital.** Les personnes physiques qui ont souscrit en numéraire au capital d'une société non cotée déclarée en cessation de paiement dans les huit ans suivant sa constitution peuvent béné-

1. CGI, art. 199 *terdecies*-0 A.

ficier d'une déduction égale au montant de leur souscription. Ils peuvent déduire cette somme de leurs revenus, dans la limite de 30 000 € par année pour un célibataire et 60 000 € pour un couple.

▷ Ce dispositif n'est pas cumulable avec la réduction fiscale à l'entrée dont bénéficie le souscripteur au capital de PME. Toutefois, celui-ci conserve la possibilité de choisir la déduction des pertes en capital à condition de rembourser l'avantage fiscal perçu à la souscription.

B. Logement des titres dans un PEA

644 Voici quelques règles spécifiques au fonctionnement du PEA et à sa fiscalité :

• **Ouverture du PEA.** Toutes les personnes physiques fiscalement domiciliées en France peuvent ouvrir un PEA. Il ne peut être ouvert qu'un PEA par personne, celui-ci ne pouvant être ouvert sous la forme d'un compte joint. En revanche, un couple marié peut ouvrir deux PEA.

La date d'ouverture du plan est celle du premier versement.

• **Versements.** Le PEA est composé d'un compte espèces, recevant les versements et les dividendes, et d'un compte titres contenant les valeurs.

Les versements sur un PEA sont obligatoirement effectués en numéraire. Le titulaire du PEA ne peut donc transférer dans le plan des actions ou titres détenus antérieurement.

Le rythme des versements est libre. Il n'y a pas d'obligation de versement minimum.

Le plafond des versements est fixé à 132 000 € par contribuable et à 264 000 € pour un couple.

• **Nature des sommes investies.** Le PEA n'est pas réservé à l'acquisition de parts de sociétés cotées. Les sociétés non cotées sont également concernées.

Les sommes versées doivent servir à l'achat ou à la souscription :

- d'actions, bons de souscription, parts de SARL, titres de sociétés ayant leur siège dans un État membre de la Communauté européenne, titres de sociétés coopératives françaises;
- d'actions de SICAV ou de parts de FCP détenant au moins 75 % de ces mêmes titres;
- de parts de FCP à risques (FCPR) et FCP dans l'innovation (FCPI);
- des titres de sociétés soumises à l'IS ayant leur siège dans un État de la Communauté européenne.

▷ Les titres ayant bénéficié d'autres avantages fiscaux, tels que réduction d'impôts pour création d'entreprise, PEE, *stock options*... sont exclus du dispositif.

• **Un investissement défiscalisé**

- Les produits (dividendes, intérêts, avoirs fiscaux, crédits d'impôt, plus-values) provenant des placements effectués dans le cadre du PEA sont exonérés d'impôt sur le revenu sous la condition de conserver l'épargne pendant cinq ans.

- Selon la date à laquelle ils interviennent, les retraits entraînent des conséquences fiscales différentes, soit :

Avant 2 ans	*Entre 2 et 5 ans*	*Après 5 ans*
Gain net imposable à l'IR en cas de dépassement du seuil de taxation des plus-values sur valeurs mobilières de 15 000 € [1] Gain exonéré en dessous du seuil de taxation		Gain net totalement exonéré [2] mais soumis à prélèvements sociaux de 11 % [1]
Taux d'imposition de 22,5 % + prélèvements sociaux de 11 % [1]	Taux d'imposition de 16 % + prélèvements sociaux de 11 % [1]	

(1) Se décomposant en CSG 8,2 %, CRDS 0,5 %, prélèvement social 2 % et contribution de solidarité 0,3 %

(2) Les revenus afférents aux titres de sociétés non cotées ne sont exonérés que dans la limite de 10 % de ces placements. Au-delà de cette limite, ils sont déclarés en revenus des capitaux mobiliers

– Depuis le 5 août 2003, la loi sur l'initiative économique autorise le retrait anticipé des avoirs investis dans un PEA de moins de cinq ans sans clôture du plan, ni remise en cause de l'exonération, à condition que les fonds retirés servent à financer la création ou à la reprise d'une entreprise dans les trois mois suivant le retrait. Le titulaire du PEA, son conjoint, ascendant ou descendant doit assurer personnellement la direction de l'entreprise. Par ailleurs, aucun nouveau versement ne sera possible après le premier retrait ou rachat du plan.

– Depuis le 1er janvier 2005, les pertes constatées lors de la clôture d'un PEA de plus de cinq ans seront imputables sur les plus-values et gains de même nature réalisés au titre de l'année de clôture ou des dix années suivantes. Il est par ailleurs impératif que tous les titres figurant dans le plan soient cédés lors de la clôture du PEA.

PEA ET JEI : DEUX DISPOSITIFS PERMETTANT L'EXONÉRATION DES PLUS-VALUES

▷ À la création de la société ou lors d'une augmentation de capital, les souscripteurs se posent souvent cette question : **Est-il avantageux de placer les titres de la société dans un PEA ?**

Souscrire au capital *via* un PEA permet de bénéficier d'une exonération de l'impôt sur les plus-values lors de la cession des actions. Cette exonération dépend de l'âge du PEA : pour en bénéficier pleinement, les fonds investis devront être conservés dans le PEA jusqu'à la fin de sa 5e année. Le cédant, son conjoint et leurs ascendants et descendants ne doivent pas avoir détenu ensemble plus de 25 % des droits sociaux depuis la souscription des titres cédés.

Même s'il prévoit de respecter ces conditions, le souscripteur n'a pas toujours intérêt à placer ses titres dans un PEA. En effet, il se prive ainsi de la réduction d'impôt pour souscription au capital d'une PME (voir no 643) alors que le statut de JEI permet de bénéficier d'une exonération similaire, sans renoncer, *a priori*, à cette réduction d'impôt.

Le statut de jeune entreprise innovante, créé par la loi de Finances 2004, prévoit notamment l'exonération des plus-values réalisées à l'occasion de la cession de titres de JEI (voir no 1012). Pour en bénéficier, les titres doivent avoir été souscrits à compter du 1er janvier 2004 et avoir été conservés pendant au moins trois ans. Comme pour le PEA, le cédant, son conjoint et leurs ascendants et descendants ne doivent pas avoir détenu ensemble plus de 25 % des droits sociaux depuis la souscription des titres cédés. Lorsque le cédant bénéficie de cette exonération, il doit, le cas échéant, rembourser la réduction d'impôt dont il avait bénéficié lors de la souscription au capital de la société. Dans ce dispositif, le cédant peut donc choisir, *a posteriori*, l'avantage fiscal le plus intéressant.

En conclusion, depuis que le statut de JEI permet l'exonération d'impôt sur les plus-values, il n'est plus aussi intéressant de placer les titres de l'entreprise dans un PEA, ce qui fait perdre le bénéfice à court terme de la réduction d'impôt sur le revenu. Toutefois, il existe toujours un risque de refus ou de remise en cause du statut de JEI par l'Administration, et les titres de la JEI doivent être conservés au moins trois ans. Donc, il peut encore être avantageux de placer les actions dans un PEA si celui-ci doit arriver à son terme dans un délai inférieur à trois ans et que des plus-values importantes sont prévues dans ce délai.

Attention ! La souscription au capital de la société devra être effectuée directement depuis le compte espèces du PEA car il n'est pas possible de transférer dans un PEA des actions ou titres déjà souscrits.

C. Impôt sur la fortune • ISF

645 L'ISF est un impôt annuel dû par les personnes physiques, dont le patrimoine au 1er janvier de l'année d'imposition excède un seuil de 720 000 €. Les personnes domiciliées hors de France ne sont imposables que sur les biens situés en France.

Cet impôt est exigible sur l'ensemble des biens, droits et valeurs composant le patrimoine du redevable.

Les **titres de société** entrent dans l'assiette de l'ISF. Certaines exonérations sont toutefois prévues. Depuis le 1er janvier 2004, les titres reçus en contrepartie d'une souscription au capital d'une PME exerçant exclusivement une activité industrielle, commerciale, artisanale, agricole ou libérale, n'entrent plus dans l'assiette de l'ISF. La PME doit en outre avoir son siège dans un État membre de l'Union européenne.

Si l'entreprise a dépassé les seuils la définissant comme une PME, les dirigeants peuvent dans certains cas bénéficier d'une exonération au titre des **biens professionnels**. Les biens professionnels sont exclus de l'assiette de l'ISF. Parmi ceux-ci, les parts ou actions de sociétés assujetties à l'IS détenues par les associés dirigeants bénéficient de l'exonération sous deux conditions :

– nature des fonctions exercées dans la société : les propriétaires de titres doivent, pour pouvoir bénéficier de l'exonération, exercer à titre principal dans la société une des fonctions de direction suivantes :

- SARL : gérant,
- SAS : dirigeant,
- SA à conseil d'administration : président du conseil d'administration, directeur général,
- SA à directoire : membre du directoire, président du conseil de surveillance;

– importance de la participation détenue : une participation minimale de 25 % des droits financiers et des droits de vote est en principe exigée des gérants minoritaires de SARL et des associés dirigeants de sociétés anonymes.

La loi sur l'initiative économique a aménagé ou introduit les mesures suivantes, applicables à l'ISF :

– lorsque le seuil minimum de 25 % n'est pas atteint, les parts ou actions détenues peuvent être exonérées au titre des biens professionnels à condition que leur valeur brute excède 50 % de la valeur brute du patrimoine taxable à l'ISF;

– les parts ou actions de sociétés exerçant une activité industrielle, commerciale, artisanale, agricole ou libérale sont exonérées d'ISF à concurrence de la moitié de leur valeur. Cette exonération est subordonnée à la condition que l'associé se soit engagé au préalable, avec d'autres associés, à conserver pendant au moins six ans une fraction du capital de la société (droits financiers et droits de vote) fixée à 20 % pour les sociétés cotées et à 34 % pour les sociétés non cotées.

Cette mesure est destinée à permettre à des associés ne remplissant pas les conditions pour bénéficier de l'exonération au titre des biens professionnels, notamment associés non dirigeants ou détenant une participation inférieure au seuil minimal, d'être néanmoins exonérés à hauteur d'une fraction de leurs droits sociaux.

▷ Le choix de la forme juridique n'est pas neutre en matière d'exonération des biens professionnels à l'ISF. Ainsi, 5 membres du directoire et le président du conseil de surveillance peuvent bénéficier de l'exonération de l'ISF dans la SA à directoire (voir n° 632), alors que, dans la SA classique (voir n° 631), seuls le président et le directeur général peuvent en bénéficier. ■

G Responsabilité et protection des dirigeants

Nos 701 à 713

PAGES

701 Les créateurs d'entreprise connaissent rarement les risques induits par leurs nouvelles fonctions de dirigeant. Depuis la création de l'entreprise jusqu'à sa disparition, le dirigeant est exposé au premier plan.

Il n'existe pas de solution universelle ni de protection totale car il n'y a pas de création sans risque.

La limitation de l'engagement de la responsabilité passe ainsi par :

- le choix du régime juridique de la société;
- la souscription par la société d'une assurance protégeant le patrimoine du dirigeant, la société et ses hommes;
- le choix du régime matrimonial des dirigeants;
- la prévention : les dirigeants devront examiner avec leurs conseils les conséquences de toute décision importante.

I. Responsabilité des dirigeants

702 Les dirigeants de société s'exposent à des risques de mise en cause au civil et au pénal en réparation d'un préjudice subi. En effet, diverses personnes physiques ou morales peuvent intenter une action en responsabilité contre les dirigeants de l'entreprise : actionnaires pour leur propre compte ou pour le compte de la société, clients, fournisseurs, salariés, créanciers, concurrents, autorités de contrôle...

Les dirigeants concernés sont toutes personnes physiques exerçant des fonctions de direction, de gestion, de supervision au sein d'une société en tant que dirigeant de droit ou de fait.

Ce sont notamment le **président du conseil d'administration**, les **administrateurs et membres du directoire**, les directeurs généraux, les gérants de SARL et les représentants permanents des personnes morales.

▷ La responsabilité des **membres du conseil de surveillance** est plus limitée. Ils ne sont responsables que des fautes personnelles qu'ils ont commises dans l'exécution de leur mandat. Compte tenu de leur simple mission de contrôle, les membres du conseil de surveillance ne sont soumis ni à la faillite personnelle ni à la contribution éventuelle au règlement du passif.

A. Responsabilité civile

703 Les fautes engageant la responsabilité civile des dirigeants sont les infractions aux dispositions législatives ou réglementaires, la violation des statuts ou la faute de gestion.

Cette faute de gestion peut être constituée par une simple erreur, omission, négligence ou encore par le non-respect des règlements et des statuts.

La faute de gestion peut menacer le patrimoine personnel du dirigeant. Elle peut entraîner des mises en cause variées : action en comblement de passif, conflits d'intérêts entre actionnaires minoritaires ou majoritaires...

La responsabilité peut être individuelle ou solidaire lorsqu'elle est l'œuvre du conseil d'administration (ou du directoire) tout entier.

Deux types d'action en responsabilité sont distingués :

- l'**action individuelle**, exercée par l'actionnaire ayant subi un préjudice, a pour objet la répartition d'un préjudice personnel;
- l'**action sociale**, exercée par les actionnaires à l'encontre de ses dirigeants, est destinée à réparer un préjudice subi par la société.

L'action sociale peut être exercée individuellement par un associé ou actionnaire, quel que soit le nombre de ses parts ou actions détenues et quelle que soit la forme de la société. Elle peut être exercée collectivement, les associés ou actionnaires auteurs de l'action devant détenir 10 % du capital de la SARL[1] ou 5 % du capital de la SA[2].

L'action en responsabilité est prescrite trois ans après le fait dommageable ou sa révélation en cas de dissimulation.

▷ Pour les essais cliniques, les dispositions de la loi Huriet[3] s'appliquent, prévoyant indemnisation et assurance obligatoires. Au stade de l'essai, la couverture des essais cliniques par l'assurance responsabilité civile intervient dans les conditions telles que décrites ci-dessous (voir n° 711). Au stade du produit, la couverture par une nouvelle assurance responsabilité civile, couvrant notamment le retrait ou le rappel des produits, est à souscrire.

B. Responsabilité pénale

704 Les membres du conseil d'administration ou du directoire encourent une responsabilité pénale au titre de la direction et de l'Administration.

Les infractions visées sont l'abus de biens sociaux, l'abus de pouvoir ou de voix dans le cadre de la direction de la société, la présentation de comptes sociaux infidèles, l'infraction fiscale, certaines infractions au droit du travail, le défaut d'établissement des comptes...

1. C. com., art. L. 223-22.
2. C. com., art. L. 225-252.
3. L. n° 88-1138, 20 déc. 1988, JO 22 déc. 1988.

II. Protection des dirigeants

A. Assurances

705 Les entreprises peuvent prendre à leur charge la protection de leurs dirigeants grâce à de multiples mécanismes d'assurance.

1. Responsabilité civile des dirigeants et mandataires

706 Les compagnies d'assurances proposent des contrats couvrant la responsabilité des dirigeants et mandataires sociaux de la société et de ses filiales y compris à l'étranger.

Ce sont des fonctions qui sont assurées de manière non nominative. L'assurance couvre donc tous les dirigeants et mandataires sociaux, de droit ou de fait, passés, présents ou futurs. Cette garantie peut être étendue à certains cadres dirigeants de la société (DRH, CFO...) ou à toute personne physique expressément mandatée par la société.

Cette assurance couvre tous les dommages et intérêts au civil ainsi que les frais de défense civile ou pénale (honoraires d'avocat, frais d'expertise...).

Le montant des primes, comme celui des garanties couvertes par l'assureur, est défini en fonction de la situation financière de l'entreprise, de son activité, de la structure de son actionnariat et de l'existence éventuelle de filiales.

▷ À titre d'information, la prime annuelle pour l'ensemble des dirigeants est comprise entre 2 500 € à 7 000 €, pour un montant de garantie entre 150 000 € et 1 M €.

Cette prime est payée par l'entreprise, elle est déductible de ses résultats et ne représente pas un avantage en nature pour les dirigeants couverts.

▷ Adresse utile : www.risquesfinanciers.com.

2. Assurance chômage du dirigeant

707 Les mandataires sociaux ne sont pas éligibles au régime de l'assurance chômage en cas de licenciement, révocation ou liquidation de la société. Lorsqu'ils cumulent leur fonction de mandataire social avec un contrat de travail, il n'est pas garanti qu'ils puissent bénéficier des allocations de chômage au titre de leur contrat de travail.

Il est donc essentiel de prévoir ces cas de rupture et de mettre en place une protection adaptée : l'assurance chômage du dirigeant.

Cette assurance chômage, prise en charge par la société, permet au dirigeant licencié ou révoqué de bénéficier d'indemnités mensuelles pendant douze mois. Comme pour les Assedic, ces indemnités varient en fonction du temps passé dans l'entreprise et ne sont pas versées en cas de démission.

Cette assurance chômage peut être souscrite auprès de la Garantie sociale de chefs et dirigeants d'entreprise (GSC), ainsi qu'auprès de l'Association pour la protection des patrons indépendants (APPI).

a. La GSC

708 Le délai de carence de la GSC est de dix-huit mois à compter de l'affiliation.

En cas de chômage consécutif à la cessation d'activité pour motif économique ou révocation, le régime de base assure une indemnité correspondant à 40 % du revenu. Ainsi, pour un revenu annuel de 124 000 €, l'indemnité annuelle est de 50 000 € et le coût annuel à la charge de la société, défini par barème, est de 3 200 €. Ce coût représente un avantage en nature pour les dirigeants couverts.

La GSC propose également plusieurs options permettant d'augmenter la durée d'indemnisation.

En plus de ce régime de base, la GSC a mis en place un régime spécifique destiné aux créateurs d'entreprise et un régime complémentaire permettant à l'assuré d'augmenter le montant de l'indemnité annuelle de base, dans la limite de 70 % de son dernier revenu annuel net fiscal professionnel.

▷ Adresses utiles : GSC
42, avenue de la Grande-Armée - 75017 Paris
tél. + 33 1 45 72 63 10
www.gsc.asso.fr

b. L'APPI

709 Le délai de carence de l'APPI est de douze mois à compter de l'affiliation.

Tous les dirigeants des entreprises ayant au moins douze mois d'existence peuvent bénéficier d'un régime commun assurant une indemnisation pendant les douze mois suivant la cessation d'activité du fait d'un dépôt de bilan. Le prix de l'adhésion est de 365 € pour 2006 incluant les frais de dossier.

Comme pour la GSC, l'APPI propose différentes options permettant d'augmenter la durée d'indemnisation.

L'APPI a mis en place un régime « créateur » pour les sociétés nouvelles ayant moins d'un an d'existence, ainsi qu'un régime « révocation ».

▷ Adresses utiles : APPI
25 boulevard de Courcelles - 75008 Paris
tél. + 33 1 45 63 92 02

OBTENIR L'AVIS DES ASSEDIC

▷ Un contrat de travail est caractérisé par 3 éléments : emploi effectif, nette distinction des fonctions, existence d'un lien de subordination.
Au cas présent, il est difficile de justifier de l'existence du lien de subordination. Dès lors, il est recommandé aux dirigeants d'entreprise justifiant d'un contrat de travail de se procurer auprès des Assedic du lieu d'affiliation de l'entreprise un formulaire de « Demande de renseignements sur la participation au régime d'assurance chômage ».
Les Assedic émettront un avis sur l'éligibilité au régime de l'assurance-chômage à partir des informations et pièces transmises. Cet avis les engagera sous réserve que la situation du dirigeant demeure inchangée.

3. Assurances « Homme clé »

710 Certains investisseurs imposent la souscription d'une assurance « Homme clé ».

Cette assurance couvre la société dans les cas où l'entrepreneur ou les personnes stratégiques désignées se trouvent dans l'incapacité d'exercer leurs fonctions en cas de décès, incapacité ou invalidité suite à un accident ou à une maladie.

Lors de la survenance du sinistre, le montant de garantie déterminé au moment de la souscription est mis à la disposition de l'entreprise qui utilise librement ces fonds.

Les critères de calcul de cette prime sont l'âge et le sexe de l'assuré et son état de santé.

□ À titre indicatif, le coût est d'environ 300 € par an pour un montant de garantie de 150 000 € si l'« homme clé » est âgé de 30 ans. Cette charge est déductible pour l'entreprise.

4. Assurance spécifique biotech : « RC essais cliniques »

711 En application de la loi n° 2004-806 du 9 août 2004, toute recherche biomédicale doit donner lieu à assurance, quel que soit l'objet de la recherche (essais cliniques ou non cliniques, cosmétiques, dispositifs médicaux...).

Ainsi, la mise en place d'une assurance responsabilité civile « Promoteur de recherche biomédicale » ne s'applique pas seulement à la recherche en vue de la mise sur le marché d'un médicament.

Il est utile de définir les différents intervenants dans la mise en œuvre d'une recherche biomédicale :

- le promoteur : c'est la personne physique ou morale qui prend l'initiative de l'essai clinique (jeune entreprise innovante en biotechnologies, laboratoire pharmaceutique, prestataire de services, médecin...);
- l'investigateur : c'est la personne qui dirige et surveille la réalisation de l'essai clinique. Il s'agit en général d'un médecin. Lorsque le promoteur confie la réalisation d'un essai clinique à plusieurs investigateurs (essais multicentriques), il désigne parmi ceux-ci un investigateur coordonnateur;
- le Comité de protection des personnes (CPP) : ses avis engagent la responsabilité de l'État à l'égard du promoteur. Le CPP donne un avis motivé sur tout projet d'essai clinique qui lui est soumis par le promoteur;
- l'Autorité compétente : c'est l'AFSSAPS pour les médicaments et certains produits cosmétiques et d'hygiène corporelle et le ministère de la Santé dans les autres cas. L'autorité compétente doit donner son autorisation au projet d'essai clinique présenté par le promoteur.

Le promoteur est le souscripteur de l'assurance RC « Promoteur de recherche biomédicale ».

L'assurance couvre la responsabilité du promoteur ainsi que celle des autres intervenants dans la réalisation de l'essai clinique (investigateurs, coordonnateur des investigateurs). Elle s'applique à la totalité de durée de la recherche biomédicale. Les victimes peuvent présenter leur réclamation pendant un délai de dix ans à compter de la fin de la recherche.

Les bénéficiaires de l'indemnité sont toutes les personnes ayant subi un préjudice du fait de l'essai. Les limites de garantie sont encadrées par la loi.

□ Le coût de la RC dépend du protocole, du nombre de patients concernés par l'essai, du type et de la durée de l'essai. Elle est au minimum de 2 000 €.

B. Choix du régime matrimonial

712 À titre préalable, il est recommandé de voir avec ses conseils toutes les implications du choix du régime matrimonial, mais voici un premier éclairage.

Nous l'avons vu, même en ayant choisi la forme juridique de société la moins exposante (voir chapitre F), le dirigeant n'est pas forcément à l'abri. De plus, l'entreprise peut avoir recours à l'emprunt bancaire et, dans ce cas, le prêteur peut prendre des garanties sur les biens du dirigeant.

Dès lors, tout dirigeant a intérêt à protéger son patrimoine personnel. Cette protection passe notamment par le choix d'un contrat de mariage approprié. Aussi tous les régimes communautaires doivent-ils être exclus.

▷ **À titre de rappel**, le régime légal est celui de « la communauté réduite aux acquêts ». Dans ce régime, les biens composant la communauté seront engagés en plus des biens propres du dirigeant uniquement si le conjoint donne expressément son autorisation.
Le régime de « la séparation des biens » n'implique pas de risque mais induit une possible inégalité à terme des patrimoines des époux.
Le régime de « la participation aux acquêts » possède tous les avantages de la séparation de biens. Cependant, en cas de dissolution, il réduit la rigueur du régime de la séparation des biens par un partage de l'enrichissement des époux.

C. Environnement réglementaire

713 Deux mesures résultent de la loi pour l'initiative économique du 1er août 2003.

• **Insaisissabilité de la résidence principale**

Les entrepreneurs individuels ont la possibilité de déclarer insaisissable leur résidence principale par les créanciers de l'entreprise[1]. Cette déclaration sera effectuée par acte notarié publié au bureau des hypothèques. L'insaisissabilité ne joue que pour les créances nées postérieurement à la publication.

• **Réforme du cautionnement**

– Protection par le renforcement du formalisme : toute personne physique qui s'engage par acte sous seing privé en qualité de caution envers un créancier professionnel doit, à peine de nullité de son engagement, faire précéder sa signature de mentions manuscrites spécifiques.

– Protection par le renforcement de l'information : le créancier professionnel est tenu de faire connaître à la caution personne physique au plus tard le 31 mars de chaque année le montant principal, les intérêts frais et accessoires restant à courir au 31 décembre de l'année précédente au titre de l'obligation garantie et le terme de l'engagement.

– Protection contre le cautionnement excessif.

▷ Dans le cadre d'un cautionnement vis-à-vis d'un banquier, il existe cependant des moyens pour limiter, de manière effective, le montant de l'engagement ou éviter les garanties les plus lourdes. Ainsi, dans le cadre d'une garantie à première demande, le garant s'engage à verser la somme d'argent convenue au créancier dès que le débiteur le lui demande. Le garant ne peut opposer à cette demande de paiement pour la repousser aucune contestation, pour quelque motif que ce soit, et notamment il ne peut pas invoquer les exceptions qui appartiennent au débiteur, comme le ferait la caution. Il s'agit en effet d'une garantie autonome, indépendante du contrat de base liant initialement le créancier et son débiteur. De même, les risques encourus sont limités dans le cadre du cautionnement d'un compte courant. ■

1. C. com., art. L. 526-1 et s.

H Recruter son équipe

Nos 801 à 841

801 Comme nous l'avons vu dans le chapitre *business plan,* l'équipe est le premier actif d'une *start-up* et un critère d'évaluation prépondérant pour les investisseurs. Les jeunes entreprises innovantes qui réussissent savent recruter les meilleurs talents.

Les aspects humains sont essentiels pour bien embaucher, rémunérer et fidéliser. Mais des connaissances juridiques, sociales, comptables et fiscales sont également indispensables.

Ce chapitre répond aux questions fréquemment posées par les jeunes entreprises innovantes dans ce domaine :

– Quelle est la convention collective applicable aux entreprises de biotechnologies ?

– Quelles sont les clauses spécifiques à insérer dans les contrats de travail pour une jeune entreprise innovante ?

– Quels sont les contrats de travail les mieux adaptés aux jeunes entreprises innovantes et en particulier quelles sont les caractéristiques du contrat nouvelles embauches (CNE) ?

– Quels sont les obligations et les coûts liés au dépassement des seuils de 10 salariés, 50 salariés ?

▷ Nous verrons dans le chapitre les informations utiles sur les différents outils de rémunération et de fidélisation de l'équipe, compte tenu des spécificités des jeunes entreprises innovantes, financées ou non financées.

I. Convention collective

A. La convention collective de l'entreprise

802 La convention collective complète en les améliorant les dispositions du Code du travail. Il convient de distinguer :

– la convention collective, traitant de l'ensemble du droit du travail et adaptant le Code du travail à un secteur donné;

– l'accord collectif, ne portant que sur un sujet précis (formation professionnelle, salaires).

Les règles des conventions et accords collectifs ne sont applicables que si elles sont plus favorables que les dispositions du Code du travail. Si un contrat de travail contient des dispositions plus favorables pour le salarié que l'accord ou la convention collective applicable, le contrat de travail prime.

Le salarié est obligatoirement informé de l'existence d'une convention collective applicable par remise d'un document au moment de son embauche, mention de la convention applicable dans le contrat de travail ou la lettre d'embauche et mention sur le bulletin de salaire.

1. Détermination de la convention collective applicable

803 L'application d'une convention collective au personnel dépend de l'**activité principale** exercée par l'entreprise[1].

Le plus souvent, les activités couvertes par la convention ou l'accord sont désignées par les codes APE (activité principale exercée) attribués par l'INSEE. Ce code APE ne constitue toutefois qu'une présomption de classement.

L'activité effective et principale exercée par l'entreprise demeure le vrai critère d'application de la convention ou de l'accord.

▷ Il appartient dès lors à l'employeur de justifier la convention collective appliquée, en fonction de l'activité principale exercée.

2. Détermination de l'activité principale d'une entreprise

804 Une distinction est faite suivant que l'activité est de nature industrielle ou commerciale :

– dans le cas d'une activité industrielle, l'activité principale est celle qui emploie le plus grand nombre de salariés;

– dans le cas d'une activité commerciale, l'activité principale est celle qui génère le chiffre d'affaires le plus élevé.

Concernant les entreprises ayant à la fois une activité industrielle et commerciale, la recherche de l'activité prépondérante peut être effectuée. Elle permet d'assurer un statut professionnel unique à l'ensemble des salariés.

◊ Toutefois, en cas d'identification « d'activités nettement différenciées » constituant des « centres d'activité autonomes », une convention collective pourrait être appliquée à chaque centre en fonction de son activité propre[2].

La même règle peut prévaloir en cas d'établissements distincts.

B. Pour les JEI…

805 En matière de **technologies de l'information**, dans la plupart des cas, les entreprises *high tech* relèvent de la convention des bureaux d'études techniques, dite « Syntec ».

En matière de **biotechnologies**, il existe des incertitudes sur la convention applicable. Parmi les différentes alternatives possibles figurent les conventions de la chimie, de la pharmacie et de la métallurgie. C'est alors que se pose la question de l'application volontaire d'une convention collective.

1. C. trav., art. L. 132-5 et L. 132-5-1.
2. Cass. soc., 5 oct. 1999, n° 97-16.995, Bull. civ. V, n° 369 • Cass. soc., 23 avr. 2003, Bull. civ. V, n° 140.

1. Application volontaire d'une convention collective

806 L'application volontaire, par l'employeur, d'une autre convention que celle dont il relève présente des risques très importants pour l'entreprise. En effet les salariés pourront à tout moment se prévaloir de la convention dont relève l'entreprise :

- en ce qui concerne le statut collectif (durée du travail, droit syndical). Cette revendication, si elle aboutit, aura pour conséquence d'obliger l'entreprise à appliquer la convention dont elle relève;
- en ce qui concerne les droits individuels (salaires, indemnités, etc.). Cette revendication, si elle aboutit, permet au salarié de se voir appliquer, sur chaque question, la clause qui lui est la plus favorable, en choisissant entre les deux conventions.

▷ Ainsi, la détermination de la convention collective applicable est un élément clé en cas de revendication contentieuse.

2. Changement de convention collective

807 L'application « volontaire » d'une convention a la valeur d'un usage.

L'usage prévaut sur les règles légales ou conventionnelles lorsqu'il est plus favorable au salarié. L'entreprise peut toutefois dénoncer un usage selon certaines formes.

• En l'absence de représentants du personnel, il lui suffit de prévenir chaque salarié concerné, à notre avis par écrit, en respectant un délai raisonnable non défini par la loi.

• Lorsque le contrat de travail fait référence à la convention applicable, l'entreprise ne doit pas se limiter à une information, même écrite. Un avenant au contrat de travail doit être rédigé et signé.

• En présence d'un comité d'entreprise, l'employeur est tenu de l'informer, voire de le consulter (lui demander son avis), en plus de l'information donnée aux salariés.

3. Comparaison des conventions pharmacie/chimie/métallurgie

808 Compte tenu de certaines ambiguïtés sur le champ d'application de ces conventions induisant une possibilité de choix, une comparaison de ces trois conventions a été effectuée.

La comparaison détaillée des principales dispositions est présentée en annexe (voir n° 3102). En voici le tableau de synthèse.

	Pharmacie	*Chimie*	*Métallurgie*
Durée du travail	Durée légale	Durée légale	Accord RTT
Clause de non-concurrence			
Durée	4 ans maximum	4 ans maximum	2 ans maximum
Rémunération	32 mois de salaire	40 mois de salaire	12 mois de salaire
Indemnisation licenciement*	3/10 mois par année	4/10 mois par année	2/10 mois par année

	Pharmacie	*Chimie*	*Métallurgie*
*Indemnisation maladie***	Maintien du salaire 3 mois à 100 %	Maintien du salaire 4 mois à 100 %	Maintien du salaire 3 mois à 100 %
Indemnisation maternité	Durée légale	Durée légale + RTT	Durée légale
Régime de prévoyance	Adhésion obligatoire	Non obligatoire	Non obligatoire
Salaires minima cadres	À partir 20 k €	À partir 30 k €	À partir 16 k €

* Salarié cadre, 5 ans d'ancienneté

** Salarié cadre, 1 an de présence

La convention de la chimie semble la plus coûteuse pour l'entreprise et celle de la métallurgie la plus avantageuse. Mais comme indiqué au point précédent, le choix d'une convention collective autre que celle régissant l'activité principale ne peut être envisagé par l'entrepreneur car il comporte des risques majeurs pour l'entreprise.

4. En conclusion...

809 Le code APE attribué par l'INSEE ne fournit qu'une indication. Le critère qui détermine la convention collective applicable est l'activité principale exercée par l'entreprise :

- recherche médicale en vue de l'obtention de l'autorisation de mise sur le marché (AMM) : convention de la pharmacie;
- recherche dans le secteur de la chimie : convention de la chimie;
- fabrication de matériel médical et recherche dans les domaines électrique, radioélectronique et électronique : convention de la métallurgie.

Une certaine ambiguïté subsiste néanmoins sur le champ d'application des conventions de la pharmacie et de la chimie. L'activité principale est parfois discutable et le choix de la convention collective peut être contesté.

▷ Compte tenu de ces éléments, il pourrait être judicieux d'entamer une réflexion sur la création d'une convention spécifique applicable aux jeunes entreprises innovantes en biotechnologies.

II. Recrutement

A. Contrat de travail : les clauses adaptées aux JEI

810 Au-delà du contrat choisi par l'entrepreneur (CDD ou CDI) et des clauses classiques qui doivent y figurer (emploi, qualification, montant ou mode de calcul de la rémunération, durée du travail, période d'essai, etc.)[1], trois clauses sont à notre avis essentielles pour de jeunes entreprises innovantes : la clause de non-concurrence, la clause de propriété des inventions ainsi que la clause de confidentialité.

1. Voir dans la même collection, *Contrat de travail*, par O. Chénedé et D. Jourdan.

1. Clause de non-concurrence

811 La clause de non-concurrence a pour objet d'interdire à un salarié d'exercer, après son départ de l'entreprise, une activité susceptible de porter préjudice à son ancien employeur.

La clause est en général insérée sous l'intitulé « clause de non-concurrence » (CNE) dans le contrat de travail (à durée indéterminée ou à durée déterminée).

La clause de non-concurrence s'applique dans tous les cas de rupture du contrat de travail, y compris la démission.

a. Conditions de validité

812 Pour être valide, la clause de non-concurrence doit nécessairement figurer dans le contrat de travail.

▷ Un modèle de clause de non-concurrence est disponible en annexe (voir nº 3205).

Elle est subordonnée au respect des conditions cumulatives suivantes :

- être indispensable à la protection des intérêts de l'entreprise et par là même, tenir compte des spécificités de l'emploi du salarié. L'activité interdite au salarié doit correspondre aux activités concurrentes de l'entreprise[1];
- être limitée dans le temps : généralement, sa durée est de deux ans. Une interdiction illimitée ou d'une durée trop longue emporte la nullité de la clause;
- être limitée dans l'espace : la clause doit être limitée quant à son application géographique. Elle doit être restreinte aux lieux dans lesquels l'activité du salarié pourrait effectivement concurrencer l'entreprise et ne pas lui interdire *ipso facto* d'exercer à nouveau son activité;
- comporter une contrepartie financière en faveur du salarié[2].

▷ Lorsque la clause ne comporte pas de garantie financière, mais que le contrat renvoie à la convention collective qui elle-même prévoit une telle contrepartie, la clause n'est pas nulle car la contrepartie s'applique de plein droit.

Si l'une de ces conditions manque, la clause de non-concurrence est nulle.

La nullité de la clause n'empêche pas l'employeur d'engager une action en responsabilité contre son ancien salarié dès lors que les actes de concurrence déloyale sont démontrés.

▷ Attention : la clause de non-concurrence n'est valable que si elle est destinée à protéger les intérêts légitimes de l'entreprise : il est donc indispensable de préciser quels sont ces intérêts.
Dans tous les cas, avant de reproduire cette clause, il faut se reporter aux dispositions des conventions ou accords collectifs éventuellement applicables.

b. Renonciation de l'employeur

813 La renonciation à l'application de la clause sur la seule décision de l'employeur n'est possible que si le contrat de travail l'y autorise.

L'employeur peut donc libérer le salarié de l'interdiction de concurrence et par là même se dégager du paiement de l'indemnité prévue à cet effet. Il doit alors notifier sa décision par lettre recommandée, au plus tard le jour de la cessation effective des fonctions, dans les conditions prévues par la convention collective.

▷ Si la convention collective prévoit que la dénonciation de la clause nécessite l'accord du salarié et le paiement de l'indemnité mensuelle pendant trois mois, c'est la convention qui prime.

1. Cass. soc., 19 nov. 1996, nº 94-19.404.
2. Cass. soc., 10 juill. 2002 • Cass. soc., 17 déc. 2004, nº 03-40.008.

SYNTHÈSE DES DISPOSITIONS CONVENTIONNELLES

	Pharmacie	*Chimie*	*Métallurgie*	*Syntec*
Durée	4 ans maximum	4 ans maximum	2 ans maximum	Pas de disposition conventionnelle
Rémunération	32 mois de salaire	40 mois de salaire	12 mois de salaire	
Libération	Possibilité de libérer le salarié de la clause moyennant versement, à compter de l'expiration du préavis, d'une indemnité représentant 1 mois de salaire En cas d'interdiction > 2 ans, possibilité de libérer le salarié pour les 3e et 4e années de la clause si celui-ci est prévenu lors de la dénonciation du contrat		Possibilité de se décharger de l'indemnité en libérant le salarié de la clause d'interdiction dans les 8 jours suivant la notification de la rupture du contrat	

c. Mise en œuvre de la clause de non-concurrence

814 La clause de non-concurrence joue quelles que soient les raisons de la rupture du contrat de travail (démission, licenciement pour motif personnel). Seule la cessation d'activité de l'entreprise libère le salarié de son obligation.

▷ L'étendue de la clause de non-concurrence concerne l'activité de la société à la date de la rupture du contrat de travail, non celle exercée à la date de signature du contrat.

En cas de non-respect de son obligation, le salarié peut être condamné à verser à son employeur des dommages et intérêts au titre du préjudice subi, ou à rembourser la rémunération de la clause indûment perçue.

d. Embauche d'un salarié lié par une clause de non-concurrence

815 Lorsqu'un salarié lié à son ancien employeur par une clause de non-concurrence est embauché par une entreprise entrant dans le champ d'application de la clause, la responsabilité du nouvel employeur peut être engagée. Pour cela, il doit être prouvé que le nouvel employeur connaissait l'existence de la clause au moment de l'embauche, ou qu'il ne s'est pas séparé du salarié concerné après en avoir eu connaissance.

L'ancien employeur peut poursuivre le nouvel employeur et lui réclamer des dommages et intérêts en réparation du préjudice subi.

▷ Assurez-vous que le salarié est libre de tout engagement de non-concurrence vis-à-vis de son ancien employeur lors des entretiens d'embauche (copie du courrier de libération de la clause...). Un certificat de travail reproduisant la mention « libre de tout engagement » ne vaut pas renonciation d'un précédent employeur à voir respecter la clause de non-concurrence[1]. En revanche, le non-paiement de la contrepartie financière est de nature à libérer un salarié de son obligation.

2. Clauses de propriété des inventions

816 Les entreprises innovantes doivent avoir une politique claire de rémunération des salariés inventeurs pour être en conformité avec la loi. Cette politique sera définie avec leurs conseils en propriété intellectuelle, mais voici un premier éclairage (voir chapitre B).

1. Cass. soc., 22 oct. 1995, n° 93-45.442.

a. Quelles inventions ?

817 Le Code de la propriété intellectuelle impose de verser aux salariés une contrepartie financière lorsqu'il y a attribution de l'invention à l'employeur et donc du brevet qui en résulte.

L'article L. 611-7 du Code de la propriété intellectuelle distingue :

- les inventions faites par le salarié dans l'exécution de son contrat de travail ou inventions de mission. Ces inventions appartiennent à l'employeur et doivent donner lieu à une rémunération supplémentaire. Cette rémunération supplémentaire est déterminée par les conventions collectives, les accords d'entreprise et les contrats individuels de travail;
- les inventions hors mission, mais réalisées dans le domaine d'activité de la société ou par la connaissance des techniques de la société. Ces inventions sont attribuables à l'employeur moyennant le versement à l'inventeur d'un juste prix;
- toutes les autres inventions qui appartiennent au salarié.

La loi s'applique aux personnes liées par un contrat de travail relevant du droit français et caractérisé par un lien de subordination. La mission inventive doit correspondre aux fonctions effectives du salarié.

Les inventions concernées sont les inventions brevetables. L'employeur se placera au moment où l'invention est conçue, et non à la date de dépôt de la demande de brevet.

De la même manière, les logiciels créés par les salariés dans l'exercice de leurs fonctions appartiennent à l'employeur.

b. Rémunération supplémentaire au titre des inventions de mission

818 Les conditions dans lesquelles est versée cette rémunération sont déterminées par les conventions collectives ou par l'employeur dans le contrat de travail.

Les conventions collectives de la pharmacie et de la métallurgie (ingénieurs et cadres) déterminent les conditions d'accès à la rémunération supplémentaire. Elles précisent qu'il y a rémunération supplémentaire si l'invention présente un intérêt exceptionnel pour l'entreprise très nettement supérieur au salaire versé à l'inventeur.

La convention de la chimie prévoit « une rétribution en rapport avec la valeur de l'invention ».

La convention du Syntec prévoit le versement d'une prime forfaitaire de dépôt de brevet ainsi qu'une rémunération supplémentaire si le brevet a donné lieu à une exploitation commerciale. Le montant de cette rémunération est établi en tenant compte des salaires, difficultés de mise au point, contribution personnelle du salarié et des revenus éventuels de licence.

▷ Cette rémunération supplémentaire s'analyse comme un **complément de salaire**, lequel est dès lors soumis aux charges patronales et salariales.

c. Versement d'un juste prix au titre des inventions hors mission

819 Le juste prix est fixé par contrat au moment de l'attribution de l'invention par l'employeur. Il correspond en règle générale à une redevance basée sur le chiffre d'affaires du produit breveté.

3. Clause de confidentialité

820 La clause doit préciser les obligations de confidentialité du salarié concernant les informations de la société mais aussi celles qui appartiennent à des tiers.

▷ Un modèle de clause est disponible en annexe (voir n° 3206).

B. Les contrats particuliers

821 La JEI peut utilement avoir recours au contrat nouvelles embauches, à des contrats aidés ou à des stages.

1. Contrat nouvelles embauches (CNE)

822 Depuis le 4 août 2005, les entreprises de 1 à 20 salariés peuvent conclure un nouveau contrat de travail appelé contrat nouvelles embauches.

Ce contrat, assorti d'une période d'adaptation professionnelle de deux ans, offre davantage de souplesse et une relative sécurité juridique aux employeurs. Il permet une embauche en contrat à durée indéterminée à temps plein ou à temps partiel, avec des conditions spécifiques de rupture au cours de ses deux premières années. Au-delà du délai des deux ans, le salarié bascule dans le régime du contrat à durée indéterminée (CDI) de droit commun. Autre avantage, les parties peuvent convenir par accord contractuel de diminuer la période de deux ans.

PRINCIPALES DISPOSITIONS DU CNE

	CNE
Salariés concernés	Pas de condition d'âge particulière
Entreprises concernées	Entreprises de 20 salariés maximum
Caractéristiques et régime du contrat	– CDI assorti d'une période de consolidation de l'emploi de deux ans – Modalités de rupture simplifiées sauf exceptions. Durée du préavis réduite : pas de préavis en dessous d'1 mois de présence, 2 semaines de préavis entre 1 et 6 mois, et 1 mois de préavis entre 6 mois et 2 ans de présence Application des autres règles du droit du travail : rémunération, durée du travail...
Droit à la formation	– Droit au congé formation ouvert dans les mêmes conditions qu'un CDD – Droit individuel à la formation (DIF) ouvert dans les conditions d'un CDI. En cas de rupture la 1re année, DIF ouvert après 4 mois d'ancienneté
Coût de la rupture	– Versement par l'employeur au salarié d'une indemnité de rupture égale à 8 % de la rémunération totale brute depuis la conclusion du contrat – Versement par l'employeur à l'Assedic d'une contribution supplémentaire de 2 % de la rémunération totale brute depuis la conclusion du contrat
Droits du salarié au chômage	À condition d'avoir été employé pendant 4 mois et s'il ne bénéficie pas des conditions requises pour bénéficier de l'assurance chômage, le salarié a droit à une allocation journalière forfaitaire de 16,40 € pendant un mois

a. Champ d'application

823 Les embauches concernées sont celles réalisées depuis le 4 août 2005.

Le CNE est un contrat réservé aux employeurs du secteur privé employant au plus 20 salariés. Ces entreprises peuvent appartenir à un groupe de plus de 20 salariés.

Pour apprécier l'effectif de l'entreprise qui souhaite embaucher un nouveau salarié en CNE, il faut prendre en compte tous les salariés, y compris les salariés en CNE déjà en poste.

b. Embauches concernées

824 Chaque conclusion de CNE doit correspondre à une nouvelle embauche. Aussi :

- un CDI en cours d'exécution ne peut pas être transformé en CNE;
- un CNE peut être proposé au terme d'un CDD ou d'un contrat de travail temporaire. Dans ce cas, le salarié conserve l'ancienneté acquise au titre du CDD;

▷ En revanche, un CDD ne peut pas être rompu pour conclure un CNE avec le même salarié.

- un CNE peut être utilisé pour remplacer un salarié absent à la condition de conserver le nouveau salarié au-delà du retour du salarié absent.

▷ Les emplois saisonniers sont exclus du dispositif.

c. Délai de carence

825 L'employeur rompant un CNE au cours de deux premières années doit attendre trois mois avant de conclure un autre CNE avec le même salarié.

▷ Il n'y a pas de délai de carence entre la rupture d'un CNE et l'embauche d'un autre salarié en CNE sur le même poste.

d. Cumul avec des contrats aidés

826 Le cumul du CNE avec un contrat aidé est possible à la condition que le contrat aidé soit un CDI. Le CNE est alors soumis aux règles du Code du travail propres à ces contrats aidés.

e. Caractéristiques et régime juridique du contrat

827 Le CNE constitue une nouvelle catégorie de contrat. C'est un contrat à durée indéterminée, comportant une période de consolidation de l'emploi de deux ans. Il peut être conclu à temps plein ou à temps partiel.

À l'exclusion des dispositions concernant le licenciement et la démission (voir n°s 830 et 831), les autres règles du droit du travail et les dispositions des conventions collectives s'appliquent au CNE : rémunération, congés, durée du travail, heures supplémentaires...

Plus particulièrement, le titulaire du CNE bénéficie de dispositions spécifiques en matière de **formation professionnelle**. Il a droit au congé formation dans les mêmes conditions que les salariés titulaires de CDD. En cas de rupture la première année, le salarié peut bénéficier du droit individuel à la formation (DIF) après quatre mois d'ancienneté.

f. Rédaction du contrat

828 C'est un contrat obligatoirement établi par écrit. L'absence d'écrit entraîne la requalification en contrat de travail à durée indéterminée de droit commun.

▷ L'employeur doit donc expressément mentionner lors de la rédaction qu'il s'agit d'un CNE.

Ce contrat se caractérise par l'absence de période d'essai. Les dispositions conventionnelles relatives à la période d'essai ne s'appliquent pas au CNE.

▷ Il est recommandé d'indiquer les modalités spécifiques de rupture pendant les deux premières années de son exécution.

Il est possible d'insérer dans le CNE d'autres clauses particulières : non-concurrence (voir n° 811), exclusivité...

▷ Un modèle de contrat figure en annexe (voir n° 3201).

g. Modalités de rupture

829 La rupture du CNE relève de règles simplifiées. Employeurs et salariés peuvent, pendant les deux premières années du CNE, rompre le contrat sans indiquer de motif dans la lettre de rupture.

▷ À l'expiration de la période de deux ans suivant sa conclusion, toute rupture du CNE est soumise aux règles applicables à la rupture de CDI de droit commun (entretien préalable, motivation du licenciement, indemnités de ruptures légales et conventionnelles...).

Les règles relatives aux procédures de licenciement pour motif personnel ou pour motif économique ne s'appliquent pas durant les deux premières années du CNE. La rupture n'a pas à être motivée, qu'elle intervienne à l'initiative de l'employeur ou du salarié.

LE CAS DES HEURES POUR RECHERCHE D'EMPLOI

▷ Selon le ministère du Travail, les dispositions conventionnelles s'appliquent aux titulaires du CNE hormis celles concernant les modalités de rupture. Dès lors règne une incertitude sur les heures pour recherche d'emploi : doivent-elles être considérées comme des modalités de rupture ? En l'absence de précision, l'employeur peut décider d'accorder ces heures. Des dispositions conventionnelles peuvent aussi prévoir l'application des heures pour recherche d'emploi au CNE.

1. Rupture à l'initiative de l'employeur

830 Si l'employeur souhaite sanctionner une faute du salarié en mettant fin au CNE, il doit respecter la procédure disciplinaire (entretien préalable, délai de 2 mois pour engager la procédure...)[1].

▷ Cette procédure constitue une contrainte pour l'employeur; elle risque de retarder le départ du salarié; elle est susceptible de fournir à ce dernier des arguments en cas de contentieux. C'est pourquoi il est le plus souvent préférable de ne pas invoquer de motif disciplinaire. La procédure disciplinaire peut toutefois s'avérer indispensable lorsque l'entreprise a intérêt à prouver la faute du salarié, par exemple en cas de concurrence déloyale.

Pour les **salariés « protégés »**, l'employeur devra se soumettre à la procédure de demande d'autorisation préalable auprès de l'inspecteur du travail et de consultation des représentants du personnel.

▷ **Attention !** La procédure de rupture simplifiée du CNE ne s'applique pas aux femmes enceintes.

1. Voir dans la même collection, *Licenciement*, par H. Flichy et L. Gamet.

COMPARATIF CNE/CDI DES CONDITIONS DE RUPTURE DU CONTRAT

	CNE	*CDI Classique*
Formalités	Notification de la rupture par LRAR(1)	Respect de la procédure habituelle : – licenciement pour cause personnelle(4) – licenciement pour cause économique(5)
Préavis	Droit à un préavis à partir d'1 mois de présence dans l'entreprise sauf faute grave ou lourde : 2 semaines si le salarié a moins de 6 mois d'ancienneté 1 mois à partir de 6 mois d'ancienneté	Respect du préavis conventionnel ou légal de licenciement
Indemnité de rupture versée au salarié	Indemnité de 8 % de la rémunération totale brute à la charge de l'employeur sauf faute grave du salarié(2)	Versement de l'indemnité conventionnelle ou légale de licenciement
Contribution supplémentaire Assedic versée par l'employeur	Contribution égale à 2 % de la rémunération totale brute versée par l'employeur sauf faute grave ou lourde du salarié	Pas de contribution supplémentaire
Droits du salarié au chômage	Droit au chômage sous réserve de remplir les conditions requises(3) À défaut allocation forfaitaire de 508 € pendant 1 mois	Droit au chômage sous réserve de remplir les conditions requises(3)

(1) Cette lettre n'a pas à être motivée. La lettre de rupture doit en revanche mentionner le délai de prescription de 12 mois dont dispose le salarié pour contester la rupture de son contrat

(2) Cette indemnité est exonérée de cotisations sociales et d'impôt sur le revenu dans la limite de son montant minimum légal ou conventionnel. Elle est soumise à CSG/CRDS pour la fraction excédentaire

(3) 182 jours ou 910 heures de travail au cours des 22 derniers mois

(4) Procédure de licenciement pour motif personnel : entretien préalable de licenciement, notification et motivation du licenciement, préavis, indemnité légale de licenciement…

(5) Procédure de licenciement pour motif économique : consultation du comité d'entreprise ou des délégués du personnel, information de l'administration, proposition de la convention de reclassement personnalisée aux salariés concernés, notification individuelle des licenciements, précédée ou non d'un entretien préalable selon l'ampleur du licenciement

▷ Un modèle de lettre de rupture figure en annexe (voir n° 3202).

2. Rupture à l'initiative du salarié : démission

831 Le salarié peut également prendre l'initiative de la rupture du contrat de travail.

	CNE	*CDI Classique*
Formalités	Notification de la rupture par LRAR(1)	Pas de notification obligatoire sauf disposition conventionnelle
Préavis	Pas de préavis légal Possibilité pour les parties de fixer un préavis dans le contrat d'une durée raisonnable	Obligation de respecter la durée du préavis prévue au contrat ou dans la convention

(1) Cette lettre n'a pas à être motivée

3. Contestation de la rupture

832 Toute contestation portant sur la rupture doit être effectuée dans les douze mois suivant l'envoi de la lettre recommandée notifiant la rupture. Ce délai n'est opposable au salarié que s'il en a été fait mention dans la lettre de rupture.

▷ Adresse utile : www.travail.gouv.fr/dossiers/156/cne-contrat-nouvelles-embauche_291.html : voir Questions-réponses sur le contrat « nouvelles embauches ».

2. Accueillir un étudiant en stage

833 Il peut être intéressant pour l'entreprise de faire appel à des stagiaires, notamment pour des stages de fin d'étude de six mois, qui peuvent constituer une période de préembauche.

▷ Attention, un stagiaire n'est pas un salarié !
- Il ne rentre pas dans la base du personnel éligible au crédit d'impôt recherche (CIR; voir n° 1040).
- Il ne bénéficie pas des exonérations de charges sociales patronales Urssaf liées au dispositif JEI.

Il peut ainsi être plus coûteux d'utiliser un stagiaire qu'un salarié pour réaliser des travaux de R&D.

a. Statut des stagiaires

834 Pendant leur séjour dans l'entreprise, les jeunes accueillis en stage ne sont pas juridiquement sous la subordination de l'employeur. Ils n'ont pas de contrat de travail et ne sont pas des salariés de l'entreprise.

Ils conservent en principe leur statut d'élève ou d'étudiant. Ils doivent néanmoins se conformer au règlement intérieur de l'entreprise, notamment pour ce qui concerne les horaires de travail.

b. Définition du stage

835 Il existe deux types de stage :

- stages obligatoires : stages intégrés dans un programme d'enseignement et faisant l'objet d'une convention écrite entre l'établissement d'enseignement et l'entreprise d'accueil;
- stages facultatifs : stages accomplis après l'obtention du diplôme, stages non intégrés dans une scolarité déterminée, stages ne faisant pas l'objet d'une convention...

La loi pour l'égalité des chances du 9 mars 2006 a limité la durée des stages en entreprise à six mois.

▷ Contacts utiles : www.coachinvest.com, rubrique annonces ou www.iquesta.com.

c. Coût pour l'entreprise

836 • **Rémunération.** Il est dorénavant obligatoire de verser une gratification au stagiaire pour les stages d'une durée égale ou supérieure à trois mois.

□ Il faut prévoir environ 1 000 € brut par mois pour un stagiaire issu d'une grande école.

La fraction de cette gratification qui excède un certain abattement (dont le montant n'a pas encore été fixé) supporte les cotisations de sécurité sociale au taux d'environ 30 %. Si l'entreprise verse des cotisations sociales, elle est obligée d'établir un bulletin de salaire.

• **Régime social**

– Stages obligatoires : seules les cotisations de sécurité sociale doivent être acquittées par l'entreprise d'accueil au-delà d'un seuil encore à déterminer à la date de parution du présent ouvrage. Les cotisations d'assurance chômage et de retraite complémentaire ne sont pas dues, quel que soit le montant de la gratification.

Une partie de la gratification calculée selon la formule suivante :

nombre d'heures de stages effectuées au cours du mois × 19 € × n %
(n à fixer par décret)

sera exonérée de cotisations sociales Urssaf. La fraction excédant ce montant sera en revanche soumise;

– Stages facultatifs : suite à la modification de la rémunération des stages instituée par la loi sur l'égalité des chances, il conviendra de vérifier dans le décret d'application si les stages facultatifs ouvrent droit aux mêmes avantages que les stages obligatoires.

LE CAS DES STAGIAIRES ÉTRANGERS

▷ Pour être dispensée d'affiliation à la législation française de sécurité sociale, la personne effectuant un stage en France doit être en possession du formulaire E101 attestant son maintien à la législation de son État d'origine. Voir www.cleiss.fr/docs/textes/rgt_formulaires. html.
En l'absence de ce formulaire, les stagiaires de l'Union européenne se voient appliquer les mêmes règles que les stagiaires français. Les stages effectués par les stagiaires ne ressortant pas de l'Union doivent être considérés comme des stages à caractère non obligatoire.

3. Contrat d'apprentissage

837 Parmi les mesures d'aide à l'embauche, seul le contrat d'apprentissage est présenté dans ce guide, les autres dispositifs étant peu utilisés par les jeunes entreprises innovantes.

Le contrat d'apprentissage est un contrat de travail à durée déterminée. Il permet d'acquérir une qualification professionnelle sanctionnée par un diplôme de l'enseignement professionnel et technologique (BTS, DUT, titre d'ingénieur...). L'apprenti bénéficie d'une formation alternée dans un centre de formation d'apprentis (CFA) pour la partie théorique et en entreprise pour la partie pratique.

a. Statut de l'apprenti

838 Le contrat d'apprentissage concerne les jeunes de 16 à 25 ans au plus au début de l'apprentissage. Il leur confère le statut de salarié avec les droits et obligations qui s'y rapportent (salaire, couverture sociale, congés payés, retraite).

▷ **Attention** toutefois : les apprentis ne sont pas pris en compte dans le calcul de l'effectif de l'entreprise pour l'application des dispositions législatives ou réglementaires.

Le contrat d'apprentissage est conclu pour une durée comprise entre six mois et trois ans, durée au moins égale à celle du cycle de formation. La durée d'un contrat d'apprentissage peut être écourtée après accord des parties en cas de réussite à l'examen avant le terme du contrat.

La période d'essai dure deux mois au cours desquels le contrat peut être rompu par l'une ou l'autre partie. Passé le délai de deux mois, la résiliation ne peut intervenir qu'avec l'accord bilatéral des parties ou sur décision du conseil des prud'hommes (en cas de faute grave, d'inaptitude de l'apprenti ou de manquements répétés de l'une des parties à ses obligations).

Si, au terme de son contrat, l'apprenti signe un contrat à durée indéterminée avec l'entreprise, aucune période d'essai ne peut être imposée, sauf dispositions conventionnelles contraires. En outre, la durée du contrat d'apprentissage sera prise en compte pour le calcul de la rémunération et de l'ancienneté du salarié.

b. Conditions de formation

839 25 % du temps de l'apprenti doit être consacré à la formation (soit 400 heures par an).

Tout au long du contrat, l'apprenti est suivi et encadré par un maître d'apprentissage ou tuteur, en liaison avec le CFA. Le maître d'apprentissage est soit le chef d'entreprise, soit un salarié de l'entreprise. Il doit offrir des garanties de moralité et justifier d'un certain niveau de qualification et d'une expérience professionnelle.

Dans les deux mois suivant la signature du contrat, un entretien d'évaluation du déroulement de la formation est nécessaire entre l'employeur, le maître d'apprentissage, l'apprenti et un formateur du CFA.

c. Coût pour l'entreprise

840 • **Rémunération.** La rémunération de l'apprenti varie entre 25 % et 78 % du SMIC selon l'âge, l'année d'exécution du contrat et le niveau du diplôme préparé.

Année d'exécution du contrat	*Âge : 18 ans à 20 ans*	*Âge : 21 ans et plus*
1re année	41 % SMIC	53 % SMIC ou minimum conventionnel
2e année	49 % SMIC	61 % SMIC ou minimum conventionnel
3e année	65 % SMIC	78 % SMIC ou minimum conventionnel

▷ Un décret à paraître doit fixer un nouveau barème de rémunération des apprentis tenant compte de la progression dans le cycle de formation préparé, en plus de l'âge et de l'année d'apprentissage.

• **Exonération de cotisations sociales.** Celle-ci varie selon le nombre de salariés au sein de l'entreprise :

- employeurs de 1 à 10 salariés (apprentis non compris) : l'exonération porte sur l'ensemble des cotisations patronales et salariales;
- employeurs de plus de 10 salariés (apprentis non compris) : l'exonération porte sur les cotisations patronales et salariales de sécurité sociale ainsi que sur la part salariale des cotisations chômage et retraite complémentaire.

• **Versement d'une indemnité compensatrice forfaitaire.** Une indemnité compensatrice forfaitaire est versée par la région à l'employeur. Son montant est compris, pour chaque année du cycle de formation, entre un minimum de 1 000 € et un maximum de 5 000 €.

• **Incitation fiscale : le crédit d'impôt apprentissage.** Toutes les entreprises (y compris les JEI) imposées à l'impôt sur les sociétés ou à l'impôt sur le revenu peuvent bénéficier d'un crédit d'impôt égal à 1 600 € par nombre moyen annuel d'apprentis qu'elles emploient. Ce crédit d'impôt, plafonné au montant des dépenses réelles, est minoré des subventions publiques reçues en contrepartie de leur accueil par l'entreprise.

▷ Contacts utiles :
– Direction départementale du Travail de l'Emploi et de la Formation professionnelle (DDTEFP).
Pour Paris : 109, rue Montmartre - 75002 Paris
tél. + 33 1 44 76 69 30
– Vous pouvez embaucher un étudiant de l'ESSEC sous contrat d'apprentissage, l'école disposant d'un centre de formation des apprentis (CFA). www.essec.fr/cfa/fr/index-cfa.html.

C. Les conséquences du recrutement : les dépassements de seuils d'effectif

841 Pour calculer l'effectif de l'entreprise, les salariés ci-dessous énumérés doivent être pris en compte sous certaines conditions[1] :

– intégralement, les salariés titulaires d'un contrat à durée indéterminée à temps plein et les travailleurs à domicile;

– les salariés titulaires d'un contrat à durée déterminée, les salariés titulaires d'un contrat de travail intermittent, les travailleurs mis à la disposition de l'entreprise par une entreprise extérieure, y compris les travailleurs temporaires, au *prorata* de leur temps de présence au cours des douze mois précédents;

▷ Attention : cependant, les salariés titulaires d'un contrat à durée déterminée, d'un contrat de travail temporaire ou mis à disposition par une entreprise extérieure sont exclus du décompte des effectifs lorsqu'ils remplacent un salarié absent ou dont le contrat de travail est suspendu.

– les salariés à temps partiel, quelle que soit la nature de leur contrat de travail; la présence de ces derniers doit toutefois être prise en compte en divisant la somme totale des horaires inscrits dans leurs contrats de travail par la durée légale ou la durée conventionnelle du travail.

Ce tableau résume les principales obligations en matière de cotisations et de représentation du personnel à chaque dépassement de seuil significatif d'effectif.

Effectif À partir de	*Obligations*
10	– Cotisations de sécurité sociale : versement mensuel et non plus trimestriel si effectif de l'entreprise > 9 au 31 décembre de l'année précédente – Assujettissement à la cotisation transport : si effectif > 9 dans une zone de transport – Participation à la formation : si le nombre moyen mensuel de salariés pendant l'année est au moins égal à 10, le taux de participation passe de 0,90 % (entreprises de moins de 10) à 1,05 % (entreprises de 10 à 19 salariés)
11	Délégués du personnel : mise en place si effectif de l'établissement ≥ 11 pendant 12 mois au moins au cours des 3 années précédentes

1. C. trav., art. L. 620-10.

Effectif À partir de	*Obligations*
20	– Participation à la formation : 1,60 % de la masse salariale dans les entreprises de 20 salariés et plus (contre 1,05 % pour les entreprises de 10 à 19 salariés) – Cotisation FNAL (0,10 % + 0,40 %) : assujettissement à ce taux si effectif de l'entreprise > 20 au 31 décembre de l'année précédente – Participation à la construction : 0,45 % du montant des rémunérations versés au cours de l'exercice écoulé – Handicapés : obligation d'embaucher des handicapés dans la proportion de 6 % de l'effectif total ou à défaut d'acquitter la taxe handicapés – Règlement intérieur : élaboration obligatoire dans les entreprises et établissements où sont employés habituellement au moins 20 salariés depuis 6 mois
50	– Mise en place du comité d'entreprise si effectif de l'entreprise ≥ 50 pendant 12 mois même non consécutifs durant les 3 années précédentes. Désignation possible d'un délégué syndical – Participation aux résultats de l'entreprise : accord à conclure dans le délai de 1 an à partir de la clôture de l'exercice en cours duquel l'effectif de l'entreprise a atteint 50 salariés pendant au moins 6 mois consécutifs ou non

■

Nos 901 à 964

Rémunérer et fidéliser son équipe

PAGES

901 La pérennité et le succès de la jeune entreprise innovante reposent avant tout sur des hommes et des femmes. Elle leur offre un projet passionnant et des perspectives attractives mais elle fournit souvent moins de sécurité qu'une grande entreprise et leur demande une implication encore plus forte. Ils y acquièrent des compétences nouvelles souvent rares et précieuses dans un environnement très concurrentiel où la jeune entreprise est à la pointe de la technologie. C'est pourquoi il est si important de motiver et de fidéliser les *key people* en les associant à la réussite de l'entreprise.

Ce chapitre répond à la question clé suivante : comment à la fois fidéliser l'équipe, l'intéresser aux performances de l'entreprise et bénéficier de régimes fiscaux avantageux ? Et notamment, que choisir entre actions gratuites, *stock options* et BCE ? Quels sont leurs avantages fiscaux respectifs ?

▷ Nous verrons également comment les Normes IFRS doivent être prises en compte pour choisir entre ces outils (voir n° 928).

Ce chapitre présente par ailleurs des dispositifs plus classiques : participation, intéressement, épargne salariale et retraite supplémentaire. Certes, ces dispositifs peuvent paraître moins attractifs pour les JEI compte tenu des exonérations de charges sociales dont elles bénéficient par ailleurs (voir nos 1017 et s.). Mais ils conservent tout leur intérêt pour les salariés compte tenu de leur fiscalité avantageuse.

▷ Les bons de souscription d'actions (BSA) ne sont pas évoqués car il s'agit d'un instrument à destination des actionnaires (voir nos 522 et s.). Sur les aides au recrutement, voir n° 1322.

I. La boîte à outils des rémunérations

902 Il existe de nombreux instruments dont l'attribution est liée aux performances de l'entreprise : actions gratuites, *stock options*, bons de créateurs d'entreprise (BCE). Leur mise en œuvre dépend des objectifs de la société : répartition différée du capital en fonction des résultats, fidélisation des salariés.

Outre ces régimes sélectifs, il existe également des régimes collectifs d'épargne salariale qui permettent de devenir actionnaire lorsque l'on est salarié : participation, intéressement et PEE. Ces dispositifs d'épargne salariale constituent un outil majeur de fidélisation et de motivation des salariés, de défiscalisation et de flexibilité.

La boîte à outils des rémunérations complémentaires comprend les instruments suivants, chacun répondant à un objectif précis :

– paiement en actions : actions gratuites, *stock options*, BCE. Il s'agit ici de fidéliser son équipe et de faire accéder le bénéficiaire à l'accroissement de valeur de l'entreprise;

– épargne salariale : les dispositifs d'épargne salariale ont pour objet de permettre au salarié de se constituer un capital, avec l'aide de l'entreprise, dans des conditions sociales et fiscales avantageuses. Il s'agit de :

- la participation : dispositif collectif obligatoire pour les entreprises de plus de 50 salariés, facultatif pour les autres, consistant à distribuer aux salariés une fraction du bénéfice annuel,
- l'intéressement : dispositif collectif et facultatif dont l'objectif est d'associer les salariés aux performances de la société,
- les plans d'épargne : dispositif collectif et facultatif, complément des deux précédents, visant à constituer un capital au salarié à moyen terme (PEE, PEI) ou pour sa retraite (PERCO);

– retraite supplémentaire : ces plans sont réservés à une catégorie de personnel pour améliorer leur niveau de retraite future.

La mise en place de ces instruments de rémunération, leurs avantages et inconvénients, leur fiscalité comparée ainsi que leur traitement suivant les Normes IFRS sont présentés dans ce chapitre.

II. Paiement en actions : faire accéder l'équipe à l'accroissement de valeur de l'entreprise

A. Attribution gratuite d'actions

903 L'attribution gratuite d'actions aux salariés a été instituée par l'article 83 de la loi de Finances pour 2005[1]. Le régime de faveur attaché à ce dispositif est précisé par l'instruction fiscale 5 F-14-05 du 24 mai 2005.

▷ Le texte de l'instruction fiscale est disponible à l'adresse : www.alize.finances.gouv.fr/dgiboi/boi2005/5fppub/textes/5f1405/5f1405.htm.

Ce dispositif est inspiré de celui sur les *stock options* (voir nos 911 et s.), mais il est moins volatile, les actions gratuites ayant une valeur immédiate pour le bénéficiaire.

1. Principe et intérêt

904 Depuis le 1er janvier 2005, toutes les sociétés par actions, cotées ou non cotées, peuvent procéder à une attribution gratuite d'actions au profit de l'ensemble de leurs salariés et de leurs mandataires sociaux. Pour bénéficier du régime fiscal et social de faveur attaché à ce dispositif, les actions gratuites doivent être détenues pendant une période d'acquisition puis de détention d'une durée totale de quatre ans.

Ces périodes impliquent que le bénéficiaire conserve ses titres et fonctions.

De plus, l'attribution de ces actions peut **être sélective et fondée sur des critères de performance** tant individuels que collectifs, indépendants du cours de l'action.

L'attribution peut être effectuée suivant deux modalités : par émission d'actions nouvelles réservées aux bénéficiaires ou par rachat d'actions existantes.

▷ Nous ne traiterons pas cette dernière modalité, consistant pour la société à racheter ses propres actions pour les attribuer sans contrepartie financière. En effet, elle n'est pas adaptée aux jeunes entreprises innovantes, par définition en mal de fonds propres.

2. Entreprises concernées

905 Ce sont les sociétés par actions (SA, sociétés en commandites par actions), cotées ou non cotées, et les SAS. Les SARL sont exclues du dispositif.

1. C. com., art. L. 225-197-1.

Comme pour le régime des *stock options* (voir n°s 911 et s.), les sociétés étrangères peuvent attribuer des actions gratuites aux salariés et mandataires exerçant leur activité dans les entreprises françaises dont elles sont mères ou filiales, c'est-à-dire dont elles détiennent directement ou indirectement 10 % du capital ou des droits de vote.

Le plan étranger d'attribution d'actions gratuites ou le « sous-plan » français devra respecter les conditions suivantes pour bénéficier du régime de faveur :

- respect de la durée minimale de deux ans d'acquisition des droits. Il doit s'écouler une période d'au moins deux ans entre le moment où l'entreprise attribue les actions gratuites et le jour où les actions sont définitivement acquises;
- respect de la période minimale de conservation des actions.

Par ailleurs, un groupe non coté sur un marché réglementé ne pourra attribuer des actions gratuites qu'aux salariés de ses filiales (sociétés détenues à hauteur de 10 %) et non aux dirigeants de ses filiales.

3. Bénéficiaires

906 Les actions gratuites peuvent être attribuées aux salariés ou à « une certaine catégorie d'entre eux », aux dirigeants et mandataires sociaux.

Les bénéficiaires ne doivent pas détenir individuellement plus de 10 % du capital de la société, ni franchir ce seuil de 10 % du capital au moyen d'une telle attribution.

▷ Ce seuil de 10 % s'apprécie **une fois l'attribution opérée**, à la différence du système **des options où l'on se situe à la date à laquelle les options sont attribuées**.

Les dirigeants pouvant bénéficier des actions gratuites sont les présidents de conseil d'administration, le directeur général, les directeurs généraux délégués, les membres du directoire, les gérants de sociétés en commandite par actions et les dirigeants des SAS.

▷ Les membres du conseil d'administration ou du conseil de surveillance ne sont pas éligibles au dispositif, même lorsque les rémunérations qui leur sont versées par la société au titre de prestations ou autres missions de conseil sont imposables dans la catégorie des traitements et salaires.

Le dispositif est également ouvert aux salariés mais non aux mandataires de la société mère ou des filiales de la société émettrice (sous réserve de la détention directe ou indirecte de 10 % du capital ou des droits de vote des sociétés concernées).

4. Modalités

907 La décision d'attribuer des actions gratuites est de la compétence de l'assemblée générale extraordinaire statuant sur rapport du conseil d'administration ou du directoire. Le contenu de ce rapport fixant les conditions d'attribution n'est pas précisé par les dispositions légales. Le commissaire aux comptes vérifie les modalités envisagées dans le rapport du conseil d'administration ou du directoire.

L'assemblée doit autoriser le conseil d'administration ou le directoire à procéder à l'attribution dans une limite qui ne pourra dépasser 10 % du capital social.

Elle fixe la durée d'une première période appelée **période d'acquisition**. Cette durée ne peut être inférieure à deux ans. Au terme de cette période, l'attribution des actions devient définitive.

Elle fixe la durée d'une deuxième période appelée **période de conservation**. Cette durée ne peut être inférieure à deux ans. Elle court à compter de la date d'acquisition définitive. Au terme de cette période, les bénéficiaires peuvent vendre leurs actions gratuites.

Le conseil d'administration ou le directoire, utilisant l'autorisation de l'assemblée générale extraordinaire, procède à l'attribution des actions gratuites pendant un délai de trente-huit mois maximum. Il fixe l'identité des bénéficiaires, les conditions et les critères d'attribution des actions gratuites. En l'absence de précision sur la nature des conditions devant être fixées, il dispose d'une grande liberté à cet égard. Il a ainsi la faculté de subordonner l'acquisition définitive des actions à certaines conditions.

□ Exemples : condition de présence du dirigeant au sein de l'entreprise à l'issue de la période d'acquisition, atteinte d'objectifs de performance...

Les droits aux actions gratuites attribués mais non encore exercés ne sont pas cessibles.

5. Régimes fiscal et social

a. Régime fiscal

908 L'imposition du bénéficiaire est reportée dans le temps. Elle intervient, non pas au titre de l'année où les actions sont attribuées, mais au titre de l'année de cession.

La « plus-value d'acquisition » est égale à la valeur des actions à la date d'acquisition, le bénéficiaire n'ayant rien payé lors de l'attribution de l'action.

La « plus-value de cession » est égale à la différence entre le prix de cession et la valeur des actions à la date d'acquisition.

RÉGIME FISCAL DES ACTIONS GRATUITES

Plus-value d'acquisition	Imposition de l'attributaire l'année de cession des actions au taux de 30 % (1) + 11 % (2)
Plus-value de cession	Imposition au taux de 16 % + 11 % (2) si le montant annuel des cessions est supérieur à 15 000 €

(1) Possibilité d'opter pour le barème progressif de l'IR (+ taxes additionnelles au taux de 11 %)

(2) CSG/CRDS et prélèvements sociaux au titre des revenus du patrimoine

▷ L'imposition au taux proportionnel de 30 % au lieu du taux progressif de l'IR peut représenter une économie de plus de 18 % pour les bénéficiaires relevant de la tranche maximale de l'impôt sur le revenu.

b. Régime social

909 Les actions gratuites ne sont pas considérées comme un salaire. Elles sont exclues de l'assiette des cotisations sociales à la condition que :

– les règles d'attribution fixées par les organes de direction de la société émettrice soient respectées;

– l'employeur notifie à l'Urssaf l'identité des salariés ou mandataires sociaux auxquels les actions gratuites ont été attribuées définitivement pendant l'année civile précédente, ainsi que le nombre et la **valeur** des actions attribuées à chacun d'entre eux[1].

▷ Dès lors, les sociétés sont soumises à l'exercice délicat d'affichage de leur valorisation...

6. Traitement comptable

910 • **Comptes consolidés :** application de la Norme IFRS 2 relative aux paiements en actions (voir n° 928).

• **Comptes individuels :** il n'y a pas de contrepartie financière. L'attribution est comptabilisée comme une augmentation de capital classique, par incorporation de réserves ou de prime d'émission.

▷ Il conviendra en pratique de s'assurer de la disponibilité de ces réserves lors de la mise en place du programme.

B. Stock options

1. Principe et intérêt

911 En français, options de souscription ou options d'achat.

Inspiré du système en vigueur aux États-Unis, le dispositif des plans d'option sur actions permet à une société par actions, cotée ou non cotée, d'offrir à certains salariés et aux mandataires sociaux, pendant une durée déterminée, la possibilité d'acquérir ses propres titres à un prix fixé le jour où l'option est consentie.

L'**option d'achat d'actions** consiste à donner aux bénéficiaires le droit d'acheter des actions existantes de la société dans le délai fixé par l'assemblée à un prix fixé au jour où l'option est consentie.

L'**option de souscription d'actions** consiste en le droit de souscrire des actions à l'occasion d'une augmentation de capital, la souscription se faisant par la levée des options.

Deux étapes interviennent dans la mise en place de ce mécanisme :

- l'attribution de l'option : la société propose à certains salariés le droit de souscrire ou d'acheter un certain nombre de titres à un prix fixe pendant la durée de l'option;
- la levée de l'option : le bénéficiaire acquiert véritablement les titres dont l'achat lui a été proposé.

Les plans de *stock options* s'adressent en règle générale à une catégorie de personnel. Ils intègrent un aléa car l'avantage offert au bénéficiaire est lié aux performances de l'entreprise.

Dès la mise en place du plan, l'entreprise a l'obligation vis-à-vis des bénéficiaires d'émettre des actions si les options sont levées.

2. Entreprises concernées

912 Ce sont les sociétés par actions (SA, sociétés en commandite par actions), cotées ou non cotées, et les SAS. Les SARL sont exclues du dispositif.

1. C. séc. soc., art. L. 242-1.

Une société étrangère, mère ou fille de la société émettrice française, peut consentir des options des entreprises françaises dont elle est mère ou filiale, c'est-à-dire dont elle détient directement ou indirectement 10 % du capital ou des droits de vote.

Le système des options est également applicable aux salariés d'une société française dont le siège est situé à l'étranger.

3. Bénéficiaires

913 Les plans d'options sur actions peuvent être consentis au profit de salariés ou à « une certaine catégorie d'entre eux », aux dirigeants et mandataires sociaux **à la condition qu'ils ne détiennent pas plus de 10 % du capital de la société.**

▷ Ce seuil de 10 % s'apprécie **à la date à laquelle les options sont attribuées.**

Cependant, les options peuvent être consenties aux salariés ou mandataires détenant au plus le tiers du capital **lorsqu'elles sont attribuées dans un délai de deux ans suivant la création de la société.**

Les dirigeants pouvant bénéficier d'options sont les mêmes que ceux pouvant se voir attribuer des actions gratuites : les présidents de conseil d'administration, le directeur général, les directeurs généraux délégués, les membres du directoire, les gérants de sociétés en commandite par actions et les dirigeants des SAS.

▷ Les membres du conseil d'administration ou du conseil de surveillance ne sont pas éligibles au dispositif, même lorsque les rémunérations qui leur sont versées par la société au titre de prestations ou autres missions de conseil sont imposables dans la catégorie des traitements et salaires.

Les plans d'option sont également ouverts aux salariés mais non aux mandataires de la société mère ou des filiales de la société émettrice sous réserve de la détention de 10 % du capital ou des droits de vote des sociétés concernées[1].

4. Modalités

914 La décision d'octroi des options relève de la compétence de l'assemblée générale extraordinaire statuant sur rapport du conseil d'administration ou du directoire.

Ce rapport doit indiquer les motifs de l'ouverture des options, les conditions dans lesquelles elles sont consenties et les modalités proposées pour la fixation du prix de souscription ou d'achat.

Le commissaire aux comptes donne son avis sur les modalités proposées pour la fixation du prix de souscription ou d'achat.

Le conseil d'administration ou le directoire peuvent utiliser l'autorisation de l'assemblée générale extraordinaire pendant un délai de trente-huit mois maximum, et en une ou plusieurs fois. Ils fixent l'identité des bénéficiaires, le nombre d'options attribuées, le délai de levée, le prix de souscription et la date de jouissance des actions levées.

Le prix nominal de l'option ne peut être inférieur au prix nominal de l'action.

Le nombre d'actions pouvant être souscrites ou acquises est déterminé par l'assemblée, ce nombre ne pouvant excéder le tiers du capital social.

Le délai d'exercice des options est librement fixé par l'assemblée.

Les options ne sont pas cessibles.

1. C. com., art. L. 225-117, al. 1er.

5. Régime fiscal et social

915 Pour bénéficier des exonérations fiscales et sociales attachées à ce dispositif, le salarié doit attendre un certain délai pour revendre ses actions. En effet, le régime de faveur est subordonné au respect d'une **période d'indisponibilité**. Le délai est de cinq ans pour les options attribuées avant le 27 avril 2000 inclus et de quatre ans pour les options attribuées après cette date.

Les tableaux ci-dessous résument le régime social et fiscal des options.

- Le « **rabais** » est égal à la différence entre la valeur de l'action au moment où l'option est attribuée et le prix de souscription ou d'achat.

- L'avantage tiré de la levée de l'option, appelé « **plus-value d'acquisition** », est la différence entre la valeur du titre à la date de la levée d'option et le prix de souscription ou d'achat.

- La « **plus-value de cession** » est la différence entre le prix de cession des titres et leur prix de souscription ou d'achat.

RÉGIME FISCAL DES OPTIONS

Rabais	Imposable à l'impôt sur le revenu comme un salaire
Plus-value d'acquisition	Cession pendant le délai d'indisponibilité (de 4 ans entre l'attribution de l'option et la cession d'action)
	Gain imposable à l'impôt sur le revenu comme un salaire
	Cession dès la fin du délai d'indisponibilité
	Si fraction de l'avantage < = 152 500 € : taux de 30 % (1) + 11 % (2) Si fraction de l'avantage > 152 500 € : taux de 40 % (1) + 11 % (2)
	Cession après un délai supplémentaire de 2 ans (soit 6 ans entre l'attribution de l'option et la cession, dont au moins 2 ans entre l'exercice et la cession)
	Si fraction de l'avantage < = 152 500 € : taux de 16 % (1) + 11 % (2) Si fraction de l'avantage > 152 500 € : taux de 30 % (1) + 11 % (2)
Plus-value de cession	Imposition au taux de 16 % + 11 % (2) si le montant annuel des cessions est supérieur à 15 000 €

(1) Possibilité d'opter pour le barème progressif de l'IR (+ taxes additionnelles au taux de 11 %)

(2) Taux 2006 CSG, CRDS et prélèvements sociaux sur les revenus du patrimoine

RÉGIME SOCIAL DES OPTIONS

Rabais	Exonération pour la partie inférieure à 5 % du cours de l'action au moment où l'option est consentie Fraction excédant 5 % constituant un salaire et assujettie aux cotisations de sécurité sociale, CSG et CRDS
Plus-value d'acquisition	– Si cession avant la fin du délai d'indisponibilité : soumise à cotisations – Si cession dès la fin d'indisponibilité : exonération
Plus-value de cession	Exonération

Des cas de sortie anticipée sans pénalisation sont prévus : licenciement, invalidité, mise à la retraite ou décès du titulaire de l'option.

6. Traitement comptable

916 • **Comptes consolidés :** application de la Norme IFRS 2 relative au paiement en actions (voir n° 928).

• **Comptes individuels.** La fraction du rabais excédant 5 % de la valeur de l'action est considérée comme un salaire lors de la levée de l'option. Dès lors, s'il est probable qu'à la date d'arrêté des comptes, les actions soient levées et les actions ainsi souscrites cédées par les salariés, le risque d'assujettissement du rabais doit être provisionné à hauteur des charges sociales correspondantes.

De la même manière, le risque éventuel lié à l'assujettissement de la plus-value d'acquisition aux charges sociales doit être provisionné en cas de cession pendant le délai d'indisponibilité.

L'augmentation de capital lors de la levée de l'option est comptabilisée comme une augmentation de capital classique.

C. Bons de souscription de parts de créateur d'entreprise (BSPCE)

1. Principe et intérêt

917 Également appelés bons de créateurs d'entreprise ou BCE, ils sont régis par l'article 163 *bis* G du Code général des impôts.

Calqués sur le modèle des *stock options* mais cependant moins complexes, leurs conditions d'attribution les destinent spécifiquement aux salariés des jeunes entreprises innovantes.

Les bons offrent à leurs bénéficiaires le droit de souscrire des titres de leur société à un prix définitivement fixé lors de leur attribution par l'assemblée générale extraordinaire.

Le salarié bénéficiaire a le droit d'acquérir ces actions durant cinq ans maximum après l'émission de ces bons. Les bons peuvent être attribués gratuitement mais le prix de souscription des actions devra être au moins égal au prix d'émission des titres fixé lors de la dernière augmentation de capital à laquelle la société émettrice a procédé dans les six mois précédant l'attribution des bons.

2. Entreprises concernées

918 Les entreprises doivent remplir les conditions suivantes pour émettre des BCE :

– être une société par actions : SA, sociétés en commandite par actions, SAS. Les SARL sont exclues du dispositif;

– les titres de la société sont non cotés. Ils peuvent cependant être cotés sur un marché de l'Espace économique européen à condition que la capitalisation boursière de la société soit inférieure à 150 M € et que cette capitalisation n'excède pas 20 % de la situation nette comptable d'un FCPR ou FCPI;

– être âgée de moins de 15 ans;

– être passible en France de l'impôt sur les sociétés;

– le capital doit être détenu directement et de manière continue pour 25 % au moins par des personnes physiques ou par des personnes morales elles-mêmes détenues par des personnes physiques;

▷ La part du capital détenue par les fonds de capital investissement n'est pas prise en compte pour la détermination du pourcentage de détention.

– la société doit être réellement nouvelle, c'est-à-dire non créée dans le cadre d'une concentration, restructuration, extension ou reprise d'activité préexistante.

▷ Aucune condition de nationalité des capitaux n'est exigée pour l'émission de BSPCE et l'appréciation du seuil de 25 %.

3. Bénéficiaires

919 Les bénéficiaires des BCE sont le personnel salarié ainsi que les dirigeants soumis au régime fiscal des salaires. Il s'agit, dans les SA et SAS, du président du conseil d'administration, des directeurs généraux, des membres du directoire et des dirigeants des SAS.

▷ Les membres du conseil d'administration ou du conseil de surveillance ne sont pas éligibles au dispositif, même lorsque les rémunérations qui leur sont versées par la société au titre de prestations ou autres missions de conseil sont imposables dans la catégorie des traitements et salaires.

4. Modalités

920 L'émission de BCE doit être autorisée par l'assemblée générale extraordinaire statuant sur rapport du conseil d'administration ou du directoire.

Ce rapport doit indiquer les modalités de calcul du prix de souscription auxquels donnent droit les BCE, sur lesquels le commissaire aux comptes donne son avis.

Dans le cadre de cette autorisation conférée par l'assemblée, le conseil d'administration ou le directoire désigne les bénéficiaires des bons, fixe les conditions d'émission des BCE ainsi que les modalités suivant lesquelles les bénéficiaires pourront souscrire les actions correspondantes. Elle fixe enfin le délai d'exercice des bons.

Les bons doivent être émis dans le délai maximum d'un an à compter de la date de l'assemblée qui a autorisé l'attribution des BCE. Les titres doivent être émis dans un délai maximum de cinq ans à compter de l'attribution des bons correspondants.

Les bons sont incessibles.

5. Protection des bénéficiaires

921 Comme il a été précédemment exposé (voir n° 917), le BCE est une valeur mobilière à la différence des options qui n'ont pas cette qualification. De fait, les BCE bénéficient d'un système de protection collectif et individuel.

a. Protection collective

922 Une masse est constituée avec un représentant appelé à autoriser les modifications des conditions d'exercice des titres.

Le représentant agit en défense des intérêts des porteurs, reçoit les mêmes informations que les actionnaires et peut assister aux assemblées de la société.

b. Protection individuelle

923 La société a l'obligation de préserver les droits des bénéficiaires pour certaines opérations financières sauf renonciation individuelle.

6. Obligations déclaratives

924 Au plus tard le 15 février de l'année suivant celle au cours de laquelle les titres sont souscrits en exercice des bons, la société émettrice adresse à la direction des Services fiscaux une déclaration précisant l'identité des souscripteurs, les date, nombre et prix d'acquisition des titres. Elle atteste également qu'elle remplit les conditions d'éligibilité au dispositif et indique l'ancienneté des bénéficiaires.

▷ En cas de non-respect de ses obligations déclaratives, le régime fiscal de faveur n'est plus applicable. Les gains perçus par la cession des titres acquis en exercice des BCE sont imposés dans les conditions de droit commun.

7. Régimes fiscal et social

a. Régime fiscal

925 Contrairement aux *stock options*, les BCE ne sont imposés que sur la plus-value de cession. Le gain net est imposable selon le régime de cession de valeurs mobilières au taux de 16 % + 11 % (CSG, CRDS et prélèvements sociaux sur les revenus du patrimoine).

Lorsqu'au moment de la cession des titres acquis en exercice des bons, le bénéficiaire exerce son activité depuis moins de trois ans, le gain est taxable au taux de 30 % + 11 %.

Le gain n'est imposable que si le montant annuel des cessions réalisées par le cédant est supérieur à 15 000 €.

RÉGIME FISCAL DES BCE

Plus-value de cession	Imposition au taux de 16 % + 11 % si le montant annuel des cessions est supérieur à 15 000 € Imposition au taux de 30 % + 11 % si le bénéficiaire a moins de 3 ans d'ancienneté

b. Régime social

926 La plus-value sur les BCE n'est pas considérée comme un salaire. Elle est exonérée de charges sociales, mais soumise à CSG/CRDS et aux prélèvements sociaux au titre des revenus du patrimoine.

8. Traitement comptable

927 • **Comptes consolidés :** application de la Norme IFRS 2 relative au paiement en actions (voir n° 928).

• **Comptes individuels :** aucune écriture n'est comptabilisée tant que le bon n'est pas exercé. Lors de l'exercice du bon, l'opération est comptabilisée comme une augmentation de capital classique. La prime d'émission est égale à la différence entre les sommes versées par les salariés et le montant de l'augmentation de capital.

D. Norme IFRS 2 : impact « non cash » mais une incidence pour les actionnaires

928 La Norme IFRS 2 traite des paiements en actions. Elle vise les instruments de capitaux propres suivants : *stock options*, BCE, distributions d'actions gratuites et plans d'épargne entreprise.

▷ L'application détaillée de cette norme est décrite au chapitre J.

L'application de la Norme IFRS 2 est obligatoire dans les comptes consolidés depuis 2005.

Elle impose de comptabiliser les paiements en actions en charges en prenant en compte leur juste valeur à la date d'attribution par le conseil d'administration ou le directoire, alors qu'en droit comptable français, l'attribution de ces instruments n'engendre aucune écriture.

Les sociétés doivent désormais enregistrer en « charges de personnel » en contrepartie d'une augmentation des capitaux propres la juste valeur de ces instruments, sans attendre que les conditions nécessaires à leur attribution définitive soient remplies, ni que les bénéficiaires exercent leurs options. Dès lors, il convient d'évaluer la juste valeur des instruments de capitaux propres attribués.

Les plans d'attribution sont en règle générale assortis de conditions suspensives, comme par exemple rester dans l'entreprise un certain temps, atteindre des objectifs... La période d'acquisition du droit de lever l'option, durant laquelle l'émission des titres n'est pas encore certaine, est appelée *vesting period*. La charge est enregistrée de manière étalée sur cette période.

Tant que les conditions suspensives permettant l'attribution des instruments ne sont pas levées, les charges initialement comptabilisées sur la base d'estimations sont réajustées en fonction des instruments effectivement attribués. Elles sont annulées si aucun instrument n'est attribué.

Une fois les conditions levées, les charges cumulées sont ajustées sur la base du nombre définitif des instruments attribués. Cette charge ne pourra être révisée ultérieurement, même si les bénéficiaires n'exercent pas leurs droits ou s'ils en sont déchus.

▷ IFRS 2 a une incidence majeure sur les **plans d'attribution d'options**. La Norme IFRS 2 impose d'évaluer les options. Après avoir évalué, dès la date d'attribution, la juste valeur des options d'achat ou de souscription d'actions, la juste valeur est enregistrée en « charges de personnel » en contrepartie de l'augmentation des capitaux propres. Un tel enregistrement est définitif et ne sera pas mis en cause, même si le salarié n'exerce pas son option. Dès lors, sera comptabilisé en charges un outil d'intéressement aléatoire et dont le gain n'est pas garanti par les bénéficiaires.
À l'inverse, pour les **actions gratuites**, l'inscription d'une charge dans les comptes consolidés de l'entreprise devrait correspondre le plus souvent à un gain pour le bénéficiaire dès lors que les conditions fixées par le conseil d'administration sont respectées.

Les schémas d'enregistrement comptable en Normes IFRS sont les suivants.

▷ Nous rappelons que les attributions d'options ou d'actions gratuites ne donnent lieu à aucune écriture en normes françaises.

1. Enregistrement des stock options

929 • Lors de l'attribution de l'option, la juste valeur de l'option est évaluée puis enregistrée en charges de personnel en contrepartie de l'augmentation des capitaux propres, la charge est étalée en cas de conditions suspensives.

• Lors de l'exercice de l'option de souscription, celle-ci se traduit comptablement par l'enregistrement d'une augmentation des capitaux propres (en contrepartie d'un flux bancaire).

2. Enregistrement des actions gratuites

930 • Lors de l'attribution de l'action gratuite, la juste valeur de l'action est évaluée puis enregistrée en charges de personnel en contrepartie de l'augmentation des capitaux propres; la charge est étalée en cas de conditions suspensives.

• Lors de l'émission de l'action nouvelle, celle-ci se traduit comptablement par l'enregistrement d'une augmentation de capital par incorporation de réserves (absence de contrepartie financière).

E. Synthèse et instruments comparés

931 Les *stock options*, mécanisme complexe, sont pénalisées par la Norme IFRS 2. Les jeunes sociétés pourront leur préférer l'attribution gratuite d'actions : les salariés reçoivent un « cadeau » et le gain est certain. Les BCE présentent la particularité d'être un instrument à destination des salariés. Ces « paiements en actions » ont tous pour effet de diluer le pouvoir de l'actionnaire investisseur. Leur caractéristique est d'être actionnés très vite. Il est possible de cumuler ces différents instruments.

ACTIONS GRATUITES OU *STOCK OPTIONS* ?

▷ • Procédures juridiques comparables : mêmes bénéficiaires éligibles, régimes accessibles aux salariés et dirigeants français de groupes étrangers.
• Fixation des conditions d'attribution : en matière de *stock options*, l'exonération de charges sociales dépend du respect du délai d'indisponibilité de quatre ans. Pour les actions gratuites, l'exonération dépend du respect des conditions fixées dans le rapport du conseil d'administration ou du directoire. En l'absence de précision légale sur le contenu de ce rapport, le conseil d'administration dispose d'une grande liberté dans la fixation de ces conditions.
• Gain certain dans le régime des actions gratuites à l'inverse des plans de *stock options*. Pour les *stock options*, le prix des actions sous-jacentes est fixé à l'avance, les bénéficiaires supportent l'aléa de la valorisation de l'entreprise et des fluctuations boursières. S'agissant des actions gratuites, le bénéficiaire est sûr de recevoir une action valorisée.
• Impact des IFRS : comptabilisation obligatoire d'une charge incertaine pour les plans de *stock options*. À l'inverse, comptabilisation d'une charge certaine pour les actions gratuites (gain certain pour les bénéficiaires).
• Obligation d'affichage de la valorisation de l'entreprise dans le dispositif des actions gratuites.
• Période minimale de détention de quatre ans pour les actions gratuites *versus* six ans pour les *stock options*.
• Cas de sortie anticipée sans pénalisation fiscale non prévu dans le régime des actions gratuites. À l'inverse pour les *stock options*, cession des titres pendant la période d'indisponibilité fiscale possible pour cause de licenciement, invalidité, mise à la retraite ou décès du titulaire de l'option.

ACTIONS GRATUITES OU BCE ?

• Les BCE sont attribués gratuitement mais la souscription des actions sous-jacentes est payante, le prix étant fixé au jour de l'attribution des bons.

• Champ d'application plus large pour les actions gratuites : reconnaissance de la notion de groupe. À l'opposé, seules certaines entreprises sont éligibles aux BCE.

SPÉCIFITÉS DES BSA

• Les BSA n'entrent pas dans ces régimes encadrés de l'actionnariat salarié, qui par définition rémunèrent la participation à l'aléa du développement de la société. Les BSA attribués aux personnes salariées ou assimilées présentent un risque fiscal et social de requalification en salaires. Les BSA pourront typiquement être attribués à des consultants, membres du conseil de surveillance, administrateurs...

TABLEAU DE COMPARAISON DES DIFFÉRENTS INSTRUMENTS

	Actions gratuites (AG)	*Stock options (SO)*	*BCE*
Sociétés éligibles	Sociétés par actions non cotées ou cotées Sociétés étrangères éligibles		Seules certaines sociétés par actions sont éligibles : non cotées ou cotées avec capitalisation < 150 M €, soumises à l'IS en France et détenues à hauteur de 25 % par des personnes physiques
Bénéficiaires	Salariés et mandataires de l'entreprise émettrice ne détenant pas plus de 10 % du capital – SO : seuil apprécié à la date d'attribution des options – AG : seuil apprécié après l'attribution Extension aux **salariés** des sociétés liées (mère/filles)		Salariés et mandataires de la seule entreprise émettrice
Modalités juridiques	L'AGE autorise le CA ou le directoire à mettre en place le programme		
	Délai de 38 mois		Délai de 12 mois
	Les conditions d'attribution sont fixées par le CA ou le directoire : allocation à des personnes ou groupes isolés, définition des conditions de durée et de performance Ces paiements en actions ne sont pas cessibles		
Protection bénéficiaire	–	Non obligatoire	Obligatoire
Contribution bénéficiaire	–	Prix d'exercice	Prix d'exercice
Contribution employeur	Totalité de la valeur de l'action	Rabais par rapport au coût de la *stock option*	–
Cotisations sociales	Exonération de charges sociale	Fraction > 5 % du rabais soumise à cotisations sociales	Exonération de charges sociales
Imposition bénéficiaire	+ VL d'acquisition : 41 % + VL de cession : 27 %	+ VL acquisition : * 4 ans : 41 % ou 51 % * 4 + 2 ans : 27 % ou 41 % + VL cession : 27 %	Si ancienneté > 3 ans : 27 % Si ancienneté < 3 ans : 41 %
Durée d'indisponibilité	4 ans	4 ans 4 + 2 ans	5 ans après exercice des bons
Sortie	Pas de possibilité de déblocage anticipé	Possibilité de déblocage anticipé	Pas de possibilité de déblocage anticipé

EXEMPLE CHIFFRÉ

	Actions gratuites	*Stock options*			*BCE*
		Déblocage avant période indisponibilité	*Conservation 4 ans*	*Conservation 6 ans*	
Gain brut	200 000	200 000	200 000	200 000	200 000
Cotisations sociales salariales(1)		46 000			
Impôt sur le revenu(2)	82 000	73 920	86 750	60 650	54 000
Gain net salarié	118 000	80 080	113 250	139 350	146 000
Cotisations sociales patronales(3)	0	90 000	0	0	0

(1) Au taux de 23 %

(2) Sur la base du barème maximum à l'IR (41 %) lorsque les taux de faveurs ne sont pas applicables

(3) Au taux de 45 %

▷ Fiscalement, la mise en œuvre de ces instruments dépend des objectifs de la société, chaque instrument ayant sa vocation particulière.
Ces instruments sont cumulables.
Sous réserve du respect des règles de durée de détention et lorsque le seuil des cessions est supérieur à 15 000 €, la fiscalité est équivalente à la sortie : imposition au taux de 16 % + 11 %.
– Actions gratuites : le salarié reçoit un cadeau, ce cadeau (gain) est imposé à 41 %, la plus-value est imposée à 27 %. Le système est pénalisé par l'obligation d'affichage.
– BCE : mécanisme destiné aux salariés, la plus-value est imposée à 27 % en fonction de la présence dans l'entreprise.
– *Stock options* : mécanisme complexe et pénalisé par l'application des IFRS, la plus-value est imposée à 27 % lorsque toutes les conditions sont respectées.

F. Un avantage supplémentaire : l'exonération d'IR

932 Outre ces dispositifs assortis de taux de faveur pour l'imposition à la sortie, le bénéficiaire pourra bénéficier d'une exonération totale d'impôt sur le revenu en fonction de la durée de détention des titres.

Pour les cessions réalisées depuis le 1er janvier 2006, la plus-value de cession de valeurs mobilières est diminuée d'un tiers pour chaque année de détention au-delà de la cinquième.

Ce régime permet d'exonérer définitivement les plus-values de cession portant sur des actions de PME (cotée ou non cotée) acquises depuis plus de huit ans. Les prélèvements sociaux additionnels restent exigibles.

Lorsque la cession porte sur des titres acquis avant le 1er janvier 2006, la durée de détention n'est décomptée qu'à partir du 1er janvier 2006. L'abattement d'un tiers ne pourra s'appliquer pour la première fois qu'au titre de l'imposition 2012. L'exonération totale ne prendra effet qu'en 2014.

III. Participation : dispositif obligatoire pour les entreprises de plus de 50 salariés

933 La participation des salariés est obligatoire pour les entreprises d'au moins 50 salariés, ou dès que cet effectif a été atteint pendant six mois, consécutifs ou non, au cours de l'exercice. La participation est facultative pour les entreprises de moindre taille.

La participation est due dès lors que l'entreprise dégage un bénéfice fiscal suffisant.

Les mandataires sociaux sont exclus du dispositif.

A. Champ d'application

934 La participation est applicable aux salariés des entreprises de droit français.

1. Entreprises concernées

935 Les entreprises créées en France par des sociétés étrangères y sont soumises à raison des opérations effectuées en France.

Les sociétés étrangères, mères ou filiales d'entreprises françaises, ne sont pas soumises de plein droit à la participation. Ainsi :

- les salariés résidant ou domiciliés à l'étranger d'une entreprise installée en France bénéficient de la participation lorsqu'en application de leur contrat de travail français, ils perçoivent leur salaire de cette entreprise;
- les salariés de filiales d'entreprises françaises à l'étranger ne bénéficient pas de la participation car ils ne sont pas considérés comme liés juridiquement par un contrat de travail avec la société mère française.

La participation peut être mise en place au sein d'un groupe constitué par des entreprises juridiquement indépendantes, mais ayant établi entre elles des liens financiers et économiques.

2. Salariés bénéficiaires

936 Tous les salariés au sens du droit du travail bénéficient de la participation. Les dirigeants non titulaires d'un contrat de travail ne peuvent en bénéficier.

L'accord de participation peut prévoir une condition d'ancienneté pour pouvoir bénéficier du versement de la prime. Dans ce cas, l'ancienneté maximum exigible est de trois mois.

B. Mise en place et modalités d'application

937 La participation des salariés est mise en place par un accord entre l'employeur et les salariés. L'accord précise les modalités d'application de la participation. Il peut être conclu sans limitation de durée.

1. Négociation d'un accord

938 Les accords peuvent être passés soit dans le cadre d'une convention ou d'un accord collectif de travail, soit entre le chef d'entreprise et les représentants des salariés, soit au sein du comité d'entreprise ou à la suite de la ratification par les deux tiers du personnel.

Il existe trois types d'accord :

- accord de droit commun utilisant la formule légale de la réserve de participation;
- accord dérogatoire calculant la réserve de participation sur des bases plus favorables que le droit commun;
- accord de groupe où la participation est calculée d'après les résultats d'ensemble du groupe.

Lors de la négociation de l'accord, la question du plan d'épargne d'entreprise doit être posée (voir n°s 948 et s.).

▷ L'accord de participation doit être déposé à la direction départementale du Travail, de l'Emploi et de la Formation professionnelle (DDTEFP) du lieu où il a été conclu. C'est une formalité obligatoire conditionnant le droit à exonération.

2. Formule de calcul et clé de répartition

939 • La **formule légale** est la suivante :

Réserve spéciale de participation (RSP) = 1/2 (B – 5 % C) × (S/VA)

B : Bénéfice fiscal de l'exercice après déduction de l'IS

C : Capitaux propres

S : Salaires

VA : Valeur ajoutée

• **Répartition.** Les modalités de répartition sont stipulées dans l'accord. La répartition peut être :

- proportionnelle aux salaires;
- uniforme pour tous les salariés;
- proportionnelle à la durée de présence dans l'entreprise;
- ou combiner plusieurs de ces critères.

La participation attribuée à un salarié au titre d'un exercice ne peut excéder les 3/4 du plafond annuel de la sécurité sociale.

• **Utilisation.** Les sommes versées à la réserve de participation peuvent être gérées suivant trois modalités définies par l'accord de participation :

- attribution au salarié d'actions de l'entreprise;
- placement en compte courant bloqué dans l'entreprise portant un intérêt légal à 1,33 fois le taux moyen de rendement des obligations des sociétés privées, publié par le ministère de l'Économie[1];
- versement sur un plan d'épargne (PEE, PEI, PERCO). Le versement au plan d'épargne peut être facultatif ou au contraire imposé au salarié si l'accord le prévoit. Les sommes versées au plan d'épargne sont investies en valeurs mobilières. Il peut s'agir de valeurs mobilières gérées dans le cadre d'organismes de placement collectif (SICAV, FCP) ou, si le plan est un PEE, émises par l'entreprise (actions de l'entreprise, SICAV d'actionnariat salarié, FCPE « non diversifié »).

1. Arr. 10 oct. 2001, JO 18 oct.

3. Durée de l'indisponibilité des fonds

940 Les sommes versées dans le cadre de la participation sont bloquées pendant cinq ans au moins (l'accord peut prévoir un délai plus long).

Il existe cependant de nombreux cas de déblocage anticipé : mariage, divorce ou séparation, naissance du 3e enfant, cessation du contrat de travail, invalidité ou décès du salarié et de son conjoint, création d'entreprise, surendettement du salarié, agrandissement ou acquisition de la résidence principale[1].

LE CAS DU DÉPART DU SALARIÉ

▷ Tout salarié quittant l'entreprise peut demander le déblocage des fonds, les exonérations fiscales et sociales restant acquises. Si le salarié ne souhaite pas débloquer sa participation, il pourra faire transférer les fonds dans le plan d'épargne entreprise de son nouvel employeur.

C. Régimes fiscal et social

RÉGIME FISCAL

Pour l'employeur	Les sommes versées au titre de la participation sont déductibles de l'assiette de l'impôt sur les bénéfices l'année suivant le calcul de la provision
Pour les salariés	Les sommes versées au titre de la participation sont exonérées d'impôt sur le revenu à l'issue de la période d'indisponibilité Les produits (intérêts) de la participation sont exonérés d'impôt mais soumis à la CSG, à la CRDS et au prélèvement social (2,3 %) au titre des revenus du patrimoine (pas d'abattement d'assiette)

941 • **Régime social.** La participation et les intérêts correspondants n'ont pas le caractère de salaire. Ils sont exonérés de charges sociales mais sont assujettis à la CSG et à la CRDS sur les revenus d'activité (après abattement d'assiette de 3 %).

C'est l'employeur qui en assure le précompte et le reverse à l'Urssaf au moment de la répartition individuelle des droits (et non lors du versement effectif).

IV. Intéressement : pour associer l'équipe aux performances de l'entreprise

942 L'intéressement permet d'associer les salariés aux performances de l'entreprise tout en bénéficiant d'un régime fiscal et social avantageux[2].

A. Champ d'application

1. Entreprises concernées

943 L'intéressement est un régime facultatif pouvant être institué dans toute entreprise, bénéficiaire ou pas, à condition qu'elle ait respecté ses obligations en matière de représentation du personnel.

1. C. trav., art. L. 442-7, R. 442-9 et R. 442-17.
2. C. trav., art. L. 441-1 et s.

Un accord de groupe peut être conclu en vue de faire bénéficier de l'intéressement les salariés de filiales françaises implantées à l'étranger.

Les accords conclus au sein d'un groupe de sociétés établies dans des États membres de l'Union européenne ouvrent droit aux exonérations fiscales et sociales pour les primes versées par les entreprises parties à l'accord situées en France.

2. Salariés bénéficiaires

944 Les bénéficiaires sont tous les salariés liés par un contrat de travail.

L'intéressement s'applique aux seuls salariés dont le contrat de travail est un contrat de droit français.

▷ Il appartient aux partenaires sociaux de l'entreprise d'étendre l'accord, le cas échéant, aux détachés et expatriés.

C'est un dispositif ouvert à tous les salariés, y compris aux dirigeants d'entreprise (présidents, directeurs généraux, gérants ou membres du directoire et à leurs conjoints) dans les entreprises employant entre 1 et 100 salariés[1].

Une durée minimum d'ancienneté peut être exigée. Elle ne peut excéder trois mois.

L'intéressement peut être réservé à certains établissements ou unités de travail.

B. Mise en place et modalités d'application

1. Négociation d'un accord

945 La mise en place de l'intéressement s'effectue par accord. D'une durée de trois ans, l'accord doit être conclu selon l'une des méthodes retenues pour la mise en place d'un accord de participation (voir n°s 937 et s.).

L'accord doit être signé avant le premier jour du septième mois suivant sa date de prise d'effet pour ouvrir droit aux exonérations sociales et fiscales.

▷ L'accord d'intéressement doit être déposé à la direction départementale du Travail, de l'Emploi et de la Formation professionnelle (DDTEFP) du lieu où il a été conclu dans les quinze jours de sa signature. C'est une formalité obligatoire conditionnant le droit à exonération.

2. Formule de calcul et clé de répartition

946 • **Formule de calcul.** L'intéressement doit présenter un caractère collectif et aléatoire résultant d'une formule de calcul liée aux résultats ou aux performances de l'entreprise. La notion de résultat se réfère à des indicateurs financiers ou comptables, tels que le résultat d'exploitation, le bénéfice comptable. Les performances de l'entreprise pourront se mesurer par l'atteinte d'objectifs (scientifiques, commerciaux...). Les signataires de l'accord déterminent la formule librement à condition que le résultat reste aléatoire.

Il est possible de calculer l'intéressement des salariés d'une société holding en fonction des résultats des filiales comprises dans le périmètre de consolidation. De même, l'intéressement pourra être calculé sur le résultat consolidé d'une société mère située dans un autre État membre de l'Union européenne.

• **Répartition.** La répartition entre les bénéficiaires peut, comme le calcul, varier en fonction de l'établissement ou de l'unité de travail, mais les modalités de

1. C. trav., art. L. 441-1, mod. par L. n° 2005-842, 26 juill. 2005.

répartition doivent être identiques au sein de chaque groupe déterminé. La répartition peut être :

- soit égalitaire;
- soit proportionnelle aux salaires ou à la durée de présence dans l'entreprise;
- soit établie sur la base d'une prise en compte de ces deux critères.

Les primes d'intéressement ne peuvent excéder globalement 20 % des salaires bruts versés à l'ensemble des salariés. Le montant individuel ne peut excéder la moitié du plafond de la sécurité sociale.

• **Disponibilité des fonds.** Il n'y a pas de délai de blocage à l'inverse de la participation (voir n° 940). Toutefois, l'intéressement est intégralement soumis à l'IR s'il n'est pas affecté à un plan d'épargne (et donc bloqué au moins 5 ans, en application de la réglementation des plans d'épargne; voir n° 951).

▷ C'est pourquoi la mise en place d'un plan d'épargne est indispensable pour que l'intéressement produise tous ses effets.

Les salariés ayant adhéré à un plan d'épargne éventuellement mis en place dans leur entreprise peuvent demander que tout ou partie des sommes soit affecté au plan.

C. Régimes fiscal et social

947 **RÉGIME FISCAL**

Pour l'employeur	Sommes versées au titre de l'intéressement déductibles de l'assiette de l'impôt sur les bénéfices dès l'exercice au cours duquel elles sont attribuées
Pour les salariés	Sommes versées au titre de l'intéressement imposables à l'impôt sur le revenu. Exonération dans la limite de la moitié du plafond de la sécurité sociale si elles sont reversées à un plan d'épargne entreprise (PEE, PEI, PERCO) Intérêts des sommes placées sur un plan d'épargne exonérés d'impôt mais soumis à la CSG, CRDS et prélèvement social (2,3 %) au titre des revenus du patrimoine (pas de d'abattement d'assiette)

• **Régime social.** L'intéressement n'a pas le caractère de salaire. Il est exonéré de charges sociales mais reste assujetti à la CSG et à la CRDS sur les revenus d'activité (après abattement d'assiette de 3 %). C'est l'employeur qui en assure le précompte au moment de l'attribution de l'intéressement au salarié, qu'il s'agisse d'un versement effectif ou d'une affectation à un plan d'épargne.

V. Les plans d'épargne : outils de fidélisation et de défiscalisation

948 La mise en place d'un ou plusieurs plans d'épargne dans l'entreprise, clé de voûte de l'épargne salariale, permet de fidéliser les salariés[1]. Outre un outil de défiscalisation, l'épargne salariale apparaît comme une solution de management et de motivation de l'équipe.

Certes, ces dispositifs pourront paraître moins attractifs pour les JEI compte tenu des exonérations de charges sociales dont elles bénéficient par ailleurs (voir

1. C. trav., art. L. 443-1 et s.

n°s 1017 et s.). Mais ils conservent tout leur intérêt pour les salariés compte tenu de leur fiscalité avantageuse.

A. Plan d'épargne d'entreprise (PEE)

949 C'est un dispositif d'épargne collectif et facultatif permettant aux salariés et aux dirigeants de se constituer un capital en valeurs mobilières avec l'aide de l'entreprise dans des conditions fiscales et sociales avantageuses. Il est accessible à toutes les sociétés dès lors qu'elles comptent un salarié.

Le PEE peut accueillir des sommes provenant de l'intéressement, de la participation, des versements volontaires des salariés et des versements complémentaires de l'employeur (appelés abondements).

1. Champ d'application et bénéficiaires

950 Toutes les entreprises ont accès au PEE (ou au PEI; voir n° 954) dès lors qu'elles ont un salarié.

Les bénéficiaires sont les salariés et, dans les entreprises de 1 à 100 salariés, les mandataires sociaux.

Par ailleurs, l'ancienneté maximum requise pour bénéficier du plan d'épargne est de trois mois.

2. Mise en place et modalités d'application

951 Le PEE peut être mis en place à l'initiative de l'entreprise ou par ratification des deux tiers du personnel ou par accord entre l'entreprise et les représentants du personnel (comité d'entreprise, délégués syndicaux, salarié mandaté par une organisation syndicale représentative).

Un PEE peut être mis en place dans le cadre d'un groupe d'entreprises, on parle alors de plan d'épargne de groupe (PEG). Des liens en capital ne sont pas exigés, les entreprises qui composent le groupe doivent néanmoins avoir des liens financiers et économiques.

Des plans d'épargne de groupe peuvent être créés entre des sociétés ayant un lien juridique ou économique et financier.

▷ Les règlements des PEE doivent être déposés à la direction départementale du Travail, de l'Emploi et de la Formation professionnelle (DDTE) du lieu où ils ont été établis. C'est une formalité obligatoire conditionnant le droit à exonération.

• **Versements volontaires des salariés.** Indépendamment des sommes reçues au titre de la participation (voir n°s 933 et s.) et de l'intéressement (voir n°s 942 et s.), les salariés peuvent également procéder à des versements volontaires sur le plan d'épargne, si l'accord le prévoit. Ces versements volontaires sont plafonnés annuellement à 25 % de leur rémunération annuelle brute. Les sommes ainsi versées ont le caractère d'un salaire et supportent à ce titre intégralement les charges sociales et l'impôt sur le revenu. Le salarié a donc tout intérêt à verser sur le plan les sommes reçues au titre de la participation et de l'intéressement avant d'envisager un versement volontaire.

▷ En pratique, le versement volontaire peut présenter deux intérêts. D'une part, il peut ouvrir droit à abondement de l'entreprise, si l'accord le prévoit. Cet abondement est exonéré de charges et d'IR. D'autre part, les intérêts de ce placement bénéficient du régime avantageux des plans d'épargne.

• **Abondements.** L'entreprise peut compléter les versements du salarié aux plans d'épargne, que les sommes soient issues de la participation, de l'intéressement, ou qu'elles résultent de versements volontaires. L'abondement ne peut pas dépasser le triple de la contribution du bénéficiaire. Il est plafonné à 2 300 € par an et par bénéficiaire. Il peut être majoré de 80 % (plafond porté à 4 140 €) si une partie des versements est investie en actions de l'entreprise (voir n° 953).

▷ Ce plafond d'abondement s'applique aux sommes versées sur le PEE, le PEG, le PEI. Il est cumulable avec l'abondement éventuel au titre du PERCO.

• **Investissement de l'épargne.** Les sommes recueillies sur un PEE peuvent être investies en Sicav, en fonds commun de placement d'entreprise (FCPE) ou en actions de l'entreprise. En effet, les actions de la société peuvent être logées dans le PEE (voir n° 953).

• **Disponibilité des fonds.** Les actions ou parts acquises pour le compte des salariés sont disponibles à l'issue d'un délai minimum de cinq ans, sauf cas de déblocage anticipé (voir n° 940).

LE DÉPART DU SALARIÉ

▷ Lorsque le salarié quitte son entreprise, il reçoit un état récapitulatif de l'ensemble de ses avoirs. Trois possibilités lui sont alors offertes :
- demander le déblocage des fonds, les exonérations fiscales et sociales restant acquises;
- conserver ses parts comme une valeur de fonds de portefeuille au sein du plan d'épargne de son ancienne entreprise;
- transférer l'épargne salariale vers les dispositifs existants chez le nouvel employeur.

3. Régimes fiscal et social

952 RÉGIME FISCAL

Pour l'employeur	Abondement exonéré d'impôt (IS ou IR)
Pour les salariés	Sommes versées au plan exonérées d'impôt sur le revenu Plus-values et revenus des sommes issus du PEE exonérés d'impôt sur le revenu mais soumis à la CSG, à la CRDS et au prélèvement social (2,3 %) au titre des revenus du patrimoine (pas d'abattement d'assiette de 3 %)

• **Régime social.** L'abondement n'a pas le caractère de salaire. Il est exonéré d'impôt et de charges sociales mais reste assujetti à la CSG et à la CRDS sur les revenus d'activité (après abattement d'assiette de 3 %). C'est l'employeur qui en assure le précompte au moment du versement de l'abondement au PEE, sans attendre l'expiration du délai d'indisponibilité.

4. En conclusion...

953 Deux axes d'utilisation du PEE peuvent être envisagés :

- mise en place d'un système d'intéressement, abondement de l'employeur, logement dans le PEE pour profiter d'une fiscalité avantageuse, notamment pour le salarié;
- actionnariat salarié dans le cadre de l'épargne salariale.

▷ L'entreprise pourra aider le salarié à acheter ses propres actions. L'intérêt pour le salarié sera d'acquérir des actions avec décote, assorties d'un abondement maximum de 4 140 € de l'entreprise, abondement pouvant être payé sous la forme d'actions gratuites. Cette utilisation soulève le problème de valorisation, et sans doute est-elle plus adaptée aux sociétés cotées ou proches de la cotation.

B. Plan d'épargne interentreprises (PEI)

954 Le plan d'épargne interentreprises permet à plusieurs entreprises de se regrouper pour instituer un plan d'épargne commun. Le PEI reprend les dispositions applicables au PEE avec deux différences majeures :

• Le PEI est mis en place par accord collectif de travail : accord d'entreprise ou accord de branche (entreprises se regroupant au niveau professionnel et/ou géographique).

Lorsque plusieurs entreprises décident individuellement de mettre en place une telle formule, le PEI peut être institué par un accord de chaque comité d'entreprise ou de la majorité des deux tiers du personnel de chaque entreprise.

Par ailleurs, tout salarié d'une entreprise entrant dans le cadre de l'accord peur adhérer au PEI, même si son entreprise n'y adhère pas.

• À l'inverse du PEE (voir nº 953), le PEI ne peut accueillir les actions de l'entreprise.

En cas de cumul entre un PEE et un PEI dans une même entreprise, le plafond d'abondement s'apprécie globalement pour un même participant aux deux plans.

C. Plan d'épargne pour la retraite collectif (PERCO)

955 Le PERCO est un outil d'épargne défiscalisé permettant au salarié de se constituer un complément de retraite avec l'aide de l'entreprise. Le PERCO peut accueillir des sommes provenant de l'intéressement, de la participation, des versements volontaires de l'adhérent, des abondements de l'entreprise et des transferts des sommes de PEE/PEI avant l'expiration de leur délai d'indisponibilité.

• **Bénéficiaires.** Les bénéficiaires sont les salariés et, dans les entreprises de 1 à 100 salariés, les mandataires sociaux.

• **Mise en place.** Le PERCO est obligatoirement institué par accord collectif de travail : accord d'entreprise et de groupe conclu avec les délégués syndicaux, accord interentreprises conclu au niveau d'une branche professionnelle et/ou dans un champ géographique déterminé (PERCO-I).

▷ La mise en place du PERCO n'est possible que si les salariés ont la possibilité d'opter pour un plan de durée plus courte (PEE ou PEI).

Les règlements des PERCO doivent être déposés à la direction départementale du Travail, de l'Emploi et de la Formation professionnelle (DDTEFP) du lieu où ils ont été établis. C'est une formalité obligatoire conditionnant le droit à exonération.

• **Versements volontaires des salariés.** Les versements volontaires des salariés sont plafonnés annuellement à 25 % de la rémunération annuelle brute (comme pour le PEE).

• **Abondement.** Un abondement peut être versé par l'entreprise. Il ne peut pas dépasser 300 % des versements volontaires d'un salarié dans la limite d'un plafond annuel de 4 600 €. Les abondements à un PEE ou à un PEI ne sont pas pris en compte.

▷ Par conséquent, le montant maximum de l'abondement, tous types de plans confondus, peut atteindre, par bénéficiaire, 6 900 € (4 600 € pour le PERCO + 2 300 € pour le PEE ou PEI), voire 8 740 € (4 600 € pour le PERCO + 4 140 € pour le PEE) si une partie des versements au PEE est investie en actions de l'entreprise.

• **Investissement de l'épargne.** Les sommes recueillies sur un PERCO sont placées sur des fonds communs de placement (FCP) devant obligatoirement offrir trois supports d'investissement différents : des fonds monétaires, des fonds obligataires et des fonds investis en actions.

▷ Comme le PEI, le PERCO ne permet pas l'acquisition de titres de l'entreprise ou d'une société qui lui est liée.

• **Indisponibilité des fonds.** Les sommes inscrites au compte des participants sont bloquées jusqu'au départ à la retraite. À la retraite, les sommes placées et les intérêts produits sont servis, soit en une fois sous forme de capital, soit sous forme de rentes versées jusqu'au décès.

Les cas de déblocage anticipé sont réduits : décès du bénéficiaire ou de son conjoint, expiration des droits à l'assurance chômage du titulaire, invalidité du titulaire, de ses enfants ou de son conjoint, surendettement et acquisition de la résidence principale.

▷ L'adhérent au PERCO changeant d'entreprise peut demander le transfert de ses avoirs sur le PERCO de la nouvelle entreprise.

RÉGIME FISCAL

Pour l'employeur	Abondement exonéré d'impôt (IS ou IR)
Pour les salariés	Abondement exonéré d'impôt sur le revenu. Versements libres effectués par les salariés non déductibles du revenu global Revenus des sommes affectées au PERCO exonérés d'impôt sur le revenu mais soumis à la CSG, à la CRDS et au prélèvement social (2,3 %) au titre des revenus du patrimoine (pas d'abattement d'assiette de 3 %)

L'intérêt fiscal du PERCO réside notamment dans ses modalités de sortie :

- si le salarié opte pour une sortie en capital (sortie unique) : il percevra un capital exonéré d'impôt sur le revenu mais assujetti à la CSG, à la CRDS et au prélèvement social;

- si le salarié opte pour une sortie en rente viagère (sortie progressive), il percevra des rentes soumises à l'impôt sur le revenu dans la catégorie des rentes viagères à titre onéreux (bénéficiant d'un abattement de 60 % ou de 70 % suivant l'âge du bénéficiaire). Ces rentes sont également assujetties aux taxes additionnelles.

• **Régime social.** L'abondement n'a pas le caractère de salaire. Il est exonéré de charges sociales dans la limite de 4 600 €. Une contribution supplémentaire de 8,2 % doit être acquittée par l'employeur et versée à l'Urssaf pour la fraction de l'abondement comprise entre 2 300 € et 4 600 €. Il est assujetti à la CSG et à la CRDS au titre des revenus d'activité (après abattement d'assiette de 3 %).

VI. Retraite supplémentaire : pour fidéliser les profils rares

956 L'entreprise peut utiliser la retraite supplémentaire comme élément de la politique sociale de l'entreprise, pour fidéliser les profils rares ou octroyer un complément de retraite.

Les régimes de retraite supplémentaire viennent compléter les prestations des régimes obligatoires, en règle générale sous la forme d'une rente viagère.

Ce dispositif, facultatif pour l'entreprise, constitue un véritable salaire différé pour le bénéficiaire. En règle générale, ce sont les dirigeants et cadres supérieurs des grandes entreprises qui en bénéficient. Par ailleurs, la capacité financière de l'entreprise joue un rôle déterminant dans la mise en place de la retraite supplémentaire.

La retraite supplémentaire peut être mise en place à la seule initiative de l'entreprise, par accord collectif ou par ratification de l'accord à la majorité des salariés.

Il existe deux catégories de régime de retraite d'entreprise : les plans de retraite dits à cotisations définies (contrats « Article 83 CGI ») ou à prestations définies (contrats « Article 39 CGI »).

A. Contrat « Article 83 CGI »

1. Définition

957 Ce sont des contrats de retraite à cotisations définies dans lesquels le montant des cotisations est fixé lors de la souscription du contrat. Ils sont généralement appelés « Article 83 » en référence à l'article du CGI qui les régit.

Dans un tel système, l'obligation de l'entreprise porte exclusivement sur le paiement de la cotisation et non sur le montant de la retraite.

2. Caractéristiques

958 Ces contrats se caractérisent par leur caractère collectif. Ils sont obligatoires pour tous les salariés ou pour une catégorie définie d'entre eux.

L'entreprise verse, seule ou conjointement avec le salarié, une cotisation dont le montant est déterminé par le contrat collectif.

La sortie se fait exclusivement en rente viagère (et non en capital) à l'âge de la retraite. Aucune sortie anticipée n'est possible.

L'entreprise constitue une épargne retraite au salarié qui lui reste acquise, même lorsqu'il quitte l'entreprise. Le salarié a le droit de réclamer le transfert de ses droits acquis sur un autre contrat, ce qui suppose que le nouvel employeur ait souscrit un contrat identique pour ses salariés.

AVANTAGES POUR L'ENTREPRISE

▷ Outre les mécanismes d'exonération fiscale ou sociale (voir nº 959), le régime à cotisations définies présente les avantages suivants :
– le coût de la retraite est maîtrisé, l'engagement de l'entreprise se limitant au seul versement des cotisations. Il n'y a pas de passif social;

- le coût est partagé avec le salarié;
- les cotisations sont déductibles.

AVANTAGES/INCONVÉNIENTS POUR LE SALARIÉ

▷ - Les cotisations sont intégralement ou pour moitié prises en charge par l'employeur.
- La retraite supplémentaire constitue une rémunération différée assortie d'avantages fiscaux.
- Ses droits sont garantis en cas de départ de l'entreprise.

Cependant, les salariés proches de la retraite disposent de peu de temps pour cotiser et bénéficier ainsi d'une rente intéressante. De plus, le montant de la future rente n'est pas connu à l'avance car il dépend de la durée des cotisations et du salaire du bénéficiaire.

3. Régimes fiscal et social

959 RÉGIME FISCAL

Pour l'employeur	Prime déductible du résultat imposable dans la limite de 8 % de la rémunération brute annuelle elle-même limitée à 8 fois le plafond de la sécurité sociale Exonération/déduction d'un montant maximum de 20 712 € pour 2006 (8 × 2 589 €). L'abondement de l'employeur au PERCO vient diminuer ce plafond
Pour les salariés	Prime exonérée d'impôt sur le revenu dans ces mêmes limites Pension soumise à l'impôt sur le revenu dans la catégorie des pensions de retraite

RÉGIME SOCIAL

Pour l'employeur	Prime exonérée de charges sociales dans la limite de 5 % de la rémunération brute annuelle du salarié. Prime soumise à la CSG/CRDS
Pour les salariés	Rente soumise à une cotisation spéciale d'assurance-maladie au taux de 2,8 % et à la CSG/CRDS sur les revenus de remplacement aux taux de 6,6 % + 0,5 % en 2006

B. Contrat « Article 39 CGI »

960 Cet outil permet de fidéliser les profils rares proches de la retraite à des conditions fiscales avantageuses, mais il implique un engagement très lourd pour l'entreprise.

1. Définition

961 Ce sont des contrats de retraite à prestations définies dans lesquels l'entreprise a l'obligation de garantir aux bénéficiaires un niveau de retraite prédéterminé. Le niveau de la retraite garantie est en général prédéterminé à un pourcentage du dernier salaire. Ces contrats sont généralement appelés « Article 39 » en référence à l'article du CGI qui les régit.

Dans un tel système, l'employeur a une obligation de résultat : il s'engage à garantir un niveau de prestations prédéterminé à un moment où il ignore le niveau futur des retraites obligatoires (ce qui induit un risque d'augmentation de la prime pour garantir les prestations promises au salarié).

▷ Ce régime est particulièrement attrayant pour les salariés âgés et proches de la retraite car les droits sont fonction de leur salaire de fin de carrière. Les droits à la retraite sont indépendants de l'accumulation dans le temps des cotisations. En revanche, il représente un engagement très lourd pour l'entreprise. Il s'agit donc d'un dispositif favorable aux salariés mais risqué pour l'employeur.

2. Caractéristiques

962 Ces contrats collectifs sont obligatoires pour la catégorie de personnel bénéficiaire. En règle générale, ils prévoient des conditions minimales de présence et sont réservés aux salariés qui terminent leur carrière au sein de l'entreprise.

Les cotisations sont à la charge exclusive de l'entreprise.

La sortie se fait exclusivement en rente viagère (et non en capital) à l'âge de la retraite.

À l'inverse des autres plans de retraite, les droits d'un article 39 sont réservés aux personnes qui sont encore salariées de la société à la veille de leur départ en retraite. En cas de départ, le salarié perd ses droits, ceux-ci n'étant pas transférables.

AVANTAGES/INCONVÉNIENTS POUR L'ENTREPRISE

▷ Hormis un régime fiscal et social d'exonération favorable (voir n° 963), le régime à prestations définies présente de nombreux inconvénients pour l'entreprise :
- les cotisations sont à la charge exclusive de l'entreprise;
- ce régime exige un effort de financement important et présente une part d'aléa car l'entreprise s'engage sur un résultat inconnu à l'avance. À l'inverse des régimes à cotisations définies, où l'engagement porte seulement sur le versement de cotisations (voir n° 957);
- les engagements long terme de l'entreprise se traduisent par une dette, à faire évaluer et à indiquer dans l'annexe au bilan suivant les normes françaises. Ces avantages long terme consentis au personnel doivent faire l'objet d'une provision selon l'IAS 19.

AVANTAGES/INCONVÉNIENTS POUR LE SALARIÉ

▷ Le salarié se voit garantir un montant prédéterminé de retraite supplémentaire. Il ne supporte aucune cotisation, celle-ci étant intégralement à la charge de l'entreprise.
En revanche, le salarié quittant l'entreprise n'a pas la possibilité de transférer les fonds, ceux-ci étant perdus. En outre, les droits ne sont acquis qu'à condition de remplir certaines conditions : obligation de cotisation pendant une certaine durée, présence dans l'entreprise jusqu'au départ en retraite.

3. Régimes fiscal et social

963 **RÉGIME FISCAL**

Pour l'employeur	Prime ou dotation annuelle exonérée d'impôt (IS ou IR)
Pour les salariés	Prime ou dotation annuelle exonérée d'impôt sur le revenu Pension soumise à l'impôt sur le revenu dans la catégorie des pensions de retraite

RÉGIME SOCIAL

Pour l'employeur	Prime ou dotation annuelle exonérée de charges sociales à l'exception d'une contribution sociale spécifique. Contribution due au choix sur la dotation annuelle de l'employeur (6 %) ou sur la rente (8 %)
Pour les salariés	Rente soumise à une cotisation spéciale d'assurance-maladie au taux de 2,8 % et à la CSG/CRDS sur les revenus de remplacement aux taux de 6,6 % + 0,5 % en 2006

C. Fiscalité comparée épargne salariale/retraite supplémentaire

964 **TABLEAU COMPARATIF**

	PEE/PEI	*PERCO*	*Article 83*	*Article 39*
Bénéficiaires	Régime collectif profitant à tous les salariés et aux mandataires sociaux dans les entreprises de 1 à 100 salariés		Régime individuel, réservé à une catégorie de personnel, en général les cadres dirigeants	
Contribution bénéficiaire	Versement libre Maximum de 25 % de la rémunération annuelle brute	Versement obligatoire Maximum de 25 % de la rémunération annuelle brute	Définie par le plan	Pas de versement
Abondement de l'entreprise	Plafonné à 2 300 € par an ou à 3 450 € en cas d'acquisition par le salarié des titres de l'entreprise	Plafonné à 4 600 € par an	Défini par le plan	Non plafonné
Cotisations sociales	Exonération de charges sociales sauf CSG/CRDS	Exonération de charges sociales sauf CSG/CRDS Contribution de 8,2 % sur fraction > 2 300 €	Exonération de charges sociales plafonnée à 5 % du salaire sauf CSG/CRDS	Exonération de charges sociales sauf CSG/CRDS
Imposition de l'entreprise	Déductible de l'IS	Déductible de l'IS	Déductible de l'IS dans la limite de 8 % du salaire	Déductible de l'IS
Imposition du bénéficiaire	Exonération d'IR	Si sortie en rente : imposition en rentes viagères (exonération partielle) Si sortie en capital : exonération IR mais taxes additionnelles	Pension : charges sociales (2,8 %) + CSG/CRDS (7,1 %) IR : rente taxée comme une pension de retraite	
Durée	5 ans Possibilités de déblocage anticipé	Jusqu'à l'âge de la retraite Possibilités de déblocage anticipé	Jusqu'à l'âge de la retraite	
Sortie	Capital	Capital ou rente	Rente	
Inconvénients/contraintes		Nécessite la mise en place d'un PEE/PEI		Engagements risques pour l'entreprise Perte des droits par le salarié en cas de départ avant la retraite

▷ En conclusion, ces dispositifs intéressent les jeunes entreprises innovantes financées. Chaque instrument répond à un objectif particulier : offrir un complément d'épargne ou un complément de retraite, fidéliser l'équipe tout en optimisant les coûts associés.
Le contrat « Article 39 » est fiscalement le plus intéressant mais c'est un dispositif particulier. Outre qu'il s'adresse à un profil spécifique, il induit des engagements très lourds pour la société et nous ne le recommandons pas. Le PERCO vient en seconde position mais il nécessite la mise en place d'un PEE. Le PEE offre un régime attractif, il peut être mis en place à la seule initiative de l'employeur et les actions de la société peuvent y être logées. ■

J Dispositifs fiscaux spécifiques

Nos 1001 à 1070

1001 Il existe deux dispositifs fiscaux essentiels et cumulables en faveur des entreprises innovantes réalisant des projets de recherche et de développement :

- le statut de la Jeune Entreprise Innovante (JEI; voir nos 1004 et s.);
- le Crédit d'Impôt Recherche (CIR; voir nos 1027 et s.).

La condition pour bénéficier de ces deux dispositifs est d'exercer une activité de recherche et développement (R&D) éligible fiscalement. Dans les deux dispositifs, les procédures sont déclaratives et les dossiers justificatifs sont similaires.

Ce chapitre traite également des aides à l'innovation instituées par la loi de Finances 2005 :

- crédit d'impôt pour investissement dans des nouvelles technologies (voir n°s 1056 et s.);
- pôles de compétitivité (voir n°s 1060 et s.).

I. « Activité de R&D » : définitions et critères d'éligibilité

A. Définitions

1002 Les projets de recherche fondamentale, de recherche appliquée et de développement expérimental sont fiscalement considérés comme des opérations de recherche scientifique et technique, et sont de fait éligibles au régime de la JEI et du CIR.

Suivant l'article 49 *septies* F Annexe 3 du CGI :

- les projets de recherche fondamentale sont ceux « qui pour apporter une contribution théorique ou expérimentale à la résolution des problèmes techniques, concourent à l'analyse des propriétés, des structures, des phénomènes physiques et naturels, en vue d'organiser, au moyen de schémas explicatifs ou de théories interprétatives, les faits dégagés de cette analyse »;
- les projets de recherche appliquée sont ceux qui « visent à discerner les applications possibles des résultats d'une recherche fondamentale ou à trouver des solutions nouvelles permettant à l'entreprise d'atteindre un objectif déterminé choisi à l'avance. Le résultat d'une recherche appliquée consiste en un modèle probatoire de produit, d'opération ou de méthode ». Le modèle probatoire est destiné à apporter la preuve que les recherches pourront être poursuivies ou non au stade du développement;
- les projets de développement expérimental sont effectués « au moyen de prototypes ou d'installations pilotes, dans le but de réunir toutes les informations nécessaires pour fournir les éléments techniques des décisions, en vue de la production de nouveaux matériaux, dispositifs, produits, procédés, systèmes, services ou en vue de leur amélioration substantielle. Par amélioration substantielle, on entend les modifications qui ne découlent pas d'une simple utilisation de l'état des techniques existantes et qui présentent un caractère de nouveauté ».

Le prototype dont l'objectif est de valider les hypothèses de recherche scientifiques et techniques est éligible. Il en est de même de la phase de faisabilité d'un projet de R&D. En revanche, les activités de simple normalisation ne peuvent, selon l'Administration, être considérées comme du développement expérimental, tout comme les opérations de conception et de production.

□ Ainsi, les progrès accomplis, les résultats obtenus et l'originalité de la solution proposée peuvent être des indicateurs d'une activité de R&D éligible fiscalement.

▷ Nous noterons que comptablement (CNC n° 31) la même distinction est faite entre la recherche fondamentale, la recherche appliquée et le développement (voir n° 1107).

B. Critères d'éligibilité

1003 Un projet novateur ne suffit pas à caractériser un projet de recherche et développement en tant que tel.

Pour être éligible au régime, la création d'un produit, d'un procédé ou d'un équipement doit **présenter une originalité ou une amélioration substantielle ne résultant pas d'une utilisation des techniques existantes.**

La nouveauté ou l'amélioration substantielle doit résulter de travaux présentant des difficultés et des aléas scientifiques et techniques. Seules les opérations visant à lever ces incertitudes sont prises en compte.

Les difficultés à résoudre doivent être nouvelles et ne pas avoir déjà donné lieu à des solutions. Les travaux effectués doivent entraîner un écart significatif par rapport à l'état de l'art existant et reposer sur une technicité nécessitant le recours à des scientifiques ou à des ingénieurs. Ils ne doivent pas relever de la conception d'ingénierie ou de la mise en œuvre de solutions classiques.

Ne sont pas pris en compte les travaux visant à accroître la productivité, la fiabilité, ou en matière de logiciels, les travaux améliorant la portabilité ou l'adaptabilité.

Dans la phase de développement, seules les opérations justifiant de travaux de recherche aux étapes de déroulement et de mise en œuvre sont admises. La mise à disposition et le suivi du produit et service chez l'utilisateur ne sont pas retenues.

ACTIVITÉS N'ENTRANT PAS DANS LE CADRE D'UN PROJET DE R&D

☐ Sont exclus :
– les activités menées autour d'un procédé en grande partie développé pour améliorer la productivité ou la rentabilité;
– le fonctionnement comme une unité normale de production d'un prototype ou d'une installation pilote;
– les prototypes de validation de conception, les productions à titre d'essai dont l'objectif est la mise en route et l'aménagement de la production;
– les frais d'étude, d'études de marché, de travaux menés pour adapter des produits aux normes ou aux modes;
– les activités de recherche minière ou pétrolière concernant en réalité la prospection de ressources naturelles;
– les projets d'ingénierie étudiés selon les techniques existantes afin de fournir des informations complémentaires avant toute mise en œuvre.

II. Statut « jeune entreprise innovante » (JEI)

1004 Le statut de la « Jeune Entreprise Innovante » (JEI), effectif depuis le 1er janvier 2004, a été initié et porté par le Conseil stratégique de l'innovation (CSI) et l'association France Biotech.

Ce statut donne droit à différents allégements fiscaux et sociaux (voir nos 1010 et s.). La mesure phare du dispositif est l'exonération de charges sociales patronales Urssaf sur les salaires du personnel participant au projet de recherche et développement.

Ainsi, le statut de la JEI a fait de la France le pays européen le plus attractif fiscalement.

Différents textes régissent ce statut :

- l'article 131 de la loi de Finances pour 2004 qui a créé le statut de « jeune entreprise innovante ». Les conditions pour bénéficier de ce statut sont précisées par l'article 44 *sexies*-0 A du Code général des impôts : taille de l'entreprise, date de création, nature de l'activité, composition du capital, caractère nouveau de l'activité;

- le décret n° 2004-581 du 21 juin 2004 précise les conditions d'application de l'article 131 concernant les exonérations de charges sociales patronales;

- l'instruction fiscale 4 A-9-04 du 21 octobre 2004 commente les conditions requises pour bénéficier de la qualification JEI et précise les modalités d'application des allégements fiscaux.

▷ Un dossier spécial consacré à la JEI peut être consulté sur www.france-biotech.org à la rubrique « Aides publiques mode d'emploi ». Y sont notamment disponibles les différents textes régissant ce statut. Ces textes sont également reproduits dans les documents de travail (voir nos 3305 et s.).

A. Conditions pour être qualifié JEI

1005 La qualification de JEI instituée par l'article 44 *sexies*-0 A du CGI peut être accordée aux entreprises créées entre le 1er janvier 2004 et le 31 décembre 2013 et aux entreprises existant à la date du 1er janvier 2004 dès lors qu'elles ont moins de huit ans à la clôture du 1er exercice arrêté à compter de cette date.

Pour être qualifiée JEI, l'entreprise doit :

- d'une part, exercer une activité de recherche éligible fiscalement (telle que décrite en introduction à ce chapitre);

- d'autre part, remplir les cinq conditions suivantes à la clôture de chacun des exercices de la période d'application du dispositif :
  - être une PME (voir n° 1006),
  - être âgée de moins de 8 ans (voir n° 1007),
  - affecter au moins 15 % des charges à des dépenses de R&D (voir n° 1008),
  - être détenue à hauteur de 50 % au moins par des personnes physiques ou des fonds de capital-risque (voir n° 1008-1),
  - exercer une activité nouvelle (voir n° 1009).

DURÉE DE RESPECT DE CES CONDITIONS

▷ **Attention ! Le statut de la JEI est révisable** en fonction de l'évolution de la société et n'excède pas huit ans. Tout au long de cette période, l'entreprise devra réunir l'ensemble des conditions requises pour bénéficier de la qualification JEI.

Si, **à la clôture d'un exercice**, l'entreprise ne réunit pas l'une de ces cinq conditions, elle perdra définitivement le bénéfice de l'exonération. **Toute perte du statut est définitive** et entraîne la sortie du dispositif.

1. Être une PME

1006 Pour être considérée comme une PME, l'entreprise doit respecter simultanément les deux conditions suivantes :

- avoir un effectif de moins de 250 salariés;

▷ L'effectif est calculé en fonction de la moyenne des effectifs mensuels déterminés suivant l'article L. 421-2 du Code du travail : les contrats à durée déterminée et contrats à temps partiel sont pris en compte au prorata du temps de présence, les apprentis et titulaires de contrats aidés sont exclus du décompte.

– réaliser un chiffre d'affaires sur douze mois inférieur à 50 M €[1] **OU** déclarer un total bilan inférieur à 43 M €.

Concernant les exercices dont la durée n'est pas égale à douze mois, le chiffre d'affaires devra être ajusté *prorata temporis*.

À condition d'être imposées en France, les sociétés françaises ou étrangères exerçant leur activité en France et hors de France sont éligibles au qualificatif JEI si le chiffre d'affaires retiré de l'ensemble de leurs opérations est inférieur à 50 M € au titre de l'exercice considéré.

2. Être âgée de moins de 8 ans

1007 La société doit avoir été créée depuis moins de huit ans à la clôture de l'exercice au titre duquel elle prétend au statut de JEI.

L'entreprise perd définitivement son statut de JEI au cours de l'année de son 8e anniversaire.

Date de création	*Année 8e anniversaire*	*Dernière année d'application JEI*
Entre 01/01/1999 et 31/12/1999	2007	2006
Entre 01/01/2000 et 31/12/2000	2008	2007

L'âge de l'entreprise s'apprécie à partir de la date des statuts.

3. Engager un volume minimal de dépenses de recherche

1008 Les dépenses de recherche doivent représenter au moins 15 % des charges totales de l'exercice.

Les dépenses de recherche externalisées sont prises en compte pour la détermination du ratio de 15 %, y compris celles engagées auprès d'entreprises situées hors de France, à l'exception des travaux sous-traités à d'autres JEI.

TRAITEMENT COMPTABLE DES FRAIS DE R&D ET INCIDENCE SUR LE SEUIL DE 15 %

▷ Suivant les normes comptables françaises, les entreprises ont le choix d'inscrire en charges leurs frais de développement ou de les porter en immobilisations, les frais de recherche étant obligatoirement inscrits en charge. Les dépenses à retenir pour l'appréciation du seuil de 15 % correspondent à des frais ou des dépenses déduites du résultat imposable à l'impôt sur les bénéfices. Dès lors, les dépenses immobilisées ne peuvent être retenues pour le calcul du seuil de 15 %.

Il est donc recommandé, en vue de l'obtention du statut de JEI, d'opter pour la solution comptable de passation en charges des dépenses de R&D.

Les dépenses retenues sont celles qui ouvrent droit au crédit d'impôt recherche à l'exclusion des dépenses de veille technologique.

1. Suivant la nouvelle définition communautaire de la PME applicable depuis le 1er janv. 2005.

Le tableau ci-dessous récapitule les dépenses éligibles.

Nature des dépenses	*JEI*	*CIR*
Dotations aux amortissements, fiscalement déductibles, des immobilisations affectées à des opérations de recherche, y compris celles relatives aux biens acquis en crédit-bail	X	X
Dépenses de personnel des chercheurs et techniciens affectés exclusivement aux opérations de recherche Ne sont pas compris les salaires des mandataires, gestionnaires de projet, juristes chargés de la PI, personnes chargées des tests préconcurrentiels Dépenses de jeunes docteurs retenus pour le double de leur montant (CIR)	X	X
Dépenses de fonctionnement calculées forfaitairement sur la base des dépenses de personnel Frais de fonctionnement des jeunes docteurs retenus pour le double de leur montant	X	X
Frais de dépôt et maintenance des brevets Frais de défense des brevets (dans la limite de 120 000 €/an pour le CIR)	X	X
Dotations aux amortissements des brevets acquis en vue de réaliser des opérations de recherche et de développement expérimental	X	X
Dépenses de normalisation afférentes aux produits de l'entreprise pour la moitié de leur montant	X	X
Dépenses de recherche confiées à des universités ou à des organismes de recherche publics, à des organismes de recherche privés agréés ou à des experts privés scientifiques ou techniques agréés CIR Dépenses confiées aux universités et aux organismes publics retenus pour le double de leur montant (CIR) Dépenses plafonnées à 10 M € (ou à 2 M € s'il existe un lien de dépendance)	X	X
Dépenses de veille technologique engagées lors de la réalisation d'opérations de recherche dans la limite de 60 000 €/an		X

▷ Le détail de ces dépenses est développé aux n°s 1030 et s.

4. Être détenue à hauteur de 50 % par des personnes physiques ou des investisseurs

1008-1 L'entreprise doit être détenue de manière continue, pour 50 % au moins du capital, par les actionnaires suivants :

- des personnes physiques;

- des PME elles-mêmes détenues à 50 % au moins par des personnes physiques;

- certaines structures d'investissement, y compris les structures étrangères : sociétés de capital-risque, fonds commun de placement à risque (FCPR, FCPI et FIP), sociétés de développement régional, sociétés financières d'innovation et sociétés unipersonnelles d'investissement à risque. Ces structures ne devront pas avoir de lien de dépendance avec la JEI, ce lien étant réputé exister lorsqu'elles détiennent la majorité du capital ou lorsqu'elles exercent en fait le pouvoir de décision[1];

- des associations ou fondations reconnues d'utilité publique à caractère scientifique ou des établissements publics de recherche et d'enseignement ou leurs filiales.

▷ **Incidence de l'émission d'actions de préférence sans droit de vote !** Attention le seuil de détention de 50 % doit être respecté à la fois pour les droits de vote et pour les droits aux bénéfices.

1. Instr. fisc. 21 oct. 2004, art. 36.

Aucune condition de nationalité des capitaux n'est exigée[1] : les actionnaires retenus pour l'appréciation du seuil de 50 % sont pris en compte quel que soit leur régime fiscal ou leur nationalité sous réserve d'avoir leur domicile fiscal ou leur siège dans un État de l'Union européenne ou dans un autre État ayant conclu avec la France une convention fiscale contenant une clause en vue de lutter contre la fraude.

Les filiales, succursales ou établissements stables de sociétés étrangères sont éligibles au régime de la JEI sous la condition exclusive d'être imposées en France.

FILIALES DE JEI

▷ L'article 107 de la loi de Finances rectificative pour 2005 a étendu le statut de JEI aux entreprises elles-mêmes détenues majoritairement par une JEI à condition de satisfaire aux autres conditions cumulatives exigées (voir n°s 1006 et s.).

5. Exercer une activité nouvelle

1009 Les entreprises créées dans le cadre de concentrations, de restructurations ou d'extensions d'activités existantes ou celles qui reprennent de telles activités au sens de l'article 44 *sexies* du CGI sont exclues du dispositif.

• Les **opérations de concentration et de restructuration** sont celles qui conduisent à exercer des activités préexistantes dans le cadre de structures juridiques nouvelles. Ainsi, les sociétés constituées à l'occasion de fusions, scissions, apports partiels d'actifs ou filialisation d'activité ne pourront pas prétendre au statut de la JEI, sauf si elles sont issues d'entreprises qualifiées de JEI au moment de l'opération.

• L'Administration a précisé que la **restructuration d'activités préexistantes** est caractérisée par la réunion des trois conditions suivantes :

- identité au moins partielle d'activité;
- existence de liens privilégiés entre l'entreprise créée et l'entreprise préexistante;
- transfert de moyens d'exploitation de l'entreprise préexistante à l'entreprise nouvellement créée.

□ Par exemple, un contrat de partenariat (assistance commerciale, technique, administrative ou en matière de savoir-faire et de brevet...) plaçant l'entreprise créée dans une situation de dépendance caractérise l'extension d'une activité préexistante.

• La **reprise d'une activité préexistante** suppose à la fois :

- l'exercice par l'entreprise nouvelle d'une activité identique à celle de l'entreprise préexistante;
- l'existence de liens économiques significatifs entre les deux entreprises ou un transfert de clientèle ou de moyens d'exploitation (locaux, matériels, salariés, fonds de commerce...).

Selon l'article 44 de l'instruction fiscale, une entreprise qui reprendrait l'activité de recherche exercée par une autre entreprise ou par un laboratoire public de recherche remplit la condition du caractère nouveau de l'activité à condition que l'activité transférée n'ait donné lieu à aucune opération d'exploitation commerciale.

JEI ET ESSAIMAGE

▷ • La création de sa propre entreprise par un ancien salarié constitue bien la création d'une activité nouvelle, à condition qu'elle ne s'accompagne pas d'une

1. Instr. fisc. 21 oct. 2004, art. 37.

reprise de clientèle de la société préexistante ou d'un transfert d'activité par voie de sous-traitance. La mise à disposition de locaux et de moyens administratifs par la société préexistante est néanmoins admise.
• Toutefois, l'article 46 de l'instruction fiscale n'apporte pas de réponse précise à la question de savoir si la création d'entreprise sous forme d'essaimage constitue une création d'activité réellement nouvelle. Elle recommande aux créateurs concernés de recourir à la procédure de rescrit afin de s'assurer de l'éligibilité de leur projet au régime de la JEI (voir n°s 1023 et s.). L'éligibilité au statut se fera donc au cas par cas.
L'absence de lien de dépendance juridique et économique est la condition essentielle. Dès lors :
- il ne doit pas y avoir de lien économique ou commercial privilégié entre la nouvelle entreprise et l'entreprise qui essaime (apport de fonds de commerce, clients...) ;
- la société qui essaime devrait posséder moins de 20 % des droits de vote de la nouvelle structure.
Un amendement sur ce point est attendu et les discussions sont en cours à la date de rédaction de ce livre.

B. Allégements fiscaux

1010 L'entreprise qualifiée JEI bénéficie de deux catégories d'allégements fiscaux :

- des allégements obligatoires : exonération d'impôt sur les sociétés (voir n° 1011) ;
- des allégements facultatifs : exonération de la taxe professionnelle (voir n° 1013) et de la taxe foncière (voir n° 1014). Ces allégements facultatifs sont subordonnés à une délibération des collectivités territoriales.

▷ Les collectivités locales d'Évry, Strasbourg et Lyon ont rendu une délibération positive pour des allégements effectifs en 2005. En revanche, Paris, Lille, Nantes et Nîmes ont refusé les exonérations au titre de 2005.

1. Exonération d'impôt sur les sociétés

1011 • **Exonération d'impôt sur les sociétés sur cinq exercices.** La JEI bénéficie d'une exonération totale d'impôt sur les bénéfices pendant trois ans, suivie d'une exonération partielle de 50 % pendant deux ans[1].

Le dispositif en faveur des JEI vise à exonérer totalement ou partiellement cinq années de résultats bénéficiaires qui ne sont pas nécessairement consécutives, mais néanmoins comprises dans un périmètre de huit ans, compte tenu des conditions d'âge pour être qualifiée JEI.

Un certain nombre de produits considérés comme étrangers à la réalisation de projets de R&D sont néanmoins exclus de l'exonération :

- produits des actions (dividendes, plus-values...) ;
- produits correspondant aux subventions, libéralités et abandons de créances. Il s'agit des subventions d'exploitation, d'équilibre ou d'équipement accordées par l'État, les collectivités publiques ou les tiers ;

▷ En revanche, les **subventions ayant la nature de prix et finançant un programme de R&D** bénéficient de l'exonération (subvention ou concours ministère de la Recherche par exemple).

1. CGI, art. 44 *sexies* A.

– produits de créances et d'opérations financières pour le montant qui excède celui des frais financiers engagés.

• **Exonération totale d'impôt forfaitaire annuel (IFA)**[1]. Pendant toute la période où l'entreprise conserve le statut de JEI, l'exonération d'IFA est totale.

2. Allégement facultatif de la taxe professionnelle

1012 Les JEI bénéficient d'un allégement de la taxe professionnelle[2]. Cette disposition est facultative car elle est subordonnée à une délibération des collectivités territoriales.

• **Conditions de l'exonération et bases exonérées.** Les conditions d'éligibilité au statut de JEI sont appréciées au cours de la période de référence pour la détermination des bases d'imposition à la taxe professionnelle. La période de référence s'entend en règle générale de l'avant-dernière année précédant celle de l'imposition. Pour les deux premières années d'imposition, sera prise en compte l'année de création. L'exonération porte sur la totalité de la part revenant à chaque collectivité locale.

• **Obligations déclaratives.** Cette exonération s'applique sur demande des entreprises concernées. Les entreprises doivent déclarer, lors du dépôt de la déclaration annuelle avant le 1er mai (ou le 31 décembre en cas de création en cours d'année), les éléments entrant dans le champ d'application de l'exonération.

3. Allégement facultatif de la taxe foncière

1013 Les JEI bénéficient d'une exonération de taxe foncière sur les propriétés bâties[3]. Comme pour la taxe professionnelle, cet allégement est subordonné à une délibération des collectivités territoriales.

• **Conditions de l'exonération et bases exonérées.** L'exonération de taxe foncière concerne les immeubles appartenant à l'entreprise satisfaisant aux conditions requises pour être qualifiée JEI et dans lesquels cette entreprise exerce son activité au 1er janvier de l'année d'imposition.

• **Obligations déclaratives.** L'entreprise doit souscrire une déclaration auprès du service des impôts fonciers territorialement compétent avant le 1er janvier de la 1re année à compter de laquelle elle peut bénéficier de l'exonération au titre d'un immeuble concerné.

4. Exonération des plus-values de cessions de titres de JEI

1014 Les plus-values réalisées par les personnes physiques à l'occasion de la cession de titres de JEI sont exonérées de l'impôt sur le revenu proportionnel de 16 % sous les trois conditions suivantes :

– les parts ou actions cédées doivent avoir été souscrites depuis le 1er janvier 2004;

– les titres doivent avoir été conservés pendant au moins trois ans;

– le cédant, son conjoint et leurs ascendants et descendants ne doivent pas avoir détenu ensemble plus de 25 % des droits sociaux depuis la souscription des titres cédés[4].

Les plus-values doivent être réalisées au plus tard cinq ans après la perte du régime JEI pour bénéficier de cette exonération.

1. CGI, art. 223 *nonies* A, I-1.
2. CGI, art. 1466 D.
3. CGI, art. 1383 D.
4. CGI, art. 150-0 A, III-7.

Cette exonération doit faire l'objet d'une option lors de l'établissement de la déclaration de revenus au titre de l'année de la cession.

▷ Les plus-values restent soumises aux prélèvements sociaux additionnels de 11 %.

La règle « *de minimis* » ne s'applique pas à cette exonération (voir n° 1015).

L'option pour le régime d'exonération d'impôt sur le revenu des plus-values de cession de titres de JEI entraîne, le cas échéant, la reprise de la réduction d'impôt accordée au moment de la souscription des titres.

5. Limites du dispositif : les aides dites « de minimis »

1015 Les avantages fiscaux attachés au statut de JEI ne doivent pas dépasser les limites prévues par le règlement n° 69/2001 de la Commission européenne du 12 janvier 2001 concernant les aides dites « *de minimis* ».

Ainsi, **les aides sont plafonnées à 100 000 € par période de trois ans.**

Les exonérations d'impôt sur les bénéfices (IS et IFA), de taxe professionnelle et de taxe foncière doivent être retenues pour l'appréciation du plafond de 100 000 €. De même, sont englobées dans le plafond toutes les aides publiques perçues, à condition qu'elles n'aient pas été notifiées à la Commission européenne ou qu'elles ne soient pas couvertes par un règlement d'exemption (R&D, aides aux PME...).

▷ Il est conseillé au bénéficiaire de se rapprocher de l'organisme financeur afin de vérifier l'application de ces limites communautaires à l'aide en question.

Les aides versées dans le cadre du **Programme Cadre de Recherche et Développement (PCRD)** et les **aides à l'innovation OSEO anvar** (voir n°s 1315 et s.) ne sont pas retenues pour l'appréciation du plafond de 100 000 €, dans la mesure où il s'agit de régimes notifiés. Il en est de même pour les **exonérations de charges sociales attachées au statut de la JEI** (voir n°s 1017 et s.) et pour le **crédit d'impôt recherche** (voir n°s 1027 et s.).

La période triennale sur laquelle porte le plafond s'apprécie de manière « glissante », c'est-à-dire en prenant en compte l'aide de l'année et celles dont l'entreprise a bénéficié au titre des deux années précédentes.

EXEMPLE DE CALCUL DE LA RÈGLE

	Total des avantages procurés à l'entreprise (IS, fiscalité directe, locale, subventions des collectivités publiques)	*Avantages retenus pour l'appréciation du plafond* de minimis
2005	20 000 €	20 000 €
2006	45 000 €	65 000 €
2007	55 000 €	35 000 €
2008	60 000 €	20 000 €

– Appréciation du plafond en 2007, période de référence 2005-2006-2007 : la JEI pourra bénéficier d'aides pour un montant de 120 000 € (20 000 + 45 000 + 55 000). Le montant des avantages à retenir en 2007 sera limité à 35 000 €.

– Appréciation du plafond en 2008, période de référence 2006-2007-2008 : la JEI pourra bénéficier d'aides pour un montant de 140 000 € (45 000 + 35 000 + 60 000). Le montant des avantages à retenir en 2008 sera limité à 20 000 €.

6. Les cumuls d'aides

1016 Le dispositif est cumulable avec le crédit d'impôt recherche (voir nos 1027 et s.) et les aides au recrutement d'OSEO anvar (voir no 1323).

▷ Il n'est en revanche pas cumulable avec d'autres régimes d'exonération (exonération d'impôt sur les sociétés pour les entreprises implantées en zone franche urbaine, en zone d'aménagement du territoire...).

C. Allégements de charges sociales

1017 Un dispositif d'exonération des cotisations patronales de sécurité sociale est institué pour le personnel, mandataires sociaux et salariés, qui participe à la recherche et au développement.

Le décret no 2004-581 du 21 juin 2004 précise les conditions d'application de l'exonération, effective depuis le 1er janvier 2004.

Pour bénéficier de l'exonération de cotisations, l'entreprise doit être à jour de ses obligations de déclaration et de paiement des cotisations vis-à-vis de l'Urssaf.

▷ La réponse de l'Administration à la demande de rescrit fiscal est opposable à l'Urssaf (voir nos 1023 et s.).

1. Personnel ouvrant droit à l'exonération

1018 • Les mandataires sociaux participant à titre principal au projet de recherche et développement de l'entreprise sont concernés par l'exonération, qu'ils exercent une activité de recherche ou une activité de gestion au sein de ce projet. Par exercice principal, il faut comprendre une implication à plus de 50 % du temps à l'activité recherche.

☐ Ces mandataires sont les gérants minoritaires de SARL, présidents-directeurs et directeurs généraux de SA, et les dirigeants de SAS.

• Cinq catégories de salariés ouvrent droit à l'exonération de cotisations :

- les chercheurs, scientifiques ou ingénieurs travaillant à la conception de systèmes nouveaux;
- les techniciens, travaillant en collaboration avec les chercheurs;
- les gestionnaires de projets de recherche et développement, cadres « ayant en charge l'organisation, la coordination et la planification du projet dans ses aspects administratif, financier et technologique »;
- les juristes chargés de la protection industrielle et des accords de technologie liés au projet;
- les personnels chargés des tests préconcurrentiels ou réalisant les tests techniques nécessaires à la mise au point du nouveau produit.

☐ Les *business developpers* ainsi que les ingénieurs brevets font partie du personnel éligible à l'exonération JEI; les directeurs financiers sont en revanche exclus.

L'exonération est limitée à un maximum de 250 salariés par mois civil de l'exercice en cours.

JEI ET CIR : LES DIFFÉRENCES

▷ **Dans le régime de la JEI**, le personnel bénéficiant des exonérations est beaucoup plus large. Il inclut outre les salaires des chercheurs et techniciens, les salaires des mandataires, des gestionnaires de projets, des juristes chargés de la PI et du personnel chargé des tests préconcurrentiels En revanche, il n'est pas possible de retenir un prorata des salaires : les salaires versés sont soit retenus dans leur intégralité, soit exclus du bénéfice de l'exonération.

▷ **Pour le CIR**, seuls les salaires des chercheurs et techniciens affectés aux opérations de recherche sont pris en compte pour le calcul du crédit d'impôt. Par ailleurs, la notion de temps passé prévaut, il est donc possible de retenir un prorata des salaires.

JEI ET REDRESSEMENT URSSAF

▷ Le principal risque de redressement concerne l'appréciation des personnels entrant dans le périmètre du dispositif. Pour éviter des remises en cause :
- clarifiez vos intitulés de poste afin de les faire correspondre au mieux aux catégories de personnel bénéficiant de l'exonération de charges patronales Urssaf;
- conservez tous les éléments de justification relatifs à la qualification des personnels, notamment les photocopies des diplômes;
- attention aux règles de cumul : les exonérations JEI ne sont pas cumulables avec la réduction Fillon, les bourses européennes, les conventions CIFRE...

2. Cotisations concernées

1019 L'exonération porte sur les cotisations patronales de sécurité sociale : cotisations d'assurances sociales, d'allocations familiales et d'accidents du travail et maladies professionnelles.

3. Durée de l'exonération

1020 L'exonération s'applique au plus jusqu'au dernier jour de la septième année suivant celle de la création de l'entreprise. Elle peut donc s'appliquer au maximum durant huit ans.

4. Règles de non-cumul

1021 L'exonération n'est pas cumulable, pour un même salarié, avec une autre aide à l'emploi de l'État, ni avec une autre exonération totale ou partielle de cotisations patronales : réduction Fillon, convention CIFRE...

D. Option pour le statut JEI

1022 Les entreprises optent pour le régime de la JEI dans un courrier qu'elles adressent spontanément à la direction des Services fiscaux du département dont elles dépendent ainsi qu'à l'Urssaf.

Les entreprises qui souhaitent se placer dès leur création sous le régime de faveur des JEI doivent opter dans les neuf premiers mois d'activité. Si elles ne satisfont pas aux conditions requises pour bénéficier du statut JEI dès leur premier exercice d'activité, elles devront formuler leur option dans les neuf premiers mois de l'exercice au titre duquel elles souhaiteront bénéficier des allégements prévus par l'article 44 *sexies* A[1].

1. CGI, art. 44 *sexies* A, III.

E. Demande d'avis préalable : le rescrit JEI

1023 La loi prévoit la possibilité de solliciter l'accord préalable de l'Administration en utilisant la procédure de « rescrit » de l'article L. 80 B du Livre des procédures fiscales. L'entreprise pourra ainsi s'assurer de son éligibilité au régime JEI.

▷ **La mise en œuvre de cette procédure facultative est recommandée** afin de parer au risque de remise en cause des exonérations. Elle permettra ainsi de sécuriser l'entreprise, ses investisseurs et ses commissaires aux comptes.

1. Demande de rescrit

1024 La demande s'effectue par l'envoi d'un questionnaire type en recommandé AR à la direction des Services fiscaux dont relève l'entreprise.

▷ Ce questionnaire est disponible à l'adresse : www.recherche.gouv.fr/technologie/mesur/questionnaire_ % 20jei. pdf.

L'Administration fiscale dispose d'un délai de quatre mois pour répondre. L'accord tacite est réputé acquis à défaut de réponse dans ce délai. Cet accord sera opposable à l'Administration lors de contrôles ultérieurs. L'avis émis par l'Administration ne vaut que pour le projet de recherche présenté.

L'Administration fiscale sollicite l'avis du ministère de la Recherche sur les aspects scientifiques et techniques du projet présenté.

2. Nature des informations fournies

1025 Les informations devant être fournies dans le cadre de cette demande sont relatives au respect des cinq conditions pour être qualifié JEI : taille et capacité de recherche de l'entreprise, informations sur l'actionnariat, caractère nouveau de l'activité, éligibilité du projet de R&D (voir n°s 1005 et s.).

Toutefois, le point majeur de ce questionnaire porte sur le descriptif du projet de R&D. À cet égard, le descriptif devra :

- replacer l'opération dans son contexte scientifique et économique;
- présenter l'état de l'art existant et les recherches bibliographiques effectuées;
- identifier les objectifs visés et les contraintes;
- indiquer les problèmes à résoudre et les performances à atteindre;
- démontrer que les travaux effectués ne relèvent pas d'un savoir commun à la profession et indiquer les incertitudes scientifiques et technologiques rencontrées. Présenter les méthodes et les moyens mis en œuvre, les développements réalisés ainsi que les informations issues des prototypes et des essais. Enfin, conclure en termes d'orientation de conception ou d'ingénierie;
- mettre en avant les progrès scientifiques ou techniques réalisés et montrer en quoi ceux-ci ont créé une nette amélioration de la pratique répandue. Présenter les réussites techniques ou commerciales qui ont pu en résulter;
- préciser les ressources associées : temps passé par chaque personne, investissements en matériel et en propriété intellectuelle;
- faire état des collaborations éventuelles avec des partenaires industriels ou des laboratoires publics de recherche.

COMMENT RÉDIGER ?

▷ Nous recommandons de mettre en œuvre la procédure de rescrit prévue par le législateur. La notification par l'Administration fiscale de votre éligibilité à la JEI vous sera également demandée par vos investisseurs potentiels.

Le point-clé porte sur l'éligibilité du projet R&D. Lorsque vous rédigerez le descriptif du projet, reportez-vous préalablement au point, décrivant les activités considérées fiscalement comme des opérations de recherche scientifique et technique.
Attention à bien argumenter et justifier votre dossier car toute demande d'information complémentaire de l'Administration a pour effet de reconduire les délais.

3. Limites du rescrit

1026 La demande de rescrit ne sera effectuée qu'une seule fois et non tous les ans.

Il faut savoir cependant que l'avis de l'Administration engage celle-ci sur une situation décrite à un instant T. Par ailleurs, cet avis n'engage l'Administration que si la situation de fait décrite dans la demande de rescrit est conforme à la réalité.

▷ C'est pourquoi un suivi rigoureux des projets de recherche et de l'évolution juridique et contractuelle de l'entreprise devra être effectué dans le temps afin de garantir l'éligibilité au statut de la JEI.

III. Le Crédit d'impôt recherche (CIR)

1027 Ce dispositif permet de déduire de l'impôt sur les sociétés un pourcentage des dépenses de recherche engagées dans l'année. Lorsqu'il n'a pu être déduit de l'impôt faute de bénéfices suffisants, ce crédit d'impôt est remboursable à certaines entreprises au titre de l'année de création et des quatre années suivantes[1].

Introduit en France en 1983, le dispositif du CIR a été pérennisé et profondément remanié par la loi de Finances pour 2004. La loi de Finances rectificative 2004 a élargi son champ d'application aux opérations réalisées hors de France depuis le 1er janvier 2005. La loi de Finances pour 2006 a apporté certaines modifications applicables aux dépenses exposées depuis le 1er janvier 2005.

L'article 244 *quater* B du CGI est le texte fiscal de référence.

▷ Le guide du CIR établi par le ministère de la Recherche est disponible à l'adresse www.recherche.gouv.fr/brochure/cir2006.pdf. Il est également utile de consulter sur ces questions la FAQ du site www.oseo.fr, rubrique « recherche et technologie ».

A. Entreprises éligibles

1. Entreprises bénéficiaires

1028 Le crédit d'impôt s'applique aux entreprises industrielles, commerciales ou agricoles imposées à l'impôt sur les sociétés ou à l'impôt sur le revenu selon le régime réel et qui effectuent des dépenses de recherche éligibles au sens de l'article 49 *septies* F Annexe III du CGI (voir nos 1030 et s.).

Les filiales, succursales ou établissements stables de sociétés étrangères sont éligibles au CIR sous la condition exclusive d'être imposées en France.

1. Loi de Finances pour 2006.

2. Option

1029 Les entreprises souhaitant bénéficier du CIR doivent exercer une option annuelle. Cette option peut être exercée chaque année, indépendamment de la situation de l'entreprise au titre des années antérieures et quelle que soit l'évolution de ses dépenses.

Par exception, les sociétés de personnes doivent opter pour une période de cinq années consécutives.

L'option s'exerce par le dépôt de la déclaration spéciale 2069A, annexée à la liasse fiscale. La date limite de dépôt de cette déclaration est de trois mois après la clôture de l'exercice.

En cas de non-renouvellement de l'option, le crédit d'impôt recherche de l'année au titre de laquelle l'option est à nouveau exercée doit être calculé dans les mêmes conditions que si l'option avait été exercée de manière continue.

Dans le cadre du régime de l'intégration fiscale, l'option globale pour l'ensemble des sociétés du groupe est formulée par la société mère.

▷ Certains consultants proposent aux entreprises innovantes de les aider à obtenir le CIR ou à accélérer son remboursement, moyennant le versement de *sucess fees*. Or le CIR est un avantage fiscal dont les entreprises innovantes bénéficient automatiquement lorsqu'elles y sont éligibles, au même titre qu'un remboursement de TVA. Il ne s'agit pas d'une aide qui peut être refusée si le dossier n'est pas assez convaincant. Votre CFO ou comptable peut donc se charger de cette démarche.

B. Dépenses éligibles

1030 Les dépenses éligibles à retenir au titre du crédit d'impôt sont celles qui ont été engagées au cours de l'année civile.

1. Territorialité

1031 Depuis le 1er janvier 2005, sont prises en compte les dépenses de recherche correspondant à des opérations localisées au sein de la Communauté européenne ou dans un autre État partie à l'accord sur l'Espace économique européen (pays de l'Union européenne, Norvège, Islande et Liechtenstein) ayant conclu avec la France une convention fiscale contenant une clause d'assistance administrative en vue de lutter contre la fraude ou l'évasion fiscale. Pour être prises en compte, ces dépenses doivent obligatoirement concourir à la détermination du résultat imposable en France et être déductibles des bases de l'impôt sur les sociétés.

◊ Auparavant, seules les opérations de recherche menées sur le territoire français étaient considérées comme éligibles. Cette disposition était contraire au droit communautaire. À cet égard, un arrêt du 10 mars 2005 de la Cour de Justice des Communautés européennes (CJCE), rendu dans le cadre d'une contestation introduite par les Laboratoires Fournier, avait élargi le champ d'application du CIR aux opérations réalisées dans d'autres États membres de la Communauté européenne. L'article 45 de la loi de Finances rectificative (LFR) pour 2004 avait toutefois anticipé cet arrêt en mettant en conformité du dispositif du CIR avec le droit communautaire.

2. Dépenses de recherche externalisées

1032 Les dépenses de recherche externalisées sont prises en compte dans la base du CIR sous certaines conditions et dans la limite d'un certain plafond.

Suivant la rédaction de l'article 244 *quater* B du CGI (LFR pour 2004), sont éligibles les dépenses confiées :

– à des universités ou à des organismes de recherche publics;

– à des organismes de recherche privés agréés par le ministère de la Recherche, ou à des experts scientifiques ou techniques agréés dans les mêmes conditions.

a. Procédure d'agrément

1033 Cet agrément est délivré par le ministère de la Recherche après constitution d'un dossier disponible à l'adresse www.recherche.gouv.fr/technologie/mesur/cir/form.htm. La liste des organismes et experts agréés peut être consultée à l'adresse www.recherche.gouv.fr/technologie/mesur/cir/agctr.htm.

TERRITORIALITÉ ET AGRÉMENT

▷ Le texte fiscal fait une distinction entre :
- les universités et organismes publics de recherche non concernés par l'agrément et la limite territoriale;
- les organismes privés pour lesquels l'agrément est obligatoire et le champ territorial limité à l'espace européen.

b. Procédure d'agrément des organismes situés hors de France

1034 Pour les organismes de recherche établis hors de France, « l'agrément peut être délivré par le ministre français chargé de la Recherche ou, lorsqu'il existe un dispositif similaire dans le pays d'implantation de l'organisme auquel sont confiées les opérations de recherche, par l'entité compétente pour délivrer l'agrément équivalent à celui du crédit d'impôt recherche français » suivant l'article 244 d *bis* du CGI.

▷ Il est toutefois recommandé de passer par l'agrément français. De plus, l'agrément devra être obtenu avant l'engagement des dépenses, à défaut, celles-ci ne rentreront pas dans le champ d'application du CIR.

c. Double déduction des dépenses effectuées auprès des universités et organismes de recherche publics

1035 Les dépenses confiées aux universités et organismes de recherche publics sont retenues pour le **double** de leur montant à condition qu'**il n'existe pas de lien de dépendance** entre l'entreprise qui bénéficie du CIR et le sous-traitant.

Les centres techniques exerçant une mission d'intérêt général sont assimilés à des organismes publics de recherche (pas de limitation territoriale, pas d'agrément, prise en compte des dépenses pour le double de leur montant).

Un **lien de dépendance** est supposé exister lorsqu'il y a détention majoritaire du capital directe ou indirecte, ou exercice du pouvoir de décision.

d. Plafond de prise en compte des dépenses

1036 Le montant global des dépenses de recherches externalisées prises en compte dans le calcul du CIR est limité à 10 M €.

La loi de Finances pour 2006 a relevé à 10 M € le plafond initialement fixé à 2 M € par la loi de Finances 2005. Cette augmentation avait été demandée par l'association France Biotech pour répondre aux besoins spécifiques des JEI de biotechnologies qui sous-traitent généralement leurs essais cliniques aux sociétés de recherche sous contrat (appelées CRO ou *Contract Research Organizations*) pour des montants en général très supérieurs à 2 M €.

Toutefois, le montant des dépenses réalisées auprès de filiales ou de sous-traitants avec lesquels il existe un lien de dépendance est pris en compte dans la limite de 2 M €.

3. Dépenses relatives aux jeunes docteurs

1037 Depuis le 1er janvier 2005 (loi de Finances 2006), les dépenses relatives aux jeunes docteurs sont prises en compte sous certaines conditions pour le double de leur montant dans le calcul du CIR.

Les dépenses afférentes aux personnes titulaires d'un doctorat ou d'un diplôme équivalent sont retenues pour le double de leur montant pendant les douze mois suivant leur premier recrutement après l'obtention du diplôme, à condition que leur contrat de travail soit à durée indéterminée, que l'effectif de l'entreprise ne soit pas inférieur à celui de l'année précédente, et qu'ils soient affectés exclusivement à des opérations de recherche.

Cette double déduction s'applique à la fois aux dépenses de personnel et aux frais de fonctionnement associés.

Le « premier recrutement » s'entend du premier contrat de travail à durée indéterminée conclu par le jeune docteur à l'issue de son doctorat afin d'occuper un emploi correspondant aux études suivies.

S'il a précédemment occupé des emplois sans lien avec ses études ou s'il a exercé une activité de recherche à titre individuel, le salarié sera également considéré comme jeune docteur.

EMBAUCHE DE JEUNES DOCTEURS : UNE OPPORTUNITÉ POUR LES JEI

▷ Au total, les dépenses de jeunes docteurs sont retenues dans l'assiette du CIR à hauteur de 400 % de leurs salaires (200 % des salaires + la même somme au titre des frais de fonctionnement).
Le mécanisme du CIR permet à une jeune entreprise innovante de se faire rembourser près de 50 % des dépenses prises en compte.
Dès lors, l'embauche d'un jeune docteur non seulement ne coûtera rien à la JEI la première année mais lui permettra en plus de bénéficier de l'équivalent d'une subvention supplémentaire égale au coût du salaire du doctorant.

4. Liste des dépenses retenues

1038 Les dépenses ci-dessous doivent être prises en compte pour le calcul du CIR (voir tableau récapitulatif, n° 1008).

▷ Compte tenu du thème du livre, nous avons volontairement exclu les dispositions relatives aux entreprises du secteur textile-habillement-cuir.

a. Dotations aux amortissements

1039 Sont retenues les dotations aux amortissements fiscalement déductibles pour :

– les biens créés ou acquis à l'état neuf affectés directement aux opérations de recherche;

– les biens financés par crédit-bail lorsqu'ils ont été acquis à l'état neuf par le bailleur. Le montant de l'amortissement retenu est celui pratiqué par l'établissement de crédit-bail.

Sont exclus les biens faisant l'objet d'un contrat de location longue durée.

Les biens concernés doivent être affectés à la recherche. En cas d'utilisation mixte, seule la part correspondant aux opérations de recherche sera retenue.

L'entreprise devra être en mesure de déterminer avec précision le temps effectif d'utilisation du bien à des fins de recherche.

b. Salaires des chercheurs et techniciens affectés aux opérations de recherche et de développement

1040 Sont prises en compte les rémunérations allouées aux chercheurs et techniciens affectés **exclusivement** aux opérations de recherche, ainsi que les charges sociales obligatoires afférentes.

Les salaires des chercheurs et techniciens de recherche affectés à temps partiel ou en cours d'année à des opérations de recherche sont retenus au prorata du temps effectivement consacré à ces opérations, toute détermination forfaitaire étant exclue.

- Les **chercheurs, docteurs ou ingénieurs**, travaillent à la conception ou à la création de produits nouveaux. Sont assimilés aux ingénieurs les salariés qui, sans avoir acquis le diplôme, ont acquis cette qualification au sein de leur entreprise.
- Les **techniciens** (niveau bac + 2) sont les personnels travaillant en étroite collaboration avec les chercheurs.
- Le personnel mis à disposition par une autre entreprise peut être retenu sous deux conditions :
  - les personnels doivent être des chercheurs et techniciens de recherche directement et exclusivement affectés aux opérations de recherche;
  - les charges correspondantes doivent être facturées par l'employeur pour le montant exact effectivement supporté par lui.

Les salaires des jeunes docteurs sont retenus pour le double de leur montant (voir n° 1037).

RÉMUNÉRATION DES MANDATAIRES SOCIAUX

▷ À l'inverse de la JEI (voir n° 1018), les rémunérations versées aux mandataires sociaux exerçant une activité de R&D ne peuvent être retenues dans l'assiette du CIR.
L'article 49 *septies* G Annexe III du CGI renvoie spécifiquement aux rémunérations versées aux salariés. L'exonération JEI qui est une mesure sociale ne peut être prise comme référence pour un texte fiscal. Les mandataires devront être titulaires d'un contrat de travail au titre de fonctions techniques de R&D distinctes pour être retenus dans l'assiette de calcul du CIR.

▷ Les **stagiaires** sont assimilés à du **personnel de soutien**. Ils sont de fait exclus de l'assiette. Ces dépenses sont couvertes par le forfait relatif aux dépenses de fonctionnement (voir n° 1041).

▷ Les rémunérations versées aux consultants « loi Allègre » sont incluses dans les dépenses éligibles.

c. Dépenses de fonctionnement

1041 Le CIR permet de déduire des dépenses de fonctionnement, évaluées forfaitairement à 75 % des dépenses de personnel.

Ce taux est porté à 100 % pour les dépenses de personnel correspondant à la rémunération de « jeunes docteurs » pendant les douze premiers mois suivant leur recrutement. Ces charges étant déjà prises en compte pour le double de leur montant, l'entreprise pourra déduire au total 400 % des dépenses de personnel liées aux jeunes docteurs.

▷ Les dépenses de personnel « jeunes docteurs » étant déjà doublées sur la ligne salaires, on appliquera simplement le taux de 100 % à la ligne 3 de la déclaration.

d. Dépenses liées aux brevets

1042 Le CIR prend en compte :

– les frais de prise et de maintenance des brevets : les frais de prise des brevets comportent les honoraires versés aux conseils, les honoraires des mandataires chargés du dépôt à l'étranger si le brevet est également déposé en France, les frais de traduction et les taxes. Les frais de maintenance couvrent les rémunérations versées en France et à l'étranger des conseils chargés de la surveillance des brevets et la taxe annuelle de maintien;

– les frais de défense des brevets : ils comprennent les frais de justice et honoraires d'avocats engagés lors d'actions judiciaires en contrefaçon. Les frais de défense des brevets sont retenus sans restriction territoriale. Ces actions doivent se rattacher à des brevets déposés dans le cadre d'opérations de recherche éligibles au CIR. Le plafond des frais de défense des brevets a été relevé de 60 000 € à 120 000 € depuis le 1er janvier 2006.

e. Dotations aux amortissements des brevets acquis en vue de réaliser des opérations de recherche et de développement expérimental

1043 Les dotations aux amortissements fiscalement déductibles des brevets acquis pour être utilisés dans le cadre de nouvelles recherches ouvrent droit au CIR.

Ne sont pas retenus les brevets destinés à être intégrés au processus de fabrication, à améliorer la productivité ou la rentabilité.

f. Dépenses de normalisation afférentes aux produits de l'entreprise

1044 Elles doivent être retenues pour la moitié de leur montant et sont définies comme suit :

– salaires et charges sociales afférentes aux périodes pendant lesquelles les salariés participent aux réunions de normalisation;

– autres dépenses fixées forfaitairement à 30 % de ces salaires;

– dépenses exposées par les mandataires sociaux à concurrence d'un forfait de 450 € par jour de présence aux réunions.

L'activité de normalisation consiste à mettre au point des documents techniques de référence (définition de méthodes d'essai, spécifications de qualité...). Les dépenses d'adaptation des produits aux normes préalablement définies ainsi que les dépenses de certification à des normes ne sont pas retenues.

Seules sont éligibles les dépenses liées à la participation aux réunions officielles de normalisation qui ont pour objet de définir des normes françaises (AFNOR), européennes ou mondiales.

Les réunions officielles de normalisation doivent se rapporter aux produits de l'entreprise : produits fabriqués ou services rendus mais aussi produits et services utilisés par l'entreprise dans le cadre de son activité.

g. Dépenses de recherche externalisées

1045 Voir numéros 1032 et suivants.

h. Dépenses de veille technologique

1046 Sont éligibles les dépenses d'abonnement à des revues scientifiques ou à des bases de données, les frais de participation à des congrès scientifiques, y compris les frais de déplacement...

Les dépenses exposées à l'étranger sont prises en compte sans restriction dès lors qu'elles concourent à la détermination du résultat imposable en France.

L'ensemble de ces dépenses est plafonné à 60 000 €.

i. Subventions

1047 Les subventions publiques attribuées à raison des opérations ouvrant droit au CIR doivent être déduites des bases de calcul du crédit. Sont concernées les subventions attribuées par la Communauté européenne, par l'État ou les collectivités territoriales, les subventions OSEO anvar, la fraction de l'aide remboursable acquise en cas d'échec commercial du projet de R&D... Concernant la fraction de l'aide remboursable acquise à l'entreprise, elle sera déduite de l'assiette du CIR l'année de la notification de la remise de la dette par OSEO anvar.

▷ Ces subventions doivent être déduites de la base du crédit d'impôt l'année au cours de laquelle elles ont été versées.

5. Neutralisation des transferts de personnel, d'immobilisations ou de contrats

1048 La neutralisation de ces dépenses intervient dans deux cas :

- lorsque les entreprises ont des liens de dépendance, directs ou indirects;
- dans le cadre d'une opération de fusion, scission ou apport d'actif.

Les entreprises concernées par ces transferts souscrivent un état spécial.

La société ayant procédé au transfert (société apporteuse ou cédante) retient l'ensemble des dépenses qu'elle a engagées pendant l'année, ainsi que celles engagées par la **société bénéficiaire** au titre des **dépenses transférées** entre la date du transfert et la fin de l'année civile.

Parallèlement, la société ayant bénéficié du transfert doit exclure de ses dépenses celles qu'elle a engagées au titre des activités transférées entre la date de transfert et la fin de l'année civile.

C. Calcul du CIR

1049 La loi de Finances pour 2006 a modifié le calcul du crédit d'impôt recherche pour les dépenses de R&D engagées depuis le 1er janvier 2006. Le CIR est désormais égal à la somme des deux montants suivants :

- 10 % des dépenses engagées au cours de l'année (dite part en volume);
- 40 % de la différence entre les dépenses de recherche engagées au cours de l'année et la moyenne des dépenses de R&D des deux années précédentes, reva-

lorisées de la hausse des prix à la consommation hors tabac (dite part en accroissement).

▷ Ces indices sont consultables à l'adresse : www.recherche.gouv.fr/technologie/mesur/cir/index.htm.

Pour les dépenses engagées jusqu'au 31 décembre 2005, la part en volume est de 5 %, la part en accroissement est de 45 %.

La prise en compte du volume des dépenses permet à toutes les entreprises effectuant des dépenses de recherche de bénéficier du CIR, quelle que soit l'évolution de leurs dépenses.

Le montant des crédits d'impôt négatif reportables est plafonné au montant des crédits positifs antérieurement obtenus au titre de l'accroissement des dépenses.

Le montant du crédit d'impôt est limité à 10 M € par entreprise et par an pour les dépenses engagées à compter du 1er janvier 2006.

1049-1 Lorsque les dépenses de recherche diminuent, la différence entre les dépenses de l'année et la moyenne des dépenses des deux années précédentes devient négative. Ce montant sera reporté et imputé sur l'accroissement des dépenses de recherche pendant cinq ans. Le reliquat non imputé à l'issue de ce délai sera annulé.

Dans le cadre du régime de l'intégration fiscale, le crédit d'impôt d'ensemble est déterminé d'après la somme des crédits positifs et négatifs des sociétés membres.

▷ Le CIR est **déterminé par année civile** quelle que soit la date de clôture des exercices. Ainsi, les entreprises ayant un premier exercice de plus de douze mois devront déposer deux déclarations de CIR.
En réduisant la durée de votre premier exercice, par exemple à six mois au lieu de dix-huit mois, vous pouvez obtenir un an plus tôt le remboursement des dépenses éligibles au CIR engagées durant ce premier exercice de durée réduite.

D. Utilisation

1. Régime général

1050 Le crédit d'impôt est imputable sur l'impôt (IS ou IR) dû au titre de l'année au cours de laquelle les dépenses de recherche ont été engagées. L'excédent de crédit d'impôt non imputé constitue une créance pouvant être utilisée pour le paiement de l'impôt dû au titre des trois années suivantes. La fraction non utilisée à l'issue de cette période est remboursée.

Le crédit d'impôt n'est imputable ni sur l'imposition forfaitaire annuelle ni sur le précompte.

2. Remboursement immédiat du crédit d'impôt

1051 La loi de Finances pour 2006 a étendu à cinq ans le délai pendant lequel le CIR est immédiatement remboursable. Le dispositif antérieur prévoyait le remboursement de la créance pendant trois ans.

Pour les dépenses engagées depuis le 1er janvier 2005, les entreprises nouvelles peuvent obtenir la restitution immédiate de leur créance au titre de l'année de création et des quatre années suivantes. Ces entreprises nouvelles doivent remplir certaines conditions tenant à la composition de leur capital.

• **Entreprises créées avant le 1er janvier 2004.** Les sociétés nouvelles, dont le capital n'est pas détenu à plus de 50 % par d'autres sociétés et non créées dans le cadre de restructuration d'activités préexistantes, bénéficient du remboursement immédiat du CIR non imputé.

• **Entreprises nouvelles créées depuis le 1er janvier 2004.** Suivant l'article 199 *ter* B du CGI, pourront bénéficier du remboursement les sociétés dont le capital intégralement libéré est détenu de manière continue à 50 % au moins par :

- des personnes physiques;
- des sociétés dont le capital est détenu pour 50 % au moins par des personnes physiques;
- des sociétés de capital-risque, des fonds communs de placement à risque, des sociétés financières d'innovation ou des sociétés unipersonnelles d'investissement à risque.

Ainsi, le remboursement immédiat peut bénéficier aux sociétés nouvelles dont le capital est détenu à 50 % au moins par une société holding elle-même détenue par des personnes physiques.

▷ Ces conditions de détention du capital sont les mêmes que celles exigées pour le statut de JEI à la seule différence qu'une JEI peut être détenue par une association ou fondation reconnue d'utilité publique.

REMBOURSEMENT DU CIR ET FONDS ÉTRANGERS DANS LE CAPITAL

▷ L'article 199 *ter* B du CGI ne fait pas référence à un champ territorial, il n'y aurait donc pas de condition tenant à la nationalité des capitaux.

• **Entreprises en redressement ou liquidation judiciaire.** Depuis la loi de Finances pour 2004, les entreprises ayant fait l'objet d'un redressement ou d'une liquidation judiciaire peuvent demander le remboursement de leur créance non utilisée à compter de la date du jugement qui a ouvert ces procédures. Cette demande de remboursement s'applique aux créances nées depuis le 1er janvier 2004 et à celles existantes à cette date.

3. Mobilisation de la créance

1052 Lorsque l'entreprise ne peut bénéficier du remboursement immédiat, la créance détenue sur le Trésor peut être cédée à titre de garantie ou remise à l'escompte auprès d'un établissement de crédit.

La propriété de la créance n'est transférée à l'établissement de crédit qu'à titre de garantie d'une ouverture de crédit.

Dans ce cas, la créance ne peut plus être imputée sur l'impôt sur les sociétés dû au titre d'un exercice clos à compter de la date de cession à hauteur de la fraction cédée. La créance n'est plus remboursable au profit de l'entreprise.

Si le crédit garanti n'est pas apuré avant le terme de la créance fixé à trois ans, le banquier se fait rembourser directement et remet à l'entreprise le solde de son droit à restitution.

MOBILISATION AUPRÈS D'OSEO BDPME

▷ OSEO bdpme est chargée de la mise en place de la demande de mobilisation, en relation avec la banque de l'entreprise. L'entreprise doit s'adresser à l'agence régionale d'OSEO bdpme pour établir son dossier de demande de mobilisation.

Cette alternative nécessite le concours de la banque de l'entreprise qui peut participer à hauteur de 50 % au financement de la créance. Il s'agit là d'une procédure lourde et coûteuse : assiette expertisée par son banquier et la cellule d'OSEO bdpme, délai minimum de quatre mois, financement de 80 % de l'assiette, montant élevé des commissions (environ 10 %).

L'entreprise doit s'adresser à l'agence régionale d'OSEO bdpme pour établir son dossier de demande de mobilisation (www.oseo.fr, rubrique « entrepreneurs, porteurs de projet, innover, CIR »).

La déclaration nécessaire à la mobilisation du CIR est téléchargeable à l'adresse www.recherche.gouv.fr/technologie/mesur/cir/form.htm.

E. Demande d'avis préalable (rescrit CIR)

1053 Le contrôle exercé sur le CIR a la particularité de faire intervenir deux administrations différentes :

- le ministère de la Recherche, dont l'intervention est facultative et qui se prononce sur l'éligibilité des travaux déclarés;
- l'Administration fiscale qui est seule compétente pour procéder à des rectifications.

Comme pour la JEI, la loi prévoit la possibilité de solliciter l'accord préalable de l'Administration en utilisant la procédure de « rescrit » prévue par l'article L. 80 B du Livre des procédures fiscales. La mise en œuvre de cette procédure est facultative. L'entreprise pourra ainsi s'assurer de l'éligibilité du projet de recherche-développement au bénéfice du CIR, et ceci **préalablement au démarrage des travaux**. L'entreprise peut commencer les travaux après avoir effectué cette demande, sans attendre l'avis de l'Administration.

1. La demande

1054 La demande s'effectue par l'envoi d'un questionnaire type en recommandé AR à la direction des services fiscaux.

▷ Ce formulaire est disponible à l'adresse suivante : www.recherche.gouv.fr/technologie/mesur/cir/form.htm.

L'Administration fiscale dispose d'un délai de six mois pour répondre à l'éligibilité au CIR. L'accord tacite est réputé acquis à défaut de réponse dans ce délai.

Cet accord sera opposable à l'Administration lors de contrôles ultérieurs. L'avis émis par l'Administration ne vaut que pour le projet de recherche présenté.

L'Administration fiscale sollicite l'avis du ministère de la Recherche sur les aspects scientifiques et techniques du projet présenté.

2. Portée de la garantie

1055 L'avis de l'Administration fiscale vaut prise de position formelle au regard de l'éligibilité au CIR. L'Administration ne peut exercer son droit de reprise en se fondant sur une appréciation différente du projet de recherche qui a fait l'objet de la demande. Cependant, cet accord n'exclut pas un contrôle sur les éléments comptables de calcul de la déclaration.

▷ La mise en œuvre du rescrit JEI permet en règle générale de s'assurer de l'éligibilité au CIR car ce sont les mêmes experts du ministère de la Recherche qui se prononcent sur les travaux de R&D déclarés.
Constituez des dossiers justificatifs solides. Assurez-vous qu'ils contiennent toutes les pièces comptables attestant la réalité des dépenses, mais aussi tous les documents scientifiques et techniques justifiant de l'éligibilité des dépenses retenues :
- qualification des personnels;
- temps passés aux travaux de recherche et développement (par salarié, par projet et par an);
- nature des travaux réalisés.

▷ Contact : Ministère de la Recherche - Direction de la Technologie
Monsieur Christian Orfila
1, rue Descartes, 75005 Paris
tél. + 33 1 55 55 84 25

IV. Crédit d'impôt pour investissement dans les nouvelles technologies

1056 Un nouveau crédit d'impôt est mis en place en faveur des PME effectuant des dépenses d'équipement dans les technologies de l'information.

A. Entreprises éligibles

1057 Les entreprises bénéficiaires doivent satisfaire aux conditions suivantes :

- ce sont des PME au sens communautaire : entreprises employant moins de 250 personnes, ayant réalisé un chiffre d'affaires inférieur à 50 M € ou un total bilan inférieur à 43 M € au titre de l'année de référence;
- le capital des entreprises, intégralement libéré, doit être détenu à 75 % par des personnes physiques ou par des sociétés répondant aux mêmes conditions. Pour la détermination de ce pourcentage, les participations des sociétés de capital-risque, des FCPR, des sociétés de développement régional et sociétés financières d'innovation ne sont pas prises en compte;
- les entreprises doivent être imposées d'après leur bénéfice réel.

▷ Les JEI et pôles de compétitivité peuvent bénéficier de ce crédit d'impôt.

B. Dépenses éligibles

1058 Les dépenses suivantes sont éligibles au crédit d'impôt :

- acquisition à l'état neuf de logiciels et d'immobilisations corporelles relatives à la mise en place et à la protection d'un réseau intranet ou extranet. Les immobilisations corporelles concernées sont des ordinateurs exclusivement utilisés comme serveurs, des routeurs et modems;
- frais d'aide à la mise en place et à la protection des réseaux.

Les subventions publiques reçues à raison de ces dépenses doivent être déduites.

▷ Par ailleurs, les dépenses de nouvelles technologies ne peuvent être retenues à la fois dans la base de calcul de ce crédit et du CIR.

C. Calcul et utilisation

1059 Le crédit d'impôt est égal à 20 % du montant des dépenses éligibles.

Il est soumis au plafond européen « *de minimis* » (voir n° 1015). En conséquence, il ne peut dépasser 100 000 € par période de trois années consécutives.

▷ Il conviendra de tenir compte des autres aides placées sous le régime « *de minimis* » dont l'entreprise peut bénéficier.

Le crédit d'impôt est imputable sur l'impôt (IS ou IR) dû au titre de l'année au cours de laquelle les dépenses éligibles ont été engagées. L'excédent de crédit d'impôt qui n'a pu être imputé sur l'impôt est remboursé.

Lorsque l'exercice ne coïncide pas avec l'année civile, l'imputation se fait sur l'impôt de l'année suivant celle pendant laquelle l'entreprise a engagé les dépenses.

V. Pôles de compétitivité

1060 La loi de Finances pour 2005[1] a instauré les pôles de compétitivité.

Les pôles de compétitivité sont constitués par le regroupement sur un même territoire d'entreprises, d'établissements d'enseignement supérieur et d'organismes de recherche publics ou privés qui ont pour vocation à travailler en synergie pour mettre en œuvre des projets de développement économique pour l'innovation.

La désignation de 67 pôles a été effectuée par un comité interministériel le 12 juillet 2005.

Les projets de recherche et développement doivent être déposés par les entreprises concernées avant le 31 décembre 2007. Ils feront l'objet d'une procédure de sélection et d'agrément par le ministère de l'Industrie.

Les projets de R&D doivent être conduits par plusieurs entreprises avec l'association d'un laboratoire, d'un établissement d'enseignement supérieur ou d'un organisme concourant aux transferts de technologie.

Les entreprises implantées dans les zones de recherche et développement des pôles de compétitivité et participant à un projet de recherche et développement agréé bénéficieront d'allégements fiscaux et d'exonérations de charges sociales.

A. Allégements fiscaux

1061 Ce sont les mêmes que ceux institués en faveur des JEI (voir n°s 1010 et s.).

1. Nature des allégements

1062 • Exonération totale d'impôt sur les bénéfices pendant trois ans, suivie d'une exonération partielle de 50 % pendant deux ans. Certains produits sont exclus de l'exonération : produits des actions, subventions et abandons de créance et produits financiers pour le montant qui excède celui des frais financiers.

• Exonération totale d'impôt forfaitaire annuel.

1. Loi de Finances pour 2005, art. 24.

• Sur délibération des collectivités territoriales, exonération pendant cinq ans de taxe professionnelle et de taxe foncière.

2. Plafonnement des avantages

1063 Les aides accordées aux entreprises placées sous le régime de faveur ne peuvent excéder le plafond des aides dites « *de minimis* » (voir n° 1015). Ce plafond est fixé à 100 000 € par période de trois ans.

Les exonérations d'impôt sur les bénéfices (IS et IFA), de taxe professionnelle et de taxe foncière doivent être retenues pour l'appréciation du plafond de 100 000 €.

3. Combinaison avec d'autres régimes

1064 Le dispositif est cumulable avec le crédit d'impôt recherche.

▷ Il n'est pas cumulable avec d'autres régimes d'exonération (exonération d'IS des entreprises implantées en zone franche urbaine...) et notamment celui de la JEI.

4. Date d'effet et période d'application des allégements

1065 Les exonérations d'IS s'appliquent aux résultats des exercices clos à compter de la date de délimitation par décret en conseil d'État des zones de recherche et développement.

Les entreprises pourront appliquer ces avantages dès le démarrage des travaux, sans attendre l'agrément du projet de R&D par le ministère de l'Industrie.

Les allégements s'appliquent au titre d'une période qui ne peut excéder cent vingt mois, décomptés à partir du démarrage des travaux de recherche sur le projet.

▷ Lorsqu'une entreprise participant à un projet de recherche exerce simultanément son activité dans une zone de recherche et une autre activité en dehors de ces zones, elle sera tenue de déterminer le résultat exonéré correspondant à l'activité réalisée dans la zone de R&D en tenant une comptabilité séparée retraçant les opérations propres à l'activité éligible.

B. Allégements de charges sociales

1066 Des exonérations de charges sociales sont applicables à certaines catégories de salariés d'une entreprise implantée dans un pôle de compétitivité et participant à un projet de recherche et développement.

1. Salariés concernés

1067 Ce sont les mêmes que ceux qui ouvrent droit à l'exonération JEI (voir n° 1018) : chercheurs, techniciens, gestionnaires de projets de recherche et de développement, juristes chargés de la protection industrielle et des accords de technologie liés au projet et personnels chargés des tests préconcurrentiels.

2. Conditions et montant de l'exonération

1068 L'exonération des cotisations patronales de sécurité sociale varie selon le nombre de salariés. Elle est accordée dans la limite de :

- 50 % pour les entreprises d'au plus 50 salariés;
- 25 % pour les autres entreprises.

▷ L'exonération n'est pas cumulable avec un autre dispositif d'aide.

3. Date d'effet et durée de l'exonération

1069 Le droit à exonération est ouvert au plus tôt à compter de la date d'agrément du projet de recherche et de développement et au plus pendant six ans.

▷ Si, au cours d'une année, l'entreprise ne satisfait plus à l'une des conditions requises pour bénéficier du régime fiscal spécifique, elle perd **définitivement** le droit à l'exonération.

C. Demande d'avis préalable (rescrit)

1070 Comme pour la JEI (voir n°s 1023 et s.) et le CIR (voir n°s 1053 et s.), la loi prévoit la possibilité de solliciter l'accord préalable de l'Administration en utilisant la procédure de « rescrit » prévue par l'article L. 80 B du Livre des procédures fiscales.

L'entreprise peut demander à l'Administration fiscale si elle peut ouvrir droit au régime fiscal spécifique appliqué aux entreprises participant à un projet de recherche et de développement et implantée dans une zone de recherche et de développement.

L'Administration devra se prononcer dans un délai de quatre mois à partir d'une présentation écrite, précise et complète de la situation de fait. Le défaut de réponse dans ce délai vaut reconnaissance tacite du droit.

▷ L'avis exprès ou tacite délivré par l'Administration fiscale saisie par une entreprise dans les conditions ci-dessus est opposable à l'Urssaf. ■

K

Nos 1101 à 1144

Les IFRS appliqués aux jeunes entreprises innovantes

1101 Depuis le 1er janvier 2005, toutes les sociétés cotées sur un marché réglementé ont l'obligation d'établir leurs comptes consolidés en Normes IFRS (International financial reporting standards). Les sociétés non cotées peuvent opter pour le référentiel IFRS. Lorsqu'elles n'optent pas, ce sont les règles françaises sur les comptes consolidés qui sont applicables.

Le règlement CE 1606/2002 appelé « IFRS 2005 » a laissé aux États membres trois possibilités pour les comptes individuels : application des normes locales, obligation d'utiliser les IFRS, ou choix entre ces deux options.

L'ordonnance du 20 décembre 2004 transposant le règlement européen n'a pas retenu ces options. Les entreprises françaises doivent donc continuer à utiliser le plan comptable général (PCG) qui converge progressivement vers les Normes IFRS.

Les comptes individuels sont donc publiés sous le référentiel français. Des retraitements seront appliqués à ces comptes lorsque la société consolidante opte pour l'application des IFRS ou si elle y est soumise de fait.

L'objectif des Normes IFRS est de privilégier la réalité économique d'un groupe. Ces normes sont en permanente évolution.

L'adoption des Normes IFRS a des impacts majeurs en matière de règles de présentation des états financiers et d'évaluation des différents agrégats du bilan et compte de résultat. Ces nouvelles règles devront également être prises en compte dans les résultats prévisionnels présentés au *business plan* afin de calculer les flux de trésorerie en adéquation.

Ce chapitre traite de points spécifiques aux jeunes entreprises innovantes : évaluation des actifs incorporels et notamment des frais de recherche et développement, aides et subventions, crédit d'impôt recherche instruments composés (OC, BSA...), paiements en actions (*stock options*, BCE, actions gratuites...).

I. Nouvelles règles de présentation et d'évaluation

A. Compte de résultat

1102 La présentation du compte de résultat intègre les modifications suivantes :

- disparition de la notion de résultat d'exploitation remplacée par la notion de résultat opérationnel. Un agrégat optionnel est prévu « le résultat opérationnel courant » pour la prise en compte des éléments récurrents;
- présentation des charges par nature ou par destination sur option;
- coût de l'endettement financier net dissocié des autres charges et produits financiers;
- abandon de la notion de résultat exceptionnel dont les éléments sont ventilés entre résultat opérationnel et financier;
- apparition d'une nouvelle notion de « résultat des activités arrêtées, ou en cours de cession ».

B. Bilan

1103 Les évolutions de la présentation du bilan sont les suivantes :

- nouvelle classification au bilan entre actifs et passifs non courants :
  - un actif est classé comme courant lorsque l'entreprise s'attend à le réaliser, le vendre ou le consommer dans le cycle d'exploitation normal de l'activité,
  - un passif est classé comme courant lorsque l'entreprise s'attend à le solder dans le cadre de son cycle d'exploitation normal. Les passifs non courants

incluent notamment les dettes dont l'échéance de remboursement est de plus de douze mois suivant la date de clôture de l'exercice (composante dette de l'emprunt obligataire, avances conditionnées...);

- segmentation des actifs non courants : les actifs non courants destinés à être cédés et les passifs liés à ces actifs sont présentés séparément;
- disparition de la notion « Autres fonds propres ».

C. Règles d'évaluation

1104 Les règles d'évaluation sont en particulier définies par les normes comptables internationales suivantes :

Référentiel	*Intitulé*
IAS 2	Stocks
IAS 16	Immobilisations corporelles
IAS 17	Contrats de location financement
IAS 18	Produits des activités ordinaires
IAS 19	Avantages au personnel (retraite...)
IAS 20	Subventions publiques
IAS 27	États financiers consolidés et comptabilisation des participations dans des filiales
IAS 36	Dépréciation des actifs (tests d'impairment)
IAS 37	Provisions, actifs éventuels et passifs éventuels
IAS 38	Immobilisations incorporelles concernant les actifs non monétaires (brevets)
IAS 32- 39	Instruments financiers (IAS 32 informations à fournir et présentation, IAS 39 comptabilisation et évaluation)
IFRS 2	Paiements en actions
IFRS 3	Regroupement d'entreprises

II. Actifs incorporels

1105 La valorisation du capital incorporel à l'actif permet de maximiser la situation nette d'une entreprise.

- ☐ Les logiciels, brevets, marques, licences, fonds de commerce, listes de clients... rentrent dans la définition des actifs incorporels.

La Norme IAS 38 détermine les règles applicables aux actifs incorporels. En convergence avec les IFRS, de nouvelles règles françaises d'évaluation des actifs ont été instituées par le comité de la réglementation comptable.

Quel que soit le référentiel comptable, les normes imposent la comptabilisation en charges des frais de recherche concernant les actifs incorporels générés en interne.

En revanche, les frais de développement sont obligatoirement capitalisés suivant les Normes IFRS. Ces frais sont immobilisés sur option selon les normes françaises.

La norme repousse vers la fin du cycle de développement le moment à partir duquel les dépenses sont immobilisées. Ainsi sont concernés les frais relevant de la phase précédant la production commerciale ou l'utilisation de la technique : phase de tests de préproduction, d'exploitation d'unités pilotes...

Les frais amont sont considérés comme des frais de recherche.

▷ Au cas particulier de certaines sociétés de biotechnologies dont le *business model* est la recherche en vue de l'obtention de l'AMM, les phases de recherche jusqu'au dépôt de l'AMM seront comptabilisées en charges.

Les marques créées en interne sont comptabilisées en charges suivant les deux référentiels.

A. Définitions

1. Définition des actifs

1106 La définition des actifs et leurs conditions d'inscription au bilan sont similaires suivant le référentiel international et le référentiel français.

La **Norme IAS 38** définit une immobilisation incorporelle comme un actif non monétaire identifiable sans substance physique. Un actif est identifiable s'il est séparable de l'entité (actif pouvant être vendu, concédé par licence, loué ou échangé) ou s'il résulte de droits contractuels ou légaux.

Deux conditions doivent être respectées pour que l'actif contrôlé par l'entité qui le détient soit inscrit au bilan :

- il doit procurer des avantages économiques futurs;
- son coût peut être mesuré de façon fiable.

L'avis n° 2004-15 du CNC du 23 juin 2004 homologué par le règlement 2004-06 du comité de la réglementation comptable a modifié la définition et les règles d'évaluation des actifs. Les nouvelles règles françaises sont applicables à compter du 1er janvier 2005. L'avis n° 2004-15 définit un actif comme « un élément identifiable ayant une valeur économique positive pour l'entité, c'est-à-dire un élément générant une ressource que l'entité contrôle du fait d'événements passés et dont elle attend des avantages économiques futurs ». Ainsi, les critères généraux de comptabilisation d'un actif tiennent à la probabilité d'en retirer des avantages économiques futurs pour l'entité et à la possibilité de l'évaluer de façon suffisamment fiable.

2. Définitions des frais de recherche et développement

1107 La **Norme IAS 38** définit ainsi les activités de recherche et développement :

- la recherche correspond aux travaux originaux ayant pour objectif d'acquérir une compréhension et des connaissances scientifiques ou techniques nouvelles;
- le développement est l'application des résultats de la recherche à un modèle en vue de la production de nouveaux produits ou procédés avant le commencement de leur commercialisation ou utilisation.

Selon l'avis n° 31 du Conseil national de la comptabilité (CNC) :

- la recherche fondamentale, concourant à l'analyse des phénomènes et des structures, a pour but d'organiser en lois générales les faits dégagés de cette analyse. Sont distingués les travaux de recherche fondamentale pure entrepris par pure curiosité scientifique et la recherche fondamentale orientée lorsqu'elle apporte une construction théorique à la résolution de problèmes techniques;

- la recherche appliquée, prolongement de la recherche fondamentale, implique la prise en compte des connaissances existantes et leur extension dans le but de résoudre des problèmes particuliers;

- le développement est l'ensemble des travaux effectués en vue de la production de matériaux, procédés ou services nouveaux.

B. Comptabilisation des actifs

1. Actifs incorporels générés en interne

1108 Selon la **Norme IAS 38**, les immobilisations corporelles développées en interne sont scindées en deux phases : la phase de recherche et la phase de développement.

Aucune immobilisation incorporelle résultant de la recherche d'un projet interne ne doit être comptabilisée. Ces dépenses constituent des charges de l'exercice. En effet, pour constituer un actif, il faut pouvoir démontrer que l'élément générera des avantages économiques futurs pour l'entreprise, ce qui est difficile à démontrer à cette phase du projet.

En revanche, les immobilisations incorporelles résultant de la phase de développement peuvent être activées sous réserve des **six conditions**. L'entité devra ainsi démontrer :

- la faisabilité technique nécessaire à l'achèvement de l'immobilisation;
- son intention d'achever l'immobilisation incorporelle;
- sa capacité à utiliser ou à vendre l'immobilisation;
- la façon dont l'immobilisation générera des avantages économiques futurs;
- la disponibilité de ressources tant techniques que financières pour mener à bien le développement;
- la capacité à évaluer de façon fiable les dépenses attribuables à l'immobilisation incorporelle.

Les dépenses de recherche dont les phases ne peuvent être distinguées sont comptabilisées en charges.

Un projet de développement interne devra donc être élaboré autour de ces deux phases.

▷ Les entreprises doivent mettre en place un système d'information permettant un suivi très précis de leurs frais de recherche et développement, Elles devront identifier et classer par catégories leurs actifs incorporels, analyser les coûts engagés, documenter les choix de points de départ des phases de développement, justifier les choix de période d'amortissement... Elles devront intégrer les divers retraitements dans leur système comptable, la comptabilité analytique (coûts par section et par nature) et le reporting interne (performances en IFRS).

a. Coût d'entrée des actifs incorporels générés en interne

1109 La valeur de l'actif incorporel généré en interne est celle des dépenses encourues à partir de la date à laquelle l'immobilisation satisfait pour la première fois aux critères de comptabilisation de la phase de développement.

Elles intègrent les dépenses de matériaux et de services utilisés, les salaires et autres charges de personnel engagés pour générer l'actif, les frais d'enregistrement des brevets, les honoraires d'avocats directement liés au développement de l'actif, le prix des licences utilisées ainsi que les coûts d'emprunts.

b. Redevances de licences

1110 Les redevances versées pour l'utilisation d'une immobilisation incorporelle constituent en général des charges de l'exercice, sauf lorsqu'elles représentent en substance un droit d'utilisation utilisé sur plus d'une période, contrôlé, porteur d'avantages économiques futurs et mesurable de manière fiable.

c. Brevets créés en interne

1111 Les brevets créés en interne sont comptabilisés de la même manière que les autres coûts de développement. Lorsque les conditions sont respectées, ils sont inscrits obligatoirement à l'actif suivant la Norme IAS 38. Suivant les normes françaises, l'entreprise a le choix entre l'inscription à l'actif et la comptabilisation en charges.

d. Logiciels créés en interne

1112 En IFRS, l'immobilisation des coûts de développement des logiciels créées en interne est obligatoire s'ils répondent aux critères de comptabilisation à l'actif.

Suivant les normes françaises, les logiciels faisant partie d'un projet de développement sont concernés par l'option. En revanche, les **logiciels autonomes créés** sont exclus de l'option. L'activation en immobilisation est obligatoire dès lors que le logiciel a de sérieuses chances de réussite technique et que l'entreprise indique son intention de produire le logiciel concerné et en indique la durée d'utilisation minimale estimée (PCG, art 331-3-II). Les dépenses d'étude préalable et d'analyse fonctionnelle sont enregistrées en charges.

- Les logiciels faisant partie d'un projet de développement sont ceux créés à l'occasion d'un projet de développement plus global, par exemple la création d'un site internet.
- Les logiciels autonomes sont ceux créés indépendamment d'un projet de développement plus global et qui ont une durée de vie propre. Les logiciels à usage commercial, c'est-à-dire ceux destinés à être commercialisés ou loués, entrent dans la catégorie des logiciels autonomes.

e. Sites internet créés en interne

1113 Selon la Norme IAS 38, les coûts de développement de site web doivent être capitalisés en immobilisations incorporelles lorsque l'entreprise peut démontrer qu'il est probable que le site internet générera des avantages économiques futurs. Les coûts de développement incorporables au coût d'entrée sont définis par SIC 32[1].

Selon les normes françaises, l'immobilisation des coûts de développement du site « actif » est la méthode préférentielle. Un site « actif » est un site enregistrant des commandes clients ou participant aux systèmes d'information, à l'opposé des sites « passifs » qui sont de simples sites de présentation.

1. Voir www.focusifrs.com/3/11/108/article.asp

f. Marques générées en interne

1114 Les marques générées en interne constituent toujours des charges de l'exercice suivant les normes internationales et françaises. En effet, pour constituer un actif, il faut que le coût des actifs puisse être déterminé de manière fiable. Or, la Norme IAS 38 considère que les dépenses exposées pour générer en interne les marques (listes de clients et autres éléments similaires) ne peuvent pas être distinguées du coût de développement de l'activité dans son ensemble.

En revanche, les marques acquises lors de regroupement d'entreprise sont immobilisées séparément du *goodwill* car leur coût d'entrée, qui correspond alors à leur juste valeur et non à leur coût de développement en interne par l'entreprise acquise, peut être évalué de manière fiable.

2. Actifs incorporels acquis dans le cadre de regroupements d'entreprises

1115 Les immobilisations acquises dans le cadre de regroupements d'entreprise sont comptabilisées à leur juste valeur à la date d'acquisition.

La Norme IAS 38 permet de comptabiliser séparément du *goodwill* les projets de recherche acquis dans le cadre de regroupements d'entreprises. Il faut cependant que les projets de recherche acquis soient séparables, la juste valeur prenant déjà en compte la probabilité que des avantages économiques futurs iront à l'entreprise. Les actifs incorporels non identifiés sont affectés au *goodwill*.

À la clôture de l'exercice, la juste valeur des incorporels acquis dans le cadre d'un regroupement pourra être déterminée par référence au prix de marché établi lorsqu'il existe un marché actif. À défaut de marché actif, les transactions récentes pour des actifs similaires peuvent permettre de déterminer la juste valeur. D'autres techniques (méthode des multiples, actualisation des flux de trésorerie prévisionnels; voir chapitre D) pourront être utilisées, ces techniques devant refléter les pratiques et transactions du secteur d'activité auquel l'actif appartient.

3. Actifs acquis séparément

1116 Une immobilisation incorporelle acquise séparément est identifiable. Elle respecte les critères de comptabilisation à l'actif : les avantages futurs bénéficiant à l'entreprise sont reflétés dans le coût d'acquisition et il est en général possible d'évaluer son coût de manière fiable.

Elle est évaluée au coût d'achat comprenant le prix d'achat ainsi que tous les coûts attribuables à la préparation de l'actif en vue de l'utilisation envisagée (droits de mutation, honoraires ou commissions et frais d'acte liés à l'acquisition).

4. Dépenses ultérieures

1117 Il est possible d'immobiliser les dépenses ultérieures ayant pour vocation de générer des avantages économiques futurs au-delà de ceux définis à l'origine, à condition que ces dépenses puissent être évaluées et attribuées à l'actif.

C. Évaluation à la clôture

1118 L'entreprise choisit, pour chaque catégorie d'immobilisations incorporelles, soit la méthode du coût amorti soit la méthode de la réévaluation.

Suivant la Norme IAS 36 relative à la dépréciation des actifs, le solde non amorti doit être examiné périodiquement pour s'assurer que la valeur recouvrable n'est pas inférieure à la valeur nette comptable. Lorsque la valeur recouvrable de l'actif est inférieure à sa valeur nette comptable, une dépréciation est constatée (voir n° 1124).

1. Méthode du coût amorti

1119 La méthode du coût amorti conduit à comptabiliser un actif à son coût d'entrée diminué du cumul des amortissements et du cumul des pertes de valeur.

a. Durée de vie utile

1120 Selon la Norme IAS 38, il convient de distinguer :

- les immobilisations dont la durée de vie est **indéfinie**. Ces immobilisations incorporelles non amortissables doivent faire l'objet d'un test de dépréciation au moins une fois par an;
- les immobilisations dont la durée de vie est **finie**. Les incorporels ayant une durée de vie utile finie sont amortis sur cette durée et doivent faire l'objet de tests de dépréciation selon les règles de la Norme IAS 36 en cas d'identification d'indices de perte de valeur (voir n° 1124).

La Norme IAS 38 impose d'amortir de façon systématique une immobilisation incorporelle sur la meilleure estimation de sa durée d'utilité. Cette durée est notamment déterminée en tenant compte du cycle de vie du produit, de l'obsolescence, de l'évolution de la demande, de la durée de vie du droit de propriété... Lorsqu'une immobilisation incorporelle fait l'objet d'une protection juridique, sa durée de vie ne doit pas excéder la durée des droits contractuels ou légaux. Elle peut cependant être plus courte en fonction de la durée d'utilisation envisagée par l'entreprise.

b. Mode d'amortissement

1121 Le mode d'amortissement doit retranscrire la consommation des avantages économiques de l'actif. Selon la Norme IAS 38, le mode d'amortissement par défaut est l'amortissement linéaire.

Un réexamen périodique de la durée et du mode d'amortissement est obligatoire. Ce mécanisme permet de ne pas figer les options initiales et de s'approcher de l'utilisation réelle du bien immobilisé.

c. Point de départ du calcul de l'amortissement

1122 Les coûts de développement comptabilisés en immobilisations incorporelles sont amortis à compter de la date à laquelle l'actif est prêt à être mis en service sur la durée d'utilité de l'actif.

2. Méthode de la réévaluation

1123 La réévaluation des immobilisations incorporelles est possible en IFRS à condition que l'actif circule sur un **marché actif**, permettant de définir une juste valeur.

Le modèle de la réévaluation conduit à comptabiliser un actif pour son montant réévalué correspondant à la juste valeur à la date de réévaluation, diminué du cumul des amortissements et des pertes de valeur ultérieures (IAS 36).

La Norme IAS 38 définit un marché actif comme un marché pour lequel les conditions suivantes sont remplies :

- les éléments négociés sont homogènes;
- des acheteurs et des vendeurs consentants peuvent être normalement trouvés à tout moment;
- les prix sont disponibles au public.

▷ Un marché actif n'existe pas pour les actifs incorporels qui présentent un caractère unique comme par exemple les marques et les brevets.

3. Pertes de valeur, dépréciations et valorisation des incorporels

1124 Les principes de la Norme IAS 36 s'appliquent aux immobilisations incorporelles et corporelles.

Pour les immobilisations incorporelles à durée de vie finie (amortissables), la norme requiert qu'un test de dépréciation ou *impairment test* soit réalisé dès qu'il existe un indice de perte de valeur.

Concernant les immobilisations incorporelles dont la durée de vie est indéfinie (non amortissables), un test annuel de dépréciation sera obligatoirement effectué en l'absence d'indice de perte de valeur.

□ Ainsi, les coûts de développement portés à l'actif et non encore amortis seront soumis au test annuel de dépréciation.

Concrètement, si un indice de perte de valeur est identifié et que le test de dépréciation révèle une perte de valeur, l'entreprise devra calculer la valeur d'utilité de l'actif à partir de la méthode des *discounted cash flows* (DCF). Les flux de trésorerie futurs propres à chaque actif n'étant pas toujours connus, le calcul de la valeur d'utilité sera effectué au niveau d'un groupe d'actifs appelé « unité génératrice de trésorerie » (UGT). La norme définit l'UGT comme le plus petit groupe identifiable d'actifs dont l'utilisation continue génère des entrées de trésorerie indépendantes des entrées de trésorerie générées par d'autres actifs.

La démarche sera donc effectuée en trois temps : identification de la perte de valeur, évaluation puis comptabilisation de la perte de valeur.

a. Identification de la perte de valeur

1125 La baisse de la valeur de marché, les restructurations, la baisse des flux nets de trésorerie budgétés... sont des exemples d'indices de perte de valeur.

b. Évaluation de la perte de valeur

1126 La perte de valeur est égale à la différence entre la valeur nette comptable et la valeur recouvrable.

La **valeur comptable** est définie comme étant la valeur plus basse entre le coût amorti et la valeur recouvrable.

La **valeur recouvrable** est définie comme étant la valeur plus élevée entre la juste valeur nette des frais de cession et la valeur d'utilité.

La juste valeur nette des frais de cession est définie comme le montant pouvant être obtenu de la vente d'un actif lors d'une transaction dans des conditions de concurrence normale, coûts de sortie déduits.

La **valeur d'utilité** est la valeur actualisée des flux de trésorerie futurs estimés attendus de l'utilisation de l'actif.

c. Comptabilisation d'une perte de valeur

1127 L'actif figurera au bilan pour une nouvelle valeur brute correspondant à la valeur recouvrable. La perte de valeur est réversible.

En conclusion, le traitement comptable des actifs incorporels nécessite de recourir à des méthodes d'évaluation. En pratique, les seuls cas ou les actifs incorporels figureront à l'actif à leur valeur DCF concerneront les immobilisations acquises dans le cadre de regroupement d'entreprises et susceptibles d'être évaluées de façon suffisamment fiables pour être comptabilisées séparément du *goodwill*.

▷ Les différentes techniques d'évaluation des incorporels, et notamment la méthode des DCF, sont décrites au chapitre D.

D. Tableau récapitulatif

1128 **IFRS NORME 38/NORMES FRANÇAISES**

	Norme IFRS 38	*Règles françaises*
Marques créées	Comptabilisation obligatoire en charges de l'exercice	
Frais de recherche	Comptabilisation obligatoire en charges de l'exercice	
Frais de développement	*Obligation* de comptabilisation à l'actif sous 6 conditions	*Option*[1] de comptabilisation à l'actif sous 6 conditions Option appliquée à l'ensemble des projets Comptabilisation à l'actif considérée comme *méthode préférentielle*
Incorporels acquis dans le cadre de regroupements	Évaluation des actifs incorporels identifiables à la juste valeur	Actifs incorporels non destinés à l'exploitation évalués à la valeur de marché Biens destinés à l'exploitation évalués à la valeur d'utilité pour l'acquéreur
Actifs acquis séparément	Coût d'entrée composé du prix d'achat et de tous les coûts attribuables à la préparation de l'actif en vue de son utilisation	
	Frais *obligatoirement* inclus dans le coût de l'actif	Frais inclus dans le coût de l'actif sur option ou en charges dans les comptes individuels
Méthode d'évaluation à la clôture	Choix entre la méthode du coût amorti, et s'il existe un marché actif, la méthode de la réévaluation	Seule la méthode du coût amorti est applicable

1. À l'exception des logiciels autonomes développés en interne et destinés à être commercialisés, voir point n° 1112.

	Norme IFRS 38	Règles françaises
Durée d'amortissement	Actifs à durée de vie finie amortis sur la durée d'utilité : durée de la protection légale ou contractuelle, ou durée plus courte en fonction de l'utilisation	
Révision des plans d'amortissement	Durées d'utilité et mode d'amortissement révisés à chaque clôture	Pas de précision
Tests de dépréciation	Test de dépréciation des actifs à durée de vie finie en cas d'indice de perte de valeur Tests annuels de dépréciation obligatoire pour les actifs à durée de vie indéfinie – définition d'indices de perte de valeur – définition des UGT – calcul de la valeur d'utilité – comptabilisation de la perte de valeur	Définition d'indices de valeur Autres éléments non précisés

III. Aides et subventions, crédit d'impôt recherche

A. Subventions publiques

1129 Les subventions publiques (concours ministère, Union européenne...) sont comptabilisées à leur juste valeur lorsqu'il existe une assurance raisonnable qu'elles seront reçues et que l'entreprise se conformera aux conditions d'octroi de ces subventions.

• Les subventions reçues en financement de charges (aide au recrutement...) doivent être rattachées aux coûts qu'elles sont censées compenser. Elles sont comptabilisées en produits sur la période au cours de laquelle la charge a été engagée. Ces subventions sont présentées soit sous la rubrique « Autres produits », soit en déduction des charges auxquelles elles sont liées.

• Lorsque les subventions sont liées à un actif, la société peut opter pour les règles de présentation suivantes (Norme IAS 20) :

– comptabilisation des subventions liées à l'acquisition d'actifs en déduction du coût de ces actifs;

– subventions incluses dans les « Passifs non courants » en subventions publiques différées et rapportées au résultat de façon linéaire sur la durée d'utilité attendue des actifs concernés.

B. Avances conditionnées

1130 Les avances conditionnées, inscrites en « Autres fonds propres » suivant les normes françaises, sont reclassées en dettes financières. Lorsque le règlement de la dette intervient plus de douze mois après la date de clôture, les avances sont classées en « Dettes non courantes ».

Le remboursement des avances à taux zéro consenties par OSEO anvar est conditionné par un certain nombre d'éléments définis contractuellement et notamment par le succès du programme financé. En cas d'échec technique du programme, les avances consenties sont partiellement ou totalement abandonnées. Dans ce cas, l'avance conditionnée constitue une subvention enregistrée en résultat exceptionnel au cours de l'exercice d'établissement du constat d'échec.

Les avances conditionnées sont ainsi inscrites en « Dettes non courantes ». Elles ne sont pas actualisées.

C. Crédit d'impôt recherche

1131 Trois modalités de présentation du CIR sont possibles :

- il peut venir en diminution des dépenses de recherche et développement qu'il a permis de financer;
- il peut être inscrit en « Autres produits » au même titre que les subventions;
- il peut être déduit du montant de l'impôt sur les sociétés.

IV. Capitaux propres

1132 Les capitaux propres représentent l'intérêt résiduel des actionnaires dans les actifs de l'entreprise après déduction de ses passifs. Ils reflètent le fait que certains actionnaires peuvent avoir des droits différents aux dividendes et au remboursement du capital.

Ainsi :

- les actions ordinaires sont classées dans les capitaux propres. Les coûts marginaux (frais d'augmentation de capital...) directement attribuables à l'émission d'actions sont comptabilisés en diminution de la prime d'émission;
- les actions préférentielles remboursables prévoyant un remboursement obligatoire à une date donnée sont classées en dettes;
- une entreprise pouvant détenir ses propres instruments de capitaux propres appelés « actions propres », ces actions sont présentées en déduction des capitaux propres.

V. Instruments financiers composés : dettes ou capitaux propres ?

1133 Les instruments financiers composés (obligations convertibles, obligations avec bons de souscription, bons de souscription d'actions...) mélangent les caractéristiques de capitaux propres et de dettes.

Les IFRS imposent aux sociétés émettant de tels outils de comptabiliser séparément leur composante dette et leur composante capitaux propres.

Les jeunes entreprises innovantes, et plus particulièrement celles qui sont financées par le capital-risque, sont confrontées au problème de la répartition de la valeur des instruments composés. En effet, les investisseurs multiplient le recours à ces outils (voir chapitre E), utilisés comme moyens d'ajustement de prix.

Dès lors, il conviendra de qualifier les instruments : dettes ou capitaux propres ?

- si ce sont des capitaux propres, ils relèveront du champ d'application de la Norme IAS 32 définissant les règles de présentation des instruments financiers;
- si ce sont des dettes, ils entreront dans le champ d'application de la Norme IAS 39 définissant les règles de comptabilisation et d'évaluation des instruments financiers.

L'émetteur d'un instrument financier classera l'instrument financier en tant que passif ou capitaux propres en tenant compte, d'une part, de la substance de l'accord contractuel lors de la comptabilisation initiale et d'autre part, des définitions d'un passif financier et d'un instrument de capitaux propres.

A. Définitions et analyse des instruments composés

1134 Une caractéristique essentielle pour distinguer un passif financier d'un instrument de capitaux propres est l'obligation pour l'émetteur d'échanger avec le porteur un autre instrument financier dans des conditions potentiellement défavorables.

Suivant la Norme IAS 32, un **instrument financier** est un contrat faisant naître un actif financier au bilan d'une entité, et un passif financier ou un instrument de capitaux propres au bilan d'une autre entité.

Un **passif financier** désigne tout passif qui correspond à une obligation contractuelle :

- de remettre à une autre entreprise de la trésorerie ou un autre actif financier;
- d'échanger des instruments financiers avec une autre entreprise dans des conditions défavorables;
- de rémunérer un contrat en instruments de capitaux propres de l'entité, lorsque celui-ci respecte certaines conditions.

Les paiements en actions sont comptabilisés en tant que passif financier de l'entreprise.

Un **instrument de capitaux propres** désigne tout contrat mettant en évidence un intérêt dans les actifs de l'entreprise après déduction de tous ses passifs.

Une fois posées ces définitions, comment classer ces instruments composés ?

B. Classement et évaluation des instruments composés

1135 Le classement de la composante dette et de la composante capitaux propres d'un instrument composé est déterminé sur la base des circonstances existantes à la date de comptabilisation initiale. Ce classement ne sera pas modifié ultérieurement même si la probabilité de conversion évolue dans le temps. L'obligation de l'émetteur de pourvoir aux règlements futurs, qui définit le passif, demeure jusqu'à son extinction par conversion ou arrivée de l'échéance.

En pratique, c'est le mode de règlement de l'instrument composé qui permet d'identifier sa substance.

a. Lorsque l'instrument est réglé par l'entreprise émettrice par la remise d'un nombre fixe d'actions contre un montant fixe de trésorerie, c'est le détenteur de l'instrument qui supporte le risque lié à la variation de l'action. L'émetteur comptabilise l'instrument en capitaux propres pour le montant de la prime reçue.

b. Une entreprise peut émettre un instrument financier pour lequel les droits et obligations concernant le mode de règlement dépendent d'événements futurs incertains qui sont hors du contrôle tant de l'émetteur que du porteur. Ce sont par exemple des obligations imposant que l'émetteur rembourse en actions si les objectifs prévus au *business plan* ne sont pas atteints, ou des actions émises avec des conditions de règlement dépendant du niveau des produits futurs de l'émetteur.

Ces cas de conversion conditionnelle sont courants dans les jeunes entreprises innovantes. L'absence de livraison d'un nombre prédéterminé d'actions traduit le caractère spéculatif de l'instrument.

Ces instruments financiers sont comptabilisés en tant que passif indépendamment de la probabilité de survenance des événements futurs ou du dénouement probable. Cependant, si, à la date d'émission, il n'existe qu'une faible probabilité que l'émetteur soit obligé de régler sous forme de trésorerie ou d'un autre actif financier, la clause conditionnelle doit être ignorée et l'instrument doit être classé en capitaux propres.

Lors de l'émission, ils sont évalués à leur juste valeur à la date de dénouement. Les variations de la juste valeur sont comptabilisées en résultat.

La juste valeur d'un actif selon la Norme IAS 39 est le montant pour lequel cet actif pourrait être échangé entre des parties bien informées et consentantes, dans le cadre d'une transaction effectuée dans des conditions de concurrence normale.

▷ En conclusion, la démarche d'analyse sera effectuée à partir du contrat. Certains instruments sont cependant qualifiés d'office. Parmi ceux-ci, les instruments dont le processus de conversion est **optionnel** doivent figurer en **dettes**. Tel est le cas des obligations convertibles en actions (OCA), obligations à bons de souscription d'action (OBSA).
Les autres instruments s'apprécient au cas par cas en fonction du contrat initial et de la définition des passifs, sachant que la caractéristique pour différencier un passif d'un instrument de capitaux propres est la condition d'échange de l'instrument. Lorsque cette condition est **défavorable** à l'émetteur, il s'agit en général de **dettes**. Voici cependant quelques indications :
- bons de souscription d'actions (BSA) : lorsqu'aucun remboursement n'est prévu, ils sont obligatoirement classés en **capitaux propres** au même titre que les autres instruments non remboursables;
- obligations remboursables en actions (ORA) : elles figurent en capitaux propres lorsque l'émetteur s'est engagé dans l'annexe à conserver ses actions et que les obligations en question ne sont pas rémunérées faute de bénéfice suffisant. Les ORA sont classées en dettes lorsque la société ne s'est pas engagée à conserver ses propres actions.

VI. Paiements en actions et IFRS 2

1136 Une entreprise peut avoir une obligation contractuelle qu'elle peut régler par un paiement sous forme de ses propres titres de capitaux propres. Ces « paiements en actions » sont comptabilisés en tant que passif financier de l'entreprise.

La Norme IFRS 2 traite des paiements en actions. Elle vise les *stock options* (voir n°s 911 et s.), les BSPCE (voir n°s 917 et s.), les distributions d'actions gratuites (voir n°s 903 et s.) ainsi que les plans d'épargne entreprise (voir n°s 948 et s.).

Elle impose de comptabiliser les paiements en actions en charges en prenant en compte leur juste valeur à la date d'attribution.

Les plans d'attribution sont en règle générale assortis de conditions suspensives, comme rester dans l'entreprise un certain temps, atteindre des objectifs... La période d'acquisition du droit de lever l'option, durant laquelle l'émission des titres n'est pas encore certaine, est appelée *vesting period*. La charge est enregistrée de manière étalée sur cette période dans les comptes de l'entreprise.

Il est possible d'ajuster la charge cumulée et future liée au plan de distribution d'actions ou d'options sur actions : ajustement de la probabilité estimée au départ que les bénéficiaires du plan rempliront les conditions d'attribution des options.

La norme prescrit de nombreuses informations à donner en annexe : nature et étendue des paiements en actions, critères sur lesquels la valeur des instruments financiers a été calculée, incidence sur le compte de résultat de la période.

A. Champ d'application

1137 La Norme IFRS 2 traite des paiements en actions.

Dans le contexte français, la Norme IFRS 2 s'applique aux instruments de capitaux propres suivants : options de souscription ou d'achat d'actions, actions gratuites, plans de BCE et plans d'épargne entreprise. Elle a en particulier une incidence majeure sur les plans d'attribution d'options.

Les sociétés doivent enregistrer en charge la juste valeur des instruments de capitaux propres attribués, sans attendre que les conditions nécessaires à l'attribution définitive des instruments soient remplies, ni que les bénéficiaires exercent leurs options.

Lorsque les instruments de capitaux propres ne sont pas définitivement attribués, les charges initialement comptabilisées sont réajustées en fonction du nombre d'actions effectivement attribuées, elles sont annulées si aucun instrument n'est attribué.

B. Attribution d'instruments de capitaux propres : comptabilisation d'une charge

1138 Suivant la Norme IFRS 2, toute livraison de biens ou prestation de services payée en actions donne lieu à enregistrement :

- d'une augmentation de capitaux propres de la société;
- d'un actif ou d'une charge suivant que le bien remplit la condition pour être comptabilisé à l'actif ou non.

Pour les prestations accomplies par des salariés, la charge résultant d'un paiement en actions est déterminée en se basant sur la juste valeur des instruments à la date où ceux-ci sont octroyés.

Dès lors, il convient d'évaluer la juste valeur des instruments financiers attribués.

C. Détermination de la charge : estimation de la juste valeur

1139 La juste valeur est déterminée **dès l'attribution initiale**, que cette attribution soit définitive ou qu'elle soit subordonnée à la levée de conditions. La juste valeur permet d'évaluer les charges à comptabiliser pendant toute la durée et n'est pas remise en cause par la suite.

La détermination de la juste valeur peut prendre en compte deux catégories de conditions.

• **Conditions non liées à l'évolution de la valeur des instruments de capitaux propres**

– conditions liées au maintien en fonction : ces conditions, n'ayant pas de lien avec la juste valeur de l'instrument attribué, influent en revanche sur le nombre d'instruments attribués lors de la levée des conditions. Dans ce cas, les charges à comptabiliser sont initialement estimées sur la base du nombre anticipé des bénéficiaires, puis elles sont ajustées pour tenir compte du nombre effectif de bénéficiaires. Elles sont annulées le cas échéant si aucun instrument n'est attribué;

– conditions liées à des objectifs de performance : telles qu'un volume de ventes, un niveau de résultat opérationnel... Dans ce cas, la durée nécessaire à la réalisation de la performance peut être variable, et il conviendra d'estimer la variable dès l'attribution initiale. Cette estimation sera revue lors de chaque clôture jusqu'à la fin de la levée définitive des conditions.

• **Conditions liées à la valeur de l'évolution des instruments de capitaux propres : par exemple franchissement de seuil du cours**

L'estimation prendra en compte les conditions liées à l'évolution de la valeur de l'action. Cette condition étant prise en compte dès l'évaluation initiale de la juste valeur des instruments, cette juste valeur n'est pas modifiée par la suite.

Une fois les conditions levées, les charges cumulées liées aux objectifs de présence ou de performance sont ajustées sur la base du nombre définitif des instruments attribués. Cette charge ne pourra être révisée ultérieurement, même si les bénéficiaires n'exercent pas leurs droits ou s'ils en sont déchus.

▷ Adresse utile : un modèle de valorisation des options permettant de se familiariser avec la technique des calculs d'options est disponible à l'adresse www.numa.com/derivs/ref/calculat/option/calc-opa.htm.

D. Modalités d'enregistrement de la charge

1140 L'enregistrement de la charge a lieu à la date à laquelle le conseil d'administration ou le directoire, utilisant la délégation de l'AGE, attribue les instruments financiers et en détermine les bénéficiaires.

Les modalités d'enregistrement de la charge diffèrent suivant que l'attribution est subordonnée à certaines conditions ou non.

1. Attribution définitive : enregistrement immédiat de la charge

1141 Lorsque l'attribution est définitive, la juste valeur des instruments financiers doit être enregistrée en « charges de personnel » en contrepartie de l'augmentation des capitaux propres dès la date d'attribution.

2. Attribution subordonnée à certaines conditions : étalement de la charge

1142 Lorsque l'attribution d'instruments de capitaux est subordonnée à certaines conditions, la charge de personnel est enregistrée de manière étalée. La

Norme IFRS 2 considère que ces instruments rémunèrent une prestation future à accomplir pendant la période nécessaire à la levée des conditions. L'entreprise enregistre la charge au moment où la prestation est effectuée. Elle doit pour cela estimer la période pendant laquelle la charge est étalée en fonction des deux mêmes conditions que celles indiquées au n° 1139 :

- conditions non liées à des objectifs de valeur de l'action : il conviendra d'estimer la durée nécessaire pour que l'objectif soit atteint et étaler la charge sur cette durée estimée. Lors de chaque clôture, la durée sera révisée en fonction de nouvelles prévisions.

- conditions liées à des objectifs de valeur de l'action : la durée nécessaire au franchissement de seuil du cours est estimée au départ lors de l'attribution initiale des options. La charge sera étalée sur cette durée, la durée ne pourra pas être révisée par la suite.

Concernant la condition de présence dans l'entreprise, la période ne requiert pas d'estimation, celle-ci étant fixée lors de l'attribution des instruments.

□ Exemple : attribution d'options ne pouvant être exercées que si les salariés demeurent dans la société pendant au moins deux ans. À l'issue de cette période, les attributaires définitifs auront cinq années pour exercer leurs options. Dans ce cas, la charge résultant de l'attribution de l'option sera étalée pendant la période nécessaire à la levée de la condition d'emploi (en l'occurrence 2 ans).

Tant que les conditions suspensives permettant l'attribution des instruments ne sont pas levées et que les instruments ne sont pas en définitive attribués, les charges initialement comptabilisées sur la base d'estimations sont réajustées en fonction des instruments effectivement attribués. Elles sont annulées si aucun instrument n'est attribué.

E. Enregistrement comptable des stock options : IFRS versus normes françaises

1. Lors de l'attribution de l'option

1143 En droit comptable français, l'attribution des options n'engendre aucune écriture à la date du conseil d'administration ou du directoire.

La Norme IFRS 2 impose d'évaluer les options. Après avoir évalué dès la date d'attribution la juste valeur des options d'achat ou de souscription d'actions, la juste valeur est enregistrée en « charges de personnel » en contrepartie de l'augmentation des capitaux propres. Un tel enregistrement est définitif et ne sera pas mis en cause, même si le salarié n'exerce pas son option.

□ Exemple : attribution de 1 000 options à un dirigeant, options exerçables dans trois ans, options définitivement acquises sans que le dirigeant soit contraint de demeurer en fonction pendant une période complémentaire d'activité. Évaluation de l'option à 100 €. Coût global pour l'entité des options attribuées : 100 000 €. Écriture à constater : Charges de personnel à Primes d'émission 100 000 €.

2. Lors de l'exercice de l'option

1144 L'enregistrement diffère en droit français selon que l'option attribuée est une option de souscription d'actions ou une option d'achat.

- **L'option attribuée est une option de souscription d'actions.**

– Selon le droit français, l'attribution d'une option de souscription se traduit par l'enregistrement d'une augmentation de capital au moment où l'option est exercée.

– Suivant la Norme IFRS 2, l'exercice de l'option de souscription se traduit comptablement par l'enregistrement d'une augmentation des capitaux propres (débit du compte Banque par le crédit des Capitaux propres).

- **L'option attribuée est une option d'achat d'actions**

– Selon le droit français, les actions propres de l'entreprise acquises pour être livrées aux salariés sont inscrites en « Valeurs mobilières de placement » à l'actif (tant dans les comptes individuels que consolidés).

Si le coût d'acquisition de ces actions par l'entreprise est supérieur au prix d'exercice de l'option d'achat par les salariés, une provision pour dépréciation des actions propres est constatée.

– Suivant la Norme IFRS 2 : l'acquisition d'actions propres est toujours enregistrée en déduction des capitaux propres. Aucune charge n'est à constater lorsque le prix d'exercice des options d'achat est inférieur au coût d'acquisition des actions propres. L'exercice de l'option d'achat se traduit comptablement par l'enregistrement d'une augmentation des capitaux propres (débit du compte Banque par le crédit des Capitaux propres).

Selon la Norme IFRS 2, la charge de personnel correspondant à ces options a été constatée dès l'attribution des options, sans attendre que celles-ci soient exercées. ■

L Accompagnement et hébergement

Nos 1201 à 1215

I. Accompagnement

A. Incubateurs et organismes d'aide au transfert de technologies

1201 Un incubateur est une structure destinée à soutenir les projets, de l'idée à la réalisation. Elle accueille les futurs créateurs, les aide à formaliser leur projet, à en valider la viabilité, à rechercher des financements ou des partenariats et à élaborer un plan de formation.

Il existe plusieurs types d'incubateurs : publics, privés, généralistes ou spécialistes.

En amont dans la chaîne de création de valeur, les organismes d'aide au transfert de technologies ont pour mission de valoriser la recherche issue des laboratoires, soit *via* la création de JEI, soit par la cession ou concession de licences (voir nº 228).

LES ADRESSES DES INCUBATEURS...

▷ Vous trouverez en annexe la liste officielle des incubateurs publics. Cette liste est régulièrement mise à jour sur le site du ministère de la Recherche (http://www.recherche.gouv.fr/technologie/mesur/incub/index.htm).

▷ Nous vous indiquons ci-après quelques informations complémentaires sur certains incubateurs :

• **Pasteur BioTop, www.pasteur.fr/externe**

En décembre 2000, l'Institut Pasteur inaugurait son incubateur d'entreprises Pasteur BioTop. Pasteur BioTop a créé à ce jour une quinzaine d'entreprises issues des travaux de recherche de l'Institut Pasteur. Sa mission de valorisation de la propriété industrielle *via* la création de start-up est complémentaire de celle

du service de transfert et de technologie, qui cède des licences de brevets pasteuriens aux laboratoires pharmaceutiques et biotechs.
L'activité de Pasteur BioTop est la détection des résultats de la recherche apte à conduire à un produit ou procédé innovant, l'émergence et l'accompagnement de projets de création d'entreprises et l'aide à l'obtention de fonds propres pour amorcer la création effective.
Contact : Pascale Altier – tél. + 33 1 45 68 83 41 – mail : paltier@pasteur.fr

• **Genopole® - www.genopole.fr**
Installé à Évry (Essonne), le bioparc Genopole® rassemble 23 laboratoires de recherche publics et 57 entreprises innovantes de biotechnologies. Genopole® propose de nombreux outils et dispositifs favorisant la création et le développement des bioentreprises : une équipe de professionnels assurant l'accompagnement des projets, un soutien financier *via* le fonds de préamorçage G1J, des locaux modulables et adaptés aux besoins spécifiques des bioentrepreneurs ainsi qu'une large gamme de plates-formes technologiques mutualisées.
Contact : Véronique Dufey – tél. + 33 1 60 87 84 48 – mail : veronique.dufey@genopole.fr

• **www.parisbiotech.org**
Bio incubateur situé à l'hôpital Cochin. Sélection de projets, accompagnement pour une durée maximale de deux ans du projet à l'entreprise puis intégration dans une pépinière située sur le même site.
Contact : Olivier Amédée-Manesme – tél. + 33 1 44 41 25 78 – mail : amedeemanesme.o@parisbiotech.org

• **www.enst.fr/creation-entreprise/incubateur**
Incubateur télécom situé dans le 14e arrondissement de Paris. Préférentiellement, le porteur de projet, ou l'un de ses associés, doit être issu de Télécom Paris. Convention d'une durée de six mois renouvelable deux fois.
Contact : Hugues Billaudot – tél. + 33 1 45 81 72 62 – mail : hugues.billaudot@enst.fr

• **www.agoranov.com**
Incubateur public installé dans le 4e arrondissement de Paris, fondé par les universités Pierre et Marie Curie et Paris Dauphine, l'École normale supérieure et ParisTech. Accompagnement et hébergement de créateurs d'entreprise dans les domaines des logiciels, des technologies de l'information et télécommunications (TIC), de l'ingénierie et des sciences de la vie. Durée de l'incubation de dix-huit mois maximum.
Contact : Pascale Géry – tél. + 33 1 44 18 07 15 – mail : projets@agoranov.com

• **www.incuballiance.com**
Incubateur public rassemblant de nombreux établissements d'enseignement supérieur et de recherche du sud-ouest de l'Île-de-France. Accompagnement de projets de création d'entreprise issus de la recherche dans les domaines des sciences de la vie, logiciels, TIC et ingénierie. Le porteur de projet est accueilli pour une durée de vingt-quatre mois maximum.
Contact : Jean-François Lafaye – tél. + 33 1 69 82 42 80 – mail : jf.lafaye@incuballiance.fr

• **www.grain-incubation.com/**
GRenoble Alpes INcubation accueille des projets qui présentent les caractéristiques suivantes : intégration d'une technologie validée par un laboratoire public, proposition de produits ou services innovants, projet ayant démontré sa viabilité économique... Suivi trimestriel du projet. Durée maximale de l'incubation dix-huit mois.

• **www.retis-innovation.fr**
Le réseau Retis regroupe un certain nombre d'incubateurs et de technopoles français.

LES ADRESSES DES ORGANISMES D'AIDE AU TRANSFERT...

• **www.inserm-transfert.fr**
Filiale privée de l'Inserm dédiée à la valorisation et au transfert de technologie, Inserm-Transfert soutient la création d'entreprises dans les domaines de la santé et des sciences du vivant notamment par des financements de préamorçage et d'amorçage.
Inserm-Transfert s'est associée avec CDC FP gestion, Natexis et Sofinnova Partners pour créer Inserm-Transfert Initiative, une nouvelle société de capital-risque.
Contact : Jean-Pierre Loza – tél. + 33 1 44 23 67 46 – mail : jean-pierre.loza@tolbiac.inserm.fr

• **www.inra-transfert.fr**
INRA Transfert, filiale privée de l'INRA, aide à la création de jeunes entreprises innovantes dans les phases préliminaires allant de l'idée à l'élaboration du projet (identification du marché potentiel, consolidation de la PI...)
Contact : Philippe Lénée – tél. + 33 1 55 35 26 32 – mail : philippe.lenee@paris.inra.fr

• **www.inria-transfert.fr**
INRIA-Transfert, filiale de l'INRIA, accompagne des entrepreneurs dans leur démarche de création et de développement de jeunes sociétés de haute technologie informatique. INRIA-Transfert propose un processus d'accompagnement et d'évaluation pouvant aboutir à la délivrance des labels Pertinence IT et Croissance IT.
Contact : Michel Safars – tél. + 33 1 39 63 55 90 – mail : info.it@inria-transfert.fr

• **www.afii.fr**
L'Agence Française pour les Investissements Internationaux (AFII) est l'agence nationale chargée de la promotion, de la prospection et de l'accueil des investissements internationaux en France. Elle est l'organisme de référence sur l'attractivité et l'image de la France. L'AFII s'appuie sur un réseau mondial, national et local, composé de spécialistes pluridisciplinaires; elle travaille en partenariat étroit avec les agences de développement économique pour apporter les meilleures opportunités d'affaires et un service personnalisé aux investisseurs.

B. Pépinières d'entreprises

1202 Une pépinière est une structure d'accueil temporaire, d'accompagnement et d'appui aux créateurs.

• Les avantages de la formule sont nombreux :
– le créateur évolue ainsi dans un environnement fonctionnel et dynamique;
– il s'agit d'une solution contre l'isolement et d'un lieu d'échange;
– les tarifs de location en bail précaire sont modiques;
– de nombreux services sont mis en commun : secrétariat, standard, accès à la photocopieuse, salles de réunion, connexion internet à haut débit, organisation de rencontres avec des experts...
– un accès aux réseaux est assuré : technologie, recrutement, financement...

• Après étude du dossier, le créateur est reçu par un comité de sélection composé du directeur de la pépinière, des représentants de la chambre de commerce et/ou du conseil régional... Il devra vendre son projet et prouver que son modèle économique est viable sur un marché potentiel.

QUELQUES ADRESSES

▷ **www.parisdeveloppement.com :** Paris Cyber Village est une pépinière d'entreprises numériques de Paris Développement, l'agence de développement économique de Paris. Elle est installée sur 2 sites dans le 19e arrondissement. Les

services offerts comprennent l'hébergement, les services logistiques, l'infrastructure télécom, l'accompagnement.
Contact : Philippe Lecam - tél. + 33 1 44 89 45 04 - mail : alecam@parisdeveloppement.com.

II. Où domicilier son entreprise ?

A. Différentes possibilités

1203 Le créateur dispose d'une grande liberté pour décider du lieu où il établira sa société. Il a la faculté de domicilier son entreprise :

- soit dans des locaux qu'il loue ou sous-loue au nom de l'entreprise; l'entreprise sera alors locataire ou sous-locataire de ces locaux, qu'elle peut d'ailleurs partager avec d'autres entreprises (voir n°s 1207 et s.);
- soit dans le local d'habitation de l'entrepreneur individuel ou du futur représentant de la société (voir n°s 1212 et s.);
- soit enfin, dans les locaux d'une entreprise de domiciliation (voir n° 1210).

Ces alternatives présentent chacune des avantages et des inconvénients et le créateur devra être attentif à la solution qu'il choisit. En effet, ce choix est stratégique car, très souvent, le lieu choisi pour exercer son activité est considéré comme le reflet de l'image de l'entreprise.

B. Une obligation légale

1204 Le siège social de l'entreprise doit être fixé dès sa création.

On parle de domiciliation : c'est l'affectation par une personne physique ou morale d'un local déterminé comme siège social de son entreprise, c'est-à-dire son adresse officielle.

Cette adresse figurera sur tous les documents de l'entreprise (*Kbis*, devis, facture...) et sera communiquée à tous les clients et fournisseurs qui y feront parvenir leurs courriers. Par ailleurs, la société est réputée, à l'égard des tiers, exercer son activité commerciale au sein de ce local; les assemblées générales sont aussi supposées s'y tenir.

Enfin, c'est cette adresse qui déterminera la nationalité de l'entreprise, la loi applicable et les tribunaux compétents pour tout litige qui surviendrait concernant la société dans ses rapports avec les tiers ou dans les rapports des associés entre eux.

Il est important de réfléchir à cette installation car, pour pouvoir demander son immatriculation au Registre du commerce et des sociétés, l'entrepreneur doit justifier de la réelle jouissance du ou des locaux où il installe le siège de son entreprise. Cette justification se fait par tout moyen. Il s'agit simplement de vérifier que la personne dispose effectivement de locaux susceptibles d'accueillir son siège à l'adresse à laquelle les tiers pourront valablement lui écrire et lui notifier tout acte.

C. La réglementation à respecter en fonction du lieu de domiciliation choisi

1205 Même si la loi du 1er août 2003, dite « loi Dutreil », a assoupli les conditions de domiciliation de l'entreprise commerciale, pour favoriser la création d'entreprise et aligner le régime des commerçants personnes physiques sur celui des artisans, la liberté du créateur reste encadrée. En effet, en fonction du lieu d'installation choisi, il devra procéder préalablement à certaines déclarations et conclure des contrats différents.

1. S'installer dans un local commercial

1206 En principe, le siège de l'entreprise est fixé dans les locaux dont la société dispose personnellement soit en qualité de propriétaire, soit en qualité de locataire.

Lorsque le créateur envisage d'exercer son activité dans des locaux dont l'entreprise sera locataire, il devra signer un contrat de bail qui sera différent selon la nature de son activité.

a. Un bail commercial

1207 Si l'entreprise exerce une activité industrielle ou commerciale, le créateur signera un **bail commercial**. Sa principale caractéristique est de conférer au locataire le droit au renouvellement de son bail ou, à défaut, le versement d'une indemnité d'éviction. C'est ce qu'on appelle la propriété commerciale. Le bail est conclu pour une durée de neuf ans. Le locataire (appelé aussi preneur) dispose d'une faculté de résiliation triennale, c'est-à-dire qu'il peut interrompre le bail au terme de la 3e année ou la 6e année ou la 9e année en respectant un préavis de six mois, délai calculé par rapport à l'expiration de chaque période triennale.

Les parties peuvent toutefois insérer une clause spécifique dans le bail prévoyant qu'en cas de résiliation triennale par le locataire, une indemnité sera versée au bailleur pour compenser le préjudice qu'il subit du fait de cette résiliation anticipée.

En revanche, le bailleur ne peut mettre fin au bail avant l'expiration de la 9e année, et s'il donne congé à cette époque et ne renouvelle pas le bail, alors le locataire pourra lui demander une indemnité, appelée « indemnité d'éviction », pour réparer le préjudice qu'il subit du fait de ce non-renouvellement.

▷ Le congé à l'initiative du bailleur doit être donné par acte d'huissier. Le congé donné par lettre recommandée avec accusé réception est inexistant.

L'avantage de ce bail réside donc dans la certitude qu'il donne au créateur de pouvoir installer durablement son entreprise dans ces locaux, au moins pour une période de trois ans. Cette sécurité a un coût : le montant du loyer peut être révisé tous les trois ans même si cette augmentation est encadrée par l'indice du coût de la construction.

□ Voici à titre d'information quelques ratios moyens :
- m^2/employé : 10 à 20 m^2 par employé
  - en *open space* : 11 m^2/employé,
  - en immeuble haussmannien : 17 m^2/employé;
- prix au m^2 :
  - dans Paris *intra muros* : de l'ordre 150 € à 550 € pour un bureau de petite surface en état d'usage ou rénové,
  - compter environ 120 €/m^2 pour la grande banlieue ou les zones industrielles.

Ce bail est à privilégier pour les activités qui nécessitent un lieu d'activité stable.

▷ Il est conseillé de se faire assister d'un professionnel avant la signature d'un bail commercial car il s'agit d'un acte important susceptible d'affecter l'activité même de l'entreprise : si l'entreprise change d'activité ultérieurement, il est préférable que le bail le prévoie dès sa signature, sauf à engager une procédure, longue et coûteuse, pour changement d'affectation de l'immeuble; de même, dans l'hypothèse d'une possible sous-location, il est utile d'en discuter à ce stade initial.

b. D'autres possibilités ?

1. Un bail de courte durée

1208 Il existe deux possibilités de déroger au statut des baux commerciaux : le recours aux conventions d'occupation précaire ou aux baux de courte durée. Ces baux sont conclus pour une durée maximum de deux ans, ne sont pas renouvelables, et peuvent faire l'objet d'un congé tant du bailleur que du locataire sous réserve d'un délai de préavis raisonnable. Si, au-delà de deux ans, le locataire reste dans les lieux, ce bail se transforme en bail commercial. Le recours à une convention d'occupation précaire ne peut être envisagé que comme une solution transitoire car les locaux sont destinés à n'être utilisables que pendant une certaine période. Le risque est de se voir signifier un congé sans pouvoir s'y opposer.

▷ L'avantage est toutefois réel pour une société nouvelle : en compensation de cette précarité, le loyer est généralement peu onéreux.

2. La sous-location

1209 La sous-location est le contrat par lequel une personne (le locataire principal) qui a la jouissance de locaux en vertu d'un bail (bail principal) remet à son tour la jouissance de tout ou partie de ses locaux à un tiers, dénommé sous-locataire, moyennant un certain prix et pour un certain temps. Une entreprise peut tout à fait être sous-locataire d'une autre entreprise. Cependant, il faut là encore que l'affectation des locaux corresponde à l'activité exercée.

De plus, si l'entreprise principale est titulaire d'un bail commercial, plusieurs conditions doivent être remplies :

- la sous-location doit être autorisée formellement dans le bail initial. À défaut, le propriétaire du bail doit l'autoriser par écrit ultérieurement et distinctement (par une lettre ou un avenant au bail);
- le propriétaire doit être invité à participer à l'acte de sous-location : le locataire doit donc l'avertir de son intention de sous-louer par acte d'huissier ou par lettre recommandée avec accusé de réception et l'appeler à participer à l'acte[1].

3. Le contrat de domiciliation

1210 Le contrat de domiciliation est le contrat par lequel un tiers, le plus souvent une agence spécialisée, met à disposition d'une entreprise à titre principal une adresse destinée à être utilisée dans ses relations commerciales et, à titre accessoire, lui fournit diverses prestations pouvant contribuer à l'exercice de son activité (réception et renvoi du courrier, ligne téléphonique, secrétariat, mise à disposition de bureaux ou de salles de réunion, éventuellement service de comptabilité, etc.).

Le contrat de domiciliation doit être mentionné au Registre du commerce et des sociétés (RCS) en précisant l'identité de l'entreprise domiciliataire. Il est conclu pour une durée d'au moins trois mois, renouvelable par tacite reconduction.

Le domiciliataire, c'est-à-dire celui qui met le local à disposition, doit :

- être inscrit au RCS ou Répertoire des métiers (RM);
- mettre à la disposition de la personne domiciliée des locaux permettant une réunion régulière des organes de direction, de l'administration ou de la surveillance de l'entreprise et les services nécessaires à la tenue, à la conservation et à la consultation des livres, registres et documents prescrits par les lois et règlements;

1. C. com., art. L. 145-31.

– informer le greffier du tribunal à l'expiration du contrat ou en cas de résiliation de celui-ci, de la cessation de la domiciliation de l'entreprise dans ses locaux.

La personne domiciliée doit :

– s'engager à utiliser effectivement et exclusivement les locaux comme siège de l'entreprise ou, si le siège est situé à l'étranger, comme agence, succursale ou représentation;
– informer le domiciliataire de toute modification concernant son activité;
– lui déclarer tout changement (domicile personnel, état civil, forme juridique, objet, dirigeants...);
– donner mandat au domiciliataire de recevoir en son nom toute notification.

Le contrat de domiciliation peut être conclu au profit de centres d'affaires, de centres de domiciliation ou d'« incubateurs » (voir n° 1201) et « pépinières » (voir n° 1202).

c. Une autre législation à respecter : les règles d'urbanisme

1211 Le local dans lequel l'entreprise exerce son activité doit être à usage professionnel ou commercial.

▷ Pour vérifier que l'activité que vous souhaitez exercer est conforme aux règles d'urbanisme, vous pouvez prendre contact avec le service de l'urbanisme de la mairie de votre futur local.

2. S'installer chez soi

1212 S'installer chez soi peut signifier deux choses :

– domicilier son entreprise chez soi, c'est-à-dire donner l'adresse de son domicile personnel comme adresse administrative de l'entreprise figurant sur les documents commerciaux et juridiques;
– exercer une activité professionnelle chez soi.

Ces deux notions sont à distinguer car le régime qui leur est applicable est différent.

a. Domiciliation de l'entreprise au domicile du dirigeant

1213 Toute personne morale est autorisée à installer son siège au domicile de son représentant légal, sans limitation de durée si aucune disposition législative ou contractuelle ne s'y oppose. Par l'expression « disposition contractuelle », on vise le bail, le règlement de copropriété essentiellement, voire le règlement de lotissement. Par l'expression « disposition législative », on vise principalement les règles d'urbanisme.

Si une disposition législative ou contractuelle s'y oppose, la domiciliation ne pourra être que provisoire (5 ans maximum). De plus, cette installation doit être notifiée, par écrit et par lettre recommandée avec demande d'accusé de réception, au bailleur, au syndicat de la copropriété ou au représentant de l'ensemble immobilier. Cette dérogation est applicable aussi bien au moment de la création de la société qu'à l'occasion d'une modification d'immatriculation.

b. Exercer son activité à domicile

1214 Le créateur peut exercer une activité professionnelle chez lui si aucune disposition législative ou contractuelle ne s'y oppose. Cependant, tant la loi que le bail peuvent empêcher l'exercice d'une activité professionnelle dans le local d'habitation. Dans ce cadre, les règles légales applicables sont celles relatives à l'affectation des locaux.

En effet, chaque local a une destination bien déterminée : local d'habitation, local professionnel, local commercial, local administratif, etc.

Cependant, il faut avoir préalablement obtenu l'accord du propriétaire et/ou du syndicat des copropriétaires. Si vous comptez aussi travailler chez vous, il faut préalablement vérifier le bail et le règlement de copropriété.

Cette précision est nécessaire si on habite dans une ville de plus de 10 000 habitants ou en région parisienne.

La procédure de changement d'affectation étant longue, il est nécessaire de s'y prendre à l'avance. De plus, il faut toujours prévoir une autre solution dans la mesure où la mairie peut très bien ne pas accéder à cette demande pour des motifs liés aux règles d'urbanisme.

FAUT-IL SOUSCRIRE UNE ASSURANCE PARTICULIÈRE ?

▷ Le créateur ne doit pas oublier de souscrire une assurance particulière compte tenu de l'exercice de son activité professionnelle au sein de son domicile. Les assurances à envisager sont notamment les suivantes :
- assurance en dommage des locaux professionnels (incendie, dégât des eaux, vol) ;
- assurance en pertes d'exploitation. Si les locaux de l'entreprise sont dévastés par un incendie, le coût de la remise à neuf sera pris en charge par l'assurance dommage des locaux professionnels, mais l'entreprise sera hors d'état d'exercer son activité pendant plusieurs semaines, voire plusieurs mois, tant que les travaux n'ont pas été réalisés. Elle sera donc dans l'impossibilité de réaliser du chiffre d'affaires pendant ce temps-là. L'assurance perte d'exploitation couvre ce risque. L'opportunité de souscrire une telle assurance doit être évaluée selon le chiffre d'affaires généré et le coût de cette assurance.

c. Quels avantages ? Quels inconvénients ?

1215 C'est une solution économique (pas de loyer, prise en compte d'une partie de charges personnelles par l'entreprise, déduction desdites charges du bénéfice imposable de l'entreprise) et qui permet également un gain de temps. C'est aussi l'assurance d'un local stable.

Toutefois, travailler seul n'est pas toujours facile pour le créateur d'entreprise d'autant plus que l'isolement limite les échanges avec d'autres créateurs et avec les experts du secteur. ■

M Aides et subventions

Nos 1301 à 1335

PAGES

1301 Le capital-risque n'est pas la seule option pour un créateur d'entreprise innovante en mal de moyens financiers (voir chapitre E). Les aides publiques existantes, tant au niveau régional que national et européen, peuvent aider à formaliser un projet, financer la recherche et développement et recruter les premiers collaborateurs.

▷ Attention aux limites et aux coûts cachés des aides : temps de montage des dossiers, délais de réponse, risque de refus, délais de versement, cas de remboursement, limitations proportionnelles aux fonds propres...

Ce chapitre propose une sélection des différents dispositifs d'aides intéressant les jeunes entreprises innovantes.

TABLEAU RÉCAPITULATIF DES AIDES AUX JEI

	Dispositif	*Nature et montant*	*Organisme*
Aides à la création	Aide aux chômeurs créateurs d'entreprise	Permet de bénéficier soit d'un capital de départ soit d'allocations chômage tout en créant une société	ASSEDIC
Aides à l'innovation	Concours ministère de la Recherche pour la création d'entreprises innovantes	Subvention maximale de 450 k €	Ministère de la Recherche – ANR – OSEO anvar
	Aide aux chômeurs créateurs et repreneurs d'entreprise (ACCRE)	Exonération de charges sociales	DDTEFP
	Prêts d'honneur	Dispositifs régionaux Prêts de 15 à 90 k €	
	Prêts à la création d'entreprise (PCE)	Emprunt de 2 à 7 k € en cofinancement d'un emprunt bancaire de 21 k € au maximum	OSEO bdpme
	Contrat développement création	Emprunt de 30 à 80 k € en cofinancement de 50 % d'un emprunt bancaire	OSEO bdpme
	Garantie Sofaris	Garantie des emprunts bancaires à hauteur de 50 à 70 %	OSEO bdpme
	Aide à la création d'entreprise innovante	Avance à taux zéro, remboursable en cas de succès (subvention dans certains cas)	OSEO anvar
	Prêt participatif d'amorçage	Prêt jusqu'à 75 k € (150 k € avec le soutien de la Région) conditionné à une aide à l'innovation, pour attendre la levée de fonds	OSEO anvar
	Aide au projet innovant (y compris transfert de technologie)	Avance à taux zéro, remboursable en cas de succès, soutien jusqu'à 50 % des dépenses retenues	OSEO anvar
	Aide au montage de partenariat technologique	Subvention ou avance à taux zéro remboursable en cas de succès	OSEO anvar
	Aide régionale à l'innovation et au transfert de technologie (ARITT)	Dispositif comportant 4 volets : faisabilité, réalisation, recrutement, faisabilité laboratoires – Faisabilité et réalisation : Financement de 75 % des études, subvention plafonnée à 15 et 50 k € – Recrutement : Bac + 2 – Subvention de 50 % des salaires et charges plafonnée à 13 k €	Critt/Biocritt

	Dispositif	Nature et montant	Organisme
Aides à l'innovation	Agence Nationale de la Recherche (ANR)	Appels à projets thématiques (RNRT, biotech.). Collaboration PME/grands groupes/recherche publique	ANR
	Caution sur projet innovant	Garantie de la caution bancaire sur marchés d'ordre	OSEO bdpme
	Contrat de développement innovation	Prêt de 40 à 400 k € en cofinancement avec une banque	OSEO bdpme
	Garantie innovation OSEO sofaris	Garantie des interventions des banques et organismes de fonds propres	OSEO bdpme
	Programme-cadre de recherche et développement (PCRD)	Subventions européennes. Programmes CRAFT, STREP, REX ou PI	Commission européenne et PCN pme – OSEO anvar
	Prestation technologique réseau (PTR)	Dispositif régional. Financement jusqu'à 75 % des prestations (faisabilité, essais, PI). Subvention plafonnée à 5 k €	Réseau de développement technologique (RDT)
Aides au recrutement	Aide au recrutement pour l'innovation (ARI)	Subvention jusquà 50 % des salaires et charges : – Bac + 2 (Cortechs) : plafond de 13 k € – Bac + 5 et plus : plafond de 25 k € – Doctorant : plafond de 27 k €	OSEO anvar
	Convention industrielle de formation par la recherche (Cifre)	Recrutement doctorant – Subvention de 15 k €	ANRT
	Aide au recrutement des cadres (ARC)	Recrutement cadre – Subvention de 50 % des salaires et charges plafonnée à 30 k € sur 3 ans	DRIRE
	Dynamicadre	Dispositif régional. Mise à disposition d'un cadre au chômage pendant 3 mois	Chambres de commerce
Aides au conseil	Préconseil technologique (PCT)	Dispositif régional. Financement de 75 % d'une étude technico-économique. Subvention plafonnée à 5 k €	Critt/Biocritt
	Fonds d'aide régional au conseil (FRAC)	Dispositif régional. Financement de 80 % d'une étude courte – Subvention plafonnée à 4 k € Financement de 50 % d'une étude longue – Subvention plafonnée à 30 k €	Chambres de commerce
Aides à l'investissement	Fonds de développement des PMI (FDPMI)	Subvention régionale. Pour Paris, financement de 15 % d'un programme d'investissement de 3 M € maximum	DRIRE
	Prime à l'aménagement du territoire (PAT)	Subvention variant en fonction des régions entre 21 et 33 % du programme. PAT plafonnée à 100 k €	DATAR
Aides à l'export et implantation à l'international	Appui régional aux entreprises exportatrices (AREX)	Subvention IdF comportant 3 volets : – AREX Conseil : Financement de 50 % d'une étude, subvention plafonnée à 15 k € – AREX Emploi : Financement de 50 % salaires et charges d'un cadre export, subvention plafonnée à 35 k € – AREX Salons : financement de la participation à un salon entre 2,5 et 4 k €	CCIP

	Dispositif	Nature et montant	Organisme
Aides à l'export et implantation à l'international	SIDEX	Aide nationale. Financement de 30 % d'un projet de développement international. Subvention plafonnée à 7,5 k €	Ubifrance
	Assurance prospection	Assurance garantie export	Coface
	Crédit d'impôt pour prospection commerciale	Égal à 50 % des dépenses éligibles, il est plafonné à 40 k €	Centre des impôts
	FASEP- Garantie	Garantie de fonds propres s'inscrivant dans le dispositif d'appui à l'implantation et au développement des PME françaises à l'étranger. Couverture du risque économique à l'exclusion du risque politique. Taux de garantie jusqu'à 50 % de l'assiette éligible, plafonné à 1,5 M € par entreprise ou groupe d'entreprises	OSEO sofaris-AFD- COFACE

Des aides sectorielles existent par ailleurs pour les entreprises innovantes relevant de ce secteur comme les aides de l'ADEME, le FONGIME...

▷ OSEO met à la disposition des entrepreneurs une base complète et pratique pour découvrir tous les dispositifs d'aides publiques adaptés à leur projet : www.semaphore.cci.fr/oseo/question.phtml.

I. Concours national d'aide à la création d'entreprises de technologies innovantes

1302 Le concours national d'aide à la création d'entreprises de technologies innovantes du ministère délégué à la Recherche et de l'ANR, géré pour leur compte par OSEO anvar a pour objectif d'offrir aux entrepreneurs la possibilité de formaliser un projet encore au stade de l'idée ou de le concrétiser en créant leur entreprise.

A. Conditions et modalités

1303 Le concours est ouvert à toute personne physique résidant en France, à tout Français résidant à l'étranger et à tout ressortissant de l'Union européenne. Le projet présenté doit prévoir la création d'une entreprise innovante dont le siège social devra obligatoirement être situé en France.

Les projets présentés sont de deux types :

- projets « en émergence » : au stade de l'idée;
- projets « en création développement » : projets matures. La participation dans la catégorie « création développement » est réservée aux entreprises non encore créées.

Il existe cependant une exception à cette règle : les lauréats de la catégorie « en émergence » peuvent concourir dans la catégorie « création développement » à condition que leur société soit créée depuis moins d'un an à la date du dépôt du dossier.

B. Subventions

1304 • Projets « en émergence » : la subvention versée aux lauréats est d'un montant maximal de 45 000 €. Elle ne peut dépasser 70 % du total des frais retenus. Elle est versée pour 50 % à la signature du contrat. Le versement du solde est effectué sur présentation à OSEO anvar des factures acquittées au titre du programme financé.

• Projets « création développement » : le montant maximal de la subvention versée à la société s'élève alors à 450 000 €. Elle est destinée à financer 50 % du programme d'innovation. Le versement est effectué de manière échelonnée :

- versement d'une avance de 50 % à la signature du contrat;
- versement du solde effectué après justification de la totalité des dépenses retenues pour le calcul de l'aide et remise d'un rapport de fin de programme.

La date limite de dépôt des dossiers est fixée à la mi-février.

▷ Adresse utile : www.recherche.gouv.fr/technologie/concours/2006/index.htm.

II. Aides à la création

A. Aide aux chômeurs créateurs ou repreneurs d'entreprise (ACCRE)

1. Bénéfice de l'aide

1305 • **Attributaires :**

- demandeurs d'emploi indemnisés ou susceptibles de l'être;
- demandeurs d'emploi non indemnisés, ayant été inscrits six mois à l'ANPE au cours des dix-huit derniers mois;
- salariés repreneurs de leur entreprise en difficulté (dans le cadre d'une procédure de redressement ou de liquidation judiciaire);
- bénéficiaires du CAPE.

• **Nature de l'aide.** L'ACCRE consiste en une exonération de charges sociales pendant un an à compter soit de la date de l'affiliation au régime des non-salariés, soit du début d'activité de l'entreprise si l'assuré relève d'un régime de salarié.

Pour les demandeurs d'emploi indemnisés ou susceptibles de l'être, l'exonération est totale à l'exception du régime de retraite complémentaire. Pour les autres bénéficiaires, l'exonération ne porte que sur la partie des revenus ou rémunérations ne dépassant pas 120 % du SMIC.

Sont prises en charge, dans les deux cas, quel que soit leur nouveau statut (salarié ou non salarié), les cotisations (patronales et salariales pour les salariés) de sécurité sociale.

▷ Attention, la CSG et la CRDS ne sont pas exonérées.

• **Conditions.** Les bénéficiaires doivent créer ou reprendre une entreprise, quel que soit son secteur d'activité et quelle que soit sa forme, et en exercer effectivement le contrôle.

2. Procédure

1306 • Le dossier comprend :

– le dossier économique de demande d'aide à la création d'entreprise (cerfa nº 12254*02). Ce document doit être rempli en deux exemplaires;

– le formulaire de demande d'aide à la création d'entreprise (ancien formulaire cerfa nº 61-2327 ou nouveau formulaire : cerfa nº 12618*01). Ce formulaire est destiné aux demandeurs d'emploi et aux bénéficiaires du RMI;

– le formulaire de demande de maintien de la couverture sociale (cerfa nº 61-2328). Une fois l'aide accordée, le créateur peut pendant douze mois continuer à bénéficier gratuitement de la couverture sociale du régime de Sécurité sociale dont il dépendait auparavant.

• Un certain nombre de documents sont à joindre au dossier de demande d'aide à la création d'entreprise.

– pour tous les demandeurs :

- une photocopie d'une pièce d'identité,
- une photocopie de la carte de résident (pour les étrangers),
- un bordereau de situation fiscale à jour,
- une attestation sur l'honneur de non-bénéfice de l'aide depuis trois ans,
- un relevé d'identité bancaire ou postal,
- le cas échéant : justificatifs autorisant à l'exercice de la profession;

– pour les personnes percevant une allocation de chômage : une notification d'ouverture des droits aux allocations de chômage (Assedic ou autres).

– pour les personnes remplissant les conditions nécessaires à l'attribution d'une allocation de chômage :

- la lettre de licenciement,
- les bulletins de salaire des quatre derniers mois (pour les personnes licenciées n'étant pas encore en possession de leur notification d'ouverture des droits aux allocations de chômage),
- la notification d'ouverture des droits aux allocations spécifiques de conversion (pour les bénéficiaires des allocations spécifiques de conversion);

– pour les personnes inscrites comme demandeurs d'emploi depuis six mois et ne percevant pas d'allocation de chômage : une attestation d'inscription à l'Agence nationale pour l'emploi (Anpe);

– pour les sociétés : un projet de statut (dans lequel figure la répartition des parts sociales) signé par tous les associés et, le cas échéant, la justification des liens de parenté.

La demande d'exonération doit être formulée auprès de la DDTEFP avant la création ou la reprise de l'entreprise. La date figurant sur l'accusé de réception qui vous a été remis en main propre ou qui vous a été retourné, en cas d'envoi postal, ouvre le délai d'instruction du dossier.

▷ Adresses utiles :
- www.urssaf.fr, rubrique « Employeurs, dossiers réglementaires »,
- www.travail.gouv.fr, rubrique « Informations pratiques, formulaires en lignes ».
- DDTEFP. Pour Paris :
109, rue Montmartre, 75002 Paris – tél. + 33 1 44 76 69 30

B. Prêt d'honneur

1307 Un prêt dit « d'honneur » est un crédit à moyen terme, dont la durée est généralement comprise entre deux et cinq ans, octroyé au créateur (et non à l'entreprise qu'il crée). Sa principale caractéristique est l'absence de garantie personnelle ou réelle. Ces prêts permettent notamment au créateur d'avoir accès au crédit bancaire, en lui servant d'apport personnel.

Il est destiné à tous les créateurs, quelle que soit l'activité développée : micro-projets, développement en milieu rural, etc. Certains organismes distributeurs sont toutefois plus orientés vers les projets à contenu technologique.

QUELQUES ADRESSES POUR LES JEI

▷ • **Prêt d'honneur Scientipole Initiative**
- Prêt personnel de 15 000 € à 60 000 € accordé aux porteurs de projets, sans intérêt ni garantie, remboursable sur cinq ans avec un différé d'un an maximum.
- Bénéficiaires : PME innovantes installées en Île-de-France de moins de trois ans d'existence.
- Contact/adresse utile : www.scientipole-initiative.org – tél. + 33 1 60 19 42 67.

• **Prêt d'honneur Biotech Entreprendre**
- Prêt personnel de 45 000 € à 90 000 € sans intérêt ni garantie.
- Bénéficiaires : sociétés de biotechnologies situées en Île-de-France ayant une capacité d'autofinancement prévue en moins de trois ans.
- Contact/adresse utile : biotech@reseau-entreprendre.org.

• **Prêt d'honneur de Paris Entreprendre**
- Prêt personnel de 15 000 € à 45 000 € sans intérêt ni garantie, remboursable sur trois ans avec un différé de dix-huit mois maximum.
- Bénéficiaires : PME de moins de deux ans à potentiel de création d'emplois et détenues majoritairement par les actionnaires fondateurs.
- Contact/adresse utile : www.paris-entreprendre.org – tél. + 33 1 55 28 81 10.

C. Aides OSEO bdpme

1308 OSEO bdpme et sa filiale OSEO sofaris proposent différentes options de garanties et crédits bancaires aux entreprises de moins de trois ans.

L'entreprise doit d'abord soumettre son projet à sa banque, qui le transmettra ensuite à la délégation régionale d'OSEO bdpme en vue d'obtenir les garanties ou les crédits nécessaires.

Il est possible de consulter un chargé d'affaires d'OSEO bdpme pour mieux comprendre les mécanismes et maximiser les chances de votre dossier.

▷ Contact : la liste des interlocuteurs par région est disponible sur le site www.oseo.fr/banques_et_investisseurs/banques. Tél. + 33 1 53 89 77 23 pour Paris.

1. Prêt à la création d'entreprise (PCE)

1309 Il s'agit d'un prêt de 2 000 € à 7 000 €, sans garantie ni caution personnelle, remboursable sur cinq ans avec six mois de différé de remboursement. Le PCE accompagne obligatoirement un prêt bancaire à plus de deux ans d'un montant maximum de 21 000 €. Ce prêt est destiné à financer les frais de démarrage des entreprises pour lesquelles les ressources à mettre en œuvre sont inférieures à 45 000 €. Ces ressources incluent le PCE, le financement bancaire, les prêts d'honneur et les apports personnels du créateur.

▷ Adresse utile : www.oseo.fr/banques_et_investisseurs/banques.

2. Garantie création OSEO sofaris

1310 OSEO sofaris garantit tous les concours financiers d'une durée égale ou supérieure à deux ans, y compris ceux consentis au dirigeant pour réaliser des apports en fonds propres, un crédit-bail.

En matière de partage du risque, OSEO sofaris garantit au maximum 50 % de l'emprunt contracté. Ce taux peut être porté à 70 % en cas de création d'entreprise. Les prêts d'accompagnement du PCE peuvent bénéficier d'une extension de garantie OSEO jusqu'à 70 %.

La garantie OSEO sofaris facilite l'obtention des crédits bancaires, la caution personnelle du dirigeant ne peut excéder 50 % de l'encours du prêt accordé et la banque a interdiction de prendre une hypothèque sur la résidence principale du créateur.

Le coût du fonds de garantie prend la forme d'une commission annuelle de 0,7 à 0,9 % du capital restant dû.

▷ Adresse utile : www.oseo.fr/banques_et_investisseurs/banques.

▷ Un dispositif similaire appelé « Biotech-Garantie » existe en faveur des **entreprises de biotechnologies**. Ce produit accorde une garantie au partenaire financier à hauteur de 50 % à 70 % des sommes versées.

3. « Garantie développement » OSEO sofaris

1311 Le contrat de développement création d'entreprise s'adresse aux PME de moins de trois ans, justifiant d'un début d'activité, et dont la croissance prévisionnelle du chiffre d'affaires est d'au moins 5 % l'an.

Il finance en priorité les investissements immatériels, la R&D, le lancement de nouveaux produits et les investissements à faible valeur de gage, ainsi que les besoins en fonds de roulement liés à la création.

Le montant du contrat de développement création d'entreprise est compris entre 24 000 € et 80 000 €. Il est obligatoirement accompagné d'un prêt bancaire et/ou d'une intervention en fonds propres d'organismes de capital-risque, l'ensemble étant d'un montant au moins égal au double du CDCE et d'une durée minimale de cinq ans. Le montant du CDCE est au plus égal au montant des fonds propres et assimilés.

Sa durée est de six ans, avec un remboursement progressif du capital.

Aucune garantie sur les actifs de l'entreprise, ni sur le patrimoine du dirigeant n'est retenue au titre du CDCE : seule une retenue de garantie de 5 % du montant du prêt est prévue. Le CDCE bénéficie de l'intervention conjointe d'OSEO sofaris « fonds création » et d'OSEO sofaris régions à hauteur de 80 % de l'encours du prêt.

D. Aides à la création d'entreprises de technologies innovantes

1312 Les bénéficiaires sont les personnes physiques assujetties à l'impôt en France ou les PME dont la création effective date de moins de trois ans.

Ce dispositif est destiné à accompagner le créateur dans son plan d'entreprise et à procéder à des vérifications *a minima* techniques et juridiques pour valider la faisabilité du projet d'innovation.

Les dépenses financées recouvrent la conception et la définition du projet, les études de faisabilité commerciale, technique, juridique et financière, les recherches de partenaires...

Cette aide prend la forme d'une participation au financement du projet (jusqu'à 50 %) par subvention, par avance à taux zéro, remboursable en cas de succès.

▷ Contact utile : OSEO anvar dans votre région.

E. Prêt participatif d'amorçage (PPA)

1313 Les bénéficiaires sont les PME innovantes de moins de cinq ans bénéficiant d'une aide à l'innovation d'OSEO anvar, d'une aide « création-développement » au titre du concours national d'aide à la création d'entreprises de technologies innovantes, ou d'une aide régionale à la création d'entreprises innovantes instruite par OSEO anvar.

Il s'agit de créer des conditions favorables à l'intervention ultérieure d'un fonds d'amorçage ou d'une société de capital-risque ou d'un industriel, sans retarder l'avancement du projet.

Toutes les dépenses du programme d'innovation peuvent être prises en charge.

Cette aide prend la forme d'un prêt sans garantie ni caution personnelle de 50 000 à 75 000 € (jusqu'à 150 000 € avec le soutien de la Région). Il est toutefois plafonné aux apports en fonds propres au jour de l'attribution, et au montant de l'aide à l'innovation obtenue. Sa durée est de huit ans, avec un différé d'amortissement en capital de trois ans.

▷ Contact utile : OSEO anvar dans votre région.

F. Autres dispositifs

1314 • **Prime régionale à la création d'entreprise (PRCE)**

– Entreprises bénéficiaires : il s'agit d'entreprises enregistrées au Registre du commerce depuis moins de douze mois à la date où elles présentent leur demande.

– Modalités : il s'agit d'une subvention attribuée par la Région qui peut se combiner avec la prime régionale à l'emploi pour encourager la création d'entreprises Cette aide existe dans quelques régions : Alsace, Basse-Normandie, Bretagne, Lorraine... Les règles d'attribution sont déterminées librement par le conseil régional.

▷ Contact utile : Chambres de commerce.

III. Aides à l'innovation

A. Aides OSEO anvar

1. Aide au projet innovant

1315 L'aide au projet innovant sous la forme d'avance remboursable en cas de succès permet de financer les différentes étapes du projet : formulation et faisabilité, développement, préparation du lancement industriel.

Elle peut ainsi couvrir la définition du projet, les études de marchés et de faisabilité technique, l'acquisition de technologies, la mise au point de l'innovation, la réalisation de prototypes et d'installations pilotes, le dépôt et l'extension de brevets, la recherche de partenaires...

D'une manière générale, l'aide au projet innovant est destinée aux entreprises du secteur industriel et tertiaire industriel, ayant moins de 2 000 personnes et indépendantes d'un groupe de plus de 2 000 salariés. Elle peut financer un programme de R&D, y compris un transfert de technologie, dans la limite de 50 % des dépenses HT retenues.

L'aide, sous forme d'avance à taux zéro, remboursable en cas de succès, est plafonnée au montant des fonds propres de l'entreprise. Cette dernière devra également justifier du plan de financement associé au programme de recherche.

▷ Ainsi, la signature du contrat d'aide pourra être subordonnée à la réalisation d'une augmentation de capital ou à des apports en comptes courants d'associés bloqués.

Son versement est défini de façon à apporter au porteur de projet une avance de trésorerie à chaque étape clé du projet. Il est modulable dans le temps et en fonction de la progression du projet.

▷ Contacts/adresses utiles : www.oseo.fr/entrepreneurs_porteurs_de_projets/innover. Rubriques « Nos conseils »/« l'aide à l'innovation » et « Offre OSEO »/« Aide au projet innovant ».

2. Aide au montage de partenariats technologiques nationaux et internationaux

1316 Les bénéficiaires de cette aide sont les PME de moins de 2 000 salariés indépendantes d'un groupe de plus de 2 000 personnes.

Elle a pour objectif de faciliter la participation des PME à des projets collaboratifs nationaux ou transnationaux : pôles de compétitivité, programme cadre de recherche et développement de la Commission européenne (PCRD), EUREKA et coopérations extra-européennes, en particulier avec certains pays[1].

Les dépenses financées couvrent les frais d'examen de la faisabilité et des conditions de la réussite du partenariat, ceux de la recherche de partenaires, ceux de la préparation des accords et du dossier de demande de fonds.

Cette aide prend la forme d'une participation au financement du projet par subvention, par avance à taux zéro, remboursable en cas de succès.

▷ Contact utile : OSEO anvar dans votre région.

1. Brésil, Chine, États-Unis, Ind
Israël, Maroc, Tunisie, Russie

3. Prestation technologique réseau (PTR)

1317 – Objectif : permettre aux PME peu familiarisées avec l'innovation d'intégrer une dimension technologique dans leur stratégie de développement en ayant accès à des centres de compétences.

– Bénéficiaires : PME selon la définition européenne. L'entreprise doit ne pas avoir bénéficié d'une aide publique à caractère technologique depuis moins de deux ans (OSEO anvar, Atout, Aritt Transfert...).

– Modalités : le prestataire est choisi par l'entreprise en concertation avec le conseiller technologique.

– Financement : la PTR, financée par OSEO anvar et certains conseils régionaux, prend en charge jusqu'à 75 % du montant HT de la prestation (pré-études technologiques, essais, modélisation, caractérisation de produit, étude de marché et de l'état de l'art technique, recherche de partenaires...). Cette subvention, plafonnée à 5 000 € HT, est versée directement au prestataire.

▷ Adresses utiles : Réseau de développement technologique (www.rdt-france.org/rdt/index.htm).

B. Interventions OSEO bdpme en garantie et cofinancement bancaire

1. Garantie innovation OSEO sofaris

1318 Les bénéficiaires de cette aide sont les PME (au sens du droit communautaire; voir n° 1006) innovantes de plus de trois ans, souhaitant obtenir un concours bancaire (crédit ou crédit-bail) pour financer un projet :

– de conception et développement de produits ou services nouveaux (R&D, industrialisation, commercialisation);

– d'introduction d'une technologie ou technique nouvelle (fabrication, commercialisation, gestion...).

▷ Les PME de moins de trois ans engageant un programme d'innovation bénéficient d'un dispositif équivalent grâce au fonds de garantie création.

Son objectif est de faciliter l'accès des PME innovantes aux financements bancaires.

Sont couverts par cette aide :

– les investissements immatériels ou à faible valeur de gage;

– l'augmentation du besoin en fonds de roulement généré par le projet innovant;

– tout type d'investissements pour les jeunes entreprises reconnues innovantes (soutenues par OSEO anvar ou un fonds de capital-risque).

L'aide prend la forme d'une garantie du concours bancaire à hauteur de 60 %.

▷ Contact utile : banque ou OSEO bdpme dans votre région.

2. Caution sur projet innovant

1319 Les bénéficiaires sont les PME (voir n° 1006) innovantes recherchant une caution bancaire pour accéder à l'un des premiers marchés, ou à un contrat qui représente une rupture significative (en termes de taille ou de marché servi) avec l'activité antérieure.

Il s'agit de faciliter l'émission, par les banques, de cautions sur marchés d'ordre et pour le compte de PME, au bénéfice de leurs clients, les grands comptes privés et publics.

Les cautions éligibles sont les garanties à première demande (GAPD) ou les cautions sur marché (de restitution d'acompte, de bonne fin...).

L'aide prend la forme d'un partage de risque avec les banques à hauteur de 80 % dans la limite de 300 000 €.

▷ Contact utile : banque ou OSEO bdpme dans votre région.

3. Contrat de développement innovation

1319-1 Les bénéficiaires sont les PME (voir n° 1006) de plus de trois ans engageant un programme d'innovation :

- lancement industriel et commercial d'un produit;
- développement d'une technologie innovante;
- modernisation de l'outil de production;
- conquête de nouveaux marchés;
- nouveaux modes de commercialisation de produits et/ou services.

Il s'agit là encore de faciliter le financement des investissements immatériels et des besoins en fonds de roulement du programme.

Entrent dans le domaine de cette aide les frais de recrutement et formation, prospection, négociation des premières commandes, marketing, communication, mise aux normes, implantation à l'étranger, matériels, progiciels, équipements à faible valeur de revente, besoins en fonds de roulement...

Il s'agit d'un prêt sans garantie ni caution personnelle de 40 000 à 400 000 €, d'une durée de six ans avec un allégement du remboursement la première année. Ce prêt est accompagné d'un concours bancaire qui peut être garanti à 60 % par le fonds de garantie innovation d'OSEO sofaris.

▷ Contact utile : OSEO bdpme dans votre région ou votre banque.

C. Aides régionales à l'innovation : aide régionale à l'innovation et au transfert de technologie (ARITT)

1320 L'ARITT permet aux PME d'engager des contrats de collaboration avec les centres de recherche ou d'enseignement supérieur, entreprises agréées « crédit impôt recherche » afin de pouvoir développer des projets innovants. Cette aide comporte 4 volets.

• **ARITT Faisabilité**

– Objectif : faire réaliser une étude du projet sous les aspects techniques ou économiques préalablement à un transfert de technologie.

– Bénéficiaires : toute PME implantée en Île-de-France n'appartenant pas à plus de 25 % à un groupe de plus de 250 salariés.

– Modalités : le centre d'accueil du projet doit appartenir au secteur public pour la partie technique. La partie économique peut être réalisée par un expert public ou privé.

– Financement : la subvention du conseil régional d'Île-de-France représente 50 % du coût de la prestation. Ce taux peut être porté à 75 % pour les entreprises de moins de trois ans. La subvention est plafonnée à 15 000 € par an et par entreprise.

• **ARITT Réalisation**

– Objectif : permettre aux PME d'engager des contrats de collaboration avec les laboratoires, organismes de recherche ou d'enseignement supérieur, entreprises agréées « crédit impôt recherche ».

– Bénéficiaires et modalités : les mêmes que pour ARITT Faisabilité.

– Financement : la subvention du conseil régional d'Île-de-France représente 50 % du coût de l'intervention, 75 % pour les entreprises de moins de trois ans. La subvention est plafonnée à 50 000 € par an et par entreprise.

Si le contrat passé avec le centre d'accueil du projet nécessite une longue collaboration ainsi que plusieurs phases de réalisation, ces dernières pourront faire chacune l'objet d'une demande.

• **ARITT Aide au recrutement** (voir n° 1322).

• **ARITT Faisabilité Laboratoires**

– Objectif : apporter une participation financière aux laboratoires de recherche publics qui souhaitent réaliser les études et prototypes nécessaires avant un transfert industriel. Une étude de marché préalable réalisée par un conseil spécialisé devra être jointe au dossier de demande de subvention.

– Financement : la subvention du conseil régional d'Île-de-France, plafonnée à 15 000 €, sera égale à 50 % du coût HT du projet. L'assiette de la subvention ne comprendra que les coûts liés à la réalisation des études et prototypes.

▷ Adresses utiles :
- Sociétés biotech : www.biocritt.fr/lesaides.asp – ARCE.
- Sociétés des secteurs NTIC, électronique, informatique, optique : www.critt-ccst.fr/subventions/subventions.htm.

D. Aides thématiques de l'agence nationale de la recherche (ANR)

1321 L'ANR gère des appels à projets thématiques : réseau national de recherche en télécommunications (RNRT), réseau national en technologies logicielles (RNTL). Ces programmes ont pour objet la constitution de projets coopératifs innovants associant entreprises (PME et grands groupes) et équipes de la recherche publique.

Le programme « Émergence et maturation de projets de biotechnologie » prévoit le versement d'une aide financière aux projets issus des entités de recherche académiques pour la réalisation d'études complémentaires.

▷ Adresse utile : www.gip-anr.fr.

IV. Aides au recrutement

1322 • **Aide au recrutement pour l'innovation (ARI)**

OSEO anvar propose un soutien financier adapté quel que soit le niveau de recrutement de salariés affectés à des tâches de R&D : ingénieur, DEA, DESS, docteur, BTS ou DUT.

Profils	*Nature du contrat*	*Subvention*
Diplômé de 1er cycle supérieur (BTS, DUT...) – Bac + 2-3 Convention Cortechs[1]	CDI ou CDD	Prise en charge jusqu'à 50 % des salaires + charges Plafond de 13 000 €
Diplômé de 3e cycle supérieur (ingénieur DEA DESS...) – Bac + 5 et plus	CDI	Prise en charge jusqu'à 50 % des salaires + charges Plafond de 25 000 €
Docteur – Bac + 8	CDI ou CDD	Prise en charge jusqu'à 50 % des salaires + charges Plafond de 27 000 €

La subvention est versée en deux tranches : 50 % lors de la signature du contrat, le solde au bout de douze mois.

▷ Adresses utiles :
- www.oseo.fr, rubrique « Tous nos services, l'offre OSEO »;
- www.oseo.fr/entrepreneurs_porteurs_de_projets/innover.

• **ARITT Recrutement**

– Bénéficiaires : toute PME implantée en Île-de-France non filiale d'un grand groupe de plus de 500 salariés présentant un projet d'innovation.

– Conditions : le technicien doit être titulaire d'un DUT ou d'un BTS depuis moins de cinq ans et embauché en contrat à durée indéterminée à un salaire brut annuel minimum de 15 300 €.

– Financement : la Région Île-de-France prend en charge 50 % des charges de salaires pour la première année de recrutement du technicien. La subvention est plafonnée à 13 000 €. Elle est de 15 245 € pour les sociétés de biotechnologie.

▷ Adresses utiles :
- Sociétés biotech : www.biocritt.fr/arrittemploitec.asp.
- Autres : www.critt-ccst.fr/subventions/subvention_aritt_e. htm.

• **Convention industrielle de formation par la recherche (CIFRE)**

– Objectifs : permettre à un jeune doctorant de réaliser sa thèse en entreprise en menant un programme de recherche et développement en liaison avec une équipe de recherche extérieure à l'entreprise.

– Modalités : la convention CIFRE est passée pour trois ans entre l'Association nationale de la recherche technique (ANRT) et l'entreprise. La convention associe trois partenaires :

- l'entreprise : elle est de droit français, implantée en France. Elle confie au doctorant un projet de R&D et implique un laboratoire externe pour l'encadrement du doctorant en vue de la préparation de sa thèse;
- le doctorant : il s'inscrit en doctorat et est titulaire d'un contrat de travail (CDI ou CDD);
- le laboratoire : il doit appartenir à un établissement d'enseignement supérieur, un organisme public de recherche, être un laboratoire industriel ou un laboratoire étranger.

– Subvention : son montant s'élève à 14 635 € correspondant à un salaire brut annuel minimum de 20 215 €. La gestion des CIFRE est assurée par l'ANRT pour le compte du ministère délégué à la Recherche et aux nouvelles Technologies.

▷ Adresse utile : Association nationale de la recherche technique (ANRT) – Service CIFRE – tél. + 33 1 55 35 25 60 – www.anrt.asso.fr.

1. Convention de recherche pour les techniciens supérieurs du ministère délégué à la Recherche, gérée par OSEO anvar. Elle associe 3 partenaires : l'entreprise, le technicien et le centre de compétences (école d'ingénieurs, laboratoire de recherche...). Elle est passée pour un an entre OSEO anvar et l'entreprise. Durant cette période, le technicien reçoit une formation à la gestion de projet d'une durée de 80 heures.

• **Aide au recrutement de cadres (ARC)**

– Bénéficiaire : PME de moins de 250 personnes et non contrôlées à plus de 25 % par un groupe de plus de 250 personnes.

– Projets soutenus : embauche d'un cadre sur la base d'un contrat à durée indéterminée, liée à la création d'une fonction nouvelle pour l'entreprise. Sont exclues les embauches de cadres possédant des actions de l'entreprise.

– Modalités : subvention pouvant représenter jusqu'à 50 % d'une année de salaires et de charges sociales du cadre recruté, dans la limite de 30 000 € sur une période de trois ans.

▷ Contact : Direction régionale de l'Industrie, de la Recherche et de l'Environnement (DRIRE) - tél. + 33 1 55 44 53 53.

• **Dynamicadre**

– Bénéficiaires : PME proposant une mission à un cadre sur un poste n'ayant pas fait l'objet d'un licenciement économique dans les six derniers mois.

– Salariés éligibles : demandeurs d'emploi inscrits à l'ANPE ou à l'APEC et ayant exercé des responsabilité de cadre pendant au moins cinq ans.

– Modalités : le cadre est en mission pendant trois mois à temps plein ou six mois à mi-temps dans l'entreprise. Il n'a pas le statut de salarié mais celui de stagiaire de la formation professionnelle indemnisé par les Assedic. Il est accompagné par un organisme support et par un tuteur nommé dans l'entreprise. La mission est définie par un protocole d'accord signé par le cadre, l'entreprise et l'organisme support.

– Intérêt : le stagiaire n'est pas rémunéré pendant sa mission qui peut être assimilée à une période d'essai. Seuls sont pris en charge les frais de transport et de repas. Ce dispositif permet ainsi de procéder à des recrutements dans des conditions favorables.

▷ Contacts : chambres de commerce.

V. Aides au conseil

1323 • **Préconseil technologique (PCT)**

– Objectifs : les opérations de préconseil consistent en un diagnostic de une à douze journées réalisées par un expert. Cette subvention permet d'aider les entreprises de moins de trois ans sur les problèmes de propriété industrielle ou d'expertise technico-économique.

– Bénéficiaires : PME implantées dans la région Île-de-France n'appartenant pas à plus de 25 % à un groupe de plus de 250 salariés, porteurs de projet de création d'entreprise résidant en Île-de-France.

– Intervenants agréés : experts du secteur public ou experts dépendant de sociétés de recherche sous contrat, d'établissements d'enseignement privé et d'entreprises agréés au titre du crédit impôt recherche.

– Financement : la Région finance 75 % du coût de l'intervention de l'expert d'une durée de un à douze jours. Cette subvention, plafonnée à 5 000 € HT, est versée directement au prestataire après vérification du règlement de la quote-part de l'entreprise.

▷ Adresses utiles :
- Sociétés biotech : www.biocritt.fr/lesaides.asp.
- Autres : www.critt-ccst.fr/subventions/subvention_pct. htm.

• **Fonds régional d'aide au conseil (FRAC)**

– Bénéficiaires : PMI de moins de 250 personnes et non contrôlées à plus de 25 % par un groupe de plus de 250 personnes.

– Projets soutenus : appel à un consultant extérieur pour des études de marché, rédaction de *business plan*, études stratégiques, propriété industrielle, *design*... Les prestations de conseil portant sur des aspects administratifs ou réglementaires (tenue comptable, suivi juridique...) sont exclues.

– Modalités : subvention variable selon les régions, pouvant représenter jusqu'à :
- 80 % du coût d'une étude d'une durée inférieure à cinq jours, dans la limite de 3 800 €,
- 50 % du coût d'une étude plus longue, dans la limite de 30 000 €.

Une même entreprise ne peut bénéficier de plus de deux subventions au titre du FRAC sur une période de trois ans (diagnostic court éventuel non compris). Elle paie directement le prestataire et se fait rembourser par la suite.

▷ Adresses utiles : chambres de commerce.

• **Aide au conseil aux entreprises (ACE)**

– Bénéficiaires : PME sur tout le territoire.

– Projets soutenus : intervention d'un consultant en matière de gestion de ressources humaines.

– Modalités : subvention représentant entre 20 et 50 % du coût global (constitué du coût du conseil externe et du surcoût interne) dans la limite de 80 % du coût externe plafonné à 60 980 € HT.

▷ Adresse utile : Direction régionale du Travail, de l'Emploi et de la Formation professionnelle, www.travail.gouv.fr/, Fiches pratiques, Rubrique « Santé/Conditions de travail », sous-rubrique « Aides à l'amélioration et à l'organisation des conditions de travail ».

VI. Aide à l'investissement en matériel

1324 • **Fonds de développement des PMI (FDPMI)**

Cette aide existe dans quelques régions : Île-de-France, Alsace, Bourgogne, Rhône-Alpes, PACA...

– Bénéficiaires : PMI de moins de 250 personnes, non contrôlées à plus de 25 % par un groupe de plus de 250 personnes.

– Projets soutenus : programmes d'investissements en matériels neufs de production permettant une modernisation de l'entreprise.

– Modalités : le taux de l'aide varie en fonction de la taille et du lieu d'implantation de l'entreprise. Pour les entreprises situées en Île-de-France, la subvention représente :
- 15 % des investissements pour les entreprises de moins de 50 personnes,
- 7,5 % des investissements pour les entreprises de plus de 50 personnes.

Le programme d'investissement est plafonné à 3 M € HT par projet.

▷ Contacts : Direction régionale de l'Industrie, de la Recherche et de l'Environnement, Division Développement industriel – tél. + 33 1 44 59 47 47.

• **Prime à l'aménagement du territoire (PAT)**

La DATAR (Délégation à l'aménagement du territoire et à l'action régionale) apporte une aide aux entrepreneurs : la prime à l'aménagement du territoire (PAT).

Cette subvention est accordée par l'État aux entreprises qui réalisent des projets d'investissement créateurs d'emplois.

La PAT s'adresse aux PME mettant en œuvre un programme d'investissement industriel (laboratoire, unités de fabrication...) d'un montant minimum de 2,3 M € générant la création de 15 emplois sur trois ans. La PAT est variable d'une région à l'autre. Elle couvre entre 21,5 % à 33 % du coût du projet avec un plafond fixé à 100 k €.

Elle peut également financer des projets de recherche. Les entreprises qui lancent un programme de recherche sur tout le territoire, à l'exception de Lyon et de l'Île-de-France, sont éligibles à une prime. La subvention peut atteindre au maximum 60 % du coût du projet selon la taille de l'entreprise, sa localisation et le stade du projet de recherche.

▷ Adresse utile : le site de la DATAR indique les zones couvertes, voir www.datar.gouv.fr, rubrique « Aides aux entreprises ».

VII. Implantation à l'international et aides à l'export

A. Dispositif d'aides à l'export

1325 Il existe des dispositifs régionaux, nationaux et européens d'aides à l'export.

Le dispositif de subventions à l'export est variable en fonction des régions.

▷ Le site www.interex.fr, rubrique « Aides » recense les différentes aides proposées, les conditions d'éligibilité et les contacts. Voir également www.exporter.gouv.fr, Espace entreprises, Boîte à outils de l'export.

1. Dispositif AREX (appui régional aux entreprises exportatrices)

1326 Ce dispositif, spécifique à l'Île-de-France, comporte trois volets.

Les entreprises bénéficiaires sont les PME de droit français implantées en Île-de-France non contrôlées à plus de 25 % par une entreprise employant elle-même plus de 250 personnes. Les parts de capital détenues par les investisseurs financiers ne sont pas prises en compte.

• AREX Conseil : l'entreprise doit présenter au moins une liasse fiscale. Il s'agit d'une aide d'un conseil extérieur pour élaborer un plan de stratégie à l'export ou réaliser une étude de marché. La subvention, représentant 50 % du coût de l'étude, est limitée à 15 000 €.

• AREX Emploi : l'entreprise doit présenter au moins deux liasses fiscales. L'aide concerne le recrutement d'un cadre export à temps plein sous contrat de travail à durée indéterminée. Le cadre ne doit pas être embauché avant la date du dépôt de dossier de demande. La subvention est calculée sur la base de 50 % du coût réel du salarié sur un an; son montant est plafonné à 35 000 €.

• AREX Salons : l'entreprise doit présenter au moins une liasse fiscale. La subvention ne pouvant excéder 50 % des frais de participation individuelle à un salon étranger est plafonnée à 4 000 € pour un salon à l'étranger et à 2 500 € pour un salon en France.

▷ Contacts/adresses utiles :
- CCIP, 2 rue de Viarmes, 75001 Paris - tél. + 33 1 55 65 39 50.
- www.dree.org/iledefrance/appuis.asp.

2. Aide nationale SIDEX

1327 Cette aide, gérée par Ubifrance, est destinée aux PME françaises. Elle a pour vocation de finaliser un projet de développement international clairement identifié.

- Bénéficiaires : l'entreprise doit avoir un effectif inférieur à 100 personnes ou un chiffre d'affaires inférieur à 30 M € HT. L'entreprise ne doit pas être détenue à plus de 25 % par une entreprise ne répondant pas à ces critères.

- Modalités : l'aide représente 30 % maximum de la dépense engagée par l'entreprise et peut aller jusqu'à 7 500 €. Elle peut être accordée, au maximum, pour deux projets différents par entreprise et par an. La subvention est versée par Ubifrance dans les trois semaines suivant l'opération.

▷ Adresse utile : www.ubifrance.fr/sidex/presentation.htm.

3. Aides européennes à l'export

1328 Plusieurs programmes visent à promouvoir la collaboration entre PME européennes, asiatiques.

B. Assurance prospection COFACE

1329 L'assurance prospection est une assurance contre le risque d'échec commercial d'une action de prospection à l'étranger ainsi qu'un soutien financier.

- Bénéficiaires : les entreprises françaises dont le chiffre d'affaires est inférieur ou égal à 150 M €.

- Modalités :
  - pendant la période de garantie, la Coface verse une indemnité à l'expiration de chaque exercice en tenant compte des dépenses engagées, dans la limite du budget de dépenses garanti, et des recettes réalisées dans la zone de garantie pendant l'exercice considéré,
  - pendant la période d'amortissement, l'assuré reverse chaque année un pourcentage de ses recettes réalisées dans la zone prévue au contrat.

Dans tous les cas, l'assuré ne reverse jamais plus que l'indemnité versée.

- Coût et durée : la prime est de 3 % du budget des dépenses de prospection retenu pour chaque exercice et de 5 % en cas d'avance sur indemnité.

La durée de la période de garantie peut être de quatre ans maximum.

▷ Adresse utile : www.coface.fr/rub02_prod/form_ap. htm.

C. Volontariat international en entreprise (VIE)

1330 Le VIE permet aux entreprises françaises de confier une mission professionnelle à l'étranger à un jeune de moins de 28 ans. L'avantage du VIE est sa souplesse dans un cadre professionnel garanti par l'État.

- Projets soutenus : tout projet de développement international d'exportation et/ou d'implantation sur un pays donné.

– Modalités : l'entreprise choisit un candidat en fonction d'un profil donné afin de le recruter pour une durée variable de six à vingt-quatre mois. Celui-ci est doté d'un statut public durant le temps de sa mission. L'indemnité mensuelle versée par l'entreprise est variable : de 1 100 € à 2 900 € net selon le pays d'affectation. Elle est intégralement exonérée des charges sociales.

▷ Contacts/adresses utiles :
- www.exporter.gouv.fr, Espace générations, Volontariat Civil International.
- Ubifrance 14, avenue d'Eylau, 75116 Paris – tél. + 33 1 44 34 50 00 – www.ubifrance.fr.

D. Le contrat d'emploi export

1331 La loi n°2005-32 du 18 janvier 2005, en créant un contrat de travail spécifique, adapte la réglementation sociale aux exigences des missions à l'exportation[1].

Ce nouveau contrat permet ainsi de mieux gérer la durée incertaine inhérente à la démarche export.

Il concerne les missions à l'exportation d'au moins six mois effectuées en majeure partie hors de France. Sa mise en œuvre nécessite un accord de branche ou d'entreprise qui en fixe le cadre : salariés concernés, nature des missions, reclassement des salariés, contreparties en termes de rémunération et d'indemnités de licenciements...

La rupture du contrat à la fin de la mission échappe aux règles prévues par le Code du travail en cas de licenciement économique[2].

E. Crédit d'impôt pour dépenses de prospection commerciale

1332 Les PME imposées d'après le bénéfice réel et dont le capital intégralement libéré est détenu à 75 % par des personnes physiques (ou par une société répondant aux mêmes conditions : sociétés de capital-risque...) peuvent bénéficier d'un crédit d'impôt pour dépenses de prospection commerciale. Ce crédit d'impôt ne peut être obtenu qu'une seule fois par l'entreprise au titre des dépenses éligibles pendant les vingt-quatre mois qui suivent l'embauche d'une personne ou du VIE affecté au développement des exportations.

• Calcul : les dépenses retenues dans la base de calcul du crédit d'impôt sont les suivantes :

– frais et indemnités de déplacement et d'hébergement liés à la prospection commerciale;

– dépenses visant à réunir des informations sur les marchés et les clients (dépenses de conseil, études de marché);

– dépenses de participation à des salons et à des foires et expositions;

– dépenses visant à faire connaître les produits et services (dépenses de publicité et de communication);

– dépenses relatives aux indemnités mensuelles et prestations versées aux VIE.

Le crédit d'impôt est égal à 50 % des dépenses éligibles. Les subventions publiques doivent être déduites de ce calcul.

1. C. trav., art. L. 321-12-1.
2. C. trav., art. L. 321-2 et s.

Le crédit impôt est plafonné à 40 000 €. Une déclaration spécifique est jointe à la liasse fiscale.

• Utilisation : le crédit d'impôt est imputé sur l'impôt dû par la PME au titre de l'exercice au cours duquel elle a exposé ses dépenses de prospection commerciale. Lorsque le montant du crédit impôt excède l'impôt dû, l'excédent est restitué.

VIII. L'accès aux fonds européens

1333 décrocher un financement européen est un vrai parcours du combattant compte tenu du nombre de programmes (près de 280) et de la dispersion des aides réparties entre une multitude d'instances décisionnelles : Commission européenne, Banque européenne d'investissement, CCI, banques... Voici une sélection de quelques programmes d'aides.

CONTACTS/ADRESSES UTILES

▷ • La CCIP dispose d'un Euro Info Centre renseignant les entreprises sur les aides, les procédures et les possibilités d'appui. Pour Paris, voir www.eic.ccip.fr – tél. + 33 1 55 65 73 13.
• Le site du Journal officiel de l'Union européenne (JOUE), équivalent du Journal officiel de la République française, est le site clé pour suivre l'actualité de la Commission européenne. Les appels d'offres se trouvent dans la série C accessible sur la page « Journal Officiel » : www.europa.eu.int/eur-lex/fr/.
• Le site de Sources d'Europe est aussi incontournable. On y trouve une présentation assez exhaustive des différents programmes communautaires (ex : JEV, CRAFT) : www.info-europe.fr/seb.dir/seb10.dir/seb10_. htm.
• Europa est le site officiel de l'Union européenne. Le portail « Dialogue avec les entreprises » dispose d'une rubrique consacrée aux financements européens. europa. eu. int/business/fr/topics/finance/index. html.

A. Les sixième et septième programmes-cadres de recherche et développement (PCRD)

1334 • À la date de publication du présent guide, le 7e PCRD est en voie d'élaboration. Établi pour la période 2007 à 2013, il dispose d'un budget de 70 M €, soit près du double du budget alloué au 6e PCRD.

Le 7e PCRD est organisé autour de quatre programmes spécifiques : Coopération, Idées, Personnes, Capacités.

Le programme « Coopération » intègre un volet recherche collaborative à travers les instruments PI, REX, STREP autour de neuf thèmes de recherche :

- Santé
- Alimentation, agriculture, biotech
- STIC
- Nanotech, matériaux, production
- Énergie
- Environnement, climat
- Transports
- Sciences socio-économiques
- Espace

• À la date de publication du présent guide, le 6e PCRD, d'une durée de quatre ans (2002-2006), a encouragé la conduite de projets d'innovation à l'échelle européenne.

• Une participation au PCRD permet :

- un financement sous forme de subventions;
- la possibilité de côtoyer les leaders européens de son domaine au sein d'un projet transnational;
- l'obtention d'un label qui reconnaît et valide l'excellence de l'entreprise;
- la possibilité de profiter de compétences complémentaires pour mener à bien un projet innovant.

▷ Adresse utile : www.anvar.fr/agenaccopartapti.htm.

Au sein du PCRD, l'entreprise innovante pourra participer au programme CRAFT, ou intégrer un PI, REX ou STREP existants.

• Le programme CRAFT (Cooperative Research Action For Technology) finance les frais de recherche et développement de groupements de PME jusqu'à 1 M €.

- Pour être éligible, vous devez vous regrouper avec d'autres entreprises de l'Union européenne, le projet d'innovation devant réunir 5 partenaires dont 3 PME et 2 laboratoires issus de 3 pays différents. Pour trouver des entreprises intéressées à partager le projet, vous pouvez vous adresser à un des 68 centres relais innovation (CRI) qui couvrent 30 pays européens. Il existe 8 CRI en France, ces derniers vous mettront en relation avec d'éventuels partenaires.

□ Exemples d'actions soutenues : projets de recherche et de développement technologique, projets menés en partenariat. Plus d'infos : www.cordis.lu/fp6/home.html (en anglais). Les appels à proposition sont publiés sur le site du JOCE.

• Les réseaux d'excellence (REX), projets intégrés (PI) et STREP ont pour objet de faire coopérer ensemble sur un sujet déterminé les laboratoires et chercheurs européens spécialisés dans un domaine. L'ensemble des participants constitue un consortium. Le financement varie en fonction des programmes :

	Taille	*Objet*	*Financement*
STREP	7 à 15 partenaires Budget type : centaines de k €	Tests et validation de nouveaux concepts au niveau européen	Subvention plafonnée à 50 % des coûts
REX	15 à 30 partenaires Budget type : M €	Renforcement excellence scientifique et technologique communautaire	Subvention fixe à l'intégration, évaluée en fonction du nombre de chercheurs appartenant au réseau
PI	15 à 30 partenaires Budget type : dizaines M €	Développement nouveaux produits	Subvention à hauteur des coûts réels encourus dans la limite de – 50 % pour la recherche, – 35 % pour la démonstration, – 100 % pour la formation des chercheurs et la gestion du consortium

• OSEO anvar accorde une aide spécifique, l'aide au montage de partenariats technologiques transnationaux, à toute PME qui souhaite monter un projet européen au sein du PCRD ou encore réaliser un transfert de technologie transnational *via* le réseau des centres relais innovation financés également par la Commission européenne.

Cette aide peut financer jusqu'à 50 % des dépenses externes HT retenues, dans la limite de 12 000 € en cas de subvention et 25 000 € en avance remboursable.

Elle couvre l'examen de la faisabilité stratégique du projet, la recherche de partenaires, la préparation des accords et du dossier de demande de fonds.

▷ Adresse utile : www.oseo.fr/entrepreneurs_porteurs_de_projets/innover/l_offre_oseo/aide_au_partenariat_technologique_transnational.

En tant que point de contact national pour les PME pour le 6e PCRD (PCN Pme), OSEO anvar est le relais de la Commission européenne auprès des PME pour les informer sur les opportunités et modalités de collaboration (CRAFT, projets intégrés, réseaux d'excellence...), les mettre en relation avec les porteurs de projets en cours de montage. Il offre également un service d'assistance ciblé sur quelques domaines technologiques grâce à sa participation à des réseaux thématiques d'accompagnement organisés au niveau européen (ETI et Eranet) : informations spécifiques sur les appels à projets concernant l'agroalimentaire, la biologie, le transport, la mode, l'introduction des TIC dans les industries traditionnelles..., organisation de rendez-vous technologiques en région...

▷ Adresse utile : www.oseo.fr/entrepreneurs_porteurs_de_projets/exporter/nos_conseils/monter_un_partenariat_technologique_transnational/europe/introduction.

B. Aides à la création et au développement des entreprises

1335 La Commission européenne a mis en place plusieurs dispositifs de financement des jeunes entreprises : capital d'amorçage, capital-risque, microcrédits...

Ces capitaux ne sont pas accordés directement aux PME, mais à des intermédiaires financiers (banques et fonds...), procédant eux-mêmes à la sélection des dossiers.

▷ L'Euro Info Centre permet de repérer ces relais financiers avec un dossier complet sur la question : www.eic.ccip.fr/pdf/finance_dosscrea. pdf.

La liste des organismes partenaires est également disponible sur le site de la Banque européenne d'investissement (BEI) www.bei.org/projects/policies. ■

Documents de travail

1. Récapitulatifs

3101

Procédure d'évaluation d'un médicament : informations sur les phases de développement

La mise au point d'un nouveau médicament représente environ de dix années de développement et plus de 100 000 molécules testées. Cette mise au point passe par les circuits réglementaires suivants :
- autorisation de mise sur le marché (AMM) accordée par l'Agence Française de Sécurité des Produits de Santé (AFSSAPS);
- évaluation de l'intérêt médical par la Commission de Transparence qui statue sur l'amélioration du service médical rendu par le médicament;
- prix fixé par le Comité Économique des Produits de Santé (CEPS) sur la base du rapport coût-efficacité du médicament;
- suivi rigoureux par l'entreprise du médicament et le système national de Pharmacovigilance, pour surveiller la tolérance du médicament pendant toute sa durée de vie.

Préalablement à l'obtention de l'AMM sont conduits l'étude préclinique et les essais cliniques.

1. Étude Préclinique

L'étude préclinique évalue l'efficacité et la toxicité du produit avant son éventuelle administration à l'homme. Les études sont effectuées sur l'animal. Ce dossier expérimental constitue le prérequis à un éventuel essai du produit chez l'homme.

Lorsque les études précliniques sont favorables, la phase de développement clinique du médicament peut commencer.

La durée moyenne des études précliniques est de trois ans et demi.

2. Essais cliniques

Il s'agit de tous les essais systématiques d'un médicament chez l'homme, qu'il s'agisse de volontaires malades ou sains, afin d'en vérifier les effets, d'identifier tout effet indésirable, d'en étudier l'absorption, la distribution, le métabolisme et l'excrétion pour en établir l'efficacité et la sécurité d'emploi.

On distingue quatre étapes :

• Phase I : les études portent sur un petit nombre de volontaires sains. L'objectif principal des études de phase I n'est pas de rechercher un effet thérapeutique mais d'évaluer le profil de tolérance du produit et la dose maximale tolérée, ainsi que son activité pharmacologique.
Ces essais recherchent ainsi d'éventuels effets indésirables en termes qualitatifs et quantitatifs, leur durée, leur réversibilité éventuelle.
Durée moyenne de la phase I : un an

• Phase II : les études sont menées sur un petit groupe homogène de patients et ont pour objectif d'étudier l'efficacité du produit et de déterminer la dose optimale pour les essais de phase III (meilleur effet thérapeutique pour le moins d'effets secondaires).
Durée moyenne de la phase II : deux ans

• Phase III : lors de la phase III (ou études « pivot »), des essais comparatifs sont réalisés sur plusieurs centaines de patients. Le traitement en cours d'évaluation est comparé au traitement de référence dans l'indication thérapeutique étudiée ou au *placebo*. Les risques d'interactions avec d'autres produits sont identifiés.
Durée moyenne de la phase III : cinq ans et demi

Après avoir franchi avec succès ces trois étapes, le dossier du médicament potentiel est prêt. Il devra être présenté aux autorités d'enregistrement pour recevoir l'approbation officielle appelée Autorisation de Mise sur le Marché ou AMM.

• Phase IV : la Phase IV se déroule lorsque le produit est commercialisé. Ces essais permettent d'affiner la connaissance du médicament pour une meilleure utilisation et compréhension des mécanismes d'action dans les conditions définies par l'AMM.

3. Après l'obtention de l'AMM

- La Commission de la Transparence donne un avis scientifique sur le service médical rendu.
- L'avis de la Commission de la Transparence est ensuite transmis au Comité Économique du Médicament qui fixera le prix public et l'inscription au remboursement. Le prix est déterminé sur la base du rapport coût-efficacité du médicament.
- La pharmacovigilance a pour but d'actualiser en permanence l'évaluation des risques et d'identifier les effets éventuels inattendus. ■

3102

Quelle convention pour une JEI en biotechnologies ? Étude comparative des conventions pharmacie, chimie et métallurgie

1. Champ d'application

a. Pharmacie

Le champ d'application intègre notamment les activités de « recherche et développement en médecine et en pharmacie humaines ».

Énumération non exhaustive de codes APE correspondants :
- 731 Z : Recherche et développement en sciences physiques et naturelles (médecine, biologie, biochimie, pharmacie, recherche et développement en vue de la fabrication et de l'obtention de l'autorisation de mise sur le marché (AMM) et de l'exploitation de médicaments et spécialités pharmaceutiques à usage humain);
- 743 B : Analyses, essais et inspections techniques : activités réalisées dans le cadre de travaux menés en vue de l'obtention de l'AMM.

b. Chimie

Relèvent de la convention de la chimie les activités suivantes (liste non exhaustive) :
- 244 A : Fabrication de produits pharmaceutiques de base. Sont visées dans cette classe toutes les activités d'études, de développement et de fabrication de produits chimiques de base à usage pharmaceutique, à l'exclusion de la transformation du sang humain et de la fabrication de ses dérivés;
- activité de recherche scientifique et technique (centres et laboratoires de recherche chimique) pour les codes APE suivants :
  - 731Z : recherche-développement en sciences physiques et naturelles,
  - 742 C : ingénierie, études techniques,
  - 743 B : analyses, essais et inspections techniques.

c. Métallurgie

Sont incluses dans le champ d'application de la convention de la métallurgie (liste non exhaustive) :
- la « fabrication d'appareils de radiologie et d'électronique médicale » (APE 2912);
- la « fabrication d'instruments et de matériels de précision » comprenant la fabrication d'instruments d'optique (APE 3404), de matériel médico-chirurgical et de prothèses (APE 3406), etc.;
- les activités de « recherches scientifique et technique (services marchands) » (APE 8301). Sont visées les entreprises de recherche dans les domaines de la construction électrique, radioélectrique et électronique.

Par ailleurs, plusieurs conventions régissent le secteur de la métallurgie, à savoir :
- une convention collective nationale pour les ingénieurs et cadres (IC);
- 96 conventions collectives locales pour les non-cadres (OETAM, ouvriers, employés, techniciens et agents de maîtrise) dont une spécifique à la région parisienne (IDF);
- des accords nationaux applicables à tous.

Pratiquement, cela signifie qu'un salarié doit toujours se voir appliquer les accords nationaux puis sa convention collective. Parmi les différentes conventions qui régissent ce secteur, nous avons retenu la seule convention des ingénieurs et cadres, celle-ci s'appliquant à la grande majorité des salariés d'une JEI/start up.

2. Durée du travail

a. Dispositions de droit commun

▷ C. trav., art. L. 212-1.

La durée légale du travail est fixée à 35 heures par semaine, 1 607 heures par an sauf lorsque les accords collectifs stipulent une durée inférieure.

La réduction du temps de travail est organisée soit par accord d'entreprise ou d'établissement, soit en application d'une convention collective ou d'un accord de branche.

L'application de la durée légale de 35 heures est possible par :

- modulation du temps de travail : dispositif mis en œuvre par voie d'accord, permettant de moduler la durée du travail en respectant le plafond annuel de 1 607 heures;
- attribution de jours de repos répartis sur l'année (modalité subordonnée à un accord);
- attribution de jours de repos sur quatre semaines (pas d'accord collectif requis).

Une durée effective de travail supérieure à 35 heures peut être conservée à condition :

- de respecter les durées maximales journalières de travail (10 h);
- d'accorder des majorations de salaires pour les heures supplémentaires effectuées au-delà de 35 heures par semaine (taux de majoration fixé par convention ou accord de branche, à défaut de convention les huit premières heures supplémentaires sont majorées de 25 % et de 50 % pour les suivantes);
- de respecter le contingent annuel d'heures supplémentaires fixé à 220 heures par an et par salarié. Pour les salariés soumis à un accord de modulation des horaires, le contingent est fixé à 130 heures par an et par salarié.

▷ C. trav., art. L. 212-5.

▷ C. trav., art. L. 212-15-3.

Les cadres régis par un forfait annuel en heures ou en jours ne sont pas concernés par le contingent réglementaire.

Enfin, l'article L. 212-15-3 du Code du travail, dans sa rédaction issue de la loi n° 2005-882 du 3 août 2005, prévoit une nouvelle exception à l'égard des salariés « non-cadres dont la durée du temps de travail ne peut être prédéterminée et qui disposent d'une réelle autonomie dans l'organisation de leur emploi du temps pour l'exercice des responsabilités qui leur sont confiées ». Une convention de forfait en jours peut également leur être applicable à condition toutefois qu'ils aient individuellement donné leur accord par écrit.

b. Dispositions conventionnelles

• Pharmacie. En l'absence de disposition conventionnelle, la durée légale du travail s'applique.

• Chimie. La durée de travail est fixée à 38 heures par semaine à l'exception des services continu et semi-continu (durée respective de 37 h 30 et de 37 h 45).

L'accord relatif à la réduction du temps de travail, négocié le 8 février 1999, prévoyait : la réduction de la durée conventionnelle hebdomadaire du travail à 35 heures, la possibilité de mettre en place une réduction du temps de travail par attribution de jours de repos ainsi qu'une annualisation du temps de travail ainsi qu'un régime dérogatoire pour les heures supplémentaires (taux de majoration de 25 % applicable dès dépassement de la durée conventionnelle de travail et plafonnement à un contingent de 130 heures dans les entreprises de plus de 200 salariés). Cet accord a toutefois été remis en cause dans la mesure où l'ensemble des organisations syndicales représentatives n'avait pas été invité à sa renégociation.

▷ Cass. soc., 17 sept. 2003, Bull. civ. V, n° 240 ; D. 2004, somm. p. 388, obs. Darmaisin.

• Métallurgie. L'avenant du 29 janvier 2000 a organisé le passage aux 35 heures. Trois modalités sont prévues : réduction hebdomadaire, attribution de jours de repos sur l'année et modulation.

S'agissant de la durée maximale hebdomadaire, elle est fixée pour les entreprises de moins de 20 salariés, à 48 heures sur une semaine et à 42 heures en moyenne sur douze semaines consécutives. La durée maximale quotidienne est de 10 heures. Il est cependant possible de déroger à ces deux limites par accord d'entreprise.

Des aménagements sont possibles :

- possibilité d'organiser les RTT par attribution de jours de repos sur l'année (jours pris pour 25 % au choix du salarié);
- modulation : mise en œuvre par accord d'entreprise;
- les heures supplémentaires ne doivent pas dépasser un contingent de 180 heures annuelles.

3. Clause de non-concurrence

a. Dispositions de droit commun

La clause de non-concurrence a pour objet d'interdire à un salarié d'exercer, après son départ de l'entreprise, une activité susceptible de nuire à son ancien employeur. En raison de l'atteinte qu'elle porte à la liberté du travail, elle est soumise à de strictes limitations :
- la clause doit nécessairement faire l'objet d'une clause écrite dans le contrat de travail;
- elle est subordonnée au respect des cinq conditions cumulatives suivantes : être indispensable à la protection des intérêts de l'entreprise, être limitée dans le temps et dans l'espace, tenir compte des spécificités de l'emploi du salarié et comporter une contrepartie financière en faveur du salarié.

Si, dans un secteur technologique de pointe, de telles clauses sont importantes (comme celles de confidentialité), leur rédaction doit être particulièrement soignée afin d'assurer leur effectivité. Pour éviter toute interrogation, le contrat peut donc utilement faire référence à la convention collective.

b. Dispositions conventionnelles

Au cas présent, l'obligation de non-concurrence résulte directement des conventions collectives.

• Durée de l'interdiction de non-concurrence :

- pharmacie : deux ans, exceptionnellement quatre ans;
- chimie : deux ans, exceptionnellement quatre ans;
- métallurgie (IC) : un an, renouvelable un an.

• Rémunération de la clause :

- pharmacie : indemnité égale à huit mois de salaire pour les deux premières années et à douze mois par année supplémentaire;
- chimie : pour les deux premières années, l'indemnité représentera huit mois de salaire si l'interdiction porte sur un produit ou une technique, seize mois de salaire si l'interdiction porte sur plusieurs produits ou techniques. Pour chaque année supplémentaire au-delà des deux ans, l'indemnité sera égale à douze mois de salaire par an;
- métallurgie (IC) : indemnité égale à six mois de salaire si la durée de la clause est d'un an, douze mois si la durée de la clause est de deux ans.

• Libération de la clause :

- pharmacie et chimie : il existe une possibilité de libérer le salarié de la clause en contrepartie du versement, à compter de l'expiration du préavis, d'une indemnité représentant un mois de salaire. Deux cas sont envisageables :
  - dénonciation du contrat par l'employeur : l'accord du salarié est nécessaire,
  - dénonciation du contrat par le salarié : possibilité pour l'employeur de libérer le salarié de la clause dans les trois semaines.

  En cas d'interdiction supérieure à deux ans, possibilité de libérer le salarié pour les 3e et 4e années de la clause si celui-ci est prévenu lors de la dénonciation du contrat.
- métallurgie : l'employeur a la possibilité de se décharger de cette indemnité en libérant le salarié de la clause d'interdiction dans les huit jours suivant la notification de la rupture du contrat.

4. Licenciement • Départ à la retraite

a. Indemnités de licenciement

1. Dispositions de droit commun

Le droit au versement de l'indemnité légale de licenciement est subordonné à une condition d'ancienneté de deux ans. L'indemnité légale n'est pas due en cas de faute grave ou de faute lourde.

▷ C. trav., art. L. 122-9 • Voir dans la même collection, *Licenciement*, par H. Flichy et L. Gamet.

Le taux de l'indemnité légale est différent suivant que le motif de licenciement est économique ou pas :
- licenciement économique : indemnité de 2/10 de mois par année d'ancienneté à compter de la 1re jusqu'à dix ans d'ancienneté, majoration de 2/15 de mois par année au-delà de dix ans;

– licenciement pour autre motif : indemnité de 1/10 de mois par année à compter de la 1re jusqu'à dix ans d'ancienneté, majoration de 1/15 de mois par année au-delà de dix ans.

Le salaire à prendre en considération pour le calcul de cette indemnité est :
– soit le 12e de la rémunération brute des douze derniers mois suivant le licenciement;
– soit le 1/3 des trois derniers mois.

Le choix de la base de calcul ne dépend pas de l'employeur : il doit se référer à ce qui est le plus avantageux pour le salarié.

2. Dispositions conventionnelles

Les conventions pharmacie, chimie et métallurgie excluent le versement d'indemnités de licenciement en cas de faute grave. En fonction des différentes conventions, le montant des indemnités s'établit comme suit.

• Pharmacie.

– Indemnités dues pour toutes les catégories de salariés après deux ans d'ancienneté

Ancienneté	*Montant de l'indemnité*
Tranche jusqu'à 5 ans	3/10 de mois par année
Tranche de 5 à 15 ans	4/10 de mois par année
Tranche de 15 à 20 ans	5/10 de mois par année
Tranche après 20 ans	6/10 de mois par année

– Indemnité majorée de un mois pour les salariés âgés de plus de 45 ans ou ayant au moins quinze ans d'ancienneté, un mois supplémentaire attribué aux salariés âgés de plus de 50 ans.

L'indemnité est toutefois plafonnée à vingt mois.

• Chimie.

– Dans le cadre d'un licenciement pour motif personnel

Catégorie	*Ancienneté*	*Montant de l'indemnité*
Ouvriers, employés et techniciens (cat I à III)	À partir de 2 ans	3/10 mois par année
	Salariés + 50 ans et 5 ans d'ancienneté Salariés + 55 ans et 5 ans d'ancienneté	+ 1 mois + 2 mois
		maximum 14 mois
Agents de maîtrise et techniciens (IV)	À partir de 2 ans À partir de 10 ans	3/10 mois par année + 1/10 mois par année
	À partie de 20 ans	+ 1/10 mois par année
	Salariés + 50 ans et 5 ans d'ancienneté Salariés + 55 ans et 5 ans d'ancienneté	+ 1 mois + 2 mois
		maximum 18 mois
Ingénieurs et cadres (V)	À partir de 2 ans Tranche de 0 à 10 ans	4/10 mois par année
	Tranche de 10 à 15 ans	6/10 mois par année au-delà de 10 ans
	Tranche supérieure à 15 ans	8/10 mois par année au-delà de 15 ans
	Salariés + 45 ans et 5 ans d'ancienneté Salariés + 55 ans et 5 ans d'ancienneté	+ 1 mois + 2 mois
		maximum 20 mois

– Dans le cadre d'un licenciement économique

Ancienneté	*Montant de l'indemnité*
1 à 2 ans	1 mois
+ de 2 ans	Minimum 2 mois
Salariés entre 50 et 55 ans et 5 ans d'ancienneté	+ 2 mois dans la limite des maxima

• Métallurgie IC.

Catégories	Ancienneté	Montant de l'indemnité
Pour tous les salariés	Tranche de 1 à 7 ans	1/5 de mois par année
	Tranche au-delà de 7 ans	3/5 mois par année
		maximum 18 mois
Salariés de 50 à 55 ans	Ancienneté supérieure à 5 ans	Indemnité majorée de 20 % minimum 3 mois – maximum 18 mois
Salariés de 55 à 60 ans	Ancienneté supérieure à 2 ans	minimum 2 mois
	Ancienneté supérieure à 5 ans	Indemnité majorée de 30 % minimum 6 mois – maximum 18 mois
Salariés + 61 ans		Indemnité minorée de 5 %*
Salariés + 62 ans		Indemnité minorée de 10 %*
Salariés + 63 ans		Indemnité minorée de 20 %*
Salariés + 64 ans		Indemnité minorée de 40 %*

* Ou indemnité de départ à la retraite si cette dernière est plus favorable

Exemple de calcul pour deux salariés : À titre d'illustration, montant de l'indemnité de licenciement, en mois de salaire :

Pharmacie	Chimie	Métallurgie
– d'un salarié, cadre, âgé de 35 ans, licencié pour motif non économique après 10 ans de maison :		
3,5	4	3,2
– d'un salarié, cadre, âgé de 55 ans et demi, licencié pour motif non économique après 20 ans de maison :		
10	13	11,96

b. Indemnités de départ à la retraite

1. Dispositions de droit commun

Le Code du travail consacre le droit à indemnisation pour tout salarié quittant volontairement l'entreprise pour prendre sa retraite.

▷ C. trav., art. L. 122-14-13.

Le montant de l'indemnité légale de départ à la retraite s'établit de la manière suivante, en mois de salaire par rapport à l'ancienneté :
- moins de dix ans : néant;
- de dix à quinze ans : 0,5 mois;
- de quinze à vingt ans : 1 mois;
- de vingt à trente ans : 1,5 mois;
- plus de trente ans : 2 mois.

▷ Accord national interprofessionnel, 10 déc. 1977, art. 6.

2. Dispositions conventionnelles

Les dispositions conventionnelles sont résumées dans les tableaux ci-dessous.

• Pharmacie

Ancienneté	Mise à la retraite à partir de 60 ans et avant 65 ans	Départ volontaire à partir de 60 ans Mise à la retraite à partir de 65 ans
Entre 2 et 5 ans	Versement de l'indemnité légale	
Plus de 5 ans	3/10 de mois par année à compter de la date d'entrée dans l'entreprise, puis 4/10 de mois par année pour la tranche au-delà de 5 ans maximum 15 mois	3/10 de mois par année d'ancienneté maximum 9 mois

• Chimie

	*Entreprises adhérentes**		*Entreprises non adhérentes***		
			Départ volontaire ou mise à la retraite à partir de 65 ans		
Ancienneté	*Mise à la retraite à partir de 60 ans et avant 65 ans*	*Départ volontaire à partir de 60 ans Mise à la retraite à partir de 65 ans*	*Employés des groupes I à III*	*Employés du groupe IV*	*Employés du groupe V*
+ de 5 ans	1,5 mois	1 mois	–	–	1 mois
+ de 10 ans	2,5 mois	2 mois	1 mois	1,5 mois	2 mois
+ de 15 ans	2,5 mois	2 mois	1,5 mois	2 mois	2 mois
+ de 20 ans	4 mois	3 mois	2 mois	2,5 mois	3 mois
+ de 25 ans	4 mois	3 mois	2,5 mois	3 mois	3 mois
+ de 30 ans	5 mois	4 mois	3 mois	3,5 mois	4 mois
+ de 35 ans	6 mois	5 mois	3,5 mois	4 mois	5 mois
+ de 40 ans	6,5 mois	6 mois	–	–	–

* Entreprises adhérentes à la chambre patronale de l'UIC
** Entreprises non adhérentes à la chambre patronale de l'UIC

• Métallurgie IC.

Ancienneté	*Mise à la retraite avant 65 ans*	*Départ volontaire à partir de 60 ans ou mise à la retraite à partir de 65 ans*
5 ans	2 mois	1 mois
10 ans	3 mois	2 mois
20 ans	4 mois	3 mois
30 ans	6 mois	4 mois
40 ans	7 mois	5 mois

Ces indemnités devront être comparées avec les indemnités légales, qui pourront s'avérer plus favorables.

• Exemple de calcul pour deux salariés : À titre d'illustration, montant de l'indemnité de départ à la retraite, en mois de salaire :

Pharmacie	*Chimie*	*Métallurgie*
– d'un salarié, cadre, âgé de 60 ans, départ en retraite volontaire après 10 ans de maison :		
3	2	2
– d'un salarié, cadre, âgé de 64 ans, mis en retraite après 20 ans de maison		
7,5	4 (si adhésion UIC) ou 3	4

c. Bases de calcul des indemnités

• Pharmacie. Il s'agit de la rémunération totale mensuelle du mois précédant le préavis ou de la moyenne des douze derniers mois précédant le préavis, à l'exclusion des primes exceptionnelles.

• Chimie. Il s'agit de la rémunération du mois précédant le départ sauf primes exceptionnelles ou, au minimum, de la moyenne des salaires des douze mois précédant le licenciement.

• Métallurgie IC. Il s'agit de la moyenne mensuelle des salaires des douze derniers mois.

5. Indemnisation de la maladie

a. Dispositions de droit commun

▷ Accord national interprofessionnel, 10 déc. 1977, art. 7.

L'indemnisation s'effectue sur douze mois et non par année civile.

Le salaire est maintenu, sous déduction des indemnités de sécurité sociale et des régimes de prévoyance, à partir de trois ans d'ancienneté et à compter du 11e jour en cas de maladie.

	Maintien du salaire brut	
Ancienneté	*à 90 %*	*Aux 2/3*
3 ans	30 jours	30 jours
8 ans	40 jours	40 jours
13 ans	50 jours	50 jours
18 ans	60 jours	60 jours
23 ans	70 jours	70 jours
28 ans	80 jours	80 jours
33 ans et plus	90 jours	90 jours

b. Indemnisation conventionnelle

• Pharmacie. Avant un an d'ancienneté, les frais sont pris en charge par le régime de prévoyance.

À partir d'un an dans l'entreprise, le salaire est maintenu, sous déduction des IJSS et des régimes de prévoyance pendant trois mois à 100 %, plus un mois à 100 % par période de trois ans d'ancienneté (maximum 6 mois à 100 %). Par la suite, le salarié est pris en charge par le régime de prévoyance.

Les absences pour maladie indemnisées à 100 % sont assimilées à 100 % à du travail effectif pour les congés payés.

• Chimie.

			Maintien du salaire	
Entreprise	*Groupe*	*Ancienneté*	*100 %*	*50 %*
Non adhérente	I à III	Après 1 an de présence continue Par période de 4 ans supplémentaires	2 mois + 1/2 mois	2 mois + 1/2 mois
	IV	Après 1 an de présence continue Par période de 4 ans supplémentaires	1,5 mois + 1/2 mois	1,5 mois + 1/2 mois
	V	Après 1 an de présence continue Par période de 3 ans supplémentaires	4 mois + 1 mois	4 mois + 1 mois
			6 mois max.	6 mois max.
Adhérente		Après 1 an de présence continue Par période de 3 ans supplémentaires	4 mois + 1 mois	4 mois + 1 mois
			6 mois max.	6 mois max.

Le licenciement du salarié malade n'est possible que s'il s'agit d'une nécessité de remplacement définitif.

Les périodes de maladie sont assimilées à 100 % à du travail effectif pour le calcul des congés payés dans la limite d'indemnisation à plein tarif et au minimum deux mois pour les ouvriers, employés, techniciens et agents de maîtrise.

• Métallurgie IC.

	Maintien du salaire	
Ancienneté	*100 %*	*50 %*
De 3 mois à 5 ans	3 mois	3 mois
De 5 à 10 ans	4 mois	4 mois
De 10 à 15 ans	5 mois	5 mois
Plus de 15 ans	6 mois	6 mois

Durant la durée d'indemnisation à 100 %, l'emploi est garanti. Par la suite, l'emploi peut être supprimé en cas de nécessité de remplacement effectif, avec versement des indemnités de licenciement et de préavis.

Les périodes de maladie indemnisées sont assimilées à du travail effectif pour le calcul des congés payés.

Exemple de calcul pour deux salariés : À titre d'illustration, indemnisation d'un salarié cadre, absent pour maladie pendant 6 mois, 5 ans d'ancienneté : maintien du salaire

Pharmacie	*Chimie*	*Métallurgie*
4 mois à 100 % Prise en charge prévoyance pendant 2 mois	5 mois à 100 % 1 mois à 50 %	4 mois à 100 % 2 mois à 50 %

6. Indemnisation de la maternité

Le régime légal prévoit une durée d'indemnisation totale de seize semaines dont six semaines de congé prénatal et dix semaines de congé postnatal (grossesse simple).

Au-delà d'un an d'ancienneté et pour toutes les conventions, le salaire est maintenu sous déduction des indemnités journalières de sécurité sociale et des régimes de prévoyance.

S'agissant des dispositions conventionnelles, les conventions pharmacie et métallurgie IC ne prévoient aucun droit supplémentaire par rapport au régime légal. La convention chimie prévoit une durée d'indemnisation de quatorze semaines, se décomposant en six semaines avant l'accouchement et huit semaines après. La grossesse ouvre droit également à une réduction du temps de travail : trente minutes par jour à partir du troisième mois.

7. Régimes de prévoyance obligatoires

Seule la convention de la pharmacie impose l'adhésion à un régime de prévoyance.

Ce régime, devant couvrir les risques de « décès-invalidité-incapacité » et « maladie-chirurgie-maternité » pour l'ensemble des salariés, est complété par des régimes complémentaires optionnels moyennant le paiement d'une cotisation supplémentaire.

Les organismes assureurs sont les suivants :
- APGIS pour les risques « maladie-chirurgie-maternité » :
- cotisation obligatoire au taux de 1,02 % du plafond de la Sécurité Sociale + 0,88 % sur les tranches A et B;
- régime supplémentaire au taux de 0,22 % du plafond de la Sécurité Sociale et de 0,18 % sur les tranches A et B;
- AXA Collectives pour les risques « décès-invalidité-incapacité » :
  - taux obligatoire de 1,43 % sur les tranches A et B;
  - régime supplémentaire au taux de 0,3 % sur les tranches A et B.

Les taux de cotisation, répartis à hauteur de 40 % pour le salarié et 60 % pour l'employeur, sont identiques pour l'ensemble des salariés cadres et non-cadres. Les taux des régimes supplémentaires sont répartis de façon égale entre le salarié et l'employeur.

8. Autres dispositions particulières

a. Congés payes

Les droits à congés payés sont les mêmes dans les différentes conventions, avec les spécificités suivantes :
- pharmacie : pas de disposition conventionnelle spécifique;
- chimie : une semaine de congés payés supplémentaire est attribuée aux salariés de plus de 59 ans et deux semaines sont données l'année du départ à la retraite.
- métallurgie IC : les salariés de plus de 30 ans ayant un an d'ancienneté bénéficient de deux jours supplémentaires. Les salariés de plus de 35 ans ayant deux ans d'ancienneté ont trois jours en plus.

b. Prime d'ancienneté

La prime d'ancienneté est due à partir de trois années d'ancienneté.

• Pharmacie. Le taux s'établit à 3 % par tranche de trois ans avec un maximum de 15 % pour quinze ans d'ancienneté. La base de calcul est le salaire minimum annuel de l'emploi, proportionnellement au nombre d'heures effectives de travail.

• Chimie. Son taux est identique à celui pratiqué en pharmacie et la base de calcul est constituée des appointements minima proportionnellement à l'horaire de travail, auxquels s'ajoutent les majorations pour heures supplémentaires.

• Métallurgie IC. La convention collective ne comporte pas de disposition spécifique. ■

2. Modèles

> Note préalable : les modèles indiqués ci-après sont purement indicatifs et établis en fonction de dispositions les plus largement répandues dans les conventions collectives. Ce sont des schémas minimum devant être complétés par des clauses particulières en fonction des exigences ou des avantages propres au poste. Ces documents sont reproduits avec l'aimable autorisation des Éditions Législatives (*Source* : Dictionnaire Permanent Social - editions-legislatives.fr).
> Les contrats sont rédigés en deux exemplaires : un pour le salarié et un pour l'employeur.

@ à télécharger

3201

Contrat « Nouvelles Embauches » • CNE

ENTRE LES SOUSSIGNÉS :

La Société .... [▶ *indiquer la forme sociale*], immatriculée au RCS de ...., sous le nº .... dont le siège est ...., représentée par M. ...., agissant en qualité de .... d'une part,

ET :

M. [*ou* ▶ Mme] ...., né(e) le .... à ...., de nationalité française [*ou* ▶ de nationalité ...., titulaire de la carte de travail nº ....] immatriculé à la Sécurité sociale sous le nº .... et demeurant ...., d'autre part,

IL A ÉTÉ CONVENU DE CE QUI SUIT :

M. .... est engagé par la Société .... à compter du .... et pour une durée indéterminée.

Le contrat de travail de M. .... est un contrat « nouvelles embauches » conclu en application de l'ordonnance nº 2005-893 du 2 août 2005.

La déclaration préalable à l'embauche de M. .... a été effectuée à l'Urssaf de .... auprès de laquelle la Société .... est immatriculée sous le nº ....

ARTICLE 1ER Conditions d'engagement

Ce contrat est régi, outre les dispositions particulières qu'il prévoit, par le Code du travail et par la convention collective .... applicable à la société, à l'exception, pendant les deux premières années, des dispositions légales ou conventionnelles relatives à la rupture du contrat, conformément aux dispositions de l'ordonnance nº 2005-893 du 2 août 2005.

À l'issue de ces deux premières années, ce contrat est entièrement soumis au régime de droit commun du contrat à durée indéterminée.

M. .... s'engage, en outre, à se conformer au règlement intérieur, dont un exemplaire lui a été remis ce jour.

ART. 2 Emploi et qualification

M.... occupera un emploi de..., au coefficient hiérarchique de..., étant entendu qu'en fonction des nécessités d'organisation du travail, il pourra être affecté aux divers postes correspondant à la nature de son emploi.

ART. 3 Durée du travail

M. .... sera soumis à la durée légale du travail applicable dans l'entreprise.

ART. 4 Rémunération

En contrepartie de ses fonctions, M. .... percevra une rémunération forfaitaire mensuelle brute de .... € pour un horaire hebdomadaire moyen de .... heures.

ART. 5 Lieu de travail

M. .... exercera ses fonctions au siège de la Société actuellement situé à .... [*ou* ▶ dans l'établissement de .... situé à ....].

ART. 6 Rupture dans les vingt-quatre mois

Le contrat peut être rompu à l'initiative de la Société .... ou de M. .... pendant les deux premières années à compter de sa date de conclusion par lettre recommandée avec demande d'avis de réception conformément aux dispositions de l'article 2 de l'ordonnance nº 2005-893 du 2 août 2005.

ART. 7 **Préavis**

En cas de rupture à l'initiative de la Société ...., M. .... bénéficie, à l'issue d'un mois de présence au sein de la Société .... et sauf faute grave, d'un préavis dont la durée légale est de :

– deux semaines pour une ancienneté inférieure à six mois;

– un mois pour une ancienneté comprise entre six mois et deux ans.

Ce préavis débute à la date de présentation de la lettre recommandée.

En cas de rupture au-delà des vingt-quatre premiers mois, les parties respecteront le préavis prévu par la convention collective.

ART. 8 **Indemnité de rupture du contrat**

En cas de rupture du contrat à l'initiative de la société au cours des vingt-quatre premiers mois, et sauf faute grave de la part de M. ...., M. .... percevra, au plus tard à l'expiration du préavis, une indemnité égale à 8 % du montant total de la rémunération brute versée depuis le début du contrat.

En cas de rupture du contrat au-delà des vingt-quatre premiers mois, il sera fait application des dispositions du droit commun.

ART. 9 **Démission**

La démission du salarié est soumise aux règles prévues par l'article 2 de l'ordonnance n° 2005-893 du 2 août 2005 (lettre recommandée avec accusé de réception).

Le préavis de démission sera le suivant : ....

À ...., le ....

Fait en deux exemplaires originaux, dont un pour chacune des parties.

L'employeur — Le salarié

[► *Signature*] — [► *Signature*] ■

▷ La signature de chaque partie doit être accompagnée de la mention manuscrite « Lu et approuvé ».

3202

Lettre de rupture de Contrat « Nouvelles embauches »

@ à télécharger

▷ Ce modèle s'applique en cas de rupture du CNE par l'employeur au cours des deux premières années d'existence du contrat. Il ne s'applique pas aux salariés « protégés » (membres du comité d'entreprise, délégués du personnel, conseillers prud'hommes...) ni aux femmes enceintes. Ce modèle ne s'applique pas non plus en cas de rupture du CNE dans un cadre disciplinaire.
▷ La rupture du CNE par l'employeur doit être notifiée par lettre recommandée avec accusé de réception, sans autres formalités et notamment sans entretien préalable.

M. [*ou* ► Mme] ....

Votre contrat « nouvelles embauches » régi par l'ordonnance n° 2005-893 du 2 août 2005 comporte une période de consolidation de vingt-quatre mois qui a débuté le .... au cours de laquelle le contrat peut être rompu sans autre formalité que l'envoi d'une lettre recommandée avec accusé de réception.

Nous vous informons que nous avons décidé de mettre fin à votre contrat au cours de cette période de consolidation.

Votre préavis, d'une durée de ...., débutera à la date de la présentation de cette lettre.

► *Si le salarié a moins d'un mois d'ancienneté* :

Vous cesserez de faire partie de nos effectifs dès la présentation de cette lettre.

► *Si le salarié a plus d'un an d'ancienneté, ajoutez* :

Nous vous informons que vous avez acquis .... heures au titre du droit individuel à la formation. Vous pouvez demander, pendant votre préavis à utiliser ces heures pour bénéficier d'une action de formation, de bilan de compétences ou de validation des acquis de l'expérience.

Vous disposez d'un délai de douze mois à compter de l'envoi de la lettre recommandée pour contester la validité de cette rupture.

Le jour de votre départ de l'entreprise, vous pourrez vous présenter au service du personnel pour retirer votre certificat de travail et votre attestation Assedic.

Veuillez agréer, M. [*ou* ► Mme] .... ■

3203

Contrat de travail à Durée Indéterminée (CDI)

@ à télécharger

ENTRE LES SOUSSIGNÉS :

La Société .... [► *indiquer la forme sociale*], immatriculée au RCS de ...., sous le numéro .... dont le siège est ...., représentée par M. ...., agissant en qualité de .... d'une part,

ET :

M. .... [*ou* ► Mme], né(e) le .... à ...., de nationalité française [*ou* ► de nationalité ...., titulaire de la carte de travail n° ....] immatriculé à la Sécurité sociale sous le n° .... et demeurant ...., d'autre part,

IL A ÉTÉ CONVENU CE QUI SUIT :

La déclaration préalable à l'embauche de M. .... a été effectuée à l'Urssaf de ...., auprès de laquelle la Société .... est immatriculée sous le n° ....

ARTICLE 1ER Conditions d'engagement

M. [*ou* ► Mme] .... qui accepte cet engagement déclare formellement n'être lié à aucune autre entreprise et être libre de tout engagement envers son précédent employeur.

ART. 2 Fonctions

À compter du .... [► *date du premier jour de travail effectif*], la Société .... engage M. [*ou* ► Mme] .... aux conditions générales de la convention collective .... et de son avenant cadre, aux conditions particulières indiquée ci-après.

▷ Préciser titre et date de la convention collective et de son avenant « cadres ».

M. [*ou* ► Mme] .... exercera les fonctions de ....

▷ Préciser la fonction en recourant à la terminologie de la classification conventionnelle.

ART. 3 Attributions

Ces attributions seront exercées par M. [*ou* ► Mme] .... sous l'autorité et dans le cadre des instructions données par son supérieur ou de toute autre personne qui pourrait lui être substituée. Elles seront susceptibles d'évolution.

Ses attributions seront notamment les suivantes :

– ....
– ....

▷ Attention : les attributions ici décrites étant la « substance » du contrat, une modification ultérieure non acceptée par le salarié pourrait être considérée comme un licenciement. Leur description doit donc être très souple et prévoir l'éventualité d'une évolution.

ART. 4 Classement

Le classement des fonctions confiées à M. [*ou* ► Mme] .... est le suivant ....

▷ Indiquer l'indice et le coefficient hiérarchique correspondant à la fonction dans la classification de la convention collective.

ART. 5 Durée du travail

M. .... sera soumis à la durée légale [*ou* ► conventionnelle] du travail applicable dans l'entreprise.

ART. 6 Rémunération

En rémunération de ses services, M. [*ou* ► Mme] .... percevra un salaire brut mensuel de .... € pour un horaire correspondant à la durée légale du travail [*ou* ► à la durée conventionnelle du travail].

M. [*ou* ► Mme] .... exercera ses fonctions au siège de la Société ....

► *Ou si la convention collective ne s'oppose pas à cette rédaction* :
dans notre établissement de ....

▶ *Ou*
dans les différents établissements énumérés ci-après : ....

▷ Attention : la mention du lieu de travail fait du lieu de travail la « substance » du contrat : sa modification ultérieure si elle n'est pas acceptée par le salarié sera considérée comme un licenciement et réglée comme tel.
▷ Il s'agit d'une mention exigée par certaines conventions collectives en cas de déplacements habituels pour une durée d'un mois au moins.

ART. 7 **Lieu de travail**

Il sera en outre amené de manière habituelle, par ses fonctions, à effectuer des déplacements de longue durée.

▷ Clause à insérer seulement si le régime de l'entreprise est plus favorable que celui de la convention collective.

ART. 8 **Congés payés**

M. [*ou* ▶ Mme] .... bénéficiera des congés payés institués en faveur des cadres de la Société ...., soit actuellement .... jours par an.

La période de ces congés est déterminée par accord entre la direction et M. [*ou* ▶ Mme] .... compte tenu des nécessités de son service [*ou* ▶ est déterminée selon une décision prise chaque année dans l'entreprise et qui sera portée en temps utile à la connaissance de l'ensemble des salariés].

ART. 9 **Obligations**

M. [*ou* ▶ Mme] .... s'engage pendant la durée de son contrat à respecter les instructions qui pourront lui être données par l'entreprise et à se conformer aux règles régissant le fonctionnement interne de celle-ci.

M. [*ou* ▶ Mme] .... s'oblige également à informer l'entreprise sans délai, de tous changements qui interviendraient dans les situations qu'il a signalées lors de son engagement (adresse, etc.).

En outre, pendant la période d'essai prévue ci-après, M. .... devra fournir tous les éléments nécessaires pour constituer son dossier, copie de diplômes notamment.

Il devra également se soumettre à la visite médicale à laquelle il sera convoqué.

▷ D'autres obligations peuvent être mises à la charge du salarié dont certaines sont fréquemment insérées pour les JEI : discrétion, non-concurrence, activités professionnelles hors entreprise.

ART. 10 **Période d'essai**

Toute suspension qui se produirait pendant la période d'essai (maladie, congés...) prolongerait d'autant la durée de cette période, qui doit correspondre à un travail effectif.

Pendant cette période, chaque partie pourra mettre fin au contrat dans les conditions prévues par la convention collective pour la rupture en période d'essai.

Le présent contrat ne deviendra définitif qu'à l'expiration d'une période d'essai de .... [▶ *durée prévue par la convention collective, en général, trois mois pour les cadres*].

La période d'essai, dans la mesure où elle est autorisée par la convention collective, doit toujours être mentionnée au contrat.

ART. 11 **Durée du contrat**

À l'issue de la période d'essai, si elle s'est révélée satisfaisante, le présent contrat se poursuivra pour une durée indéterminée.

Chacune des parties pourra y mettre fin, sous réserve de respecter les règles fixées à cet effet par la loi et la convention collective.

▷ S'agissant de la date, il s'agit au plus tard de celle du premier jour de travail.

Fait en double original à ...., le ....

▷ La signature de chaque partie doit être accompagnée de la mention manuscrite « Lu et approuvé ».

L'employeur
[▶ *Signature*]

Le salarié
[▶ *Signature*] ■

3204

Contrat de travail à Durée Déterminée (CDD)

@ à télécharger

ENTRE LES SOUSSIGNÉS :

La Société .... [▸ *indiquer la forme sociale*], immatriculée au RCS de ...., sous le numéro .... dont le siège est ...., représentée par M. ...., agissant en qualité de .... d'une part,

ET :

M. [*ou* ▸ Mme] ...., né(e) le .... à ...., de nationalité française [*ou* ▸ de nationalité ...., titulaire de la carte de travail n° ....] immatriculé à la Sécurité sociale sous le n° .... et demeurant ...., d'autre part,

IL A ÉTÉ CONVENU CE QUI SUIT :

La déclaration préalable à l'embauche de M. .... a été effectuée à l'Urssaf de ...., auprès de laquelle la Société .... est immatriculée sous le n° ....

ARTICLE 1ER Conditions d'engagement

Le contrat de M. [*ou* ▸ Mme] .... est régi par les dispositions de la convention collective de .... [▸ *intitulé de la convention collective*], applicable à notre société, ainsi que par les dispositions particulières du présent contrat.

M. [*ou* ▸ Mme] .... s'engage, en outre, à se conformer aux dispositions du règlement intérieur dont un exemplaire lui a été remis ce jour et aux instructions de la direction concernant les conditions d'exécution du travail et à respecter l'horaire de travail pratiqué par l'entreprise.

ART. 2 Durée déterminée et objet du contrat

M. [*ou* ▸ Mme] .... est engagé par la Société .... en vue de l'aider à faire face à un accroissement temporaire d'activité découlant de ....

Selon le cas qui doit toujours être clairement explicité au contrat :
- soit un accroissement dans l'activité de l'entreprise;
- soit une tâche précisément définie, occasionnelle et inhabituelle pour l'entreprise.

Cet engagement est fait pour une durée déterminée de .... qui débute le .... à .... heures et se terminera le ....
- s'il y a eu licenciement économique dans les six mois précédents sur le même type de poste, dans l'établissement : durée inférieure ou égale à trois mois;
- s'il n'y a pas eu de licenciement économique dans les six mois précédents ou s'il portait sur un autre type de poste ou concernait un autre établissement de l'entreprise : dix-huit mois au maximum (24 mois si le contrat est exécuté à l'étranger).

Rester au-dessous de ce maximum si l'on veut se ménager une possibilité de renouvellement

ART. 3 Période d'essai

S'agissant d'une période de travail effectif, toute suspension qui l'affecterait [▸ *par exemple maladie, fermeture pour congés payés*] la prolongerait d'une durée égale. Durant cette période d'essai, chacune des parties pourra mettre fin au contrat à tout moment, sans indemnité d'aucune sorte.

Le présent contrat ne deviendra ferme qu'à l'issue d'une période d'essai de ....

À défaut de dispositions de convention collective prévoyant une durée moindre :
- un mois si contrat > six mois;
- deux semaines si contrat de trois mois à six mois;
- un jour ouvré par semaine (avec maximum de 2 semaines) si contrat < trois mois (soit, par exemple : 8 jours ouvrés pour contrat de 2 mois).

ART. 4 Attributions et emploi

M. [*ou* ▸ Mme] .... sera chargé de .... Il occupera un emploi de ...., à l'indice .... coefficient hiérarchique ....

▷ La loi prévoit des cas de recours limitatifs dans les cas suivants :
- remplacement;
- accroissement temporaire d'activité;
- travaux temporaires par nature;
- contrats spécifiques pour formation et insertion dans l'entreprise.

▷ Les cas de recours au CDD susceptibles d'intéresser les créateurs sont :
- remplacement en cas d'absence ou suspension temporaire du contrat de travail;
- accroissement temporaire d'activité pour l'exécution d'une tâche occasionnelle non durable ou autre accroissement temporaire.

Pour ces contrats, la durée maximale est de dix-huit mois, durée pouvant être portée à vingt-quatre mois si le CDD est exécuté à l'étranger.

À noter le versement d'une indemnité de précarité en fin de contrat de 10 % de la rémunération brute totale pendant la durée du contrat.

Le modèle fourni ci-après, purement indicatif, est applicable dans le cas de recours au CDD pour « autres accroissements temporaires d'activité ».

▷ Attention : si sur le même type de poste il y a eu, dans l'établissement, licenciement économique dans les six mois précédents, le CE, ou les Délégués du Personnel doivent avoir été consultés préalablement à ce recrutement.

ART. 5 Lieu de travail

M. [*ou* ▸ Mme] .... exercera ses fonctions au siège de la Société .... actuellement situé à ....

ART. 6 Rémunération

En contrepartie de ses fonctions, M. [*ou* ▸ Mme] .... percevra une rémunération forfaitaire mensuelle brute de .... pour un horaire hebdomadaire moyen de .... heures.

▸ *Le cas échéant, ajouter :*

Il percevra en outre les primes et indemnités suivantes : ....

ART. 7 Avantages sociaux

M. [*ou* ▸ Mme] .... sera admis, à compter de son engagement, au bénéfice du régime de retraite complémentaire par affiliation à la Caisse .... [▸ *Nom et adresse de la caisse de retraite complémentaire*].

▸ *Le cas échéant, ajouter :*

ainsi qu'à l'organisme de prévoyance suivant qui assure les garanties complémentaires .... [▸ *Nom, adresse*].

Il bénéficiera également des avantages sociaux institués en faveur du personnel de l'entreprise.

ART. 8 Fin du contrat

Étant conclu pour une durée déterminée, cet engagement prendra fin automatiquement et sans formalités à la date qui lui a été assignée ci-dessus comme terme.

M. [*ou* ▸ Mme] .... percevra alors une indemnité de précarité d'emploi aux conditions et taux prévus par le Code du travail.

ART. 9 Renouvellement éventuel

▷ Le renouvellement n'est possible que si les deux conditions suivantes sont réunies :
- l'établissement n'a pas fait de licenciement économique sur le même type de poste dans les six mois précédents;
- le contrat a été limité à une durée inférieure au plafond applicable (18 mois ou 24 mois si exécution à l'étranger).

Dans ce cas, elle proposera à M. [*ou* ▸ Mme] .... un avenant pour fixer les conditions de ce renouvellement dans .... [▸ *au choix, et en fonction de la durée du contrat : le mois, la quinzaine, la semaine, précédant le terme prévu ci-dessus*].

Cet engagement pourra cependant être renouvelé une fois par accord entre les parties si la société le juge opportun.

ART. 10 Rupture anticipée pour faute grave ou force majeure

Chacune des deux parties se réserve mutuellement le droit de mettre fin au contrat immédiatement en cas de faute grave de l'autre partie (dans ce cas, sans indemnité) ou de force majeure.

En cas de faute grave du salarié, de rupture anticipée du fait du salarié ou de force majeure, l'employeur peut conclure sans délai de carence un autre contrat à durée déterminée de même objet.

ART. 11 Conditions particulières

Éventuellement : logement, déplacement, non-concurrence, etc.

Fait en deux exemplaires originaux dont un pour chacune des parties.

Fait en double original à ...., le ....

▷ S'agissant de la date, il s'agit au plus tard de celle du premier jour de travail.

▷ La signature de chaque partie doit être accompagnée de la mention manuscrite « Lu et approuvé ».

L'employeur
[*Signature*]

Le salarié
[*Signature*] ■

3205

Clause de non-concurrence

@ à télécharger

Compte tenu de la nature de ses fonctions .... [▸ *par exemple fonctions de caractère confidentiel, de haute technicité, etc.*] M. [*ou* ▸ Mme] .... s'interdit, en cas de cessation du présent contrat, quelle qu'en soit la cause, d'entrer au service d'une entreprise concurrente, de collaborer directement ou indirectement à toute fabrication, commerce ou autres activités pouvant concurrencer les produits ou les activités de la société.

Cette interdiction est limitée à une période de .... ans (commençant le jour de la cessation effective du contrat), et couvre le territoire de ....

En contrepartie de cette obligation de non-concurrence, M. .... percevra après la cessation effective de son contrat et pendant toute la durée de cette interdiction une indemnité spéciale forfaitaire égale à .... % de la moyenne mensuelle du salaire brut perçu par lui au cours de ses trois derniers mois de présence dans la Société .... [▸ *ou, si une convention collective est applicable* : percevra l'indemnisation prévue par l'article .... de la convention collective ...., à savoir ....]. Toute violation de l'interdiction de concurrence rendra M .... redevable envers la société du remboursement de ce qu'il aurait pu percevoir à ce titre.

La société se réserve le droit de libérer M. [*ou* ▸ Mme] ....de l'interdiction de concurrence sans que celui-ci puisse prétendre au paiement d'une quelconque indemnité. Elle devra dans ce cas notifier sa décision de renonciation à l'application de la présente clause par lettre recommandée au plus tard le jour de la cessation effective des fonctions. [▸ *Si une convention collective est applicable, ajouter* : dans les conditions prévues par l'article .... de la convention collective .... ».]

▸ *Éventuellement ajouter* :

Toute violation de la présente clause de non-concurrence donnera lieu, au profit de l'employeur, au versement de dommages et intérêts fixés forfaitairement à titre de clause pénale à .... €. Le paiement de cette indemnité ne porte pas atteinte aux droits de la société de poursuivre M. [*ou* ▸ Mme] .... en justice en vue d'obtenir des dommages et intérêts et de faire cesser l'activité concurrentielle exercée par lui. ■

3206

Engagements de confidentialité

@ à télécharger

- **Clause à insérer dans les contrats de travail**

– Informations de la société

Pendant et à l'issue du présent contrat, le salarié s'engage à ne révéler à quiconque, et à n'utiliser pour son propre compte ou pour le compte d'autrui, les informations confidentielles, sous quelque forme que ce soit, dont il aurait pu avoir connaissance à l'occasion de ses fonctions, que ces informations soient relatives, aux activités de la Société, aux informations scientifiques, aux données techniques, aux secrets de fabrique, au savoir-faire, à l'organisation, aux inventions, au marketing, aux finances, à la stratégie de la Société, au développement, aux contrats existants ou futurs, aux clients, aux partenaires commerciaux ou plus généralement, aux affaires actuelles ou futures de la Société ou des sociétés du groupe auquel la Société appartient.

– Informations appartenant à des tiers

Le Salarié reconnaît que la Société a reçu et recevra dans le futur des informations confidentielles appartenant à des tiers, sous réserve pour la Société d'en respecter la confidentialité et de les utiliser seulement à certaines fins dans certains cas limités. Le Salarié accepte de garder toutes ces informations confidentielles, de ne les dévoiler à aucune personne ou entreprise et de ne les utiliser que dans la mesure où cela est nécessaire à l'accomplissement de son travail pour la Société, conformément à l'accord liant la Société et le tiers propriétaire desdites informations confidentielles.

▷ Devra être insérée dans vos conventions de stage une clause type de protection. Nous fournissons un modèle à titre indicatif.

- **Clause à insérer dans les conventions de stage**

L'entreprise sera amenée à communiquer au stagiaire et à l'école .... des informations strictement confidentielles, propriété de l'entreprise, afin de permettre au stagiaire d'effectuer le travail demandé lors du stage et à l'école .... d'évaluer ce travail.

Le stagiaire et l'école .... s'engagent à :
- ne divulguer à aucun tiers ces informations confidentielles, sans l'autorisation écrite préalable de l'entreprise;
- conserver ces informations confidentielles dans les mêmes conditions que celles qu'ils utilisent pour leurs propres informations confidentielles de même importance;
- ne pas exercer un droit de propriété intellectuelle ou tout autre droit sur ces informations confidentielles.

- **Engagement de confidentialité réciproque**

ENTRE :

La Société .... [▸ *indiquer la forme sociale*], dont le siège est ...., représentée par M. ...., agissant en qualité de .... d'une part,

ET :

La Société .... [▸ *indiquer la forme sociale*], dont le siège est ...., représentée par M. ...., agissant en qualité de .... d'une part,

PAR LE PRÉSENT ACCORD :

Les sociétés .... et .... échangent des informations strictement confidentielles, propriété de .... et de ...., incluant mais non limité à :
- ....
- ....

Les sociétés .... et .... déclarent avoir pris connaissance de ces informations et s'engagent à :
- ne pas divulguer ces informations, soit directement soit indirectement, à tout tiers ou toute autre personne, sans l'autorisation préalable et par écrit de l'autre partie;
- les conserver dans les mêmes conditions que celles qu'elle utilise pour ses propres informations confidentielles de même importance;
- ne pas exercer un droit de propriété intellectuelle ou tout autre droit sur les informations communiquées dans le cadre du présent accord.

Si un désaccord devait naître à l'occasion de l'application des dispositions ci-dessus, les tribunaux de .... seraient seuls compétents pour résoudre le litige en cas d'échec d'une résolution amiable.

Fait à .... en deux exemplaires originaux, le ....

Société .... Société ....

- **Accord de confidentialité et de propriété (sous-traitants)**

ENTRE LES SOUSSIGNÉS :

La Société .... [▸ *indiquer la forme sociale*], dont le siège est ...., représentée par M. ...., agissant en qualité de .... d'une part,

ET :

La Société .... [▸ *indiquer la forme sociale*], dont le siège est ...., représentée par M. ...., agissant en qualité de .... d'une part,

IL A ÉTÉ CONVENU CE QUI SUIT :

ARTICLE 1ER **Informations confidentielles**

▷ Présenter le projet.

Les informations divulguées au titre du présent contrat sont les suivantes :
- ....
- ....

ART. 2 **Objet**

Le présent contrat a pour objet de définir les conditions dans lesquelles la société prestataire s'engage à protéger le caractère confidentiel des Informations ainsi que tous les droits s'y rapportant.

La société prestataire s'engage à n'utiliser les Informations qu'aux seules fins définies ci-après :

– …………

– …………

La société prestataire s'engage à ne pas utiliser les informations dans ses relations avec des tiers, ainsi qu'à ne pas divulguer à un tiers l'existence, l'origine, le contenu ou la substance des Informations sans l'autorisation préalable et écrite de la société ………… [▶ *Société bénéficiaire*].

Les informations pourront être divulguées aux seuls employés de la société prestataire qui, dans le cadre de leur emploi, doivent obligatoirement avoir accès auxdites informations. Lesdits employés devront être informés du caractère confidentiel des Informations et s'engager à ne pas les divulguer.

ART. 3 **Durée du contrat**

Le présent contrat est conclu pour une durée de ………… ans à compter du jour de sa signature. Au terme du présent contrat, la société prestataire devra retourner, sans délai, toutes copies des informations à la société bénéficiaire et s'interdit de continuer à les utiliser ou à les dévoiler à quelque titre que ce soit et quelle qu'en soit la forme.

ART. 4 **Conditions**

A. Toutes les informations sont et restent la propriété de la société bénéficiaire. Le présent contrat ne pourra en aucun cas avoir pour effet de permettre à la société prestataire d'acquérir un quelconque droit de propriété intellectuelle, directement ou indirectement, relatif aux informations. Le présent contrat ne confère à la société prestataire que le seul droit d'utiliser les informations aux seules fins définies à l'article 2 ci-dessus.

B. La société bénéficiaire pourra, à sa seule discrétion, offrir à la vente des produits utilisant ou incorporant les informations. La société bénéficiaire pourra, en outre, les modifier et cesser la vente à tout moment.

C. La société prestataire prendra toute mesure afin de protéger les informations et éviter qu'elles soient utilisées, divulguées ou publiées dans des conditions autres que celles autorisées aux termes du présent contrat. Lesdites mesures devront être au moins équivalentes à celles que La société prestataire utilise pour la protection de ses propres informations confidentielles.

D. Le présent contrat ne mettra à la charge de la société prestataire aucune obligation relative aux informations :

1) qui sont ou qui deviendraient généralement connues du public, sans qu'une faute ne puisse être imputable à la société prestataire;

2) dont la société prestataire avait connaissance avant qu'elles ne lui soient communiquées par la société bénéficiaire ainsi qu'il pourrait être établi par écrit;

3) qui auraient été divulguées de bonne foi à la société prestataire par un tiers en aucune façon tenu par un quelconque engagement de non-divulgation;

4) qui seraient fournies par la société bénéficiaire à des tiers non tenus par un quelconque engagement de non-divulgation;

5) cinq ans après la réception des informations.

E. Il est expressément entendu que le manquement par la société prestataire à l'une quelconque de ses obligations aux termes du présent contrat causerait un préjudice irréparable à la société bénéficiaire et que, dans un tel cas, la société bénéficiaire pourrait prendre toute mesure légale permettant d'obtenir réparation du préjudice subi, notamment par voie de référé.

F. Le présent contrat constitue l'accord complet des parties en ce qui concerne son objet. Il remplace et annule tous accords et communications antérieurs entre les parties, oraux et écrits, se rapportant audit objet.

Le présent contrat est régi par le droit français. Tout litige relatif à l'exécution ou l'interprétation du présent contrat sera de la compétence exclusive des tribunaux relevant du ressort de la cour d'appel de …………

Fait à …………, Le …………

Pour la société bénéficiaire Pour la société prestataire ■

3207

Questionnaire Jeune entreprise innovante (Demande d'avis préalable)

JEUNE ENTREPRISE INNOVANTE

MODELE DE DEMANDE D'AVIS

QUESTIONNAIRE RELATIF A LA MISE EN ŒUVRE DE LA GARANTIE PREVUE
AU 4° DE L'ARTICLE L 80 B DU LIVRE DES PROCEDURES FISCALES

Vous voudrez bien apporter des réponses détaillées aux questions ci-après.
Il vous est demandé de joindre en annexe tout document susceptible de compléter utilement ces questions.

I EXERCICE OU PERIODE D'IMPOSITION SUR LESQUELS PORTE LA DEMANDE :

II IDENTIFICATION DE L'ENTREPRISE

- Nom **- Forme juridique**	
- Adresse	
- Numéro SIRET **- Code APE**	
- Date de création de l'entreprise	
- Activités (principales et secondaires)	
- Organisme auprès duquel sont versées les cotisations patronales de sécurité sociale (nom et adresse)	

III TAILLE ET CAPACITE DE RECHERCHE DE L'ENTREPRISE

- Effectif salarié (1)		
- Chiffre d'affaires (2)		
- Total du bilan (3)		
	engagées à la date de la demande	prévisions pour l'exercice
- Montant des dépenses de recherche de l'entreprise **- Montant des charges totales de l'entreprise**		

(1) Nombre moyen de salariés au cours de l'exercice au titre duquel l'entreprise sollicite le statut de JEI
(2) Ensemble des recettes provenant de l'activité courante de l'entreprise, sur 12 mois, à l'exclusion des produits financiers et des produits exceptionnels.
(3) Tous les postes d'actif ou de passif.

1

IV **CAPITAL DE L'ENTREPRISE – POUR UNE SOCIETE PRECISER LES CONDITIONS DE DETENTION DU CAPITAL**

Montant du capital		
Détail des participations des associés :		
Nom et prénom ou raison sociale des associés	**Adresse**	**Pourcentage de détention du capital**
Dans le cas où des structures d'investissement participent au capital de la société, les personnes physiques associées de cette dernière exercent-elles, en droit ou en fait, des fonctions de direction ou d'encadrement dans ces structures? : oui ☐ non ☐		
La société et les structures d'investissement sont-elles placées sous le contrôle d'une même entreprise ? oui ☐ non ☐		

V – **RENSEIGNEMENTS CONCERNANT LES ASSOCIES PERSONNES PHYSIQUES**

- Exercent-ils d'autres activités en tant que :

- salariés .... oui ☐ non ☐

- dirigeants .... oui ☐ non ☐

- entrepreneurs individuels .... oui ☐ non ☐

dans l'affirmative, préciser :

- la raison sociale ou le nom ainsi que l'adresse des sociétés ou entreprises......

- l'objet et l'activité des sociétés ou entreprises ....

- la nature réelle des fonctions exercées ....

- Activités exercées précédemment :

2

VI CARACTERE NOUVEAU DE L'ACTIVITE EXERCEE PAR L'ENTREPRISE

CONDITIONS DE LA CREATION

La création de l'entreprise résulte-t-elle :
- d'une concentration d'activités …………….. oui ☐ non ☐ fusion ☐
- d'une restructuration ……………………….. oui ☐ non ☐ scission ☐
apport partiel d'actif ☐

- d'une acquisition …………………………………………. oui ☐ non ☐
- d'un changement { de mode d'exploitation ……….. oui ☐ non ☐
{ ou de l'organisation ………… oui ☐ non ☐
- d'une reprise d'activité préexistante ………………….. oui ☐ non ☐
- d'une cession ou concession de licence ………………. oui ☐ non ☐
- d'un partenariat créant une situation de dépendance avec une entreprise préexistante………………………… oui ☐ non ☐
- de l'implantation en France d'un établissement stable d'une entreprise étrangère ……………………… oui ☐ non ☐

L'activité de l'entreprise prolonge-t-elle celle d'une entreprise préexistante ? ……………………………………………………….. oui ☐ non ☐

Existe-t-il une communauté d'intérêts avec une ou plusieurs entreprises préexistantes (liens personnels, financiers et commerciaux) ? …………… oui ☐ non ☐
Si la réponse est positive : l'activité est-elle identique à celle de l'entreprise préexistante ? ……………………………………………….. oui ☐ non ☐

Y-a-t-il reprise de tout ou partie du personnel, des locaux, du matériel de production ou de la clientèle d'une entreprise préexistante ? oui ☐ non ☐

- Précisions sur les conditions de création de l'entreprise :

3

VII **RENSEIGNEMENTS CONCERNANT L'OPERATION DE RECHERCHE-DEVELOPPEMENT**

1 Indiquez de quelle manière votre opération de recherche-développement s'insère dans l'ensemble des activités de votre entreprise ;

2 Replacer l'opération dans son contexte scientifique et économique ;

3 Présenter l'état de l'art existant et les recherches bibliographiques effectuées ;

4 Identifier les objectifs visés, les performances à atteindre et les contraintes ;

5 Indiquer les incertitudes scientifiques et techniques, les verrous technologiques et les problèmes à résoudre ;

6 Décrire les travaux effectués * :

- Présenter les développements réalisés, les modélisations, les simulations, les essais, les prototypes « *Recherche* » (à distinguer des prototypes « *validation de conception* » non éligibles), les méthodes et les moyens mis en œuvre ;
- Faire de même pour les opérations confiées à des sociétés, à des organismes de recherche et des experts agréés par le Ministère chargé de la recherche ;
- Indiquer les renseignements et les informations issus de ces travaux, en particulier des essais et prototypes « *Recherche* » ;
- Montrer en quoi ces travaux ne relèvent pas d'un savoir commun à la profession.
- Conclure en termes d'orientation de la conception d'études **, de conception**, ou d'ingénierie.

7 Préciser, pour chaque projet, les ressources associées (temps passé par chaque personne sur chaque projet, dépenses en matériel…) ;

8 Faire état d'éventuelles collaborations avec des industriels (agréés ou non au titre du crédit d'impôt recherche), des laboratoires publics de recherche ;

9 Votre projet de recherche-développement est-il la continuité d'un programme déjà commencé dans l'entreprise ?

Dans cette hypothèse, souligner les progrès scientifiques ou technologiques réalisés en montrant en quoi les travaux entrepris pour accomplir ce progrès entraînent un écart significatif par rapport à la connaissance et à la pratique généralement répandues dans le domaine ; Présenter les réussites techniques et commerciales qui ont pu en résulter ; Fournir d'éventuels indicateurs témoins de l'activité de recherche-développement (articles scientifiques, conférences, brevets, articles de presse…).

* *Seule cette partie ouvre droit au crédit d'impôt recherche*
** *Travaux non éligibles au crédit d'impôt recherche*

4

Etat prévisionnel des dépenses de recherche-développement

1. **Dotations aux amortissements**

Désignation des immobilisations	Prix d'achat	Amortissement annuel	Prorata d'utilisation en R&D	Amortissement imputé en R&D
a) Immeubles acquis neufs ou achevés à partir de 1991. b) Biens autres que les immeubles : - biens appartenant à l'entreprise ; - biens financés par crédit-bail				

2. **Dépenses de personnel de recherche-développement**

Noms des personnels de R&D*	Coût horaire brut chargé	Nombre d'heures en R&D	Total

** chercheurs et techniciens de recherche participant aux opérations de R&D*

Si l'entreprise ne connaît pas encore précisément l'identité des personnels affectés au présent projet de recherche-développement, il conviendra toutefois d'indiquer la nature des postes à pourvoir et les dépenses prévisionnelles correspondantes.

5

Personnels prévus pour l'exécution des travaux de recherche-développement

Nom	Prénom	Diplôme *	Fonctions

* *joindre les photocopies des diplômes et/ou des curriculum vitae*

3. **Prise et maintenance de brevets** :
(Nature des frais, références, coût).

4. **Dotations aux amortissements de brevets à acquérir en vue de la recherche** :
(Nature, références, coût, durée d'amortissement).

5. **Travaux que vous pensez confier à des organismes de recherche agréés** :
(Indiquer le nom de ces organismes, joindre la décision d'agrément et éventuellement une copie du projet de contrat).

6. **Subventions publiques** :
(A recevoir ou en cours d'examen : indiquer l'origine, la date de la demande et les montants).

A................................, le............................
Certifié complet, exact et sincère
Signature et qualité du signataire

6

3. Textes législatifs et réglementaires

3301

Code de commerce (extraits)

§ 3

Des attributions d'actions gratuites

Art. L. 225-197-1 — **I.** — L'assemblée générale extraordinaire, sur le rapport du conseil d'administration ou du directoire, selon le cas, et sur le rapport spécial des commissaires aux comptes, peut autoriser le conseil d'administration ou le directoire à procéder, au profit des membres du personnel salarié de la société ou de certaines catégories d'entre eux, à une attribution gratuite d'actions existantes ou à émettre.

L'assemblée générale extraordinaire fixe le pourcentage maximal du capital social pouvant être attribué dans les conditions définies ci-dessus. L'attribution des actions à leurs bénéficiaires est définitive au terme d'une période d'acquisition dont la durée minimale est déterminée par l'assemblée générale extraordinaire, mais ne peut être inférieure à deux ans.

L'assemblée générale extraordinaire fixe également la durée minimale de l'obligation de conservation des actions par les bénéficiaires. Cette durée court à compter de l'attribution définitive des actions, mais ne peut être inférieure à deux ans.

Dans une société dont les titres sont admis aux négociations sur un marché réglementé, à l'issue de la période d'obligation de conservation, les actions ne peuvent pas être cédées :

1° Dans le délai de dix séances de bourse précédant et suivant la date à laquelle les comptes consolidés, ou à défaut les comptes annuels, sont rendus publics;

2° Dans le délai compris entre la date à laquelle les organes sociaux de la société ont connaissance d'une information qui, si elle était rendue publique, pourrait avoir une incidence significative sur le cours des titres de la société, et la date postérieure de dix séances de Bourse à celle où cette information est rendue publique.

Le conseil d'administration ou, le cas échéant, le directoire détermine l'identité des bénéficiaires des attributions d'actions mentionnées au premier alinéa. Il fixe les conditions et, le cas échéant, les critères d'attribution des actions.

L'assemblée générale extraordinaire fixe le délai pendant lequel cette autorisation peut être utilisée par le conseil d'administration ou le directoire. Ce délai ne peut excéder trente-huit mois.

Le nombre total des actions attribuées gratuitement ne peut excéder 10 % du capital social.

II. — Le président du conseil d'administration, le directeur général, les directeurs généraux délégués, les membres du directoire ou le gérant d'une société par actions peuvent se voir attribuer des actions de la société dans les mêmes conditions que les membres du personnel salarié.

Ils peuvent également se voir attribuer des actions d'une société liée dans les conditions prévues à l'article L. 225-197-2, sous réserve que les actions de cette dernière soient admises aux négociations sur un marché réglementé.

Il ne peut pas être attribué d'actions aux salariés et aux mandataires sociaux détenant chacun plus de 10 % du capital social. Une attribution gratuite d'actions ne peut pas non plus avoir pour effet que les salariés et les mandataires sociaux détiennent chacun plus de 10 % du capital social.

Art. L. 225-197-2 — **I.** — Des actions peuvent être attribuées, dans les mêmes conditions que celles mentionnées à l'article L. 225-197-1 :

1° Soit au bénéfice des membres du personnel salarié des sociétés ou des groupements d'intérêt économique dont 10 % au moins du capital ou des droits de vote sont détenus, directement ou indirectement, par la société qui attribue les actions;

2° Soit au bénéfice des membres du personnel salarié des sociétés ou des groupes d'intérêt économique détenant, directement ou indirectement, au moins 10 % du capital ou des droits de vote de la société qui attribue les actions;

3° Soit au bénéfice des membres du personnel salarié des sociétés ou des groupements d'intérêt économique dont 50 % au moins du capital ou des droits de vote sont détenus, directement ou indirectement, par une société détenant elle-même, directement ou indirectement, au moins 50 % du capital de la société qui attribue les actions.

Les actions qui ne sont pas admises aux négociations sur un marché réglementé ne peuvent être attribuées dans les conditions ci-dessus qu'aux salariés de la société qui procède à cette attribution ou à ceux mentionnés au 1°.

II. — Des actions peuvent également être attribuées dans les mêmes conditions que celles prévues à l'article L. 225-197-1 par une entreprise contrôlée, directement ou indirectement, exclusivement ou conjointement, par un organe central ou les établissements de crédit qui lui sont affiliés au sens et pour l'application des articles L. 511-30 à L. 511-32 du Code monétaire et financier, aux salariés de ces sociétés ainsi qu'à ceux des entités dont le capital est détenu pour plus de 50 %, directement ou indirectement, exclusivement ou conjointement, par cet organe central ou ces établissements de crédit.

Art. L. 225-197-3 — Les droits résultant de l'attribution gratuite d'actions sont incessibles jusqu'au terme de la période d'acquisition.

En cas de décès du bénéficiaire, ses héritiers peuvent demander l'attribution des actions dans un délai de six mois à compter du décès.

Art. L. 225-197-4 — Un rapport spécial informe chaque année l'assemblée générale ordinaire des opérations réalisées en vertu des dispositions prévues aux articles L. 225-197-1 à L. 225-197-3.

Ce rapport rend également compte :

– du nombre et de la valeur des actions qui, durant l'année et à raison des mandats et fonctions exercés dans la société, ont été attribuées gratuitement à chacun de ces mandataires par la société et par celles qui lui sont liées dans les conditions prévues à l'article L. 225-197-2;

– du nombre et de la valeur des actions qui ont été attribuées gratuitement, durant l'année à chacun de ces mandataires, à raison des mandats et fonctions qu'ils y exercent, par les sociétés contrôlées au sens de l'article L. 233-16.

Ce rapport indique également le nombre et la valeur des actions qui, durant l'année, ont été attribuées gratuitement par la société et par les sociétés ou groupements qui lui sont liés dans les conditions prévues à l'article L. 225-197-2, à chacun des dix salariés de la société non mandataires sociaux dont le nombre d'actions attribuées gratuitement est le plus élevé.

Art. L. 225-197-5 — L'assemblée générale ordinaire de la société contrôlant majoritairement, directement ou indirectement, celle qui attribue gratuitement les actions est informée dans les conditions prévues à l'article L. 225-197-4. ■

3302

Code de la recherche (extraits)

Art. L. 413-1 — Les fonctionnaires civils des services publics et entreprises publiques définis à l'article L. 112-2 peuvent être autorisés à participer à titre personnel, en qualité d'associé ou de dirigeant, à la création d'une entreprise dont l'objet est d'assurer, en exécution d'un contrat conclu avec une personne publique ou une entreprise publique, la valorisation des travaux de recherche qu'ils ont réalisés dans l'exercice de leurs fonctions.

Art. L. 413-2 — L'autorisation doit être demandée préalablement à la négociation du contrat prévu à l'article L. 413-1 et avant l'immatriculation de l'entreprise au registre du commerce et des sociétés. Le fonctionnaire intéressé ne peut pas représenter la personne publique ou l'entreprise publique dans une telle négociation.

Art. L. 413-3 — L'autorisation est accordée par l'autorité dont relève le fonctionnaire après avis de la commission prévue par l'article 87 de la loi n° 93-122 du 29 janvier 1993 relative à la prévention de la corruption et à la transparence de la vie économique et des procédures publiques, pour une période de temps limitée fixée par voie réglementaire.

L'autorisation est refusée :

a) Si elle est préjudiciable au fonctionnement normal du service public;

b) Ou si, par nature ou par ses conditions et modalités et eu égard aux fonctions précédemment exercées par le fonctionnaire, la participation de ce dernier porte atteinte à la dignité desdites fonctions ou risque de compromettre ou mettre en cause l'indépendance ou la neutralité du service;

c) Ou si la prise d'intérêts dans l'entreprise est de nature à porter atteinte aux intérêts matériels ou moraux du service public de la recherche ou à remettre en cause les conditions d'exercice de la mission d'expertise qu'il exerce auprès des pouvoirs publics.

Art. L. 413-4 — À compter de la date d'effet de l'autorisation, le fonctionnaire est soit détaché dans l'entreprise, soit mis à disposition de celle-ci ou d'un organisme qui concourt à la valorisation de la recherche. Il cesse toute activité au titre du service public dont il relève.

Toutefois, il peut exercer des activités d'enseignement ressortissant à sa compétence dans des conditions fixées par décret.

Art. L. 413-5 — La commission mentionnée au premier alinéa de l'article L. 413-3 est tenue informée, pendant la durée de l'autorisation et durant cinq ans à compter de son expiration ou de son retrait, des contrats et conventions conclus entre l'entreprise et le service public de la recherche. Si elle estime que ces informations font apparaître une atteinte aux intérêts matériels et moraux du service public de la recherche, la commission en saisit l'autorité administrative compétente.

Art. L. 413-6 — Au terme de l'autorisation, le fonctionnaire peut :

a) Être, à sa demande, placé en position de disponibilité ou radié des cadres s'il souhaite conserver des intérêts dans l'entreprise;

b) Être réintégré au sein de son corps d'origine.

Dans le cas mentionné au b, il met fin à sa collaboration professionnelle avec l'entreprise dans un délai d'un an et ne peut plus conserver directement ou indirectement un intérêt quelconque dans l'entreprise. Il peut toutefois être autorisé à apporter son concours scientifique à l'entreprise, à conserver une participation dans le capital social de l'entreprise, dans la limite de 15 %, et à être membre du conseil d'administration ou de surveillance de celle-ci dans les conditions prévues aux sections 2 et 3 du présent chapitre.

Art. L. 413-7 — L'autorisation est retirée ou non renouvelée si les conditions qui avaient permis sa délivrance ne sont plus réunies ou si le fonctionnaire méconnaît les dispositions de la présente section. Dans ce cas, le fonctionnaire ne peut poursuivre son activité dans l'entreprise que dans les conditions prévues à l'article 72 de la loi n° 84-16 du 11 janvier 1984 portant dispositions statutaires relatives à la fonction publique de l'État. S'il ne peut conserver d'intérêts dans l'entreprise, il dispose du délai d'un an prévu au b de l'article L. 413-6 pour y renoncer.

Art. L. 413-8 — Les fonctionnaires mentionnés à l'article L. 413-1 peuvent être autorisés, pendant une période de temps limitée fixée par voie réglementaire, à apporter leur concours scientifique à une entreprise qui assure, en exécution d'un contrat conclu avec une personne publique ou une entreprise publique, la valorisation des travaux de recherche qu'ils ont réalisés dans l'exercice de leurs fonctions.

Les conditions dans lesquelles le fonctionnaire intéressé apporte son concours scientifique à l'entreprise sont définies par une convention conclue entre l'entreprise et la personne publique ou l'entreprise publique mentionnée au premier alinéa. Elles doivent être compatibles avec le plein exercice par le fonctionnaire de son emploi public.

Art. L. 413-9 — Le fonctionnaire peut également être autorisé à détenir une participation dans le capital social de l'entreprise, dans la limite de 15 %, sous réserve qu'au cours des cinq années précédentes il n'ait pas, en qualité de fonctionnaire ou d'agent public, exercé un contrôle sur cette entreprise ou participé à l'élaboration ou à la passation de contrats et conventions conclus entre l'entreprise et le service public de la recherche.

Le fonctionnaire ne peut participer ni à l'élaboration ni à la passation des contrats et conventions conclus entre l'entreprise et le service public de la recherche. Il ne peut, au sein de l'entreprise, ni exercer des fonctions de dirigeant ni être placé dans une situation hiérarchique.

L'autorité dont relève le fonctionnaire est tenue informée des revenus qu'il perçoit à raison de sa participation au capital de l'entreprise, des cessions de titres auxquelles il procède ainsi que des compléments de rémunérations, dans la limite d'un plafond fixé par décret, prévus, le cas échéant, par la convention mentionnée au deuxième alinéa.

Art. L. 413-10 — La commission mentionnée au premier alinéa de l'article L. 413-3 est tenue informée, pendant la durée de l'autorisation délivrée en application de l'article L. 413-8 ou de l'article L. 413-9 et durant cinq ans à compter de son expiration ou de son retrait, des contrats et conventions conclus entre l'entreprise et le service public de la recherche. Si elle estime que ces informations font apparaître une atteinte aux intérêts matériels et moraux du service public de la recherche, la commission en saisit l'autorité administrative compétente.

Art. L. 413-11 — L'autorisation est délivrée et renouvelée par l'autorité dont relève le fonctionnaire après avis de la commission mentionnée au premier alinéa de l'article L. 413-3 dans les conditions prévues par ce même article. Elle est retirée ou non renouvelée si les conditions qui avaient permis sa délivrance ne sont plus réunies ou si le fonctionnaire méconnaît les dispositions de la présente section. Dans ce cas, le fonctionnaire dispose, pour céder ses droits sociaux, d'un délai d'un an au terme duquel il ne peut plus conserver directement ou indirectement un intérêt quelconque dans l'entreprise. Il ne peut poursuivre son activité dans l'entreprise que dans les conditions prévues à l'article L. 413-7.

Art. L. 413-12 — Les fonctionnaires mentionnés à l'article L. 413-1 peuvent, à titre personnel, être autorisés à être membres du conseil d'administration ou du conseil de surveillance d'une société anonyme afin de favoriser la diffusion des résultats de la recherche publique. Leur participation dans le capital social de l'entreprise est limitée à la détention du nombre d'actions requis par ses statuts pour être membre du conseil d'administration ou de surveillance mais ne peut excéder 5 % de celui-ci. Ils ne peuvent percevoir de l'entreprise d'autre rémunération que celles prévues aux articles L. 225-45 et L. 225-83 du Code de commerce, dans la limite d'un plafond fixé par décret.

L'autorisation ne peut être demandée si le fonctionnaire est autorisé à apporter son concours scientifique à l'entreprise dans les conditions prévues à l'article L. 413-8.

Le fonctionnaire intéressé ne peut participer ni à l'élaboration ni à la passation des contrats et conventions conclus entre l'entreprise et le service public de la recherche.

L'autorité dont relève le fonctionnaire est tenue informée des revenus qu'il perçoit à raison de sa participation au capital de l'entreprise et en sa qualité de membre du conseil d'administration ou du conseil de surveillance ainsi que des cessions de titres auxquelles il procède.

Art. L. 413-13 — La commission mentionnée au premier alinéa de l'article L. 413-3 est tenue informée, pendant la durée de l'autorisation et durant cinq ans à compter de son expiration ou de son retrait, des contrats et conventions conclus entre l'entreprise et le service public de la recherche. Si elle estime que ces informations font apparaître une atteinte aux intérêts matériels et moraux du service public de la recherche, la commission en saisit l'autorité administrative compétente.

Art. L. 413-14 — L'autorisation est accordée et renouvelée pour la durée du mandat par l'autorité dont relève le fonctionnaire après avis de la commission mentionnée au premier alinéa de l'article L. 413-3 dans les conditions prévues à ce même article. Elle est retirée ou non renouvelée si les conditions qui avaient permis sa délivrance ne sont plus réunies ou si le fonctionnaire méconnaît les dispositions de la présente section. En cas de retrait ou de non-renouvellement de l'autorisation, le fonctionnaire dispose d'un délai de trois mois pour céder ses droits sociaux. Il ne peut poursuivre son activité au sein de l'entreprise que dans les conditions prévues au dernier alinéa à l'article L. 413-7.

Art. L. 413-15 — Les conditions dans lesquelles des agents non fonctionnaires peuvent, sous réserve des adaptations nécessaires, bénéficier des dispositions prévues aux sections 1 et 2 du présent chapitre sont fixées par décret en Conseil d'État.

Art. L. 413-16 — Les modalités d'application du présent chapitre sont, en tant que de besoin, précisées par décret en Conseil d'État. ■

3303 Code général des impôts (extraits)

Art. 44-*sexies*-0 A — Une entreprise est qualifiée de jeune entreprise innovante réalisant des projets de recherche et de développement lorsque, à la clôture de l'exercice, elle remplit simultanément les conditions suivantes :

1° Elle est une petite ou moyenne entreprise, c'est-à-dire employant moins de 250 personnes, et qui a soit réalisé un chiffre d'affaires inférieur à 40 millions d'euros au cours de l'exercice, ramené ou porté le cas échéant à douze mois, soit un total du bilan inférieur à 27 millions d'euros. L'effectif de l'entreprise est apprécié par référence au nombre moyen de salariés employés au cours de cet exercice [pour l'appréciation du seuil de 250 salariés, l'effectif pris en compte est celui des salariés employés dans la jeune entreprise innovante, tous établissements confondus, au cours de chaque exercice. Il est apprécié en fonction de l'effectif moyen, déterminé selon les modalités fixées par l'art. L. 421-2 du Code du travail.

2° Elle est créée depuis moins de huit ans;

3° Elle a réalisé des dépenses de recherche, définies aux a à g du II de l'article 244 *quater* B, représentant au moins 15 % des charges totales engagées par l'entreprise au titre de cet exercice, à l'exclusion des charges engagées auprès d'autres jeunes entreprises innovantes réalisant des projets de recherche et de développement ou auprès d'entreprises bénéficiant du régime prévu à l'article 44 *undecies*;

4° Son capital est détenu de manière continue à 50 % au moins :

a. par des personnes physiques;

b. ou par une société répondant aux mêmes conditions dont le capital est détenu pour 50 % au moins par des personnes physiques;

c. ou par des sociétés de capital-risque, des fonds communs de placement à risques, des sociétés de développement régional, des sociétés financières d'innovation ou des sociétés unipersonnelles d'investissement à risque à la condition qu'il n'existe pas de lien de dépendance au sens des deuxième à quatrième alinéas du 12 de l'article 39 entre la société en cause et ces dernières sociétés ou ces fonds;

d. ou par des fondations ou associations reconnues d'utilité publique à caractère scientifique, ou par une société qualifiée elle-même de jeune entreprise innovante réalisant des projets de recherche et développement;

e. ou par des établissements publics de recherche et d'enseignement ou leurs filiales;

5° Elle n'est pas créée dans le cadre d'une concentration, d'une restructuration, d'une extension d'activités préexistantes ou d'une reprise de telles activités au sens du III de l'article 44 *sexies*.

Art. 44 *sexies* A — I. — 1. Les entreprises répondant aux conditions fixées à l'article 44-*sexies*-0 A sont exonérées d'impôt sur le revenu ou d'impôt sur les sociétés à raison des bénéfices réalisés au titre des trois premiers exercices ou périodes d'imposition bénéficiaires, cette période d'exonération totale des bénéfices réalisés ne pouvant excéder trente-six mois.

Les bénéfices réalisés au titre des deux exercices ou périodes d'imposition bénéficiaires suivant cette période d'exonération ne sont soumis à l'impôt sur le revenu ou l'impôt sur les sociétés que pour la moitié de leur montant.

2. Le bénéfice de l'exonération est réservé aux entreprises qui réunissent les conditions fixées au 1 au cours de chaque exercice ou période d'imposition au titre duquel ou de laquelle l'exonération est susceptible de s'appliquer.

3. Si à la clôture d'un exercice ou d'une période d'imposition l'entreprise ne satisfait plus à l'une des conditions requises pour bénéficier du statut de jeune entreprise innovante réalisant des projets de recherche et de développement, elle perd définitivement le bénéfice de l'exonération prévue au 1. Toutefois, le bénéfice réalisé au cours de cet exercice ou période d'imposition et de l'exercice ou période d'imposition suivant n'est soumis à l'impôt sur le revenu ou l'impôt sur les sociétés que pour la moitié de son montant.

4. La durée totale d'application de l'abattement de 50 % prévu au 1 et au 3 ne peut en aucun cas excéder vingt-quatre mois.

II. — Le bénéfice exonéré au titre d'un exercice ou d'une période d'imposition est celui déclaré selon les modalités prévues aux articles 50-0, 53 A, 96 à 100, 102 *ter* et 103, diminué des produits bruts ci-après qui restent imposables dans les conditions de droit commun :

a. Les produits des actions ou parts de société, et les résultats de sociétés ou organismes soumis au régime prévu à l'article 8;

b. Les produits correspondant aux subventions, libéralités et abandons de créances;

c. Les produits de créances et d'opérations financières pour le montant qui excède celui des frais financiers engagés au cours du même exercice ou de la période d'imposition.

III. — Lorsqu'elle répond aux conditions requises pour bénéficier des dispositions de l'un des régimes prévus aux articles 44 *sexies*, 44 *septies*, 44 *octies*, 44 *decies*, 244 *quater* E ou du régime prévu au présent article, la jeune entreprise innovante réalisant des projets de recherche et de développement peut opter pour ce dernier régime jusqu'au 30 septembre 2004 si elle est déjà créée au 1er janvier 2004, dans les neuf mois suivant celui de son début d'activité si elle se crée après cette dernière date, ou dans les neuf premiers mois de l'exercice ou de la période au titre duquel ou de laquelle l'option est exercée. L'option est irrévocable dès lors qu'à la clôture de l'exercice ou de la période au titre duquel ou de laquelle elle a été exercée les conditions fixées à l'article 44 *sexies* -0 A sont remplies.

IV. — L'exonération prévue au I s'applique dans les limites prévues par le règlement (CE) n° 69/2001 de la Commission du 12 janvier 2001 concernant l'application des articles 87 et 88 du traité CE aux aides *de minimis*.

Art. 163-*bis* G — I. — Le gain net réalisé lors de la cession des titres souscrits en exercice des bons attribués dans les conditions définies aux II et III est imposé dans les conditions et aux taux prévus à l'article 150-0 A, ou au 2 de l'article 200 A.

Par dérogation aux dispositions du premier alinéa, le taux est porté à 30 % lorsque le bénéficiaire exerce son activité dans la société depuis moins de trois ans à la date de la cession.

II. — Les sociétés par actions dont les titres ne sont pas admis aux négociations sur un marché d'instruments financiers français ou étranger dont le fonctionnement est assuré par une entreprise de marché ou un prestataire de services d'investissement ou tout autre organisme similaire étranger, ou admis aux négociations sur un tel marché d'un État partie à l'accord sur l'Espace économique européen si leur capitalisation boursière, évaluée selon des modalités fixées par décret en Conseil d'État, notamment en cas de première cotation ou d'opération de restructuration d'entreprises, par référence à la moyenne des cours d'ouverture des soixante jours de bourse précédant celui de l'émission des bons, est inférieure à 150 millions d'euros peuvent, à condition d'avoir été immatriculées au registre du commerce et des sociétés depuis moins de quinze ans, attribuer aux membres de leur personnel salarié, ainsi qu'à leurs dirigeants soumis au régime fiscal des salariés, des bons de souscription de parts de créateur d'entreprise, incessibles, et émis dans les conditions prévues à l'article L. 228-95 du Code de commerce, lorsque les conditions suivantes sont remplies :

1. La société doit être passible en France de l'impôt sur les sociétés;

2. Le capital de la société doit être détenu directement et de manière continue pour 25 % au moins par des personnes physiques ou par des personnes morales détenues par des personnes physiques. Pour la détermination de ce pourcentage, les participations des sociétés de capital-risque, des sociétés de développement régional et des sociétés financières d'innovation ne sont pas prises en compte à la condition qu'il n'existe pas de lien de dépendance au sens du 12 de l'article 39 entre la société bénéficiaire de l'apport et ces dernières sociétés. De même, ce pourcentage ne tient pas compte des participations des fonds communs de placement à risques, des fonds d'investissement de proximité ou des fonds communs de placement dans l'innovation;

3. La société n'a pas été créée dans le cadre d'une concentration, d'une restructuration, d'une extension ou d'une reprise d'activités préexistantes, sauf si elle répond aux conditions prévues par le I de l'article 39 *quinquies* H.

III. — Le prix d'acquisition du titre souscrit en exercice du bon est fixé au jour de l'attribution par l'assemblée générale extraordinaire, sur le rapport du conseil d'administration ou du directoire et sur le rapport spécial des commissaires aux comptes. Il est au moins égal, lorsque la société émettrice a procédé dans les six mois précédant l'attribution du bon à une augmentation de capital, au prix d'émission des titres alors fixé.

L'assemblée générale extraordinaire peut déléguer selon le cas, au conseil d'administration ou au directoire le soin de fixer la liste des bénéficiaires de bons de souscription de parts de créateurs d'entreprise. Dans ce cas, le conseil d'administration ou le directoire indique le nom des attributaires desdits bons et le nombre de titres attribués à chacun d'eux.

IV. — Un décret précise les modalités d'application du présent article, notamment les obligations déclaratives incombant aux titulaires des bons et aux sociétés émettrices.

Art. 244 *quater* B — I. — Les entreprises industrielles et commerciales ou agricoles imposées d'après leur bénéfice réel ou exonérées en application des articles 44 *sexies*, 44 *sexies* A, 44 *septies*, 44 *octies*, 44 *decies* et 44 *undecies* qui exposent des dépenses de recherche peuvent bénéficier d'un crédit d'impôt égal à la somme :

a. D'une part égale à 10 % des dépenses de recherche exposées au cours de l'année, dite part en volume;

b. Et d'une part égale à 40 % de la différence entre les dépenses de recherche exposées au cours de l'année et la moyenne des dépenses de même nature, revalorisées de la hausse des prix à la consommation hors tabac, exposées au cours des deux années précédentes, dite part en accroissement.

Lorsque cette dernière est négative, elle est imputée sur les parts en accroissement calculées au titre des dépenses engagées au cours des cinq années suivantes. Le montant imputé est plafonné à la somme des parts positives de même nature antérieurement calculées.

Le crédit d'impôt négatif qui trouvait son origine en 2003 ou au cours d'une année antérieure s'impute sur les parts en accroissement relatives aux dépenses engagées à compter du 1er janvier 2004 dans les mêmes conditions. En cas de fusion ou opération assimilée, la part en accroissement négative du crédit d'impôt de la société apporteuse non encore imputée est transférée à la société bénéficiaire de l'apport.

À l'exception du crédit d'impôt imputable par la société mère dans les conditions prévues à l'article 223 O, le crédit d'impôt est plafonné pour chaque entreprise, y compris les sociétés de personnes, à 10 000 000 €. Il s'apprécie en prenant en compte la fraction de la part en accroissement et de la part en volume du crédit d'impôt correspondant aux parts des associés de sociétés de personnes mentionnées aux articles 8 et 238 *bis* L et aux droits des membres de groupements mentionnés aux articles 239 *quater*, 239 *quater* B et 239 *quater* C, le cas échéant majoré de la part en accroissement et de la part en volume calculées au titre des dépenses de recherche que ces associés ou membres ont exposées.

Lorsque la somme de la part en volume et de la part en accroissement du crédit d'impôt des sociétés et groupements visés à la dernière phrase de l'alinéa précédent excède le plafond mentionné à ce même alinéa, le montant respectif de ces parts pris en compte pour le calcul du crédit d'impôt dont bénéficient leurs associés ou leurs membres est égal au montant du plafond multiplié par le rapport entre le montant respectif de chacune de ces parts et leur somme avant application du plafond. Lorsque la part en accroissement est négative, la part en volume prise en compte est limitée au plafond précité et la part en accroissement prise en compte est la part en accroissement multipliée par le rapport entre le plafond et le montant de la part en volume.

Les dispositions du présent article s'appliquent sur option annuelle de l'entreprise. Par exception, l'option est exercée pour cinq ans lorsqu'elle est formulée par des sociétés de personnes mentionnées aux articles 8 et 238 *bis* L et par des groupements mentionnés aux articles 239 *quater*, 239 *quater* B et 239 *quater* C.

Lorsque l'option, après avoir été exercée, n'est plus exercée au titre d'une ou de plusieurs années, le crédit d'impôt de l'année au titre de laquelle l'option est exercée à nouveau est calculé dans les mêmes conditions que si l'option avait été renouvelée continûment.

La fraction du crédit d'impôt qui résulte de la prise en compte de dépenses prévues au h et au i du II exposées à compter du 1er janvier 1999 est plafonnée pour chaque entreprise à 100 000 € par période de trois ans consécutifs.

II. — Les dépenses de recherche ouvrant droit au crédit d'impôt sont :

a) Les dotations aux amortissements des immobilisations créées ou acquises à l'état neuf et affectées directement à la réalisation d'opérations de recherche scientifique et technique, y compris la réalisation de prototypes ou d'installations pilotes. Toutefois, les dotations aux amortissements des immeubles acquis ou achevés avant le 1er janvier 1991 ainsi que celles des immeubles dont le permis de construire a été délivré avant le 1er janvier 1991 ne sont pas prises en compte;

b) Les dépenses de personnel afférentes aux chercheurs et techniciens de recherche directement et exclusivement affectés à ces opérations. Lorsque ces dépenses se rapportent à des personnes titulaires d'un doctorat ou d'un diplôme équivalent, elles sont prises en compte pour le double de leur montant pendant les douze premiers mois suivant leur premier recrutement à condition que le contrat de travail de ces personnes soit à durée indéterminée et que l'effectif salarié de l'entreprise ne soit pas inférieur à celui de l'année précédente;

c) Les autres dépenses de fonctionnement exposées dans les mêmes opérations; ces dépenses sont fixées forfaitairement à 75 % des dépenses de personnel mentionnées à la première phrase du b.

Ce pourcentage est fixé à :

1° et 2° abrogés;

3° 200 % des dépenses de personnel qui se rapportent aux personnes titulaires d'un doctorat ou d'un diplôme équivalent pendant les douze premiers mois suivant leur premier recrutement à la condition que le contrat de travail de ces personnes soit à durée indéterminée et que l'effectif salarié de l'entreprise ne soit pas inférieur à celui de l'année précédente.

d) Les dépenses exposées pour la réalisation d'opérations de même nature confiées à des organismes de recherche publics ou à des universités. Ces dépenses sont retenues pour le double de leur montant à la condition qu'il n'existe pas de liens de dépendance au sens des deuxième à quatrième alinéas du 12 de l'article 39 entre l'entreprise qui bénéficie du crédit d'impôt et l'organisme ou l'université;

d *bis*) Les dépenses exposées pour la réalisation d'opérations de même nature confiées à des organismes de recherche privés agréés par le ministre chargé de la recherche, ou à des experts scientifiques ou techniques agréés dans les mêmes conditions. Pour les organismes de recherche établis dans un État membre de la Communauté européenne, ou dans un autre État partie à l'accord sur l'Espace économique européen ayant conclu avec la France une convention fiscale contenant une clause d'assistance administrative en vue de lutter contre la fraude ou l'évasion fiscale, l'agrément peut être délivré par le ministre français chargé de la recherche ou, lorsqu'il existe un dispositif similaire dans le pays d'implantation de l'organisme auquel sont confiées les opérations de recherche, par l'entité compétente pour délivrer l'agrément équivalent à celui du crédit d'impôt recherche français;

d *ter*) Les dépenses mentionnées aux d et d *bis* entrent dans la base de calcul du crédit d'impôt recherche dans la limite globale de deux millions d'euros par an.

Cette limite est portée à dix millions d'euros pour les dépenses de recherche correspondant à des opérations confiées aux organismes mentionnés aux d et d *bis*, à la condition qu'il n'existe pas de lien de dépendance au sens des deuxième à quatrième alinéas du 12 de l'article 39 entre l'entreprise qui bénéficie du crédit d'impôt et ces organismes.

e) Les frais de prise et de maintenance de brevets;

e *bis*) Les frais de défense de brevets, dans la limite de 120 000 € par an.

f) Les dotations aux amortissements des brevets acquis en vue de réaliser des opérations de recherche et de développement expérimental;

g) Les dépenses de normalisation afférentes aux produits de l'entreprise, définies comme suit, pour la moitié de leur montant :

1° les salaires et charges sociales afférents aux périodes pendant lesquelles les salariés participent aux réunions officielles de normalisation;

2° les autres dépenses exposées à raison de ces mêmes opérations; ces dépenses sont fixées forfaitairement à 30 % des salaires mentionnés au 1°;

3° dans des conditions fixées par décret, les dépenses exposées par le chef d'une entreprise individuelle, les personnes mentionnées au I de l'article 151 *nonies* et les mandataires sociaux pour leur participation aux réunions officielles de normalisation, à concurrence d'un forfait journalier de 450 € par jour de présence auxdites réunions;

h) Les dépenses liées à l'élaboration de nouvelles collections exposées par les entreprises industrielles du secteur textile-habillement-cuir et définies comme suit :

1° les salaires et charges sociales afférents aux stylistes et techniciens des bureaux de style directement et exclusivement chargés de la conception de nouveaux produits et aux ingénieurs et techniciens de production chargés de la réalisation de prototypes ou d'échantillons non vendus;

2° les dotations aux amortissements des immobilisations créées ou acquises à l'état neuf qui sont directement affectées à la réalisation d'opérations visées au 1°;

3° les autres dépenses de fonctionnement exposées à raison de ces mêmes opérations; ces dépenses sont fixées forfaitairement à 75 % des dépenses de personnel mentionnées au 1°;

4° les frais de dépôt des dessins et modèles.

Les dépenses visées aux a et 2° du h du II ne sont pas retenues pour le calcul du crédit d'impôt recherche lorsque les immobilisations concernées ont bénéficié du crédit d'impôt prévu à l'article 220 *septies*.

5° Les frais de défense des dessins et modèles, dans la limite de 60 000 € par an.

i) Les dépenses liées à l'élaboration de nouvelles collections confiée par les entreprises industrielles du secteur textile-habillement-cuir à des stylistes ou bureaux de style agréés selon des modalités définies par décret.

j) Les dépenses de veille technologique exposées lors de la réalisation d'opérations de recherche, dans la limite de 60 000 € par an.

Pour être éligibles au crédit d'impôt mentionné au premier alinéa du I, les dépenses prévues aux a à j doivent être des dépenses retenues pour la détermination du résultat imposable à l'impôt sur le revenu ou à l'impôt sur les sociétés dans les conditions de droit commun et, à l'exception des dépenses prévues aux e *bis* et j, correspondre à des opérations localisées au sein de la Communauté européenne ou dans un autre État partie à l'accord sur l'espace économique européen ayant conclu avec la France une convention fiscale contenant une clause d'assistance administrative en vue de lutter contre la fraude ou l'évasion fiscale.

Les dépenses visées aux a et 2° du h du II ne sont pas retenues pour le calcul du crédit d'impôt recherche lorsque les immobilisations concernées ont bénéficié du crédit d'impôt prévu à l'article 220 *septies*.

III. — Les subventions publiques reçues par les entreprises à raison des opérations ouvrant droit au crédit d'impôt sont déduites des bases de calcul de ce crédit. Il en est de même des sommes reçues par les organismes ou experts désignés au d et au d *bis* du II, pour le calcul de leur propre crédit d'impôt.

En outre, en cas de transfert de personnels, d'immobilisations ou de contrats mentionnés aux d et d *bis* du II, entre entreprises ayant des liens de dépendance directe ou indirecte, ou résultant de fusions, scissions, apports ou opérations assimilées, il est fait abstraction, pour le calcul de la part en accroissement, de la variation de dépenses provenant exclusivement du transfert.

IV et IV *bis*. Dispositions périmées.

IV *ter* et V. Dispositions périmées.

VI. — Un décret fixe les conditions d'application du présent article. Il en adapte les dispositions aux cas d'exercices de durée inégale ou ne coïncidant pas avec l'année civile.

ANNEXE III

Section V

Crédit d'impôt pour dépenses de recherche effectuées par les entreprises industrielles et commerciales ou agricoles

Art. 49 *septies* F — Pour l'application des dispositions de l'article 244 *quater* B du Code général des impôts, sont considérées comme opérations de recherche scientifique ou technique :

a) Les activités ayant un caractère de recherche fondamentale qui, pour apporter une contribution théorique ou expérimentale à la résolution des problèmes techniques, concourent à l'analyse des propriétés, des structures, des phénomènes physiques et naturels, en vue d'organiser, au moyen de schémas explicatifs ou de théories interprétatives, les faits dégagés de cette analyse;

b) Les activités ayant le caractère de recherche appliquée qui visent à discerner les applications possibles des résultats d'une recherche fondamentale ou à trouver des solutions nouvelles permettant à l'entreprise d'atteindre un objectif déterminé choisi à l'avance.

Le résultat d'une recherche appliquée consiste en un modèle probatoire de produit, d'opération ou de méthode;

c) Les activités ayant le caractère d'opérations de développement expérimental effectuées, au moyen de prototypes ou d'installations pilotes, dans le but de réunir toutes les informations nécessaires pour fournir les éléments techniques des décisions, en vue de la production de nouveaux matériaux, dispositifs, produits, procédés, systèmes, services, ou en vue de leur amélioration substantielle. Par amélioration substantielle, on entend les modifications qui ne découlent pas d'une simple utilisation de l'état des techniques existantes et qui présentent un caractère de nouveauté.

Art. 49 *septies* H — Ouvrent droit au crédit d'impôt mentionné à l'article 244 *quater* B du Code général des impôts les dépenses correspondant à des opérations réalisées en France.

Toutefois, les dépenses mentionnées au e *bis* et au j du II de l'article cité au premier alinéa qui correspondent à des opérations réalisées en France ou hors de France ouvrent droit au crédit d'impôt dès lors qu'elles sont prises en compte pour la détermination du résultat imposable.

Art. 49 *septies* I — Pour la détermination des dépenses de recherche visées aux a, b, f et au 2° du h du II de l'article 244 *quater* B du Code général des impôts, il y a lieu de retenir :

a) Les dotations aux amortissements fiscalement déductibles;

b) Au titre des dépenses de personnel, les rémunérations et leurs accessoires ainsi que les charges sociales, dans la mesure où celles-ci correspondent à des cotisations sociales obligatoires.

Art. 49 *septies* I *bis* — Les réunions officielles de normalisation visées au 3° du g du II de l'article 244 *quater* B du Code général des impôts sont celles organisées par :

Les organismes chargés d'élaborer les normes françaises : l'Association française de normalisation et les bureaux de normalisation agréés dans les conditions définies par le décret n° 84-74 du 26 janvier 1984 modifié fixant le statut de la normalisation;

Les organismes chargés d'élaborer des normes au niveau européen qui sont visés en annexe à la directive communautaire CEE n° 83-189 du 28 mars 1983 modifiée prévoyant une procédure d'information dans le domaine des normes et réglementations techniques;

Les organismes chargés d'élaborer des normes au niveau mondial : l'Organisation internationale de normalisation et la Commission électrotechnique internationale.

Art. 49 *septies* I *ter* — L'agrément des stylistes ou bureaux de style, auxquels est confiée l'élaboration de nouvelles collections par les entreprises industrielles du secteur textile-habillement-cuir, prévu au i du II de l'article 244 *quater* B du Code général des impôts, est accordé par décision du ministre chargé de la Recherche et de la Technologie, sur avis conforme du ministre chargé de l'Industrie.

Il est attribué après examen d'un dossier visant à s'assurer que le styliste concerné dispose d'une expérience significative dans cette activité ou que le bureau de style dispose d'un personnel répondant au même critère.

Art. 49 *septies* I *quater* — Pour l'application du j du II de l'article 244 *quater* B du Code général des impôts, la veille technologique s'entend comme un processus de mise à jour permanent ayant pour objectif l'organisation systématique du recueil d'informations sur les acquis scientifiques, techniques et relatifs aux produits, procédés, méthodes et systèmes d'informations afin d'en réduire les opportunités de développement.

Art. 49 *septies* J — Quelle que soit la date de clôture des exercices et quelle que soit leur durée, le crédit d'impôt est calculé, en ce qui concerne la part en volume, par référence aux dépenses exposées au cours de l'année civile et, en ce qui concerne la part en accroissement, par comparaison entre les dépenses de l'année civile et la moyenne des dépenses des deux années civiles précédentes.

Art. 49 *septies* K — Pour le calcul de la part en accroissement, les dépenses de recherche des deux années précédentes sont revalorisées en fonction de la variation de l'indice moyen annuel des prix à la consommation hors tabac dont la population de référence est l'ensemble des ménages.

Art. 49 *septies* L — Le crédit d'impôt en faveur de la recherche est imputé sur l'impôt dû après les prélèvements non libératoires et les autres crédits d'impôt.

Art. 49 *septies* L *bis* — Les crédits d'impôts négatifs constatés au titre de dépenses engagées avant le 1er janvier 2004 et les parts en accroissement négatives constatées au titre de dépenses engagées après cette date s'imputent sur les parts en accroissement constatées ultérieurement par ordre d'ancienneté.

Art. 49 *septies* M — I. — L'option pour le crédit d'impôt mentionné à l'article 244 *quater* B du Code général des impôts résulte du dépôt de la déclaration spéciale prévue pour le calcul de ce crédit.

II. — La déclaration spéciale doit être déposée par les personnes morales passibles de l'impôt sur les sociétés avec le relevé de solde mentionné à l'article 360 auprès du comptable de la direction générale des impôts. Les autres entreprises joignent la déclaration spéciale à la déclaration annuelle de résultat qu'elles sont tenues de déposer en vertu de l'article 53 A du Code général des impôts.

S'agissant des sociétés relevant du régime des groupes de sociétés prévu à l'article 223 A du Code général des impôts, la société mère joint les déclarations spéciales des sociétés du groupe au relevé de solde relatif au résultat d'ensemble. Les sociétés du groupe sont dispensées d'annexer la déclaration spéciale les concernant à la déclaration qu'elles sont tenues de déposer en vertu du 1 de l'article 223 du code précité.

III. — L'option mentionnée au I doit être formulée par les entreprises selon les modalités énoncées au II dans le délai prévu pour le dépôt du relevé de solde ou de la déclaration de résultat relatifs à l'exercice pour lequel elles souhaitent bénéficier du crédit d'impôt.

Lorsqu'une société mère opte pour le crédit d'impôt en vertu de l'article 223 O, elle doit déposer la déclaration spéciale mentionnée au I. Cette déclaration récapitule notamment les parts en accroissement et les parts en volume de chacune des sociétés membres du groupe ayant exposé des dépenses de recherche ouvrant droit au crédit d'impôt.

L'associé ou membre d'une société de personnes ou d'un groupement mentionnés aux articles 8, 238 *bis*, L. 239 *quater*, 239 *quater* B et 239 *quater* C du Code général des impôts et ayant engagé des dépenses ouvrant droit au crédit d'impôt recherche, doit déposer une déclaration spéciale indiquant notamment la fraction de la part en accroissement et de la part en volume qui lui est transférée par chacune des sociétés de personnes ou groupement assimilé dont il est associé ou membre. Toutefois, lorsque l'associé ou membre est une personne physique, il est dispensé de déposer la déclaration spéciale lorsqu'il ne dispose pas d'un crédit d'impôt recherche autre que celui issu de sa participation dans la société de personnes ou le groupement assimilé.

IV. — En cas de transfert de dépenses entre entreprises ayant des liens de dépendance directe ou indirecte, ou résultant de fusions, scissions, apports ou opérations assimilées, les entreprises concernées doivent joindre un état spécifique à la déclaration spéciale susmentionnée pour la détermination du crédit d'impôt de l'année au titre de laquelle le transfert est intervenu et des deux années suivantes.

V. — Une copie de la déclaration spéciale mentionnée aux I, II et III et de l'état spécifique mentionné au IV est adressée, dans le même délai que celui qui est prévu pour le dépôt du relevé de solde ou de la déclaration de résultat, à la direction de la technologie.

Art. 49 *septies* N — La réalité de l'affectation à la recherche des dépenses prises en compte pour le calcul du crédit d'impôt peut être vérifiée dans les conditions prévues à l'article R. 45 B-1 du Livre des procédures fiscales. ■

3304 Livre des procédures fiscales (extraits)

Art. L. 80 A — Il ne sera procédé à aucun rehaussement d'impositions antérieures si la cause du rehaussement poursuivi par l'Administration est un différend sur l'interprétation par le redevable de bonne foi du texte fiscal et s'il est démontré que l'interprétation sur laquelle est fondée la première décision a été, à l'époque, formellement admise par l'Administration.

Lorsque le redevable a appliqué un texte fiscal selon l'interprétation que l'Administration avait fait connaître par ses instructions ou circulaires publiées et qu'elle n'avait pas rapportée à la date des opérations en cause, elle ne peut poursuivre aucun rehaussement en soutenant une interprétation différente.

Art. L. 80 B — La garantie prévue au premier alinéa de l'article L. 80 A est applicable :

1° Lorsque l'Administration a formellement pris position sur l'appréciation d'une situation de fait au regard d'un texte fiscal;

2° Lorsque l'Administration n'a pas répondu dans un délai de trois mois à un redevable de bonne foi qui :

a. Devenu sans objet;

b. a notifié à l'Administration sa volonté de bénéficier des dispositions des articles 39 AB, 39 AC, 39 *quinquies* A, 39 *quinquies* D, 39 *quinquies* DA ou des articles 39 *quinquies* E, 39 *quinquies* F, 39 *quinquies* FA, 39 *quinquies* FC, 44 *sexies* ou 44 *octies* du Code général des impôts

La notification doit être préalable à l'opération en cause et effectuée à partir d'une présentation écrite précise et complète de la situation de fait.

Un décret en Conseil d'État précise les conditions d'application du présent 2°, notamment le contenu, le lieu de dépôt ainsi que les modalités selon lesquelles l'Administration accuse réception de ces notifications.

3° Lorsque l'Administration n'a pas répondu dans un délai de six mois à un redevable de bonne foi qui a demandé, dans les mêmes conditions que celles prévues à l'avant-dernier alinéa du 2°, si son projet de dépenses de recherche est éligible au bénéfice des dispositions de l'article 244 *quater* B du Code général des impôts.

4° Lorsque l'Administration n'a pas répondu de manière motivée dans un délai de quatre mois à un contribuable de bonne foi qui a demandé, à partir d'une présentation écrite précise et complète de la situation de fait, si son entreprise constitue une jeune entreprise innovante au sens de l'article 44 *sexies*-0 A du Code général des impôts. Un décret en Conseil d'État précise les modalités d'application du présent 4° concernant les documents et informations qui doivent être fournis.

Par dérogation à l'alinéa précédent, si l'entreprise a obtenu, au cours de l'exercice considéré, un avis favorable de la direction des services fiscaux du département dont relève l'entreprise dans le cadre de la procédure prévue au 4° de l'art. L. 80 B du livre des procédures fiscales, et que sa bonne foi n'a pas été remise en cause, le droit à l'exonération cesse définitivement d'être applicable à compter du premier jour du mois civil de l'exercice suivant.

Un décret en Conseil d'État précise les conditions d'application du présent 3°.

5° Lorsque l'Administration n'a pas répondu de manière motivée dans un délai de quatre mois à un contribuable de bonne foi qui a demandé, à partir d'une présentation écrite précise et complète de la situation de fait, si son entreprise pouvait bénéficier des dispositions de l'article 44 *undecies* du Code général des impôts. Un décret en Conseil d'État précise les modalités d'application du présent 5° concernant les documents et informations qui doivent être fournis.

6° Lorsque l'Administration n'a pas répondu dans un délai de trois mois à un contribuable de bonne foi qui a demandé, à partir d'une présentation écrite précise et complète de la situation de fait, l'assurance qu'il ne dispose pas en France d'un établissement stable ou d'une base fixe au sens de la convention fiscale liant la France à l'État dans lequel ce contribuable est résident.

Un décret en Conseil d'État précise les modalités d'application du présent 6°.

7° Lorsque l'Administration a conclu un accord préalable portant sur la méthode de détermination des prix mentionnés au 2° de l'article L. 13 B, soit avec l'autorité compétente désignée par une convention fiscale bilatérale destinée à éliminer les doubles impositions, soit avec le contribuable. ■

3305

Loi nº 2003-1311 du 30 décembre 2003 de Finances pour 2004, article 131

DEUXIEME PARTIE

MOYENS DES SERVICES ET DISPOSITIONS SPÉCIALES

TITRE II

DISPOSITIONS PERMANENTES

D. — Autres mesures
Économie, finances et industrie

I. — Les gains et rémunérations, au sens de l'article L. 242-1 du Code de la sécurité sociale et de l'article L. 741-10 du Code rural, versés au cours d'un mois civil aux personnes mentionnées au II appartenant aux jeunes entreprises innovantes réalisant des projets de recherche et de développement définies à l'article 44 *sexies*-0 A du Code général des impôts sont exonérés des cotisations à la charge de l'employeur au titre des assurances sociales, des allocations familiales, des accidents du travail et des maladies professionnelles.

II. — Les cotisations exonérées sont celles qui sont dues au titre, d'une part, des salariés énumérés au III et au titre desquels l'employeur est soumis à l'obligation édictée par l'article L. 351-4 du Code du travail et, d'autre part, des mandataires sociaux qui participent, à titre principal, au projet de recherche et de développement de l'entreprise.

III. — Les salariés mentionnés au II sont les chercheurs, les techniciens, les gestionnaires de projets de recherche et de développement, les juristes chargés de la protection industrielle et des accords de technologie liés au projet et les personnels chargés des tests préconcurrentiels.

IV. — L'avis exprès ou tacite délivré par l'Administration fiscale, saisie par une entreprise dans les conditions prévues au 4° de l'article L. 80 B du livre des procédures fiscales, est opposable à l'organisme chargé du recouvrement des cotisations de sécurité sociale compétent.

V. — L'exonération prévue au I est applicable au plus jusqu'au dernier jour de la septième année suivant celle de la création de l'entreprise. Toutefois, si au cours d'une année l'entreprise ne satisfait plus à l'une des conditions requises pour bénéficier du statut de jeune entreprise innovante réalisant des projets de recherche et de développement et fixées par l'article 44 *sexies*-0 A du Code général des impôts, elle perd définitivement le bénéfice de l'exonération prévue au I.

VI. — Le bénéfice des dispositions du présent article ne peut être cumulé, pour l'emploi d'un même salarié, ni avec une aide d'État à l'emploi, ni avec une autre exonération totale ou partielle de cotisations patronales, ni avec l'application de taux spécifiques, d'assiettes ou de montants forfaitaires de cotisations.

VII. — Le droit à l'exonération est subordonné à la condition que l'entreprise ait rempli ses obligations de déclaration et de paiement à l'égard de l'organisme de recouvrement des cotisations de sécurité sociale et d'allocations familiales.

VIII. Un décret détermine les modalités d'application du présent article.

IX. — Les services chargés du recouvrement des cotisations sociales exonérées et compensées par le budget de l'État au titre du présent article sont tenus d'adresser au ministère responsable du programme sur lequel les crédits destinés à la compensation sont inscrits, chaque année avant le 30 juin de l'année suivant l'exercice concerné, les informations suivantes concernant l'entreprise : raison sociale, adresse du siège social, montant des cotisations exonérées, nombre de salariés concernés. ■

3306

Décret nº 2004-581 du 21 juin 2004 pris en application de l'article 131 de la loi de Finances pour 2004 (nº 2003-1311 du 30 déc. 2003) instituant une exonération totale des cotisations patronales de sécurité sociale en faveur de la jeune entreprise innovante

Art. 1er — I. — Les mandataires sociaux mentionnés au II de l'article 131 de la loi de Finances pour 2004 susvisée sont :

1° Les gérants minoritaires de société à responsabilité limitée et de société d'exercice libéral à responsabilité limitée mentionnés au 11° de l'article L. 311-3 du Code de la sécurité sociale et les gérants minoritaires de société à responsabilité limitée mentionnés au 8° de l'article L. 722-20 du Code rural;

2° Les présidents-directeurs et directeurs généraux de société anonyme mentionnés au 12° de l'article L. 311-3 du Code de la sécurité sociale et au 8° de l'article L. 722-20 du Code rural;

3° Les présidents et dirigeants de société par actions simplifiées mentionnés au 23° de l'article L. 311-3 du Code de la sécurité sociale et au 9° de l'article L. 722-20 du Code rural.

Le mandataire social est réputé participer à titre principal au projet de recherche et de développement de l'entreprise s'il exerce, en son sein, une activité de recherche ou une activité de gestion de ce projet.

II. — Pour l'application du III de l'article 131 de la loi de Finances pour 2004 susvisée :

1° Les chercheurs, cadres dans l'entreprise, sont les scientifiques ou les ingénieurs travaillant à la conception ou à la création de connaissances, de produits, de procédés, de méthodes ou de systèmes nouveaux. Sont assimilés aux ingénieurs les salariés qui, sans posséder un diplôme d'ingénieur, ont acquis cette qualification au sein de leur entreprise;

2° Les techniciens sont les personnels travaillant en étroite collaboration avec les chercheurs mentionnés au 1° pour assurer le soutien technique indispensable aux travaux de recherche et de développement et qui, notamment, préparent les substances, les matériaux et les appareils pour la réalisation d'essais et d'expériences, prêtent leur concours aux chercheurs pendant le déroulement des essais et des expériences ou les effectuent sous le contrôle de ceux-ci, ont la charge de l'entretien et du fonctionnement des appareils et des équipements nécessaires à la recherche et au développement;

3° Les gestionnaires de projet de recherche et de développement, cadres dans l'entreprise, ont en charge l'organisation, la coordination et la planification du projet dans ses aspects administratif, financier et technologique;

4° Les juristes chargés de la protection industrielle et des accords de technologie liés au projet, cadres dans l'entreprise, ont la charge de l'élaboration, du dépôt, de la gestion et de la défense des titres de propriété industrielle, des accords juridiques de toute nature liés au projet, et notamment aux transferts de technologies;

5° Les personnels chargés des tests préconcurrentiels conçoivent, réalisent ou font réaliser des tests techniques nécessaires au développement ou à la mise au point du produit ou du procédé.

Art. 2 — À titre provisionnel, l'application de l'exonération est limitée chaque mois civil de l'exercice en cours à moins de 250 des salariés mentionnés à l'article 1er. Sont pris en compte les salariés dont le contrat de travail est en cours d'exécution ou suspendu au premier jour du mois civil. Les salariés employés dans le cadre d'un contrat de travail à temps partiel sont décomptés au prorata du nombre d'heures de travail prévu dans leur contrat de travail, heures complémentaires comprises, sur la durée du travail à temps plein applicable dans l'établissement et appréciée sur la même période.

Une régularisation est effectuée au plus tard dans les trois mois qui suivent la clôture de l'exercice en fonction de l'effectif moyen de l'exercice écoulé calculé conformément aux dispositions de l'article 5 du présent décret.

Art. 3 — L'entreprise ayant appliqué l'exonération prévue par l'article 131 de la loi de Finances pour 2004 susvisé dès le début d'un exercice reverse les cotisations indûment exonérées si, à la clôture de l'exercice, elle n'est pas une jeune entreprise innovante au sens de l'article 44 *sexies*-0 A du Code général des impôts.

Par dérogation à l'alinéa précédent, si l'entreprise a obtenu, au cours de l'exercice considéré, un avis favorable de la direction des services fiscaux du département dont relève l'entreprise dans le cadre de la procédure prévue au 4° de l'article L. 80 B du livre des procédures fiscales, et que sa bonne foi n'a pas été remise en cause, le droit à l'exonération cesse définitivement d'être applicable à compter du premier jour du mois civil de l'exercice suivant.

Art. 4 — I. — En application des articles L. 99 et L. 152 du livre des procédures fiscales, la direction des services fiscaux du département dont relève l'entreprise lui ayant demandé, dans le cadre de la procédure prévue au 4° de l'article L. 80 B précité, si elle constitue une jeune entreprise innovante au sens de l'article 44 *sexies*-0 A du Code général des impôts, informe l'organisme de recouvrement des cotisations de sécurité sociale et d'allocations familiales dont relève l'entreprise des suites données à cette demande.

L'entreprise informe l'organisme de recouvrement des cotisations de sécurité sociale et d'allocations familiales dont elle relève de toute modification de la situation de fait décrite dans la demande visée au premier alinéa remettant en cause la qualité de jeune entreprise innovante au sens de l'article 44 *sexies*-0 A précité.

II. — En cas de contrôle effectué en application de l'article L. 243-7 du Code de la sécurité sociale ou, pour le régime agricole, de l'article L. 724-7 du Code rural, l'organisme chargé du recouvrement des cotisations de sécurité sociale et d'allocations familiales peut demander à la direction des services fiscaux du département dont relève l'entreprise, qui répond dans un délai de six mois suivant la saisine, si elle constitue une jeune entreprise au sens de l'article 44 *sexies*-0 A du Code général des impôts au titre d'un ou de plusieurs exercices donnés.

Art. 5 — Pour l'appréciation du seuil de 250 salariés mentionné par l'article 44 *sexies*-0 A du Code général des impôts, l'effectif pris en compte est celui des salariés employés dans la jeune entreprise innovante, tous établissements confondus, au cours de chaque exercice. Il est apprécié en fonction de l'effectif moyen, déterminé selon les modalités fixées par l'article L. 421-2 du Code du travail.

Art. 6 — Pour l'application de la condition d'être à jour des obligations de déclaration et de paiement à l'égard de l'organisme de recouvrement des cotisations de sécurité sociale et d'allocations familiales mentionnée au VII de l'article 131 précité, sont pris en compte les cotisations de sécurité sociale et contributions à la charge de l'employeur et du salarié, les cotisations et contributions au Fonds national d'aide au logement ainsi que le versement de transport.

Cette condition est appréciée au titre des cotisations et contributions mentionnées à l'alinéa précédent dues sur les gains et rémunérations versés aux salariés de l'entreprise échues :

1° À la date à laquelle l'entreprise applique pour la première fois l'exonération visée à l'article 131;

2° À chacune des dates d'exigibilité suivantes de versement de ces cotisations et contributions.

En cas de contestation de la dette par l'employeur, la condition d'être à jour des obligations de déclaration et de paiement n'est réputée remplie qu'à compter du paiement intégral de cette dette ou après décision de sursis à poursuite ou délais de paiement accordés selon les modalités prévues à l'article R. 243-21 du Code de la sécurité sociale ou, pour le régime agricole, selon les modalités prévues à l'article 21 du décret du 29 décembre 1976 susvisé.

Le droit à l'exonération n'est pas applicable aux gains et rémunérations versés aux salariés et mandataires sociaux mentionnés à l'article 1er à compter du premier jour du mois suivant la date à laquelle la condition d'être à jour n'est pas remplie et jusqu'à la date du premier jour du mois suivant celui au cours duquel cette condition est à nouveau remplie.

Art. 7 — L'exonération prévue à l'article 131 de la loi de Finances pour 2004 est applicable aux gains et rémunérations versés aux mandataires sociaux et salariés mentionnés à l'article 1er à compter du 1er janvier 2004 par les jeunes entreprises innovantes existant à cette date.

Toutefois, en cas de rattachement des rémunérations à la période d'emploi dans les conditions prévues au 1° de l'article R. 243-6 du Code de la sécurité sociale, l'exonération est applicable aux gains et rémunérations versés à compter du 16 janvier 2004.

Pour les employeurs relevant du régime agricole, en cas de rattachement des rémunérations à la période d'emploi dans les conditions prévues à l'article 1er du décret nº 76-1282 du 29 décembre 1976 susvisé, l'exonération est applicable aux gains et rémunérations versés à compter du 11 janvier 2004. ■

3307

Instruction fiscale 4 A-9-04 du 21 octobre 2004
relative aux mesures en faveur des jeunes entreprises innovantes réalisant des projets de recherche et de développement

Bureaux B1 et B2

ÉCONOMIE GÉNÉRALE DE LA MESURE

L'article 13 de la loi de Finances pour 2004 (nº 2003-1311 du 30 déc. 2003) crée la qualification spécifique de « jeune entreprise innovante réalisant des projets de recherche et de développement » (JEI), codifié à l'article 44 *sexies*-0 A du Code général des impôts.

Cette qualification est accordée aux petites ou moyennes entreprises de moins de huit ans, dont le capital est détenu directement ou indirectement à 50 % au moins par des personnes physiques ou certaines structures d'investissement, et qui réalisent au moins 15 % de dépenses de recherche et de développement.

L'entreprise qui répond aux conditions requises pour prétendre à la qualification de JEI peut bénéficier des allégements fiscaux suivants :

– exonération totale d'impôt sur les bénéfices pour les résultats des trois premiers exercices bénéficiaires, puis à hauteur de 50 % au titre des deux exercices bénéficiaires suivants (art. 44 *sexies* A du CGI);

– exonération totale de l'imposition forfaitaire annuelle (art. 223 *nonies* A du CGI);

– exonération pendant 7 ans de taxe foncière sur les propriétés bâties et de taxe professionnelle sur délibération des collectivités territoriales et des établissements publics de coopération intercommunale dotés d'une fiscalité propre (art. 1383 D et 1466 D du CGI).

De plus, l'article 131 de la loi de Finances pour 2004 prévoit en faveur des entreprises susceptibles de bénéficier de la qualification de JEI des exonérations de charges sociales.

La présente instruction commente les conditions requises pour bénéficier de la qualification de JEI et précise les modalités d'application des allégements applicables en matière d'impôt sur les bénéfices et d'imposition forfaitaire annuelle.

SOMMAIRE

INTRODUCTION

1. — L'article 13 de la loi de Finances pour 2004 (nº 2003-1311 du 30 décembre 2003) crée la qualification spécifique de « jeune entreprise innovante réalisant des projets de recherche et de développement » (JEI), codifié à l'article 44 *sexies*-0 A du Code général des impôts.

2. — Cette qualification est accordée aux petites ou moyennes entreprises de moins de huit ans, dont le capital est détenu directement ou indirectement à 50 % au moins par des personnes physiques ou certaines structures d'investissement et qui réalisent au moins 15 % de dépenses de recherche et de développement.

L'entreprise qui répond aux conditions requises pour prétendre à la qualification de JEI peut bénéficier des allégements d'impôt sur les bénéfices suivants :

– exonération totale d'impôt sur les bénéfices pour les résultats des trois premiers exercices bénéficiaires, puis à hauteur de 50 % au titre des deux exercices bénéficiaires suivants;

– exonération totale de l'imposition forfaitaire annuelle.

3. — Par ailleurs, le IV de l'article 44 *sexies* A et le II de l'article 223 *nonies* A du CGI prévoient que les avantages fiscaux que procure à l'entreprise considérée la qualification de JEI ne doivent pas dépasser les limites prévues par le règlement nº 69/2001 de la Commission européenne du 12 janvier 2001 concernant l'application des articles 87 et 88 du traité CE aux aides d'importance mineure dite « *de minimis* »[1].

4. — Sauf mention contraire, les articles cités dans la présente instruction sont ceux du Code général des impôts ou de ses annexes.

1RE PARTIE

CONDITIONS D'APPLICATION DE LA QUALIFICATION DE JEUNE ENTREPRISE INNOVANTE RÉALISANT DES PROJETS DE RECHERCHE ET DE DÉVELOPPEMENT

5. — Conformément aux dispositions du A du I de l'article 13 de la loi de Finances pour 2004, codifiées à l'article 44 *sexies*-0 A, une entreprise est qualifiée de « jeune entreprise innovante réalisant des projets de recherche et de développement » (JEI) lorsque, à la clôture de l'exercice, elle remplit simultanément les conditions suivantes :

a. elle est une petite ou moyenne entreprise, c'est-à-dire employant moins de 250 personnes, et qui a, soit réalisé un chiffre d'affaires inférieur à 40 millions d'euros au cours de l'exercice, ramené ou porté le cas échéant à douze mois, soit un total du bilan inférieur à 27 millions d'euros. L'effectif de l'entreprise est apprécié par référence au nombre moyen de salariés employés au cours de cet exercice;

1. Ce règlement prévoit, à titre de simplification, une présomption de comptabilité communautaire des aides d'importance mineure : il définit quelles sont les aides d'État suffisamment limitées pour ne pas devoir faire l'objet d'une notification auprès de la Commission européenne.

b. elle est créée depuis moins de huit ans;

c. elle a réalisé des dépenses de recherche, définies aux a à g du II de l'article 244 *quater* B, représentant au moins 15 % des charges totales engagées par l'entreprise au titre de cet exercice, à l'exclusion des charges engagées auprès d'autres jeunes entreprises innovantes réalisant des projets de recherche et de développement;

d. son capital est détenu de manière continue à 50 % au moins :

– par des personnes physiques;

– ou par une société répondant aux mêmes conditions dont le capital est détenu pour 50 % au moins par des personnes physiques;

– ou par des sociétés de capital-risque (SCR), des fonds communs de placement à risques (FCPR), des sociétés de développement régional (SDR), des sociétés financières d'innovation ou des sociétés unipersonnelles d'investissement à risque (SUIR) à la condition qu'il n'existe pas de lien de dépendance au sens des deuxième à quatrième alinéas du 12 de l'article 39 entre la société en cause et ces dernières sociétés ou ces fonds;

– ou par des associations ou fondations reconnues d'utilité publique à caractère scientifique, ou des établissements publics de recherche et d'enseignement ou leurs filiales;

e. elle n'est pas créée dans le cadre d'une concentration, d'une restructuration, d'une extension d'activités préexistantes ou d'une reprise de telles activités au sens du III de l'article 44 *sexies*.

6. — La qualification de JEI est applicable à toutes les formes d'entreprises. Sont ainsi concernés, s'ils satisfont aux autres conditions prévues par le texte :

– les entrepreneurs individuels relevant de l'impôt sur le revenu dans la catégorie des bénéfices industriels et commerciaux ou des bénéfices non commerciaux;

– les sociétés ou groupements mentionnés aux articles 8, 8 *ter*, 239 *quater*, et 239 *quater* C;

– les sociétés soumises à l'impôt sur les sociétés de plein droit ou sur option, ainsi que l'ensemble des redevables de cet impôt au taux normal sur tout ou partie de leurs résultats (associations, fondations, régies, établissements publics, sociétés étrangères disposant d'un établissement stable, etc.).

De même, aucune condition relative au régime d'imposition des contribuables concernés n'est exigée. Dès lors, le dispositif est applicable indifféremment aux contribuables relevant du régime des micro-entreprises, du régime réel normal ou réel simplifié, du régime de l'évaluation administrative ou de la déclaration contrôlée.

Les cinq conditions requises pour bénéficier De la qualification de JEI doivent être appréciées au titre de chaque exercice au titre duquel l'entreprise souhaite être qualifiée de JEI, et bénéficier des avantages fiscaux et sociaux qui y sont attachés.

En aucun cas cette qualification n'est définitivement acquise à l'entreprise, même si elle en a rempli les conditions requises au titre d'un exercice donné.

CHAPITRE 1
CONDITIONS TENANT À LA TAILLE DE L'ENTREPRISE

7. — Pour être qualifiée de JEI, une entreprise doit respecter simultanément les deux conditions suivantes au titre de chaque exercice ou période d'imposition :

– employer moins de 250 salariés;

– réaliser un chiffre d'affaires inférieur à 40 millions d'euros, ramené, le cas échéant, à douze mois ou disposer d'un total de bilan inférieur à 27 millions d'euros.

Section 1
Condition tenant à l'effectif salarié

8. — Les entreprises prétendant à la qualification de JEI doivent avoir employé moins de 250 salariés au cours de chaque exercice ou période d'imposition.

Sous-section 1
Définition des salariés

9. — Les salariés s'entendent des personnes rémunérées directement par l'entreprise et titulaires d'un contrat de travail, à durée déterminée ou non, quelle que soit leur situation ou leur affectation et quelle que soit la nature du contrat de travail.

Sous-section 2
Cadre d'appréciation du nombre de salariés

10. — Le nombre de salariés est apprécié dans le cadre de l'entreprise, c'est-à-dire en tenant compte de l'ensemble des personnes titulaires d'un contrat de travail (*cf.* ci-dessus), quelle que soit leur fonction.

Sous-section 3
Décompte du nombre de salariés

11. — L'effectif de l'entreprise est apprécié, tous établissements confondus, en fonction de la moyenne, au cours de l'exercice, des effectifs déterminés chaque mois conformément aux dispositions de l'article L 421-2 du Code du Travail.

Pour ce calcul, sont pris en compte :

– pour une unité, les salariés sous contrat à durée indéterminée, les travailleurs à domicile et les travailleurs handicapés employés dans l'entreprise;

– au prorata de leur temps de présence au cours des douze mois précédents, les salariés sous contrat à durée déterminée, contrat de travail intermittent ou mis à disposition par une entreprise extérieure, y compris les travailleurs temporaires (sauf s'ils remplacent un salarié absent ou dont le contrat de travail est suspendu avec versement de rémunération);

Les salariés à temps partiels sont pris en compte au prorata de leurs temps de présence.

Les salariés absents ou dont le contrat de travail est suspendu sont pris en compte dans l'effectif à la condition qu'ils perçoivent une rémunération.

Ne sont pas pris en compte dans le calcul de l'effectif : les apprentis, les titulaires d'un contrat de qualification, d'orientation, d'adaptation à l'emploi, jusqu'au terme prévu au contrat ou, à défaut, à l'expiration d'une période de deux ans à compter de sa conclusion; pendant toute la durée du contrat, les bénéficiaires d'un contrat emploi-consolidé, d'un contrat emploi-solidarité, d'un contrat d'accès à l'emploi et d'un contrat d'insertion – revenu minimum d'activité; enfin, les titulaires du contrat de professionnalisation défini à l'article L. 981-1 du Code du travail (qui pourra être conclu à compter du 1er octobre 2004), jusqu'au terme prévu par le contrat lorsque celui-ci est à durée déterminée ou jusqu'à la fin de l'action de professionnalisation lorsque le contrat est à durée indéterminée.

En outre, l'effectif de l'entreprise qui se crée est déterminé en fin d'exercice au prorata de la durée d'activité des salariés au cours de cet exercice.

Section 2
Condition financière tenant au montant du chiffre d'affaire ou du total du bilan

12. — La qualification de JEI au sens de l'article 44 *sexies*-0 A suppose que l'entreprise considérée ait réalisé au titre de l'exercice ou de la période d'imposition en cours au titre duquel ou de laquelle l'entreprise sollicite la qualification de JEI un chiffre d'affaires inférieur à 40 millions d'euros ou disposé d'un total de bilan inférieur à 27 millions d'euros.

Ces deux critères sont alternatifs. La condition est donc satisfaite si l'un de ces seuils au moins est respecté.

Sous-section 1
Chiffre d'affaires inférieur à 40 millions d'euros

A. — Chiffre d'affaires à retenir

I. — Définition du chiffre d'affaires

13. — Il s'agit du chiffre d'affaires ou des recettes réalisés par le contribuable pour l'ensemble de ses activités et appréciés hors taxes et exercice par exercice ou période d'imposition par période d'imposition au titre duquel ou de laquelle l'exonération doit s'appliquer.

Le chiffre d'affaires s'entend du montant hors taxes des recettes réalisées par le redevable dans l'accomplissement de son activité professionnelle normale et courante. Il n'est pas tenu compte des produits financiers sauf dans les cas où la réglementation particulière propre à certains secteurs d'activité le prévoit, ni des recettes revêtant un caractère exceptionnel, telles que les produits provenant de la cession d'éléments de l'actif immobilisé.

Les refacturations de frais effectuées entre sociétés ne sont pas prises en compte pour l'appréciation du chiffre d'affaires lorsqu'elles présentent le caractère de débours au sens du 2° du II de l'article 267.

14. — Les recettes à prendre en compte sont celles mentionnées ci-dessus, réalisées par l'entreprise et qui sont imposables au titre de l'exercice ou la période d'imposition pour lequel ou laquelle l'entreprise prétend à la qualification de JEI. Il s'agit en conséquence des recettes encaissées au cours de l'année considérée par les titulaires de bénéfices non commerciaux et des recettes correspondant à des créances acquises au titre de l'exercice ou de la période d'imposition en cause, s'agissant des entreprises passibles de l'impôt sur les sociétés ou relevant de l'impôt sur le revenu dans la catégorie des bénéfices industriels et commerciaux.

II. — Cas particuliers : Redevables imposables au titre d'une partie de leurs opérations

15. — La condition tenant au chiffre d'affaires ayant pour objet d'apprécier l'importance de l'entreprise, la limite de 40 millions d'euros s'apprécie par référence aux recettes retirées de l'ensemble des opérations réalisées par le redevable dans le cadre de son activité professionnelle, quel que soit le régime fiscal applicable au résultat de ces opérations. Ainsi, il doit être tenu compte non seulement du produit des opérations imposables dans les conditions de droit commun mais également du chiffre d'affaires réalisé dans le cadre d'opérations dont le résultat bénéficie d'un régime d'imposition particulier, d'une exonération ou est placé hors du champ d'application de l'impôt sur les sociétés.

16. — Il en résulte, notamment, que les sociétés, françaises ou étrangères, exerçant leur activité en France et hors de France sont éligibles au qualificatif de JEI si, notamment, le chiffre d'affaires qu'elles retirent de l'ensemble de leurs opérations est inférieur à 40 millions d'euros au titre de l'exercice ou de la période d'imposition considéré.

17. — Toutefois, par exception à ce principe, il est admis que les organismes sans but lucratif ayant créé un secteur distinct pour leurs activités lucratives soient éligibles à la mesure nouvelle si le chiffre d'affaires de ce seul secteur est inférieur à 40 millions d'euros.

B. — Exercices dont la durée n'est pas égale à douze mois

18. — Le a de l'article 44 *sexies*-0 A prévoit l'ajustement *prorata temporis* du chiffre d'affaires réalisé au titre de l'exercice ou de la période d'imposition au titre duquel ou de laquelle l'entreprise concernée prétend à la qualification de JEI lorsque cet exercice ou cette période d'imposition sont d'une durée différente de douze mois. Ces dispositions trouvent, notamment, à s'appliquer en cas de création ou de cessation d'activité en cours d'année. Il en est ainsi en particulier pour les titulaires de bénéfices non commerciaux dont la période d'imposition coïncide avec l'année civile.

Exemple

Une entreprise est créée le 1er janvier 2004. Elle ouvre son premier exercice à cette même date et clôture le 30 avril 2005, soit un exercice d'une durée de 16 mois au titre duquel elle réalise un chiffre d'affaires de 50 millions d'euros.

Ce dernier ramené à douze mois s'établit à : 37,5 millions d'euros (50 × 12/16). Le chiffre d'affaires de l'entreprise ramené à douze mois est donc bien inférieur au seuil de 40 millions d'euros.

Cas particulier des entreprises passibles de l'impôt sur les sociétés ou de l'impôt sur le revenu dans la catégorie des BIC pour lesquelles aucun exercice n'a été clos au cours de l'année civile

19. — Dans le cas général où une déclaration provisoire est souscrite en application du deuxième alinéa de l'article 37, le chiffre d'affaires à retenir est celui effectivement réalisé au titre de la période d'imposition, celle-ci étant d'une durée de 12 mois. Pour la période d'imposition suivante, arrêtée à la clôture de l'exercice, la limite de 40 millions d'euros s'apprécie par référence au chiffre d'affaires réalisé pendant la période résiduelle, comprise entre le 1er janvier et la date de clôture de cet exercice, ajusté en fonction de la durée de cette période. Le chiffre d'affaires réalisé au titre de cette période résiduelle est égal à la différence entre le chiffre d'affaires réalisé au cours de l'exercice et le chiffre d'affaires apparaissant dans la déclaration provisoire.

20. — S'agissant des entreprises nouvelles passibles de l'impôt sur les sociétés, la condition tenant au chiffre d'affaires s'apprécie par référence au chiffre d'affaires, ajusté *prorata temporis* (*cf.* ci-dessus n° 19.), réalisé au titre, selon le cas, du premier exercice d'activité ou de la période d'imposition correspondant à la période écoulée entre la date du début d'activité et le 31 décembre de l'année suivante. Dans ce dernier cas, l'appréciation de la condition tenant au chiffre d'affaires pour la période résiduelle comprise entre le 1er janvier et la clôture de l'exercice s'effectue ainsi qu'il est précisé ci-dessus au n° 19.

Sous-section 2

Total de bilan inférieur à 27 millions d'euros

21. — Le total du bilan correspond à l'addition de tous les postes soit d'actif soit de passif apparaissant au bilan de clôture de l'exercice au titre duquel l'entreprise prétend à la qualification de JEI. Dans les situations décrites ci-dessus aux nos 19 et 20, en l'absence d'arrêté des comptes à la date à laquelle sont évalués les résultats de la période d'imposition, il est admis que la limite de 27 millions d'euros s'apprécie par référence au total du bilan arrêté à la date de clôture de l'exercice considéré. En l'absence d'arrêté des comptes à la date à laquelle sont évalués les résultats de la période d'imposition, il est admis que la limite de total de bilan soit appréciée par référence au premier bilan arrêté suivant.

CHAPITRE 2
CONDITION TENANT À L'ÂGE DE L'ENTREPRISE

22. — Aux termes du b de l'article 44 *sexies*-0 A, à la clôture de l'exercice au titre duquel elle prétend au qualificatif de JEI, l'entreprise concernée doit avoir moins de huit ans.

23. — Une entreprise peut donc prétendre à la qualification de JEI jusqu'à son huitième anniversaire.

Sont donc concernées :

- les entreprises déjà créées au 1er janvier 2004, dès lors que ces entreprises ont moins de huit ans à cette date;
- les entreprises qui ont été ou qui seront créées à compter du 1er janvier 2004.

Dans tous les cas, l'année de son huitième anniversaire l'entreprise perd définitivement le qualificatif de JEI.

Section 1
Entreprises existantes au 1er janvier 2004

24. — Le tableau suivant illustre pour les entreprises déjà créées à la date d'entrée en vigueur du dispositif (soit, en pratique, le 1er janvier 2004) la dernière année d'application éventuelle de qualificatif de JEI, et donc des avantages fiscaux et sociaux qui y sont attachés.

Date de création de l'entreprise	*Année de son huitième anniversaire*	*Dernière année d'application éventuelle de la qualification de JEI*
Entre le 1er janvier et le 31 décembre 1997	2005	2004
Entre le 1er janvier et le 31 décembre 1998	2006	2005
Entre le 1er janvier et le 31 décembre 1999	2007	2006
Entre le 1er janvier et le 31 décembre 2000	2008	2007
Entre le 1er janvier et le 31 décembre 2001	2009	2008
Entre le 1er janvier et le 31 décembre 2002	2010	2009
Entre le 1er janvier et le 31 décembre 2003	2011	2010

Section 2
Entreprises créées à compter du 1er janvier 2004

25. — Les entreprises nouvellement créées à compter du 1er janvier 2004 peuvent prétendre au qualificatif de JEI à compter de l'année de leur création et, ce, jusqu'à l'année précédant celle de leur huitième anniversaire.

26. — Exemple :

Une entreprise, créée le 1er février N, clôture son exercice le 31 décembre de chaque année. Elle atteindra son huitième anniversaire le 1er février N+8.

Au 31 décembre N+7, l'entreprise est âgée de 7 ans et elle peut prétendre à la qualification de JEI au titre de cet exercice.

Au 31 décembre N+8, l'entreprise est âgée de 8 ans et elle ne respecte donc plus la condition fixée par le b de l'article 44 *sexies*-0 A. Elle perd le qualificatif de JEI au titre de l'exercice clos le 31 décembre N+8 et ne peut bénéficier des avantages fiscaux qui étaient attachés à cette qualification.

CHAPITRE 3

CONDITION TENANT À LA RÉALISATION D'UN VOLUME DE DÉPENSES DE RECHERCHE

27. — Pour bénéficier du qualificatif de JEI au titre d'un exercice donné, l'entreprise doit avoir réalisé, au titre de cet exercice, des dépenses de recherche représentant au moins 15 % des charges totales engagées par l'entreprise au titre de ce même exercice.

Section 1

Nature des dépenses de recherche retenues

28. — Les dépenses de recherche retenues pour l'appréciation de la qualification de JEI sont définies par renvoi aux dépenses visées au a à g du II de l'article 244 *quater* B relatif au crédit impôt recherche.

Ainsi, toutes les catégories de dépenses de recherche éligibles au crédit impôt pour dépenses de recherche ne sont pas retenues pour l'appréciation du seuil de 15 % devant être atteint pour prétendre au qualificatif de JEI.

29. — Les dépenses suivantes sont retenues pour déterminer l'éligibilité de l'entreprise concernée au qualificatif de JEI :

– dotations aux amortissements des immobilisations créées ou acquises à l'état neuf et affectées directement à la réalisation d'opérations de recherches scientifiques et techniques, y compris la réalisation de prototypes ou d'installations pilotes;

– dépenses de personnel afférentes aux chercheurs et techniciens de recherche directement et exclusivement affectés à ces opérations (il est toutefois admis que les dépenses afférentes aux personnels affectés à temps partiel ou en cours d'année à des opérations de recherche soient prises en compte au prorata du temps effectivement consacré à ces opérations – *cf.* BOI 4 A-1-00 relatif au régime du crédit d'impôt recherche, nº 46) et à l'exclusion des cotisations patronales de sécurité sociale exonérées en application de l'article 131 de la loi de Finances pour 2004;

– une part forfaitaire des autres dépenses de fonctionnement;

– dépenses pour la réalisation d'opérations de même nature confiées à des organismes de recherche publique ou à des universités;

– dépenses pour la réalisation d'opérations de même nature confiées à des organismes de recherche privée agréés par le ministre de la Recherche, ou à des experts scientifiques ou techniques agréés dans les mêmes conditions;

– frais de prise ou de maintenance des brevets;

– frais de défense des brevets;

– dotations aux amortissements des brevets acquis en vue de réaliser des opérations de recherche et de développement expérimental;

– certaines dépenses de normalisation.

30. — Les catégories de dépenses suivantes, retenues pour la détermination du crédit d'impôt pour dépenses de recherche, sont exclues :

– certaines dépenses liées à l'élaboration de nouvelles collections exposées par les entreprises industrielles du secteur textile-habillement-cuir;

– dépenses liées à l'élaboration des nouvelles collections confiées par les entreprises industrielles du secteur textile-habillement-cuir à des stylistes ou bureaux de style agréés;

– dépenses de veille technologique exposées lors de la réalisation d'opérations de recherche.

31. — Pour plus de détails sur la nature des dépenses susceptibles d'être retenues pour l'appréciation du qualificatif de JEI, on se reportera à l'instruction du 21 janvier 2000 publiée au BOI 4 A-1-00 relative au dispositif du crédit d'impôt recherche.

32. — Les dépenses de recherche à retenir pour l'appréciation du seuil de 15 % correspondent à des frais ou des dépenses déduites du résultat imposable à l'impôt sur les bénéfices.

Section 2

Appréciation du seuil de 15 % des charges totales engagées au titre d'un exercice

33. — Pour l'appréciation du seuil de 15 %, il y a lieu d'établir le rapport entre, au numérateur, le montant des dépenses de recherche retenues aux termes du c de l'article 44 *sexies*-0 A et engagées par l'entreprise au titre de l'exercice concerné et, au dénominateur, le montant total des charges engagées par l'entreprise au titre de ce même exercice.

Toutefois, les dépenses de recherche engagées auprès d'autres JEI, nonobstant le fait que ces dépenses puissent être visées aux a à g du II de l'article 244 *quater* B précité, doivent être exclues pour la détermination du ratio de 15 %. Cette exclusion vise à éviter une double prise en compte.

Exemple :

34. — Soit une entreprise A remplissant l'ensemble des conditions requises pour bénéficier de la qualification de JEI.

A réalise pour une entreprise B qui prétend également à la qualification de JEI des opérations de recherche et de développement qu'elle lui refacture.

Pour l'appréciation du seuil de 15 % :

– chez le sous traitant A : les dépenses engagées pour la réalisation de la prestation sont retenues en totalité pour la détermination du seuil de 15 % dès lors qu'elles sont visées par nature aux a à g du II de l'article 244 *quater* B du CGI;

– chez le bénéficiaire B : la charge engagée et relative à la facturation de la prestation par A n'est pas retenue pour la détermination du seuil de 15 % (sauf si l'entreprise A renonce à la qualification de JEI). Toutefois, elle reste déductible des résultats de l'exercice dans les conditions de droit commun.

CHAPITRE 4

CONDITION TENANT À LA COMPOSITION DU CAPITAL DE CES SOCIÉTÉS

35. — Le capital de l'entreprise prétendant à la qualification de JEI doit être détenu **de manière continue** à 50 % au moins :

– par des personnes physiques;

– ou par une société satisfaisant les mêmes critères d'effectif et de chiffre d'affaires ou de total de bilan que ceux imposés à l'entreprise prétendant à la qualification de JEI, et dont le capital est détenu pour 50 % au moins par des personnes physiques;

– ou par des sociétés de capital-risque, des fonds communs de placement à risques, des sociétés de développement régional, des sociétés financières d'innovation ou des sociétés unipersonnelles d'investissement à risque à la condition qu'il n'existe pas de lien de dépendance au sens des deuxième à quatrième alinéas du 12 de l'article 39 du CGI entre la société en cause et ces dernières sociétés ou ces fonds;

– ou par des associations ou fondations reconnues d'utilité publique à caractère scientifique, ou des établissements publics de recherche et d'enseignement ou leurs filiales.

Les redevables qui, juridiquement, ne peuvent avoir de capital social sont tenus au respect des seules conditions tenant à l'effectif salarié et au montant du chiffre d'affaires ou du total de bilan. Il en est ainsi, notamment, des associations et fondations.

Section 1

Participations retenues

36. — Les participations au capital de la société prétendant à la qualification de JEI à prendre en compte pour l'appréciation de cette condition sont celles détenues directement par :

– les personnes physiques;

– une autre société remplissant les critères de taille requis pour prétendre à la qualification de JEI (c'est-à-dire employant moins de 250 salariés, et dont le chiffre d'affaires est inférieur à 40 millions d'euros ou le total du bilan est inférieur à 27 millions d'euros) et elle-même détenue à 50 % au moins par des personnes physiques;

– certaines structures d'investissement limitativement énumérées, en l'absence de lien de dépendance entre ces structures et l'entreprise prétendant au qualificatif de JEI :

• les sociétés de capital-risque qui remplissent les conditions prévues au I de l'article 1er de la loi du 11 juillet 1985 portant diverses dispositions d'ordre économique et financier;

• les fonds communs de placement à risques mentionnés à l'article L. 214-36 du Code monétaire et financier – Figurent notamment dans cette catégorie : les FCPR qui remplissent les conditions prévues à l'article 163 *quinquies* B (FCPR fiscaux), les fonds communs de placement dans l'innovation (FCPI) et les fonds d'investissement de proximité (FIP) définis respectivement aux articles L. 214-41 et L. 214-41-1 du Code monétaire et financier;

• les sociétés de développement régional mentionnées au 1° *ter* de l'article 208;

• les sociétés financières d'innovation (issues du B du III de l'article 4 de la loi no 72-650 du 11 juillet 1972 portant diverses dispositions d'ordre économique et financier);

• les sociétés unipersonnelles d'investissement à risque créées par l'article 91 de la loi de Finances pour 2004 et qui remplissent les conditions prévues par l'article 208 D.

Remarque : Un lien de dépendance est réputé exister entre deux entreprises lorsque l'une détient directement ou par personne interposée la majorité du capital social de l'autre ou y exerce en fait le pouvoir de décision ou, encore, lorsqu'une tierce entreprise détient directement ou par personne interposée la majorité du capital social des deux entreprises ou y exerce en fait le pouvoir de décision. Pour plus de précisions, il conviendra de se reporter à la documentation de base, DB 4 B 2221, nos 72 et suivants.

– les associations ou fondations reconnues d'utilité publique à caractère scientifique;

– les établissements publics de recherche et d'enseignement et leurs filiales.

Les conditions de détention du capital sont appréciées au titre du dernier exercice clos ou de la dernière période d'imposition arrêtée à la date à laquelle l'entreprise sollicite la qualification de JEI.

Précisions :

37. — Les actionnaires dont la participation au capital d'une entreprise prétendant à la qualification de JEI est retenue pour apprécier le seuil de 50 % sont pris en compte quels que soient leur régime fiscal ou leur nationalité, sous réserve d'avoir leur domicile fiscal ou leur siège dans un État de la Communauté européenne ou dans un État ou territoire ayant conclu avec la France une convention fiscale qui contient une clause d'assistance administrative en vue de lutter contre la fraude ou l'évasion fiscale.

En particulier, il sera admis que des structures étrangères équivalentes aux sociétés de capital-risque et aux fonds communs de placement à risques puissent détenir une participation dans une JEI dans les conditions énumérées à l'alinéa précédent.

Section 2
Appréciation du seuil de 50 %

38. — Le seuil de 50 % peut être atteint par une ou plusieurs personnes physiques, par une ou plusieurs sociétés remplissant les conditions mentionnées au no 38 ou encore par une combinaison des détentions de ces différentes personnes ou sociétés.Il doit être respecté tant en ce qui concerne les droits de vote que les droits aux bénéfices.

39. — Exemple

Une entreprise souhaitant bénéficier de la qualification de JEI et dont le capital serait détenu comme suit :

– 10 % par le créateur (personne physique),

– 45 % par une petite ou moyenne entreprise (une SA ou une SNC par exemple) détenue à plus de 50 % par une autre personne physique,

– 45 % par des sociétés de capital-risque.

Cette entreprise remplit la condition relative à la détention du capital dès lors que les participations de l'ensemble de ces actionnaires sont retenues pour l'appréciation du seuil minimal de détention de 50 %.

40. — Pour les sociétés qui sont volontairement dénuées de capital social en l'absence d'obligation légale relative à un capital minimum, cette condition s'apprécie au regard des droits de vote et des droits aux bénéfices, tels qu'ils ont été précisés dans les statuts ou par les conventions ayant date certaine à la clôture de l'exercice et modifiant le cas échéant, la répartition statutaire des droits de vote ou des droits aux bénéfices.

Il est précisé que pour l'appréciation de cette condition, les associations ne sont pas assimilées à des personnes physiques.

Section 3
Notion de détention continue du capital

41. — La condition de détention à 50 % au moins du capital par des personnes physiques ou morales limitativement énumérées doit être respectée tout au long de l'exercice ou de la période d'imposition au titre duquel ou de laquelle l'entreprise concernée souhaite bénéficier de la qualification de JEI.

CHAPITRE 5

CONDITION TENANT AU CARACTÈRE RÉELLEMENT NOUVEAU DE L'ACTIVITÉ EXERCÉE PAR L'ENTREPRISE PRÉTENDANT À LA QUALIFICATION DE JEI

42. — La dernière condition requise par le e de l'article 44 *sexies*-0 A pour prétendre au qualificatif de JEI vise le caractère réellement nouveau de l'activité exercée par l'entreprise concernée.

43. — Sont ainsi exclues du bénéfice du dispositif les entreprises créées dans le cadre de la concentration, de la restructuration ou de l'extension d'activités préexistantes ou qui reprennent de telles activités, à l'instar de l'exclusion de ces mêmes opérations du régime de faveur accordé aux entreprises nouvelles et prévue par le III de l'article 44 *sexies* du CGI.

S'agissant des dispositions qui reprennent celles applicables dans le cadre du régime d'exonération des entreprises nouvelles, il convient de se reporter à l'instruction du 5 novembre 2001 publiée au BOI 4 A-6-01, § 49 et suivants.

44. — Il est rappelé que :

– les opérations de concentration ou de restructuration permettent d'exercer des activités préexistantes dans le cadre de structures juridiques nouvelles. Tel est le cas des sociétés constituées notamment à l'occasion d'opérations de fusion, de scission, d'apport partiel d'actif, de filialisation ou d'externalisation.

Toutefois, ces entreprises nouvellement constituées pourront prétendre à la qualification de JEI dès lors qu'elles sont issues de la reprise, restructuration ou concentration d'entreprises qualifiées de JEI au moment de l'opération et qu'elles sont elles-mêmes susceptibles de remplir les conditions requises pour être qualifiées de JEI à l'issue de l'opération.

Dans ces situations, la condition d'âge de l'entreprise issue de l'opération en cause et prétendant à la qualification de JEI sera appréciée à partir de la plus ancienne des dates de création ou de début d'activité des entreprises concernées.

– la restructuration d'activités préexistantes est caractérisée par la réunion des trois conditions suivantes :

• identité au moins partielle d'activité;

• existence de liens privilégiés entre l'entreprise créée et l'entreprise préexistante;

• transfert de moyens d'exploitation de l'entreprise préexistante à l'entreprise nouvellement créée. (*Cf.* BOI 4 A6-01 précité, nos 51 et s.).

– l'existence d'un contrat, quelle qu'en soit la dénomination, ayant pour objet d'organiser un partenariat, caractérise l'extension d'une activité préexistante lorsque l'entreprise nouvellement créée bénéficie de l'assistance de ce partenaire, notamment en matière d'enseigne, d'un nom commercial, d'une marque ou d'un savoir-faire, de conditions d'approvisionnement, de modalités de gestion administrative, contentieuse, commerciale ou technique, dans des conditions telles que cette entreprise est placée dans une situation de dépendance. Dans cette hypothèse, l'entreprise ne pourra prétendre à la qualification de JEI.

– la reprise d'une activité préexistante est caractérisée par la réunion de deux éléments :

– l'activité exercée par l'entreprise nouvellement créée doit être identique à celle d'une entreprise préexistante;

– la nouvelle entreprise reprend en droit ou en fait des moyens d'exploitation d'une entreprise préexistante (clientèle, locaux, matériels, salariés, fonds de commerce,...). Toutefois, à défaut de reprise d'éléments d'exploitation, la reprise peut être caractérisée par l'existence de relations juridiques ou d'intérêt avec une autre entreprise exerçant une activité identique. (*Cf.* BOI 4 A-6-01 précité, n°s 57 et s.).

Toutefois, une entreprise prétendant à la qualification de JEI qui reprendrait l'activité de recherche précédemment exercée par une autre entreprise ou par un laboratoire public de recherche sera réputée remplir la condition relative au caractère nouveau de l'activité si l'activité transférée n'a donné lieu à aucune opération d'exploitation commerciale.

Il est précisé que cette analyse est susceptible d'être appliquée même si la nouvelle entité acquiert à titre onéreux les moyens de recherche détenus par l'entreprise préexistante, que le prix soit acquitté globalement en un seul versement en numéraire, au moyen d'une redevance annuelle ou d'un paiement échelonné, ou encore par parts de capital ou bons de souscription.

45. — Il est rappelé que « la création de sa propre entreprise par un ancien salarié ne constitue pas la reprise d'une activité préexistante au sens de l'article 44 *sexies* du CGI, mais bien la création d'une activité nouvelle, dès lors qu'une telle création ne s'accompagne pas en droit ou en fait de reprise de clientèle, non plus que du transfert, par voie de mandat, sous-traitance ou par un autre moyen, de tout ou partie de l'activité propre de l'entreprise qui employait auparavant le créateur » (*cf.* réponse du ministre à M. Marini, Sénat, 4 août 1994, p. 1929, n° 5128).

L'application de la qualification de JEI n'est pas exclusive de la fourniture de moyens par l'entreprise préexistante à la jeune entreprise créée par un ancien salarié de cette entreprise sous forme de mise à disposition de locaux ou de moyens administratifs (*cf.* JO Débats Sénats du 25 nov. 2003, p. 9).

46. — La question de savoir si les créations d'entreprises sous forme d'essaimage constituent des créations d'activités réellement nouvelles étant une question de fait, les créateurs concernés peuvent utiliser la possibilité offerte par les 2° et 4° de l'article L 80 B du livre des procédures fiscales relatifs à la procédure de rescrit afin de s'assurer de l'éligibilité de leur projet de création au bénéfice des régimes prévus aux articles 44 *sexies* (entreprises nouvelles) et 44 *sexies*-A (JEI).

Exemple 1 :

Un salarié crée sa propre entreprise pour poursuivre pour son compte les travaux de recherche et de développement qui étaient menés au sein d'une société préexistante et que celle-ci entend lui céder.

Cette entreprise nouvellement créée pourra être qualifiée de JEI si :

– la recherche « initiale » n'est plus effectuée par la société préexistante;

– la recherche sera développée de façon significative dans l'entreprise nouvellement crée;

– il n'existe pas de lien de dépendance juridique ou économique entre l'entreprise préexistante et la nouvelle entité, dès lors que l'entreprise dont est issu le créateur possède moins de 20 % des droits de vote de la nouvelle structure et qu'elle n'a pas noué de lien économique ou commercial privilégié avec cette nouvelle structure.

Exemple 2 :

Un salarié crée sa propre entreprise pour poursuivre pour son compte les travaux de recherche qu'il menait au sein d'une société préexistante et que celle-ci entend lui céder. Toutefois, un contrat liant la nouvelle entité et l'entreprise dont est issu le créateur prévoit la cession exclusive des produits de la recherche à celle-ci.

Dans cette situation, la nouvelle entité jouit de liens privilégiés avec l'entreprise préexistante et ne pourra donc prétendre à la qualification de JEI.

Exemple 3 :

Un salarié crée sa propre entreprise pour poursuivre pour son compte les travaux de recherche qu'il menait au sein d'une société préexistante et que celle-ci entend lui céder. La société préexistante possède moins de 20 % des droits de vote dans la nouvelle structure mais dispose d'un droit de veto sur la commercialisation des produits de la recherche.

Dans cette situation, il existe un lien de dépendance économique entre la nouvelle entité et l'entreprise préexistante. La nouvelle entité ne pourra donc prétendre à la qualification de JEI.

2^E^ PARTIE

EXONÉRATION D'IMPÔT SUR LES BÉNÉFICES

47. — Les entreprises qui répondent aux conditions fixées par l'article 44 *sexies*-0 A, et qui sont donc qualifiées de JEI, sont susceptibles de bénéficier des allégements d'impôt sur les bénéfices suivants :

– exonération à 100 % d'impôt sur les sociétés ou d'impôt sur le revenu sur les bénéfices réalisés au titre des trois premiers exercices bénéficiaires, puis à 50 % au titre des deux exercices bénéficiaires suivants;

– exonération totale d'imposition forfaitaire annuelle au cours de la période au titre de laquelle l'entreprise concernée répond aux conditions requises pour être qualifiée de JEI.

Les allégements d'impôts dont sont susceptibles de bénéficier les JEI sont plafonnés en application des dispositions du règlement n° 69/2001 de la Commission européenne du 12 janvier 2001 concernant l'application des articles 87 et 88 du traité CE aux aides d'importance mineure dite « *de minimis* » (*cf.* Annexe II). Le plafond est fixé à 100 000 € par période de trois ans.

TITRE 1

IMPÔT SUR LES BÉNÉFICES : PORTÉE ET CALCUL DES ALLÉGEMENTS

CHAPITRE 1

NATURE DES AVANTAGES

48. — L'entreprise qualifiée de JEI au titre d'un exercice peut prétendre à l'application des allégements suivants :

– Impôt sur les bénéfices :

49. — L'avantage fiscal consiste en une exonération totale des bénéfices réalisés au titre des trois premiers exercices bénéficiaires à compter de la qualification de JEI, suivie d'une exonération à 50 % des bénéfices réalisés au titre des deux exercices bénéficiaires suivants.

50. — Les exercices bénéficiaires bénéficiant de l'allégement peuvent ne pas être consécutifs. Ils sont toutefois évidemment compris dans la période au titre de laquelle l'entreprise concernée remplit les conditions requises pour être qualifiée de JEI, et notamment celle relative à son âge.

Il est ainsi fait abstraction des années dont le résultat serait déficitaire pour le décompte de la période d'application des allégements.

– Imposition forfaitaire annuelle

51. — En application du 1 du I de l'article 223 *nonies* A, les entreprises répondant aux conditions requises pour être qualifiées de JEI (*cf.* n° 5) sont exonérées de l'imposition forfaitaire annuelle tout au long de la période durant laquelle elles bénéficient de cette qualification.

– Articulation avec le bénéfice du crédit d'impôt pour dépenses de recherche prévu par l'article 244 *quater* B :

52. — L'article 87 de la loi de Finances pour 2004 pérennise et renforce le dispositif du crédit d'impôt pour dépenses de recherche (CIR).

Or, de nombreuses JEI sont par nature susceptibles de prétendre au bénéfice de ce crédit d'impôt.

Le I de l'article 244 *quater* B prévoit expressément que les entreprises exonérées d'impôt sur les bénéfices en application de l'article 44 *sexies* A peuvent également solliciter le bénéfice du CIR.

53. — De plus, le I de l'article 199 *ter* B précité aménage les modalités de remboursement anticipé du crédit d'impôt pour dépenses de recherche. Ainsi, les JEI pourront bénéficier du remboursement immédiat de la créance de CIR au titre de leur année de création et des deux années suivantes dès lors qu'elles rempliront les conditions suivantes :

– elles sont créées à compter du 1er janvier 2004;

– elles remplissent les conditions mentionnées au III de l'article 44 *sexies* du CGI;

– elles sont détenues à 50 % au moins par des personnes physiques, ou par une société dont le capital est détenu pour 50 % au moins par des personnes physiques, ou par certaines structures d'investissement (FCPR, SCR, SDR,...).

Les JEI créées avant le 1er janvier 2004 doivent, pour bénéficier du remboursement immédiat de la créance de CIR au titre des dépenses engagées en 2004 ou 2005, continuer à remplir les conditions prévues par les dispositions de l'article 199 *ter* B en vigueur jusqu'au 31 décembre 2003 et commentées aux paragraphes 167 à 171 du BOI 4 A-1-00.

CHAPITRE 2
BÉNÉFICES SUSCEPTIBLES D'ÊTRE EXONÉRÉS

54. — L'exonération prévue à l'article 44 *sexies* A porte sur les bénéfices réalisés et déclarés par les entreprises répondant à la clôture de l'exercice à toutes les conditions requises pour être qualifiées de JEI.

55. — Bénéfice déclaré par l'entreprise

Les contribuables qui entendent se prévaloir du régime de faveur accordé aux JEI doivent déposer une déclaration régulière dans les délais légaux :

– pour les contribuables relevant des bénéfices industriels et commerciaux ou de l'impôt sur les sociétés : il s'agit des déclarations prévues aux articles 175 ou 223 si le contribuable relève du régime réel d'imposition ou à l'article 170 s'il relève du régime des micro-entreprises;

– pour les contribuables relevant des bénéfices non commerciaux : il s'agit des déclarations prévues aux articles 97,172 et 175 si le contribuable est placé sous le régime de la déclaration contrôlée ou à l'article 170 s'il est placé sous le régime déclaratif spécial.

56. — Reports déficitaires

Les bénéfices exonérés s'entendent des bénéfices et plus-values qui auraient été imposés si les dispositions de l'article 44 *sexies* A n'avaient pas été applicables, c'est-à-dire après déduction des déficits reportables[1].

Les déficits qui n'auraient pas pu être déduits dans les conditions prévues au I de l'article 209 au cours de la période d'exonération sont reportés sur les exercices ultérieurs.

57. — Produits exclus de l'exonération

En application du II de l'article 44 *sexies* A, le régime d'exonération ne s'applique pas aux :

a. produits des actions ou parts de société, et les résultats de sociétés ou organismes soumis au régime prévu à l'article 8;

b. produits correspondant aux subventions, libéralités et abandons de créances;

c. produits de créances et d'opérations financières pour le montant qui excède celui des frais financiers engagés au cours du même exercice ou de la période d'imposition.

58. — Précisions :

– produit des actions : dividendes perçus de sociétés dans lesquelles la JEI détient des titres et des plus-values réalisées sur la cession de ces titres. Ces produits sont imposés selon le régime qui leur est propre;

– résultats des sociétés relevant du régime fiscal des sociétés de personnes mentionnées à l'article 8 du Code général des impôts. L'exonération ne s'applique pas à la quote-part de résultat qui revient à la JEI à raison des droits sociaux qu'elle détient dans une société ou un groupement relevant du régime fiscal des sociétés de personnes. Lorsque la quote-part de résultat est négative, celle-ci s'impute sur le bénéfice réalisé et susceptible d'être exonéré;

– subventions, libéralités et abandons de créances : ces produits comprennent les subventions d'exploitation, d'équilibre ou d'équipement accordées par l'État, les collectivités publiques ou les tiers. Sont également imposables les dons, les legs et les remises de dettes consenties par les créanciers sous réserve des dispositions de l'article 216 A du CGI. En revanche, ne sont pas imposables les subventions ayant la nature d'un prix, c'est-à-dire qui ont pour objet de financer des travaux de recherche spécifiques;

– produits de créances et d'opérations financières : seul le montant qui excède celui des frais financiers engagés au cours du même exercice ou de la même année d'imposition est imposable dans les conditions de droit commun. Ces produits comprennent les revenus de valeurs mobilières autres que les actions et parts de sociétés, les intérêts de prêts et autres produits financiers (intérêts de dépôts et cautionnement...).

Les produits mentionnés sont pris en compte pour leur montant brut, sans affectation d'une quote-part des charges exposées par la JEI.

Enfin, il est précisé que dans l'hypothèse où la somme des produits imposables serait supérieure au résultat déclaré de l'entreprise au sens du n° 56, le bénéfice réellement imposé sera plafonné à ce résultat.

59. — Période d'application des allégements

Les allégements applicables en matière d'impôt sur les sociétés ou de bénéfices industriels et commerciaux sont décomptés par période bénéficiaire de douze mois. Ainsi, la période totale au titre de laquelle la JEI bénéficie d'une exonération complète de ses bénéfices ne peut excéder trente-six mois (qui peuvent ne pas former une période continue).

Par période bénéficiaire de 12 mois, il y a lieu d'entendre une période continue de 12 mois au titre de laquelle le résultat fiscal déclaré (et déterminé après imputation éventuelle des reports déficitaires) est bénéficiaire.

Le premier exercice bénéficiaire exonéré en application de l'article 44 *sexies* A est le premier exercice bénéficiaire réalisé depuis que l'entreprise bénéficie de la qualification de JEI.

60. — Exemple 1

Une entreprise répondant aux conditions requises pour bénéficier de la qualification de JEI est créée le 1er mars N. Elle clôture ses exercices comptables le 31 décembre de chaque année.

Le tableau suivant illustre les abattements applicables aux bénéfices déclarés par l'entreprise, ainsi :

Exercice clos	*Âge de l'entreprise à la clôture de l'exercice*	*Résultat déclaré*	*Abattement sur le bénéfice déclaré*	*Exonération d'imposition forfaitaire annuelle*
31 décembre N	–	– 200	–	–
31 décembre N+1	1 an	+ 300	100 %	Oui
31 décembre N+2	2 ans	– 500	–	Oui
31 décembre N+3	3 ans	+ 750	100 %	Oui
31 décembre N+4	4 ans	+ 1 000	100 %	Oui
31 décembre N+5	5 ans	+ 1 200	50 %	Oui
31 décembre N+6	6 ans	+ 1 500	50 %	Oui
31 décembre N+7	7 ans	+ 1 700	Imposition totale(1)	Oui
31 décembre N+8	8 ans	+ 1 700	Imposition totale(2)	Non

(1) Le résultat de l'entreprise est imposé en totalité car celle-ci, bien que possédant toujours la qualification de JEI, a épuisé ses droits à exonération. En revanche, l'exonération d'IFA reste applicable.

(2) À la clôture de l'exercice, l'entreprise a plus de 8 ans, elle perd donc la qualification de JEI. Dès lors, son résultat est imposable en totalité et elle est redevable de l'IFA dans les conditions de droit commun.

1. Y compris la fraction de ceux-ci correspondant à des amortissements réputés différés (ARD) créés au titre des exercices ouverts avant le 1er janvier 2004.

61. — Exemple 2

La même entreprise décide le 31 décembre N+3 de modifier la date de clôture de ses exercices comptables pour la porter au 30 juin. Les incidences au regard de l'application du régime de faveur applicable aux JEI sont les suivantes :

Exercice clos	*Âge de l'entreprise à la clôture de l'exercice*	*Résultat déclaré*	*Abattement sur le bénéfice déclaré*	*Exonération d'imposition forfaitaire annuelle*
31 décembre N	–	– 200		–
31 décembre N+1	1 an	+ 300	100 %	Oui
31 décembre N+2	2 ans	– 500	–	Oui
30 juin N+4 (exercice de 18 mois)	4 ans	+ 1 250	100 % (1)	Oui
30 juin N+5	5 ans	+ 1 100	100 % sur 550 (2) 50 % 550	Oui
30 juin N+6	6 ans	+ 1 350	50 % (3)	Oui
30 juin N+7	7 ans	+ 1 600	50 % sur 800 imposition totale sur 800 (4)	Oui
30 juin N+8	8 ans	+ 1 700	Imposition totale	Non

(1) Depuis sa création, la JEI aura bénéficié de 12 mois d'exonération à 100 % du 01/01/N+1 au 31/12/N+1, puis de dix-huit mois d'exonération à 100 % du 01/01/N+3 au 30/06/N+4.

(2) La JEI bénéficie d'un abattement de 100 % sur le résultat réalisé du 1er juillet N+4 au 31 décembre N+4 (06/12°) et d'un abattement de 50 % sur le résultat réalisé du 1er janvier N+5 au 30 juin N+5 (06/12).
Elle aura ainsi bénéficié d'une exonération totale de ses bénéfices réalisés au titre des trente-six premiers mois bénéficiaires (12 mois du 01/01/N+1 au 31/12/N+1, 18 mois du 1er janvier N+3 au 30/06/N+4, et 6 mois du 01/07/N+4 au 31/12/N+4).

(3) Le résultat bénéficiaire réalisé par la JEI du 01/07/N+5 au 30/06/N+6 bénéficie d'un abattement de 50 %.

(4) La JEI bénéficie d'un abattement de 50 % sur le résultat bénéficiaire réalisé du 01/07/N+6 au 31/12/N+6. Elle aura alors bénéficié de l'abattement de 50 % au titre de 24 mois de résultat bénéficiaire. Le résultat bénéficiaire réalisé au titre des six mois suivants de l'exercice clos le 30/06/N+7 ne fera l'objet d'aucun abattement.

CHAPITRE 3
COMBINAISON DU DISPOSITIF AVEC D'AUTRES RÉGIMES D'EXONÉRATION

62. — L'article 44 *sexies* A prévoit que le régime d'exonération applicable à la JEI est exclusif du bénéfice des dispositifs d'exonération ou de crédit d'impôt prévus par :

– l'article 44 *sexies* en faveur des entreprises nouvelles;

– l'article 44 *octies* en faveur des entreprises exerçant ou créant leur activité en zones franches urbaines;

– l'article 44 *decies* en faveur des entreprises exerçant ou créant leur activité en Corse;

– l'article 244 *quater* E pour certains investissements réalisés en Corse.

Le III de l'article 44 *sexies* A prévoit un mécanisme d'option pour le régime des JEI lorsque l'entreprise concernée est susceptible de bénéficier des autres régimes de faveur précités.

63. — L'entreprise, si elle opte pour le régime de faveur accordé aux JEI dès lors qu'elle en satisfait les conditions requises, doit notifier cette option au centre des impôts dont elle relève dans le délai suivant :

– pour les entreprises déjà créées à la date du 1er janvier 2004 : l'option peut être exercée jusqu'au 30 septembre 2004. Toutefois, il est admis que l'option peut être exercée jusqu'au 31 décembre 2004;

– pour les entreprises qui vont se créer à compter du 1er janvier 2004 et qui souhaitent se placer dès leur création sous le régime de faveur JEI : l'option doit être exercée dans les neuf mois suivant celui de son début d'activité;

– pour les entreprises qui vont se créer à compter du 1er janvier 2004 et qui satisferont ultérieurement les conditions requises pour prétendre à la qualification de JEI : l'option doit être exercée dans les neuf premiers mois de l'exercice au titre duquel l'entreprise souhaite bénéficier des allégements prévus par l'article 44 *sexies* A.

64. — La date de notification de l'option correspond à la date de réception au centre des impôts ou à la direction des services fiscaux dont elle relève.

65. — L'option est irrévocable uniquement lorsque l'entreprise remplit effectivement les conditions requises pour bénéficier de la qualification de JEI.

66. — Exemple 1

Une entreprise remplit les conditions requises pour bénéficier des régimes prévus à l'article 44 *sexies* et 44 *sexies* A.

Dès sa création, elle a opté de manière expresse pour le régime de faveur applicable aux JEI.

À la clôture du premier exercice susceptible d'être exonéré, si en définitive elle ne satisfaisait pas aux conditions requises pour être qualifiée de JEI (en raison d'un volume de dépenses de recherche inférieur à 15 % par exemple), elle pourra renoncer à son option expresse pour l'article 44 *sexies* A. Cette entreprise pourra alors se placer le cas échéant dans le champ d'application de l'exonération applicable aux entreprises nouvelles (art. 44 *sexies*).

67. — Exemple 2

Une entreprise répondant aux conditions requises pour bénéficier de la qualification de JEI, créée le 1er mars 2001, dans une zone d'aménagement de territoire éligible au dispositif de l'article 44 *sexies* opte à compter de 2004 pour le régime de JEI. Elle clôture ses exercices comptables le 31 décembre de chaque année.

Le tableau suivant illustre les abattements applicables aux bénéfices déclarés par l'entreprise, ainsi :

Exercice clos	*Âge de l'entreprise à la clôture de l'exercice*	*Résultat déclaré*	*Abattement sur le bénéfice déclaré*	*Exonération d'imposition forfaitaire annuelle*	*Régime applicable au CGI*
31 décembre 2001	–	– 200	–	Oui	Art. 44 *sexies*
31 décembre 2002	1 an	+ 300	100 %	Oui	Art. 44 *sexies*
31 décembre 2003	2 ans	+ 500	100 % et 75 %	Oui	Art. 44 *sexies*

31 décembre 2004	3 ans	+ 750	100 %	Oui	Art. 44 *sexies* A
31 décembre 2005	4 ans	+ 1 000	100 %	Oui	Art. 44 *sexies* A
31 décembre 2006	5 ans	– 1 200	–	Oui	Art. 44 *sexies* A
31 décembre 2007	6 ans	+ 1 500	100 %	Oui	Art. 44 *sexies* A
31 décembre 2008	7 ans	+ 1 700	50 %	Oui	Art. 44 *sexies* A
31 décembre 2009	8 ans	+ 1 700	Imposition totale(1)	Non	Art. 44 *sexies* A

(1) À la clôture de l'exercice, l'entreprise a plus de 8 ans, elle perd donc la qualification de JEI.

CHAPITRE 4

PLAFONNEMENT DES AVANTAGES

68. — Le IV de l'article 44 *sexies* A et le II de l'article 223 *nonies* A du CGI prévoient que les avantages fiscaux que procure à l'entreprise considérée la qualification de JEI ne doivent pas dépasser les limites prévues par le règlement n° 69/2001 de la Commission européenne du 12 janvier 2001 concernant l'application des articles 87 et 88 du traité CE aux aides d'importance mineure dite « *de minimis* »[1].

69. — Ainsi, ce règlement dispose que :

– l'ensemble des aides placées sous le plafond « *de minimis* » octroyées à la JEI ne devra pas dépasser 100 000 € par période de trois ans;

– ce plafond s'applique quels que soient la forme et l'objectif des aides publiques (ce qui englobe les exonérations fiscales mais aussi toutes les aides versées par les collectivités publiques, notamment locales).

Section 1

Aides devant être retenues pour l'appréciation du plafond « *de minimis* »

70. — Le IV de l'article 44 *sexies* A précité dispose que l'avantage procuré par les exonérations d'impôt sur les bénéfices (impôt sur les sociétés ou impôt sur le revenu, imposition forfaitaire annuelle) et de fiscalité directe locale (taxe professionnelle et taxe foncière sur les propriétés bâties) doit être retenu pour l'appréciation du plafond de 100 000 €.

71. — Le plafond de 100 000 € s'apprécie en retenant l'ensemble des aides publiques perçues par la JEI, dès lors que ces aides n'ont pas été notifiées à la Commission européenne ou ne sont pas couvertes par un règlement d'exemption (aides à la recherche et au développement, aides aux PME, etc.).

Par « aides » publiques, il y a lieu d'entendre les aides accordées par l'État, par des entités régionales et locales de l'État, quels que soient la qualification et la désignation de celles-ci. De même, sont retenues les aides versées par les collectivités locales ou l'Union européenne sur financement des fonds structurels.

Aucune distinction n'est à faire entre l'aide directement accordée par les autorités publiques et celle accordée par des organismes publics ou privés institués ou désignés par l'État en vue de gérer l'aide.

Les aides retenues peuvent être versées sous quelque forme que ce soit : subventions, avances, prêts, garanties, avantages fiscaux,...[2]

72. — L'exonération de charges sociales attachée au qualificatif de JEI a fait l'objet d'une notification spécifique par l'État aux autorités de Bruxelles qui ont formellement marqué leur accord sur ce régime placé sous les règles communautaires relatives aux aides à la recherche et au développement. Dès lors, l'avantage financier procuré à la JEI par cette exonération de charges sociales ne doit pas être retenu pour l'appréciation du plafond « *de minimis* ».

73. — S'agissant du crédit d'impôt pour dépenses de recherche, il ne doit pas être retenu pour l'appréciation du plafond d'aides bénéficiant à la JEI dès lors qu'il s'agit d'une mesure générale.

A contrario, le crédit d'impôt dégagé par la JEI au titre des dépenses d'élaboration de nouvelles collections exposées par les entreprises du secteur textile-habillement-cuir (dépenses visées aux h et i du II de l'article 244 *quater* B, et exclues pour l'appréciation du volume de dépenses de recherche requis pour bénéficier de la qualification de JEI), qui fait l'objet d'un plafonnement type « *de minimis* » (*cf.* § 247 à 252 de l'instruction n° 27 du 8 févr. 2000 publiée au BOI 4 A-1-00), doit être retenu pour l'appréciation du plafond des avantages financiers procurés aux JEI.

74. — Les aides versées dans le cadre du Programme cadre de recherche et développement (PCRD) conduit par la Commission européenne relèvent du régime communautaire des aides à la recherche et développement. Dès lors, elles ne doivent pas être retenues pour l'appréciation du plafond de 100 000 €.

Il en est de même du régime des aides ANVAR (notamment les avances remboursables en cas de succès), relevant des aides à finalité recherche et développement.

En tout état de cause, le bénéficiaire de l'aide est invité à se rapprocher de l'organisme à l'origine du financement afin de s'assurer de la finalité de l'aide versée au regard des encadrements communautaires.

Section 2

Période d'appréciation du plafond maximal d'aides

75. — Le plafond s'apprécie sur une période de trois années, à partir du versement de la première aide de « *minimis* », de manière glissante, mais sans toutefois excéder la période couverte par l'exonération concernée.

76. — Exemple

Soit une entreprise créée le 1er janvier N.

1. Ce règlement prévoit, à titre de simplification, une présomption de comptabilité communautaire des aides d'importance mineure : il définit quelles sont les aides d'État suffisamment limitées pour ne pas devoir faire l'objet d'une notification auprès de la Commission européenne.

2. À condition de pouvoir être traduit en équivalent net subvention.

Année	*L'entreprise répond-elle aux conditions requises pour prétendre à la qualification de JEI ?*	*Avantage procuré par le régime JEI*		*Subventions reçues des collectivités3 publiques placées sous* « de minimis »	*Total théorique des avantages accordés à l'entreprise*	*Avantages après application du plafond* « de minimis »
		Impôt sur les bénéfices	*Fiscalité directe locale*			
N	Oui	2 000	3 000	10 000	15 000	15 000
N+1	Oui	5 000	10 000	20 000	35 000	35 000
N+2	Oui	5 000	10 000	20 000	35 000	35 000

N+3	Oui	15 000	15 000	25 000	55 000	30 000
N+4	Oui	15 000	15 000	10 000	40 000	35 000
N+5	Oui	15 000	15 000	0	30 000	30 000
N+6	Non	7 500	0	25 000	32 500	–

– **Appréciation du plafond au titre de l'année N :** la JEI aura bénéficié d'aides pour un montant de 15 000 € (total inférieur au plafond).

– **Appréciation du plafond au titre de l'année N+1 – période de référence N – N+1 :** la JEI aura bénéficié d'aides pour un montant cumulé de 50 000 €. Elle peut en bénéficier en totalité car cette somme est inférieure au plafond de 100 000 €.

– **Appréciation du plafond au titre de l'année N+2 – période de référence N – N+1 – N+2 :** sur cette première période, l'entreprise a bénéficié d'aides pour 85 000 € (15 000 au titre de N + 35 000 perçus au titre de N+1 + 35 000 au titre de N+2). Elle peut en bénéficier en totalité car cette somme est inférieure au plafond de 100 000 €.

– **Appréciation du plafond au titre de l'année N+3 – période de référence N+1 – N+2 – N+3 :** la JEI pourrait bénéficier d'aides pour un montant de 125 000 € (35 000 au titre de N+1 + 35 000 au titre de N+2 + 55 000 au titre de N+3). La JEI doit limiter le montant des aides au titre de N+3 à 30 000 €.

– **Appréciation du plafond au titre de l'année N+4 – période de référence N+2 – N+3 – N+4 :** la JEI pourrait bénéficier d'aides pour un montant de 105 000 € (35 000 au titre de N+2 + 30 000 au titre de N+3 + 40 000 au titre de N+4). La JEI doit limiter le montant des aides au titre de N+4 à 35 000 €.

– **Appréciation du plafond au titre de l'année N+5 – période de référence N+3 – N+4 – N+5 :** la JEI pourrait bénéficier d'aides pour un montant de 95 000 € (30 000 au titre de N+3 + 35 000 au titre de N+4 + 30 000 au titre de N+5). La JEI peut bénéficier de la totalité des avantages financiers envisagés au titre de l'année N+5.

– En N+6, l'entreprise ne satisfait plus aux conditions requises pour bénéficier de la qualification de JEI, en raison par exemple d'une modification de la composition de son capital. Il n'est plus nécessaire d'apprécier le montant des avantages financiers au regard du plafond de 100 000 € par période triennale.

CHAPITRE 5

PERTE DES AVANTAGES

77. — Les conditions d'application du régime de faveur institué par les articles 44 *sexies* A et 223 *nonies* A doivent être remplies à la clôture de l'exercice au titre duquel l'entreprise prétend aux exonérations concernées.

78. — Événements entraînant la perte des avantages

Lorsqu'à la clôture d'un exercice, ces conditions ne sont plus réunies, l'entreprise perd définitivement le bénéfice du régime de faveur, tant au regard de l'impôt sur les bénéfices que de l'imposition forfaitaire annuelle (IFA).

79. — Portée de la sortie du régime en matière d'impôt sur les bénéfices

Au titre de l'exercice ou de la période d'imposition à la clôture duquel ou de laquelle l'entreprise a perdu la qualification de JEI, l'entreprise peut bénéficier d'un abattement de 50 % de ses bénéfices imposables. Cet abattement est également applicable aux bénéfices réalisés au titre de l'exercice ou période d'imposition suivant celui au titre duquel elle a perdu sa qualification de JEI.

La période d'application de l'abattement de 50 % est limité à vingt-quatre mois que ce soit au titre des deux exercices bénéficiaires suivant la période d'exonération complète ou au titre de la sortie en sifflet.

80. — Portée de la sortie du régime en matière d'IFA

L'entreprise est redevable de l'imposition forfaitaire annuelle prévue à l'article 223 *septies* le 1er janvier de l'année suivant celle au cours de laquelle elle ne bénéficie plus de la qualification de JEI.

Exemple :

La société A, dont l'exercice coïncide avec l'année civile, a été créée le 1er janvier 2004 et a bénéficié, depuis sa création, de la qualification de JEI.

Au titre de l'exercice 2006, les dépenses de recherche et de développement qu'elle a engagées n'ont représenté que 5 % du total des charges qu'elle a comptabilisées. Elle perd donc sa qualification de JEI à compter de l'année 2006.

L'exonération d'IFA dont elle a bénéficié pour l'année 2006 ne sera pas remise en cause. En revanche, l'entreprise sera redevable de cette imposition à compter du 1er janvier 2007.

81. — Exemple récapitulatif 1

Une entreprise est créée le 15 mars N. Elle remplit les conditions requises pour bénéficier de la qualification de JEI tout au long de la période d'application des allégements, jusqu'à son huitième anniversaire.

Exercice clos le	*Âge de l'entreprise à la clôture*	*Résultat*	*Abattement appliqué sur le bénéfice*	*Exonération IFA applicable*	*Observations*
31 décembre N		Déficit	–	–	
31 décembre N+1	1	Déficit	–	Oui	
31 décembre N+2	2	Bénéfice	100 %	Oui	L'entreprise bénéficie de 12 mois d'abattement à 100 %
31 décembre N+3	3	Bénéfice	100 %	Oui	L'entreprise bénéficie, en période cumulée, de 24 mois d'abattement à 100 %
31 décembre N+4	4	Déficit	–	Oui	
31 décembre N+5	5	Bénéfice	100 %	Oui	L'entreprise bénéficie, en période cumulée, de 36 mois d'abattement à 100 %
31 décembre N+6	6	Déficit	–	Oui	
31 décembre N+7	7	Bénéfice	50 %	Oui	L'entreprise bénéficie de 12 mois d'abattement à 50 %
31 décembre N+8	8	Bénéfice	50 %	Non	Exercice de sortie du régime JEI – IFA exigible le 15 mars N+8 – L'entreprise bénéficie de 12 mois d'abattement à 50 % au titre de la sortie en sifflet (Soit au total 24 mois d'abattement à 50 %)

82. — Exemple récapitulatif 2

Une JEI créée le 15 mars N réalise dès son premier exercice clos le 31 décembre N des bénéfices. Elle clôture des exercices de 12 mois.

Au cours de l'année N+6, elle perd la qualification de JEI en raison de la modification de la répartition de son capital.

Exercice clos le	*Âge de l'entreprise à la clôture*	*Résultat*	*Abattement appliqué sur le bénéfice*	*Exonération d'IFA applicable*	*Observations*
31 décembre N		Bénéfice	100 %	–	1re période de 12 mois bénéficiaire
31 décembre N+1	1	Déficit	–	Oui	
31 décembre N+2	2	Bénéfice	100 %	Oui	2e période de 12 mois bénéficiaire (24 mois d'abattement à 100 %)
31 décembre N+3	3	Bénéfice	100 %	Oui	3e période de 12 mois bénéficiaire (36 mois d'abattement à 100 %)
31 décembre N+4	4	Déficit	–	Oui	–
31 décembre N+5	5	Bénéfice	50 %	Oui	4e période de 12 mois bénéficiaire (12 mois d'abattement à 50 %)
31 décembre N+6	6	Bénéfice	50 %	Non	Exercice de sortie de la qualification de JEI : perte des avantages liés en matière d'impôt sur les bénéfices. Application de l'abattement de 50 % sur le résultat au titre de la sortie en sifflet (soit au total 24 mois d'abattement à 50 %) Maintien de l'exonération d'IFA
31 décembre N+7	7	Bénéfice	–	Non	Imposition totale (y compris IFA)

TITRE 2

ENTRÉE EN VIGUEUR

83. — La qualification de JEI instituée par l'article 44 *sexies*-0 A peut être accordée :

- aux entreprises créées entre le 1er janvier 2004 et le 31 décembre 2013;
- aux entreprises existantes à la date du 1er janvier 2004, dès lors qu'elles ont moins de huit ans à cette date (condition du b. de l'article 44 *sexies*-0 A).

On pourra se reporter aux exemples présentés au n° 24 et illustrant dans différentes hypothèses les durées d'application du régime de faveur JEI.

84. — Les exonérations d'impôt sur les bénéfices sont applicables aux exercices ouverts par ces entreprises à compter du 1er janvier 2004. ■

4. Sources d'information

3401

Accès aux textes applicables

• Les textes législatifs et réglementaires sont publiés au *Journal officiel* et aux *Bulletins officiels* des ministères. Les directives et les règlements européens sont publiés dans le *Journal officiel des Communautés européennes.* Ils sont disponibles, par abonnement ou au numéro, et depuis le 2 juin 2004 le *Journal officiel* électronique authentifié est également consultable en ligne sur le site *www.journal-officiel.gouv.fr.*

• Direction des journaux officiels
26, rue Desaix
75727 Paris Cedex 15
tél. 01 40 58 79 79
fax 01 45 79 17 84
www.journal-officiel.gouv.fr

• Ils sont publiés, à l'état brut, annotés ou commentés, dans des codes annuels, biennaux, sur cédéroms, en réseau, sur minitel et Internet. Certains sont regroupés, par thème, dans des brochures.

• On trouve les textes législatifs et réglementaires dans les bibliothèques des universités, des tribunaux et barreaux, dans les préfectures et sous-préfectures et dans la plupart des bibliothèques et centres de documentation publics. Ils sont disponibles en librairie.

Bulletin officiel du ministère concerné

• Direction des journaux officiels
25, rue Desaix
75727 Paris Cedex 15

• Internet

www.europa.eu.int
www.journal-officiel.gouv.fr
www.legifrance.gouv.fr
www.minefi.gouv.fr
www.assemblee-nationale.fr
www.senat.fr

• Sur la matière

• Code de la propriété intellectuelle, Dalloz, annoté
• Code de la propriété intellectuelle, Litec, annoté
• Code de commerce, Dalloz, annoté, annuel
• Code de commerce, Litec, annoté, annuel
• Code général des impôts et Code de procédure fiscale, Dalloz, annoté, annuel

• Renseignements au public

• Voir pour la recherche d'informations générales sur l'Administration française et la consultation des formulaires administratifs :
www.service-public.fr

• Voir aussi, *Admifrance, le guide Internet des services publics*, publié en 1999 par la Documentation française, issu de l'Annuaire des sites Internet publics. Réalisé et mis à jour, depuis 1996, sur le site Admifrance, il recensait, début 1999, 570 sites créés par l'État, par ses services déconcentrés ou par les collectivités locales, ainsi qu'une sélection des sites européens.

• Les sites publics sur l'Internet, ceux des ministères et des institutions de l'Union européenne sont accessibles par différents moyens, tel que www.premier-ministre.gouv.fr; des liens entre ces différents sites assurent un accès extrêmement simple de l'un à l'autre notamment à Légifrance, Jurifrance, Assemblée nationale, Sénat et institutions européennes. ■

3402

Formalités

• ***Immatriculations, déclarations et démarches administratives***

Infogreffe

• Groupement des greffiers des tribunaux de commerce français qui centralise les informations légales sur les entreprises.
• Registres de commerce et des sociétés (RCS)
• Base de données d'informations légales : K*bis*, bilans, comptes de résultat, endettement…
www.infogreffe.fr

Greffe du tribunal de commerce de Paris

1, quai de Corse
75181 Paris Cedex 04
tél. 33 8 91 01 75 75
www.greffe-tc-paris.fr

Institut national de la propriété industrielle (INPI)

26 *bis,* rue de Saint-Pétersbourg
75008 Paris Cedex 8
tél. 33 1 53 04 53 04
www.inpi.fr

• Le site de l'INPI propose le téléchargement des formulaires Cerfa pour les dessins et modèles et les marques.

Formulaires administratifs Cerfa

• Centre d'enregistrement et de révision des formulaires administratifs (CERFA)
64, rue de Varenne
75007 Paris
tél. 33 1 42 75 85 35
• Téléchargement des formulaires administratifs Cerfa, www.service-public.fr et www.impots.gouv.fr
• Les formulaires sur les dessins et modèles et les marques sont disponibles *via* ce site

Association française de normalisation (AFNOR)

11, avenue Francis de Pressensé
93571 Saint Denis
La Plaine Cedex
tél. 33 1 41 62 80 00
www.afnor.fr

Institut national de la statistique et des études économiques (INSEE)

• Direction générale
18, boulevard Adolphe-Pinard
75014 Paris
tél. 01 41 17 66 11
fax 01 41 17 66 66
Informations
tél. 01 36 68 07 60
3617 Insee
www.insee.fr

Commission d'accès aux documents administratifs (CADA)

35, rue Saint Dominique
75700 Paris 07 SP
tél. 33 1 42 75 79 99
www.cada.fr

Commission nationale de l'informatique et des libertés (CNIL)

21, rue Saint-Guillaume
75340 Paris Cedex 7
tél. 33 1 53 73 22 22 ■

3403

Jurisprudence

• Les textes bruts des décisions des tribunaux sont accessibles auprès des greffes des juridictions.
• Un choix des textes des décisions des juridictions est publié dans des revues juridiques généralistes ou spécialisées,

en texte intégral ou résumé avec ou sans commentaire, sur Internet.

- ***Recueils officiels de jurisprudence***

Bulletin d'information de la Cour de cassation

- Bimensuel, Direction des Journaux officiels
26, rue Desaix
75727 Paris Cedex 15
tél. 01 40 58 79 79
fax 01 45 79 17 84
3615/3616 Journal officiel
www.journal-officiel.gouv.fr

Bulletin des arrêts de la Cour de cassation, chambres civiles

- Mensuel, Direction des Journaux officiels

- ***Principaux accès par Internet***

www.legifrance.gouv.fr
www.curia.eu.int
www.courdecassation.fr ■

3404

Incubateurs

Incubateurs d'entreprises innovantes liés à la recherche publique. Liste et coordonnées des incubateurs soutenus par le ministère chargé de la Recherche (mise à jour : février 2006).

ALSACE

SEMIA « Sciences, Entreprises et Marchés, Incubateur d'Alsace »
4, rue Boussingault
67000 Strasbourg
www.semia-incal.com/

AQUITAINE

IRA-Incubateur Régional d'Aquitaine
Université Bordeaux I
Domaine du Haut Carré
351, cours de la Libération
33405 Talence Cedex
www.incubateur-aquitaine.com

AUVERGNE

BUSI-Incubateur d'Entreprises d'Auvergne
Biopôle Clermont-Limagne
63360 Saint-Beauzire
www.busi.fr

BASSE-NORMANDIE

Normandie Incubation
Centre d'Innovation Technologique
17, rue Claude Bloch
BP 55027
14076 Caen Cedex 5
www.normandie-incubation.com/

BOURGOGNE

PREMICE – Incubateur Régional de Bourgogne
26, boulevard du Docteur Petitjean
BP 87999
21079 Dijon Cedex
www.u-bourgogne.fr/entreprises/incubateur

BRETAGNE

EMERGYS Incubateur fédérateur de Bretagne
15, rue du Chêne Germain
35 510 Cesson Sevigne
www.emergys.tm.fr

CENTRE

LANCEO – Programme d'incubation
C/O ARITT Centre
5, rue du Carbone
45072 Orléans Cedex 2

CHAMPAGNE-ARDENNE

ICAR – Incubateur de Champagne-Ardenne
ENSAM – Bâtiment A
Rue Saint Dominique
BP 140
51008 Chalons en Champagne Cedex
www.icar-incubateur.fr

CORSE

Incubateur Technologique Territorial de Corse – I2TC
Agence de Développement Économique de la Corse
Immeuble « Le Régent »
1, avenue Eugène Macchini
20000 AJACCIO

FRANCHE-COMTÉ

IEI. FC – Incubateur d'Entreprises Innovantes de Franche-Comté
Témis Innovation
18, rue Alain Savary
25000 Besancon

HAUTE NORMANDIE

Acceval – Incubateur régional de Haute-Normandie
24 *bis*, rue Jacques Boutrolle
BP97
76132 Mont Saint Aignan Cedex
www.acceval-irhn.com

ÎLE-DE-FRANCE/Paris

AGORANOV – Incubateur technologique parisien
3, rue Castex
75004 Paris
www.agoranov.com/
Bio-incubateur « Paris Biotech »
Université Paris V – René Descartes
Faculté de médecine Cochin-Port-Royal
24, rue du Faubourg Saint Jacques
75014 Paris
http://www.parisbiotech.org
INCUBALLIANCE
CNRS
1, avenue de la Terrasse – Bâtiment 5
91198 Gif sur Yvette Cedex
(résultant de la fusion de IFSI et IDFI en déc. 04)
www.incuballiance.fr/

LANGUEDOC-ROUSSILLON

LRI – Languedoc-Roussillon Incubation
Université Montpellier 2
CC 483
Place Eugène Bataillon
34095 Montpellier Cedex 5
www.lr-incubation.com

LIMOUSIN

AILE – Association Incubateur du Limousin Entreprises
ESTER Technopole
BP 6935
87069 Limoges Cedex
www.tech-limoges.fr

LORRAINE

IL – Incubateur lorrain pour la création d'activités et d'entreprises
24-30, rue Lionnois
54000 Nancy
www.incubateur-lorrain.org

MIDI-PYRÉNÉES

Incubateur régional Midi-Pyrénées
29, rue Jeanne Marving
31400 Toulouse
www.incubateurmipy.com

NORD-PAS-DE-CALAIS

Bio-Incubateur Eurasanté
GIE EURASANTE
Parc Eurasanté
310, avenue Eugène Avinée
59120 Loos-Lez-Lille
www.eurasante.com/

NORD-PAS-DE-CALAIS

MITI Incubateur Nord – Pas de Calais
Centre d'innovation CIEL
Parc scientifique de la Haute Borne
5, rue Héloïse
59650 Villeneuve d'Ascq
www.miti.fr/

PAYS DE LA LOIRE

Incubateur ATLANPOLE
Château de la Chantrerie
BP 90702
44307 Nantes Cedex 3
www.atlanpole.fr/

PICARDIE

Incubateur régional de Picardie
33, avenue Paul Claudel
80480 Dury
www.incubateurregionalpicardie.com

POITOU-CHARENTES

IRPC-Incubateur régional de Poitou-Charentes
Bâtiment CURE
5, rue Raoul Favereau
BP 635
86022 Poitiers Cedex
www.irpc.asso.fr/

PROVENCE-ALPES-CÔTE D'AZUR

Incubateur « Multimédia Belle de Mai »
Pôle Medias
37, rue Guibal
13003 Marseille
www.belledemai.org

PROVENCE-ALPES-CÔTE D'AZUR/EST

Incubateur d'entreprises technologiques
PACA EST – (Nice-Sophia-Toulon)
C/0 Polytech'Nice-Sophia (ESINSA)
1645, route des Lucioles
06410 Biot
www.pacaest.com

PROVENCE-ALPES-CÔTE D'AZUR/OUEST

Incubateur IMPULSE (Aix-Marseille-Avignon)
MDI – Technopôle de Château Gombert
Rue Frédéric Joliot-Curie
13452 Marseille cedex 20
www.incubateur-impulse.com

RHÔNE-ALPES (OUEST)

CREALYS, Incubateur Rhône-Alpes Ouest
Domaine Scientifique de la DOUA
62, boulevard Niels Bohr
BP 21 32
69603 Villeurbanne Cedex
www.crealys.com

RHÔNE-ALPES

GRAIN – GRenoble-Alpes-INcubation
9A, chemin des prés
38240 Meylan
www.grain-incubation.com

ÎLE DE LA RÉUNION

Incubateur régional de la Réunion
Association Technopole de la Réunion
1, rue Émile Hugot
Bâtiment B, étage 1
97490 Sainte Clotilde (La Réunion)
www.incubateur-reunion.com ■

3405

Juniors entreprises

- **Duo Conseil, www.duoconseil.com**

Groupe HEC
1, rue de la Libération
78351 Jouy en Josas
tél. + 33 1 69 33 28 60

L'association, créée à l'initiative des étudiants de Polytechnique et HEC, a pour vocation de réaliser des études de marché, d'impact et d'opportunité faisant appel à des compétences techniques et commerciales.

- **Junior ESSEC, www.junioressec.com**

1, avenue Bernard Hirsch
95021 Cergy Pontoise
tél. + 33 1 30 75 05 05
Compétences : Études de marché, Études de satisfaction, Études d'image/notoriété, Tests de concepts, Audits organisationnels, Études financières,...

- **ESCP-EAP Conseil, www.escpconseil.fr**

79, avenue de la République
75011 Paris
tél. + 33 1 43 14 71 80
Compétences : marketing, finance, stratégie

- **Télécom Études (ENST), www.telecom-etude.com**

46, rue Barrault
75013 Paris
tél. + 33 1 45 80 29 23
Compétences : informatique, internet et réseaux, électronique, marketing et économie des Télécommunications

- **ENSAE Junior Études, www.ensaejunioretudes.com**

3, avenue Pierre Larousse
92245 Malakoff
tél. + 33 1 46 54 54 98
Compétences :Statistiques et Analyse des données, Finances et mathématiques financières, Modélisation, Prévision

- **Junior ISEP, Institut Supérieur d'Électronique de Paris, www.juniorisep.com**

28, rue Notre Dame des Champs
75006 Paris
tél. + 33 1 42 22 67 44
Compétences : informatique logiciel site web, internet intranet web design, électronique... Partenariat fort avec ESCP-EAP ■

3406

Sites internet

Sélection de quelques sites internet. De nombreux autres sites sont cités au sein de l'ouvrage.

- www.france-biotech.org : Rubrique « outils pour les entrepreneurs » – Questions/réponses
- www.apce.com : agence pour la création d'entreprises. Site destiné à informer l'entrepreneur de manière exhaustive sur la création d'entreprise, l'orienter dans ses démarches vers les réseaux d'appui et d'aide au financement et faciliter la concrétisation de son projet. Nombreux services en ligne (guides pratiques téléchargeables, actualités, formulaires, boîte à outils).
- www.oseo.fr : OSEO est né en 2005 de la réunion de trois organismes ayant, historiquement, une mission d'intérêt général au service des TPE/PME : la BDPME (Banque du développement des PME), et sa filiale Sofaris, l'Anvar (Agence française de l'innovation) et le GIE Agence des PME. Lesquels sont devenus respectivement : OSEO bdpme, et sa filiale OSEO sofaris, OSEO anvar (Epic transformé en SA). Portail d'information et d'accès aux services et aides destinés aux entrepreneurs.
- www.afic.asso.fr : Agence Française pour les Investissements Internationaux.
- www.afii.fr : Association française des Investisseurs en Capital. Agence nationale chargée de la promotion, de la prospection et de l'accueil des investissements internationaux en France.
- www.impots.gouv.fr : site d'information et de téléchargement de formulaires administratifs.
- www.greffe-tc-paris.fr : kit du créateur d'entreprise du greffe du Tribunal de commerce de Paris comprenant un annuaire, des informations sur la recherche de financements et sur les statuts juridiques, des documents d'aide à la préparation de l'inscription au Registre du commerce et des sociétés.
- www.gandi.net : enregistrement des noms de domaine en.com,.org,.net.
- www.afnic.fr : enregistrement des noms de domaines en « .fr ».
- www.societe.com : informations gratuites sur les entreprises : identité, chiffres-clés, extraits de bilans...
- www.oec-paris.fr : site de l'Ordre des experts-comptables de Paris.
- www.focusifrs.com : site traitant des normes IAS/IFRS, conçu par la Compagnie Nationale des Commissaires aux comptes et le Conseil supérieur de l'Ordre des experts-comptables. ■

3407

Sources bibliographiques

Mémento Sociétés commerciales 2006, éd. Francis Lefebvre
Mémento fiscal 2006 éd. Francis Lefebvre

Mémento comptable 2006 éd. Francis Lefebvre

Dictionnaire permanent social, Éditions Législatives

Dictionnaire permanent Conventions collectives, Éditions Législatives

Guide de l'inventeur de l'INSERM, téléchargeable sur www.inserm.fr

C. LEMAIRE, Méthodologie du *Business* Plan, éd. d'Organisation

C. LÉGER-JARNIOU et G. Kalousis, Construire son business plan, éd. Dunod

J.-S. LANTZ, Valorisation stratégique et financière, éd. Maxima

AFIC, Commission Venture Best practices, Capital Risque : guide de la lettre d'intention, 2006

AFIC, Commission Valorisation de la recherche, Capital Risque et valorisation de la Recherche, 2005

G. MOUGENOT, Tout savoir sur le Capital Investissement, AFIC/Gualino

D. SCHMIDT, Les véhicules français de Capital Investissement : SCR, FCPR, FCPI, FIP – principes juridiques et fiscaux, AFIC/Gualino

O. DUPONT et P. BRUNSWICK, Ajustement de prix & Capital Investissement, AFIC

Étude « Prospectus – Les changements liés à la transposition de la directive européenne », Bulletin Comptable et Financier, décembre 2005, éd. Francis Lefebvre

Positions de la Compagnie Nationale des Commissaires aux Comptes, téléchargeables sur www.cncc.fr, rubrique « Informations, Prospectus » :
- Homologation du règlement général de l'AMF – Incidences pratiques pour les commissaires aux comptes, sept. 2005
- Application du règlement n° (CE) 809/2004 mettant en œuvre la directive « Prospectus » – Incidences pratiques pour les commissaires aux comptes, juill. 2005

CANAM (Assurance Maladie des Professions Indépendantes), Objectif entreprise, 2006, téléchargeable sur www.canam.fr, rubrique « Publications, Création d'entreprise »

Ministère de la Recherche, Guide du Crédit d'impôt recherche, janvier 2006, téléchargeable sur www.recherche.gouv.fr ■

Index thématique alphabétique

• Les numéros renvoient aux paragraphes

A

D

E

706456(I)
OSB - SE 80g SCM
PHOTOCOMPOSITION : *SCM*
TOULOUSE